SCHWEIZER KATHOLIZISMUS IM UMBRUCH 1945–1990

Herausgegeben von

URS ALTERMATT

RELIGION - POLITIK - GESELLSCHAFT
IN DER SCHWEIZ

Herausgegeben von Urs Altermatt

Band 7

Schweizer Katholizismus im Umbruch 1945–1990

Herausgegeben von

URS ALTERMATT

Universitätsverlag Freiburg Schweiz
1993

Die Deutsche Bibliothek - CIP-Einheitsaufnahme

Schweizer Katholizismus im Umbruch 1945–1990 / hrsg. von Urs Altermatt. –
Freiburg, Schweiz: Univ.-Verl., 1993
(Religion - Politik - Gesellschaft in der Schweiz; Bd. 7)
ISBN 3-7278-0826-8
NE: Altermatt, Urs [Hg.]; GT

Umschlagbild:
Ökumenisches Kirchenzentrum Langendorf/SO

Veröffentlicht mit der Unterstützung
des Hochschulrates der Universität Freiburg Schweiz
und der Römisch-Katholischen Zentralkonferenz
der Schweiz

Paulusdruckerei Freiburg Schweiz
ISBN 3-7278-0826-8

Inhaltsverzeichnis

Vorwort

Am 27./28. April 1990 fand an der Universität Freiburg das 1. religionsgeschichtliche Kolloquium zum Thema «Die Schweizer Katholiken zwischen Tradition und Moderne im 20. Jahrhundert» statt. Die hier publizierten Beiträge befassen sich hauptsächlich mit dem Wandel von Religion und Kirche in der zweiten Hälfte des 20. Jahrhunderts.

Ich danke allen Teilnehmerinnen und Teilnehmern des Freiburger Kolloquiums für ihre aktive Mitarbeit. Der Dank geht vorab an meinen Kollegen Francis Python von der französischsprachigen Abteilung und an meine Mitarbeiter/in lic. phil. Irene Dias-Küng und lic. phil. Markus Hodel, die das Kolloquium mit mir organisiert haben. Die «Vereinigung für Schweizerische Kirchengeschichte» übernahm das Patronat der Veranstaltung. Bei der Publikation und der Redaktion des Bandes war Irene Dias-Küng tätig. Elisabeth Loepfe-Halter besorgte die Sekretariatsarbeiten. Dem Hochschulrat der Universität Freiburg und der Römisch-Katholischen Zentralkonferenz der Schweiz danke ich für die finanzielle Unterstützung des Projektes. Das Foto auf dem Umschlag stellte Pfarrer E. Richner in verdankenswerter Weise zur Verfügung.

Hinzuzufügen ist, dass ein zweiter Kolloquiumsband, der ebenfalls in der Reihe «Religion-Politik-Gesellschaft in der Schweiz» erscheint, die weiteren Tagungsbeiträge enthält, die sich hauptsächlich mit der Zwischenkriegszeit von 1920 bis 1940 befassen.

Freiburg, im Herbst 1992 URS ALTERMATT

I. EINFÜHRUNG

Paradigmawechsel in der Katholizismus-Geschichte

Urs Altermatt

Am 27./28. April 1990 organisierte die Redaktion der «Zeitschrift für Schweizerische Kirchengeschichte» an der Universität Freiburg das erste Kolloquium für Religionsgeschichte. Das Tagungsprogramm lautete: «Die Schweizer Katholiken zwischen Tradition und Moderne im 20. Jahrhundert». Etwa die Hälfte der rund 40 deutsch-, französisch- und italienischsprachigen Referentinnen und Referenten wählte für ihren Vortrag Themen aus der Zeitperiode nach 1945 aus.[1]

Das Freiburger Kolloquium zur Religionsgeschichte stellt ein Beispiel für das wiedererwachte Interesse an Religion, Moral und Kultur dar. In allen westeuropäischen Ländern ist dieser Trend unter den Geschichts- und Sozialwissenschaftlern zu beobachten. Häufiger als noch vor 10 bis 20 Jahren stösst man heute auch im deutschsprachigen Raum auf religionsgeschichtliche Themen bei Lizentiatsarbeiten und Dissertationen.

Die Renaissance der Religionsgeschichte im weitesten Sinne des Wortes hängt mit den Krisen der postmodernen Gesellschaft zusammen. Je mehr sich die Gesellschaft pluralisiert und atomisiert, desto mehr macht sich das Bedürfnis nach Sinnzusammenhängen bemerkbar. Die Menschen spüren die sozialen Kosten der Modernisierung und fangen an, darüber nachzusinnen. In einer vom Konsumdenken geprägten Wohlstandsgesellschaft suchen sie vermehrt nach imma-

[1] Ein kurzer Bericht über das Freiburger Kolloquium erschien in: Neue Zürcher Zeitung, 11. Mai 1990. Vgl. zu dieser Einführung: Urs Altermatt/Catherine Bosshart-Pfluger/Francis Python, Katholiken und Katholizismus im 19. und 20. Jahrhundert, in: Schweizerische Zeitschrift für Geschichte 41 (1991), 493–511.

teriellen, das heisst kulturellen und ethischen Werten, ohne deren Integrationskraft jede Gemeinschaft auseinanderfällt. Wenn man Kultur als Lebensweise, als System der menschlichen Verständigung versteht, hat jede Kultur mit Identität zu tun. Als Alternativen gegenüber dem materialistischen Denken der westlichen Gesellschaft rücken kulturelle Perspektiven in den Vordergrund. Die Menschen machen sich auf die Suche nach den verlorenen Lebenswelten, die der technische Fortschritt und die Industrialisierung verschüttet und zum Teil zerstört haben. Auf diese Weise gewinnt auch die katholische Kultur an Interesse und Anziehungskraft, zum Beispiel als Antithese zum Fortschritt und als Gegenwelt zum reinen Materialismus. Intellektuelle entdecken im traditionellen oder vormodernen Katholizismus den ganzheitlichen Lebensstil, den der moderne Pluralismus vernachlässigt.

Vor dem Hintergrund des kulturellen Wandels ist der Paradigmawechsel zu sehen, den die Katholizismus-Geschichte seit etwa 1970 in der Schweiz durchmacht. Der wissenschaftsgeschichtliche Klimawandel hängt mit mehreren Faktoren zusammen, die bloss angedeutet werden können: Zweites Vatikanisches Konzil 1962–1965, Wandlungen im Schweizer Katholizismus, Reform der Christlichdemokratischen Volkspartei 1970/71, Synode 72, Entkonfessionalisierung und Verschweizerung der Universität Freiburg, Generationenwechsel unter den führenden Historikern und so fort.

Der Paradigmawechsel brachte wie in anderen Bereichen der Geschichtswissenschaft eine teilweise Abkehr von der Institutionen- und eine stärkere Betonung der Sozial-, Kultur- und Mentalitätsgeschichte.[2] Vor 1970 waren Religion und Kirchen für die meisten Schweizer Zeithistoriker nur dann interessant, wenn sie als politische Kräfte im gesellschaftlichen Umfeld auftraten. Die Historiker behandelten im 19. und 20. Jahrhundert hauptsächlich das Verhältnis zwischen Kirche und Staat oder bestenfalls die institutionell-organisatorischen Aspekte der katholischen Bewegung.

[2] Zum historiographischen Paradigmawechsel habe ich mich bereits in meinem Buch «Katholizismus und Moderne» 1989 geäussert: vgl. Urs Altermatt, Katholizismus und Moderne. Zur Sozial- und Mentalitätsgeschichte der Schweizer Katholiken, Zürich 1989, [2]1991. Siehe auch: Vom Defizit in der Sozial- und Mentalitätsgeschichte. Anmerkungen zur zeitgeschichtlichen Katholizismusforschung in der Schweiz, in: Zeitschrift für Schweizerische Kirchengeschichte 83 (1989), 233–245; Bemerkungen zum Thema, in: Ulrich von Hehl/Konrad Repgen (Hg.), Der deutsche Katholizismus in der zeitgeschichtlichen Forschung, Mainz 1988, 65–77.

Die Sozialhistoriker ihrerseits klammerten den religiösen Bereich weitgehend aus, während die an den theologischen Fakultäten tätigen Kirchengeschichtler meistens ohne sozialgeschichtliche Ansätze arbeiteten. Im Unterschied zu andern Ländern wie Frankreich überliess die Mehrzahl der Schweizer Zeithistoriker die Behandlung der religiösen Kräfte den Nachbardisziplinen wie der Volkskunde, der Soziologie oder der klassischen Kirchengeschichte. Dies hatte nachteilige Folgen. Die Kirchengeschichte reduzierte die Religion in der Regel auf die konfessionellen Kirchen, die Volkskunde vernachlässigte die kirchlich-institutionelle Konfessionalität, und die Soziologie widmete der historischen Dimension nicht die nötige Aufmerksamkeit.

Das änderte sich - wie gesagt - um 1970. Nun begannen die Normen und die Praxis des Katholizismus Historiker zu interessieren. Als geschichtswissenschaftliches Thema wurde der Katholizismus salonfähig. Womit hängt dieser Wandel zusammen?

Katholisches Kulturdefizit

Erstens: In den Kantonen und Regionen der katholischen Stammlande nahmen die Historiker katholischer Observanz seit Beginn des Bundesstaates 1848 eine respektierte Stellung ein. Im nationalen Forschungsbetrieb sahen sie sich aber – eine Folge des katholischen Bildungsdefizites und der Niederlage im Bürgerkrieg von 1847 – an den Rand gedrängt. Erst um 1970 erlangten sie einen festen Platz in der akademischen Geschichtswelt des ganzen Landes. Am besten kann diese These anhand von nationalen Geschichtswerken demonstriert werden. In der «Geschichte der Schweiz und der Schweizer» (1982/1983) gehören Historiker aus katholischen Gebieten der Schweiz zu den Autoren, während sie in vorausgegangenen Geschichtsunternehmen ähnlicher Art noch fehlten. Ein weiteres Beispiel für den Integrationsprozess der katholischen Historiker bildet das 1991 herausgekommene Handbuch «Die Schweizer Bundesräte», an dem Historikerinnen und Historiker aller politischen Richtungen beteiligt sind. [3]

[3] Urs Altermatt (Hg.), Die Schweizer Bundesräte. Ein biographisches Lexikon, Zürich [2]1992.

Bis um 1970 waren die meisten nationalen Geschichtswerke zum Bundesstaat von den Historikern der radikal-liberalen oder der protestantisch-konservativen Richtung geprägt. Dies war darauf zurückzuführen, dass die nationale Kultur in der zweiten Hälfte des 19. und in der ersten Hälfte des 20. Jahrhunderts protestantisch-liberal dominiert war. Bis in die 1950er und frühen 1960er Jahre wirkte das katholische Ghetto im Kulturbereich nach und verstärkte das katholische Bildungs- und Kulturdefizit. In der Politik waren die Katholiken Jahrzehnte früher zu gleichberechtigten Partnern der helvetischen Konkordanzgesellschaft aufgerückt.

Zweitens: Mit der teils freiwilligen, teils unfreiwilligen Ghettoisierung der katholischen Schweiz hing zusammen, dass die Universität Freiburg als katholisch geprägte Hochschule bis in die jüngere Gegenwart hinein das Zentrum der Geschichtsschreibung über den Schweizer Katholizismus blieb. Da Luzern keine Universität besitzt und die übrigen Universitäten fast alle aus reformierten Akademien hervorgegangen sind, hat Freiburg fast 100 Jahre lang eine katholische Monopolstellung eingenommen.

Historiker der Freiburger Hochschule nahmen sich mit bemerkenswerter Beharrlichkeit katholischer Themen an. Bereits Albert Büchi, der von 1889 bis 1930 in Freiburg wirkte, veröffentlichte eine Studie über «Die Katholische Kirche in der Schweiz» [4], sein Nachfolger Oskar Vasella, Professor von 1931 bis 1966, untersuchte als Pendant zum Zürcher Leonhard von Muralt die Reformation und Gegenreformation [5]; Emil Franz Josef Müller-Büchi (Professor für Rechtsgeschichte 1950 bis 1971) war Pionier der Segesser-Forschung, und Roland Ruffieux, Professor von 1958 bis 1992, arbeitete die christlichsoziale Bewegung in der Westschweiz auf.

Das vor 1970 eindeutig weltanschaulich-katholische Profil der Freiburger Universität hatte den Vorteil, dass man in der Schweiz ein historiographisches Zentrum für die Katholizismusforschung besass. Freilich war damit auch ein Nachteil verbunden: In der protestantisch geprägten Schweiz nahm man die Forschungsergebnisse aus

[4] Albert Büchi, Die Katholische Kirche in der Schweiz. Ihr gegenwärtiger Bestand nebst einem historischen Überblick über die Vergangenheit, München 1902.

[5] Vgl. das Schriftenverzeichnis Vasellas, in: Festschrift Oskar Vasella zum 60. Geburstag am 15. Mai 1964 überreicht von Schülern und Freunden, hgg. von der Vereinigung katholischer Historiker der Schweiz, Freiburg/Schweiz 1964, 615–643.

Freiburg zuweilen kaum zur Kenntnis, denn diese betrafen ja eine kulturell andere, eher fremde Schweiz. Ein Beispiel: Noch in der zweiten Auflage des Standardwerkes «Geschichtsschreibung der Schweiz» (1979) [6] räumte der Basler Geschichtsprofessor Edgar Bonjour den Historikern der Universität Freiburg im Verhältnis zu den Hochschulen Basel, Zürich und Bern einen vergleichsweise bescheidenen Platz ein. Nur der Schriftsteller und Aussenseiter Gonzague de Reynold erhielt eine angemessene Würdigung. Die in Freiburg wirkenden Historiker wie etwa Albert Büchi, Emil F.J. Müller-Büchi, Oskar Vasella und Gaston Castella wurden in relativ geringem Umfang oder gar nicht abgehandelt, obwohl sie bedeutende Werke hervorbrachten. [7] Selbst wenn man die unterschiedlichen Würdigungen nicht überbetonen möchte, fallen die ungleichen Massstäbe auf. In diesen kleinen Details offenbart sich die Langzeitwirkung von konfessionell-kulturellen Vorurteilen. Katholische Geschichtsschreibung war eben in der Schweiz jahrzehntelang konfessionelle Historiographie, die mit dem schweizerischen Bundesstaat nur am Rande zu tun hatte. Die Vorurteile und Stereotypen wirkten im 20. Jahrhundert – meistens unbewusst – noch lange nach, als der Kulturkampf des 19. Jahrhunderts in der Öffentlichkeit bereits kein Thema mehr darstellte.

Seit dem Paradigmawechsel um 1970 erscheinen auch an den Universitäten Zürich, Basel, Bern, Genf usw. häufiger Studien zum modernen Katholizismus. Zu nennen ist vor allem das Buch von Peter Stadler zum Kulturkampf, in das verschiedene Zürcher Dissertationen und Lizentiatsarbeiten eingeflossen sind. Das Werk versteht sich allerdings ausdrücklich nicht als sozialwissenschaftlich orientierte Geschichtsschreibung und bleibt daher eher traditionellen Fragestellungen verhaftet. [8]

[6] Richard Feller/Edgar Bonjour, Geschichtsschreibung der Schweiz. Vom Spätmittelalter zur Neuzeit, Bd. 2, Basel/Stuttgart ^{2}1979.

[7] Ebd., 796–798. Albert Büchi, Oskar Vasella und Gaston Castella werden mit je rund 12 Zeilen abgehandelt, während ihre Ordinarien-Kollegen in Basel, Bern und Zürich in der Regel auf einer ganzen Seite und mehr gewürdigt werden. Müller-Büchi, ein Pionier der sozialwissenschaftlich orientierten Geschichtsschreibung, wird nicht einmal erwähnt. Zu den Historikern in Freiburg vgl. auch Roland Ruffieux (Hg.), Geschichte der Universität Freiburg (Schweiz) 1889–1989. Institution, Lehre und Forschung, Freiburg 1991/92.

[8] Peter Stadler, Der Kulturkampf in der Schweiz. Eidgenossenschaft und Katholische Kirche im europäischen Umkreis 1848–1888, Frauenfeld/Stuttgart 1984. Für die von Stadler benutzten Werke vgl. den umfangreichen wissenschaftlichen Apparat. Es existiert leider kein eigentliches Literaturverzeichnis.

Drittens: In den Jahren vor und nach dem Zweiten Weltkrieg beschäftigten sich die katholischen Historiker hauptsächlich mit weltanschaulichen Kontroversthemen, die die konfessionelle Identität betonten, so etwa mit der evangelischen Reformation und der katholischen Reform. Unter der Leitung Oskar Vasellas entstand eine ganze Reihe von Arbeiten zu diesen Themenbereichen; Vasella selber fasste seine Forschungen in der kleinen Schrift «Reform und Reformation in der Schweiz» zusammen.[9] Leider besass der allzu früh verstorbene Freiburger Historiker nicht mehr die Kraft, ein grösseres und umfassenderes Werk zur Periode der Reformation und Gegenreformation vorzulegen.

Wenn die damaligen Historiker katholischer Richtung Themen aus dem 19. Jahrhundert zum Gegenstand ihrer Untersuchungen machten, waren es in erster Linie die umstrittenen Fragen aus der Zeit der Bundesstaatsgründung von 1830 bis 1848. Als Beispiel kann man die Freiburger Dissertation von Fritz Glauser (1959) nennen.[10] Nach dem Zweiten Vatikanischen Konzil wandte sich das Interesse stärker der Bundesstaatsgeschichte zu. Unter der Leitung von Gottfried Bösch erschienen in Freiburg Arbeiten, die häufig von einem biographischen Ansatz ausgingen und den politischen Katholizismus in den Mittelpunkt rückten. Ein gutes Beispiel dafür bildet die Dissertation von Niklaus Duss (1974).[11]

Der Paradigmawechsel war in der Geschichtsforschung mit einer konfessionellen Öffnung verbunden. In den siebziger Jahren ging das Interesse an der Reformation und Gegenreformation augenscheinlich zurück, was zur Folge hatte, dass Arbeiten zum 16. und 17. Jahrhundert Seltenheitswert erhielten und zu Beginn der 1990er Jahre fast ganz fehlen.

Viertens: Die traditionelle Kirchengeschichte ist von ihrer Herkunft her eine theologische Disziplin. In kirchennahen Kreisen teilte man die Geschichtsschreibung in «kirchliche» und «profane» Geschichte

[9] Oskar Vasella, Reform und Reformation in der Schweiz. Zur Würdigung der Anfänge der Glaubenskrise, Münster i.W. 1958.

[10] Fritz Glauser, Der Kanton Solothurn und die Badener Artikel 1834/35, in: Jahrbuch für Solothurnische Geschichte 33/34 (1960/61).

[11] Niklaus Duss, Joseph Ignaz von Ah (1834–1896). Der Weltüberblicker, in: Obwaldner Geschichtsblätter 13 (1975).

ein und vergrösserte damit den Graben zwischen der Kirchengeschichte und den andern historischen Teildisziplinen. Angesichts dieser Entwicklung ist das seit 1972 erscheinende Publikationsunternehmen «Helvetia sacra», das ein wertvolles biographisches Nachschlagewerk mit ausführlichen Einleitungen und umfangreichen Bibliographien zur katholischen Kirche der Schweiz bietet, ein verbindendes Element. Dieses Werk, initiiert vom Benediktinerpater Rudolf Henggeler, steht heute unter der Leitung von Profanhistorikern, hat sein Redaktionszentrum in Basel und wird finanziell vom schweizerischen Nationalfonds getragen.

Wenn man sich diese Wandlungen vor Augen hält, verwundert es nicht, dass die Profanhistoriker seit einem Vierteljahrhundert in der Katholizismusgeschichte den Ton angeben. Das hängt damit zusammen, dass an den katholisch-theologischen Fakultäten in Freiburg, Luzern und Chur die Kirchengeschichte im Anschluss an das Zweite Vatikanische Konzil eine Krise durchmachte. Die nachkonziliären Reformtheologen förderten praxisbezogene Fächer wie die Pastoraltheologie und werteten die Kirchengeschichte aufgrund eines aktualistischen Präsentismus ab. Eine Ausnahme bildet Victor Conzemius, der von 1970 bis 1980 an der Theologischen Fakultät in Luzern Kirchengeschichte lehrte und mit der Segesser-Edition und andern Publikationen wichtige Beiträge zur Geschichte des Schweizer Katholizismus lieferte.[12] Von Stephan Leimgruber stammen zwei bemerkenswerte Bücher zur Theologie- und Moralgeschichte.[13]

[12] Vgl. etwa: Victor Conzemius, Kirchengeschichte als «nichttheologische» Disziplin. Thesen zu einer wissenschaftstheoretischen Standortbestimmung, in: Theologische Quartalschrift 155 (1975), 187–197; ders., Katholizismus ohne Rom. Die altkatholische Kirchengemeinschaft, Zürich/Köln 1969; ders., Philipp Anton von Segesser 1817–1888. Demokrat zwischen den Fronten, Zürich/Einsiedeln/Köln 1977; ders. (Hg.), Briefwechsel Philipp Anton von Segesser 1817–1888, bisher 4 Bände, Zürich/Köln 1983–1989; ders., 150 Jahre Diözese Basel. Weg einer Ortskirche aus dem «Ghetto» zur Ökumene, Basel/Stuttgart 1979; ders. (Hg.), Die Berichte «ad limina» der Bischöfe von Basel, Freiburg 1991 (= Religion-Politik-Gesellschaft in der Schweiz, hgg. von Urs Altermatt, Bd. 5).

[13] Stephan Leimgruber Ethikunterricht an den katholischen Gymnasien und Lehrerseminarien der Schweiz. Analyse der Religionsbücher seit Mitte des 19. Jahrhunderts, Freiburg 1989; Stephan Leimgruber/Max Schoch (Hg.), Gegen die Gottvergessenheit. Schweizer Theologen im 19. und 20. Jahrhundert, Basel/Freiburg/Wien 1990.

Fünftens: Unter dem Einfluss der 68er Bewegung löste sich in der Schweiz die jüngere Historikergeneration vom Primat des Staatlichen und wandte sich der Wirtschafts- und Sozialgeschichte zu. Die da und dort beobachtbare Fixierung auf die Industrialisierung liess freilich einen neomarxistisch inspirierten Dogmatismus entstehen, der die Geschichtsperspektive auf die Ökonomie zentrierte. Aus diesen Gründen erschien manchen Vertretern der «Nouvelle Histoire» die katholisch-konservative Schweiz, diese im Modernisierungs- und Industrialisierungsprozess zurückgebliebene, widerborstige und rückständige Schweiz, wenig interessant. Katholisch(-konservative) Kultur war für aufgeklärte Bildungsbürger der 68er Bewegung in erster Linie Hinterwäldlertum. So finden sich beispielsweise in einem 400seitigen Dokumentationsband über die Schweizerische Arbeiterbewegung, den eine Zürcher Arbeitsgruppe 1975 herausgab, nur spärliche Hinweise auf die Christlichsozialen. Die der Sozialdemokratie nahestehenden Autoren orientierten sich am zentralistischen Modell der Einheitsgewerkschaft und blendeten die katholischen Arbeiterorganisationen einfach aus, obwohl diese nach historischem Alter und zahlenmässigem Umfang (der 1899 bzw. 1907 gegründete Christlichnationale Gewerkschaftsbund der Schweiz überschritt 1975 die 100 000-Mitglieder-Grenze) nicht zu übersehen waren. Noch 1991 kam der aus Bern stammende Historiker Hans Ulrich Jost in einem sonst aufschlussreichen Aufsatz zum – falschen – Schluss, dass das katholische Vereinswesen wenig aufgearbeitet sei. Tatsächlich gehört die Geschichtsschreibung über das katholische Vereinswesen zu jenem Zweig der Verbandshistoriographie, der schon früh Bearbeiter fand. Alois Steiners Freiburger Dissertation zum Piusverein datiert aus dem Jahre 1960. [14]

Um die Mitte der siebziger Jahre erschütterte der Wertewandel den reformistischen Zukunftsoptimismus. In dem Masse, in dem sich der Fortschrittsglaube verflüchtigte, verbreitete sich ein Unbe-

[14] Alois Steiner, Der Piusverein der Schweiz von seiner Gründung bis zum Vorabend des Kulturkampfes 1857–1870, Stans 1961. Ausführlich habe ich mich mit dem Vereinswesen auch in meiner Berner Dissertation von 1970 befasst. Vgl. Urs Altermatt, Der Weg der Schweizer Katholiken ins Ghetto. Die Entstehungsgeschichte der nationalen Volksorganisationen im Schweizer Katholizismus 1848–1919, Zürich/Köln 1972, ²1991. Einordnendes Nachwort von Walter Heim in der 2. Auflage, 447–453.

hagen in der Moderne. Die Schriftsteller begannen neben den rationalistischen Projekten die Welt der religiösen Kräfte neu zu entdekken. Je mehr der Fortschritt und die Ökonomie an Glanz verloren, desto stärker wandte sich das Interesse den immateriellen Werten zu, der Kultur, der Identität, der Religion. Auf der Suche nach Pfaden aus den Problemen der Moderne rückten die kleinen und überschaubaren Lebenskreise in den Vordergrund, die Familie, das Quartier, das Dorf, kurzum all das, was dem einzelnen das Gefühl der Geborgenheit und Heimat vermittelt. In diesem Zusammenhang erlebte das historische Interesse an der Religion – und wohlverstanden nicht dasjenige an den Kirchen – eine Renaissance. Der Stimmungswandel bewirkte eine Akzentverschiebung in den Themen und Forschungsgebieten der Geschichtsschreiber. Die Historiker begannen, das Gegenläufige in der Schweizer Geschichte neu zu sehen und richteten damit vermehrt ihr Augenmerk auf die bisher vernachlässigten katholisch-konservativen Randregionen und das Ensemble ihrer Kulturwelt.

In den 1980er Jahren wuchs das Interesse an der Religionsgeschichte. Die Historiker, die bisher hauptsächlich das Verhältnis von katholischer Kirche und Staat behandelt hatten, wandten sich stärker sozial-, kultur- und mentalitätsgeschichtlichen Themen der katholischen Religiosität zu.[15] Dabei ging der Paradigmawechsel in zwei Stufen vor sich.

In einer ersten Phase erforschten die Historiker die katholischen Zeitungen, Parteien und Vereine, die die organisatorische Klammer des katholischen Milieus bildeten.[16] Es wäre falsch, diese Forschungsarbeiten unter die Rubrik «politische Geschichte» einzuordnen. Im gleichen Masse, wie die Studien zur Arbeiter- und Frauenbewegung oder zur Geschichte der Juden gemeinhin als Beiträge zur Sozialgeschichte angesehen werden, sind Arbeiten zur katholischen Bewegung als sozialgeschichtliche Forschungen einzustufen, denn Vereine und Bruderschaften, Feste und Wallfahrten sind Bestandteile der katholischen Volkskultur.

In einer zweiten Phase rückten vor allem jüngere Historiker Themen aus der Sozial-, Kultur- und Mentalitätsgeschichte in den Vordergrund, beispielsweise Themen zur Stellung der Frau, zum Frei-

[15] Vgl. dazu vor allem Urs Altermatt, Katholizismus und Moderne. Zürich ²1991.
[16] Vgl. etwa Urs Altermatt, Der Weg der Schweizer Katholiken ins Ghetto.

zeitverhalten der Katholiken, zu Sexualität und Moral, zu Ehe und Familie, zu Festen und Feiern. Der Katholizismus wurde nun stärker als bisher als Kultur-Ensemble betrachtet. In diesem Zusammenhang sind auch Peter Hersches Artikel zur Kulturgeschichte zu erwähnen.[17]

Im letzten Jahrzehnt des 20. Jahrhunderts ist die Kulturgeschichte auf dem Weg, sich in der Katholizismusforschung einen festen Platz zu erobern. Noch ist freilich vieles zu tun. Im Buch «Katholizismus und Moderne» habe ich 1989 ein eigentliches Forschungsprogramm entworfen, das über die Schweiz hinaus auf internationales Echo stösst. Die Neuansätze sind allenthalben unübersehbar und schlagen sich beispielsweise in der traditionsreichen, 1906 gegründeten Freiburger «Zeitschrift für Schweizerische Kirchengeschichte» nieder.[18] An der Universität Freiburg entstand 1987 die Reihe «Religion-Politik-Gesellschaft in der Schweiz», die sich zu einem Publikationszentrum der historisch-sozialwissenschaftlichen Katholizismusforschung entwickelt. In der italienischen Schweiz schlossen sich junge Historiker schon vorher zur Arbeitsgruppe «Associazione della storia del movimento cattolico nel Ticino» zusammen.

Alle diese Aktivitäten kann man als Hinweise auf das steigende Interesse an einer sozialwissenschaftlich orientierten Geschichtsschreibung des modernen Katholizismus betrachten. Vieles deutet darauf hin, dass sich die beschriebenen Tendenzen verstärken und verbreiten. Nach wie vor fehlt aber eine Gesamtdarstellung, die nicht von der katholischen Kirche als Institution, sondern vom Katholizismus als gesellschaftlicher Erscheinungsform ausgeht und neben den institutionell-kirchlichen hauptsächlich die kulturellen, mentalitätsmässigen und sozialen Aspekte des Katholizismus beschreibt. Rudolf Pfisters ökumenisch ausgerichtete «Kirchengeschichte der Schweiz» (Zürich 1964–1985) folgt in ihren Ansätzen der traditionellen Schule. Weiter führen hier für den Katholizismus die Beiträge von Rolf Weibel, dem theologisch und historisch ausgebildeten

[17] Vgl. etwa zur Schweiz: Peter Hersche, Von der protestantischen Laus und dem katholischen Floh. Konfessionsspezifische Aspekte der Hygiene, in: Benedikt Bietenhard u.a. (Hg.), Ansichten von der rechten Ordnung. Bilder über Normen und Normenverletzungen in der Geschichte, Bern/Stuttgart 1991, 43–60.

[18] Seit der Nummer 80 (1986) wird die Redaktion vom Verfasser dieses Artikels betreut.

Redaktor der «Schweizerischen Kirchenzeitung».[19] Man kann davon ausgehen, dass die ökumenische Kirchengeschichte, die als interkonfessionelles Unternehmen um die Mitte der 1990er Jahre erscheinen soll, den laufenden Paradigmawechsel verstärken wird.[20]

Beiträge des Sammelbandes

Wenn man die Beiträge dieses Sammelbandes des Freiburger Kolloquiums von 1990 überblickt, stellt man fest, dass sich ein Drittel der Aufsätze mit den politischen und sozialen Organisationen des Schweizer Katholizismus befasst. Bruno Gruber und Bernhard Wild beschäftigen sich mit der Arbeiterbewegung, Martin Zenhäusern, Christoph Flury und Markus Rohner mit der CVP, Beat Hayoz und Fabrizio Viscontini mit den Jugendvereinen. Diese Artikel stehen in der älteren historiographischen Tradition, die vor allem die Vereine, die Parteien und die Zeitungen des katholischen Milieus zum Thema gemacht hat. Da am Freiburger Kolloquium zahlreiche Historiker Resümees ihrer schon vor längerer Zeit abgeschlossenen Lizentiatsarbeiten vorlegten, ist dies nicht erstaunlich.

[19] Vgl. Rolf Weibels Beiträge in der «Schweizerischen Kirchenzeitung». Dazu: ders., Schweizer Katholizismus heute. Strukturen, Aufgaben, Organisationen der römisch-katholischen Kirche, Zürich 1989. Vgl. u.a. auch Joachim Müller (Hg.), Katholische Schweiz heute, Freiburg 1981.

[20] Auf katholischer Seite wirken für die Zeit nach 1800 neben dem Verfasser dieses Artikels Victor Conzemius, Albert Gasser, Fabrizio Panzera, Francis Python und Alois Steiner mit. Vgl. zu Albert Gasser: Bündner Kulturkampf. Vor 40 Jahren – Parteien- und Pressekrieg auf konfessionellem Hintergrund, Chur 1987; ders., Die ‹Entscheidung›, in: «Schweizerische Kirchenzeitung» 156 (1988), 155–159. Zu Fabrizio Panzera: La lotta politica nel Ticino: il «nuovo indirizzo» liberale-conservatore (1875–1890, Locarno 1986; ders., Società religiosa e società nel Ticino del primo Ottocento. Le origini del movimento cattolico nel Cantone Ticino (1798–1855), Bologna 1989; ders., Immunità ecclesiastiche e «affari secolareschi». Le vicende del clero ticinese agli inizi della Restaurazione (1813–1819), in: Archivio Storico Lombardo, 111 (1985), 199–242. Zu Francis Python: Mgr. Etienne Marilley et son clergé à Fribourg au temps du Sonderbund 1846–1856, Fribourg 1987. Zu Alois Steiner: Der Piusverein der Schweiz von seiner Gründung bis zum Vorabend des Kulturkampfes 1857–1870. Stans 1961; ders., Katholische Kirchgemeinde Luzern 1874–1974. Ein Beitrag zur Luzerner Geistesgeschichte, Luzern 1973.

Wenn man dem Einteilungsschema des Literaturberichts von Catherine Bosshart-Pfluger und Francis Python in der «Schweizerischen Zeitschrift für Geschichte» [21] folgt, kreist ein anderer Themenbereich um Amtskirche und Klerus. Dazu sind in diesem Sammelband die Beiträge von Rolf Weibel, Urs Cavelti, Georges Bavaud und Maria Brun zu zählen. Klassisch sind auch die Beiträge zur Schul- und Bildungsgeschichte von Bruno Santini-Amgarten, Hermann Bischofberger und Patrick Braun.

Trotz den traditionellen Themenschwerpunkten sind in diesem Sammelband auch Aufsätze zur eigentlichen Sozial-, Mentalitäts- und Kulturgeschichte zu finden. Aufzuführen sind die Beiträge von Stephan Leimgruber, Carlo Moos, Alois Steiner und Heinz Horat. Alfred Dubach und der Verfasser befassen sich mit sozialgeschichtlichen und religiössoziologischen Fragen des Konfessionalismus.

Auch wenn viele Desiderata in der Sozial-, Kultur- und Mentalitätsgeschichte des Katholizismus bestehen bleiben, kommt dem ersten Freiburger Kolloquium von 1990 das Verdienst zu, verschiedene Historikerinnen und Historiker der älteren und jüngeren Generation zu einem gemeinsamen Gespräch zusammengeführt zu haben. Noch ist vieles zu tun.

[21] Vgl. Catherine Bosshart-Pfluger/Francis Python, Literaturbericht, in: Schweizerische Zeitschrift für Geschichte 41 (1991), 499–511.

II. ERZIEHUNG UND SCHULE

Die ethisch-religiöse Erziehung in der katholischen Sondergesellschaft

Stephan Leimgruber

In den letzten dreissig Jahren hat sich auch im katholischen Raum als Signatur der Moderne ein neues Grundmodell der ethisch-religiösen Erziehung durchgesetzt, nämlich die Erziehung zu eigenverantwortlichem Handeln in Freiheit. Es geht dabei um eine Erziehung zur personalen, vor dem Gewissen verantworteten Lebensgestaltung aus dem Glauben, nicht um ein schrankenloses, autonomistisches Tun nach blossem Gutdünken, sondern um ein dialogisches, vor der Gemeinschaft und der gemeinsamen Zukunft verantwortetes Handeln. Die Synode 72 der Diözese Basel betont in ihrem Dokument «Ehe und Familie» die Bedeutung der «Hinführung zur persönlichen und sozialen Verantwortung».[1] Die Gemeinsame Synode der Bistümer in der BRD (1971–1975) spricht in ihrem Dokument über «Ziele und Aufgaben kirchlicher Jugendarbeit» von einer «Selbstverwirklichung, die an Jesus Christus Mass nimmt»[2], und die Rottenburger Synode (1985/86) unterstreicht die «Eigenständigkeit und Verantwortlichkeit der jungen Generation».[3]

Nach diesem Modell sind Christinnen und Christen keine blossen Objekte einer von oben oder zentralistisch verordneten Moral mehr,

[1] Synode 72 der Diözese Basel, Ehe und Familie im Wandel der Gesellschaft, Solothurn 1974, VI/3. Die Synode fordert, «dass auch den einfachen Leuten der Zugang zur Selbstbestimmung ermöglicht wird» (ebd., VI/3).

[2] Ludwig Bertsch u.a. (Hg.), Gemeinsame Synode der Bistümer in der Bundesrepublik Deutschland. Beschlüsse der Vollversammlung. Offizielle Gesamtausgabe, Freiburg i. Br. 1976, 295.

[3] Bischöfliches Ordinariat Rottenburg (Hg.), Weitergabe des Glaubens an die kommende Generation. Beschlüsse der Diözesansynode Rottenburg/Stuttgart 1985/86, Ostfielen 1986, 104.

sondern als Subjekte zur Selbstbestimmung aus dem Glauben berufen. Die letzte Instanz für das ethische Handeln bleibt – wie eigentlich schon immer – der Gewissensentscheid des einzelnen, der sich am biblischen Zeugnis orientiert, sich mit der kirchlichen Lehre auseinandersetzt und sich über eine menschenwürdige Zukunft Gedanken macht. Damit wird den Christen die Fähigkeit zugetraut, das Leben frei und verantwortlich auf eine sinnvolle Zukunft hin zu gestalten. Einbezogen in dieses Erziehungsmodell sind das Suchen nach dem richtigen Weg, die Möglichkeit, verschiedene Wege zum gleichen Ziel zu beschreiten, auch Irrwege, die vorerst in Sackgassen führen, jedenfalls das ehrliche Ringen um menschliche und christliche Identität. Ziel ist die reife Mündigkeit aus der Perspektive des Glaubens.

Liest man indessen die Katechismen, manche Predigten und Enzykliken von Mitte 19. bis Mitte 20. Jahrhundert – alles vorrangige Erziehungsgrundlagen in der katholischen Sondergesellschaft und hier die Quellen für diesen Beitrag –, so begegnet uns eine Moralpädagogik des Autoritätsgehorsams und der Unterordnung, konkretisiert in unzähligen Geboten und Verboten, deren Missachtung mit erheblichen Sanktionen verbunden war. Es herrschte eine Erziehung zur Bewahrung vor dem Bösen, nicht eine Erziehung zur Bewährung in der Entscheidung vor, eine Pädagogik der Abschirmung von den «Feinden», nicht der Auseinandersetzung mit ihnen. Abgestützt war diese Erziehung nur teilweise auf den Geist der Bibel, der unverkennbare Freiheitsimpulse und im ganzen eine Berufung zur «Freiheit der Kinder Gottes» (Röm 8, 21) enthält. Stattdessen haben sich zeitspezifische, konventionelle, oft auch dem Buchstaben der Bibel verhaftete und pädagogisch unvermittelt angewandte Verhaltensanweisungen eingeschlichen, die sich zu einem Bündel von unabänderlich geglaubten Lebensregeln vermengten. Ziel war die Heiligkeit des einzelnen, verstanden als Sündelosigkeit.

1. Pädagogische Randbedingungen

Für die angesprochene Erziehung zum Gehorsam in der katholischen Sondergesellschaft gab es eine Reihe relevanter Begleitfaktoren und Randbedingungen:

Da waren die Nachwirkungen der politischen Ereignisse von Sonderbund (1847), von der neuen Bundesverfassung mit den Ausnahmeartikeln (1848; revidiert 1874), das I. Vatikanum mit der Dogmatisierung der Infallibilität und der Festlegung des Jurisdiktionsprimates des Papstes, dazu der Kulturkampf in den 70er Jahren, die bei den Katholiken Gefühle der Bedrohtheit, der Benachteiligung und der Minderwertigkeit hinterliessen. Sie förderten den Rückzug aus der gesellschaftspolitischen Öffentlichkeit, spornten zur Selbstorganisation in der konfessionellen Subgesellschaft an und festigten die von der Mehrheit vertretene ultramontane, fideistische Grundeinstellung gegenüber Papst und kirchlichen Autoritäten als den letzten Stützpfeilern.– Da waren die von der offiziellen Kirche verworfenen Mündigkeitspostulate Immanuel Kants und der Aufklärung insgesamt sowie die Freiheitsrechte der französischen Revolution, darunter die Religions- und Gewissensfreiheit, und um die Jahrhundertwende das Nichteintreten auf die Forderungen der Emanzipationsbewegung der Frauen.

Da war das statische, hierarchisch aufgebaute Kirchenbild von der vollkommenen Gesellschaft (societas perfecta), welches praktisch nur den römischen Katholiken eine Heilschance einräumte. Diese Erziehung begünstigten ferner gesellschaftlich evidente Erziehungsmassnahmen wie die Trennung der Geschlechter in Schule und Freizeit und somit eine Ablehnung der Koedukation, mancherorts bis in die sechziger Jahre des 20. Jahrhunderts.

Der Unterrichtsstil in Schule und Religion war – gemessen an heutigen Kategorien – fraglos autoritär, lehrerzentriert und kopflastig, obwohl das Erbe Heinrich Pestalozzis (1746–1827) und der Reformpädagogen zu Beginn dieses Jahrhunderts andere Prioritäten hätten erwarten lassen. Die Gestaltung des familiären Lebens bestimmten in aller Regel die Eltern, nicht die Kinder, die Praxis des kirchlichen Lebens die Priester, nicht die Laien. Ein Mitspracherecht wäre eigentlich seit der Erlaubnis der Gewerkschaften nach «Rerum Novarum» (1891) denkbar gewesen; praktiziert wurde es kaum.

Alle diese pädagogischen Randbedingungen belegen, dass die Erziehung zum Gehorsam dem damaligen Erziehungsstil ganz allgemein entsprach und dass dieser von zahlreichen gesellschaftlichen und kirchlichen Faktoren gestützt wurde.

2. Moraltheologische Grundlagen

Die wichtigste Grundlage des hier darzustellenden Erziehungsmodells bildete zweifellos die katholische Moraltheologie, und zwar so, wie sie in den damaligen Handbüchern dargestellt und - meistens ohne didaktische Reflexion - im Religionsunterricht und in der kirchlichen Verkündigung vermittelt wurde. Überblickt man die Geschichte der katholischen Moraltheologie der letzten 150 Jahre[4], können im deutschsprachigen Raum Phasen der Erneuerung und Phasen der Stagnation festgestellt werden, stets jedoch ein engagiertes Sich-Bemühen, oft ein erbitterter Kampf um die ethisch richtigen Handlungsweisen. Folgende Schwerpunkte seien erwähnt:

Nachdem bereits in den dreissiger und vierziger Jahren des 19. Jahrhunderts in Kirche und Theologie restaurative Tendenzen aufkamen, läutete Joseph Kleutgen SJ (1811–1883) mit seinem Werk «Theologie der Vorzeit» (1853) die Thomas-Renaissance ein. Darin bezichtigte er den biblisch- und heilsgeschichtlich denkenden Johann Baptist Hirscher (1788–1865), den Mitbegründer der Katholischen Tübinger Schule und Verfasser der «Christliche(n) Moral als Lehre von der Verwirklichung des göttlichen Reiches in der Menschheit» (1835) der Häresie und der mangelnden Unterordnung unter das kirchliche Lehramt. Anstelle dessen dynamischer Sicht mit dem Hauptgewicht auf dem Erlösungswerk Christi votierte Kleutgen für ein Zurück zur Vorzeit, womit er die Wiederbelebung des scholastischen Denkens und Argumentierens meinte. Tatsächlich wurde diese Philosophie in der zweiten Jahrhunderthälfte zum alleingültigen und kirchlich legitimierten Instrumentarium der Theologie. Fragen nach den wahren Prinzipien und nach der verpflichtenden Methodik wurden zu Fragen der Autorität und des Gehorsams.

Hand in Hand mit der Thomas-Renaissance ging der Siegeszug der Moral des Alfons von Liguori (1696–1787) und damit eine wachsende Skepsis gegenüber den hoffnungsvollen Neuansätzen von Michael Sailer (1751–1832) J.B. Hirscher und Franz Xaver Linsenmann (1835–1898). Anstelle der fruchtbaren Auseinandersetzung

[4] Ausführlicher: Stephan Leimgruber, Ethikunterricht an den katholischen Gymnasien und Lehrerseminarien der Schweiz. Analyse der Religionsbücher seit Mitte des 19. Jahrhunderts, Fribourg 1989, 120–175.

mit dem Gedankengut der Aufklärung und einer Rückbesinnung auf die biblischen Quellen trat nun die nachtridentinische, weitgehend kasuistische Moraltheologie. Diese schloss an die mittelalterlichen Busshandbücher an, um den Beichtvätern Hilfen bei der Beurteilung einzelner «Fälle» zu geben. Nicht der personale Gewissensentscheid erforderte Aufmerksamkeit, sondern das Einhalten von Verboten und Geboten. Beeinflusst von Manichäismus und jansenistischem Rigorismus überbewertete sie singuläre Tatsünden im 6. und 9. Gebot, die im Unterschied zu andern Sünden als ihrer Natur nach schwer galten. Bis weit ins 20. Jahrhundert hinein wirkte die Materia-gravis-Lehre-in-sexto nach, die im sexuellen Bereich nichts Geringfügiges (keine parvitas materiae) zuliess und somit keine lässlichen Sünden kannte.

Gerade gegen diese falsch akzentuierte Sexualmoral wandte sich um die Jahrhundertwende das bekannte «Grassmann-Pamphlet», das eine Grundsatzdebatte um den Status der Moraltheologie auslöste. Der in Münster lehrende Joseph Mausbach (1861–1931) konterte gegen diese Streitschrift des Stettiner Buchhändlers mit Reformvorschlägen für eine biblischere Moral und band die Kasuistik als Hilfswissenschaft der Moraltheologie zurück. In dieselbe Kerbe schlug der Luzerner Moral- und Pastoraltheologe Albert Meyenberg (1861–1934) mit seiner Schrift «Die katholische Moral als Angeklagte» (1901)[5], in der er für eine «Moral der Christenwürde», eine «Moral des Evangeliums» eintrat und die Kasuistik als «Kniffologie» brandmarkte.[6] – Allein, diese Grundsatzdebatte wurde bald durch die antimodernistische Enzyklika «Pascendi dominici gregis» (1909) zum Verstummen gebracht. Pius X. verurteilte darin modernistische Grundgedanken und Reformpostulate als Häresien; er verbot die Lektüre moderner Autoren und schärfte den Gehorsam gegenüber dem kirchlichen Lehramt ein (Antimodernisteneid 1910). Die Promulgation des Codex juris canonici (1917) begünstigte zudem den juridischen Einschlag der Moraltheologie.

Im ersten Drittel des 20. Jahrhunderts – wir stehen in der Blütezeit der katholischen Sondergesellschaft mit den Vereinen und Verbänden, mit den katholischen Schulen und den Katholikentagen – ging die katholische Moraltheologie im Gleichschritt der Neuscholastik

[5] Albert Meyenberg, Die katholische Moral als Angeklagte, Stans 1901, 3.
[6] Ebd., 23.

weiter. Die Handbücher von H. Jone und H. Noldin erlebten Auflage über Auflage. Ihre Positionen flossen in die Unterrichtslehrbücher ein und prägten von da aus die ethisch-religiöse Erziehung der Jugend und der Erwachsenen. Die Katholiken hatten die traditionelle Moral internalisiert und lebten im grossen und ganzen nach ihr.

Gewiss, vereinzelt gab es Widerstand gegen sie, etwa vom Exegeten Fritz Tillmann (1874–1953), der unter dem Einfluss der Bibelbewegung, des Personalismus und mit Rückgriff auf Hirscher und Linsenmann die «Moral als Nachfolge Christi» (1933) neu konzipierte. Tillmann verstand die sittliche Lebensgestaltung als personale Wertverwirklichung und betonte die ethischen Grundhaltungen mehr als angeblich objektive Einzelsünden, mehr den Geist der Freiheit als den Gehorsam gegenüber äusseren Autoritäten. Doch sein Ansatz wurde lange Zeit nicht rezipiert. Erst in der Zeit der kerygmatischen Erneuerung griff der «Katholische Katechismus für die Bistümer Deutschlands» (1955), der auch für die Schweiz adaptiert wurde, die personale Denkform auf. Er fiel aber bei der Behandlung der Sexualität in die frühere objektivistische Sicht zurück. Die herkömmliche Moraltheologie blieb ohne Zweifel bis zur Auflösung der katholischen Sondergesellschaft vorherrschend. Ihre Neugestaltung nach dem personalen Ansatz wurde mit ein Grund für die Auflösung des katholischen Milieus.

3. Die ethisch-religiöse Erziehung in einzelnen Teilbereichen

Nach der Darlegung verschiedener Voraussetzungen wird nun nach der ethisch-religiösen Erziehung in concreto gefragt, und zwar nach der spezifisch religiösen Erziehung, nach dem geforderten Verhalten gegenüber den Obrigkeiten und dem Vaterland, nach den zugeteilten Geschlechterrollen und der erwarteten Geschlechtsmoral und schliesslich nach den Leitlinien des sozialen Handelns. Dabei mag es Ausnahmen und kleinere Abweichungen gegeben haben; einen Paradigmenwechsel jedoch kannte die ethisch-religiöse Erziehung in der katholischen Sondergesellschaft nicht.

3.1 *Die religiöse Erziehung*

Bis in die sechziger Jahre dieses Jahrhunderts wurden die Katholikinnen und Katholiken zu einer intensiven kirchlich-liturgischen Praxis angehalten. Ihre Schwerpunkte bildeten der Empfang der Sakramente der Eucharistie und der Busse, die Pflege der Sakramentalien (z.B. Segnung des Brotes, des Stalles und Hauses, Halssegnung), Andachten, Wallfahrten und Prozessionen sowie die Beachtung der Fasten- und Abstinenzgebote. Im Zentrum stand der Besuch des Sonntagsgottesdienstes, der unter schwerer Sünde geboten und mit zahlreichen Regeln (z. B. betreffend Nüchternheit) umgeben war. Obwohl bereits Pius X. 1905 zum öfteren Kommunionempfang ermunterte, kommunizierte man höchstens monatlich, jeweils nicht ohne vorherige Beichte, und öfter ausserhalb der Eucharistie. Wichtiger als die Wortverkündigung in der «Vormesse» war das Beiwohnen der drei Hauptteile der hl. Messe: Opferung, Wandlung und Kommunion. Franz Bürkli (geb. 1903), Religionslehrer an der Kantonsschule Luzern, bezeichnete in seiner «Katholischen Religionslehre» (1937, ³1951) den Tabernakel als «Mittelpunkt der ganzen Pfarrei, der ganzen Welt».[7] Besondere religiöse Ereignisse mit stark sozialem Charakter waren die monatliche Gemeinschaftskommunion der Pfarreien und die Prozessionen an Fronleichnam, zu denen die Jugendvereine geschlossen und mit Fahnen und Uniformen kamen.– Das Tischgebet vor und nach den Hauptmahlzeiten, das Morgen- und Abendgebet und in vielen Familien der Rosenkranz waren feste Bestandteile dieser Frömmigkeit. In der Kirche und mit ihr lebte und erlebte man den Rhythmus des Kirchenjahres wie Altermatt schreibt[8], und dieser entsprach den agrarisch-bäuerlichen Verhältnissen, aus denen die Mehrheit der Katholiken stammte.

Die katholischen Mittelschulen, geleitet von den Benediktinern, Kapuzinern und weiteren Ordensleuten, dienten der Heranbildung der künftigen Lehrer und Akademiker, besonders der Priester und Ordensleute. Die Ursuliner und die Baldegger Schwestern, die Chamer Heiligkreuz, die Menzinger und Ingenbohler Schwestern sorgten für die Mädchenbildung, speziell im Hinblick auf Lehr- und Krankenberufe. Nach der Erziehungsenzyklika Pius XI. «Divini illius

[7] Franz Bürkli, Katholische Religionslehre als Lebensgestaltung, Freiburg i. Br. 1948, 151.

[8] Vgl. Urs Altermatt, Katholizismus und Moderne, Zürich ²1991, 267 ff.

Magistri» (1929) galt: «Katholische Erziehung für die gesamte katholische Jugend in katholischen Schulen» (Nr. 78). Noch 1963 warnten die Schweizer Bischöfe in ihrem Bettagsmandat über «Erziehungs- und Schulfragen in unserer Zeit» vor den neutralen Schulen. – Die katholischen Mittelschulen vereinigten die sakramental-liturgische Praxis mit einem Lebensstil, der dem monastischen ähnlich war. Zu ihm gehörten, abgesehen vom Tragen des Talars oder einer Uniform, der tägliche Gottesdienstbesuch, das Hochamt mit Predigt an Sonn- und Feiertagen, die besondere Feier der Feste der Kirchenpatrone, der Ordensgründer und Marias, der monatliche Sakramentenempfang, das teilweise Mitbeten und Mitsingen des kirchlichen Stundengebetes, die jährliche Teilnahme an den Exerzitien zu Beginn der Fastenzeit sowie der fleissige Besuch der Mai- und Oktoberandachten.

Vermittelt wurde die religiöse Erziehung im Religionsunterricht und in der Sonntagschristenlehre, in der Predigt, bei Exhortationen und bestimmten Gelegenheiten wie Vereinsanlässen. Der Religionsunterricht galt als wichtigstes Schulfach und sollte alle anderen Fächer durchdringen. Meistens in zwei Wochenstunden erteilt, gliederte er sich in die drei Hauptstücke der Glaubens-, Sitten- und Sakramentenlehre, und in die christlichen Grundgebete. Dazu kamen Biblische und Kirchengeschichte sowie Einführung in die Liturgie und das Kirchenjahr. In konzentrischen Kreisen kamen die Hauptstücke im Laufe der Schulzeit zwei- bis dreimal zur Sprache, damit das religiöse Wissen im Gedächtnis haften blieb. Im Philosophieunterricht des Lyzeums wurde das erworbene Glaubenswissen auf die Fundamente der scholastischen Philosophie und Theologie gestellt und gegenüber anderen Weltanschauungen abgegrenzt.

Die beschriebene religiöse Erziehung mit ihrer christologischen, eucharistischen und marianischen Akzentuierung prägte den Alltag der Katholiken und wurde zu einem Kennzeichen des katholischen Milieus. Sie schweisste sie zu einer Glaubens- und Schicksalsgemeinschaft zusammen und hob sie von Nichtkatholiken ab. Offen bleiben muss, mit welcher inneren Anteilnahme dieses religiöse Pflichtpensum bewältigt wurde und weshalb es immer wieder die Kritik der Reformierten heraufbeschwor. Jedenfalls blieb diese Praxis über Jahrzehnte unter Katholiken weitgehend unangefochten. Erst die sechziger und siebziger Jahre brachten eine Erosion der religiösen Praxis und danach auch einen Wandel in der religiösen Erziehung.

3.2 Die Erziehung zu «Liebe, Ehrfurcht und Gehorsam»

Wie ein roter Faden durchzieht die Trias «Liebe, Ehrfurcht und Gehorsam» die Geschichte der ethisch-religiösen Erziehung der Katholiken. (Übrigens wich auch Martin Luther in seinen Katechismen nicht von ihr ab.) Begründet wurde diese Trias mit dem Hauptgebot der Liebe, mit dem vierten Gebot des alttestamentlichen Dekalogs, mit Aussagen aus der Haustafel im Kolosserbrief («Ihr Kinder, gehorcht euren Eltern in allem; das gefällt dem Herrn» 3, 20) und mit dem Vorbild des 12jährigen Jesus, der seinen Eltern in Nazaret «gehorsam» war (Lk 2, 51).

Der «Katholische Katechismus für das Bistum Basel» aus dem Jahre 1911 formuliert etwa: «Das vierte Gebot befiehlt, dass die Kinder ihren Eltern Ehrfurcht, Liebe und Gehorsam erweisen.»[9] Derselbe Katechismus aus dem Jahre 1947 hält fest: «Ein Kind schuldet seinen Eltern Liebe, Ehrfurcht und Gehorsam.»[10] – Erfüllen Kinder diese Pflicht nicht, sündigen sie, indem sie ihren Eltern «grob und trotzig begegnen; wenn sie ihnen schlecht oder gar nicht gehorchen»[11]. Diese Sünden ziehen folgende Strafandrohungen nach sich: «Den Sündern gegen das vierte Gebot droht Gott in diesem Leben seinen Fluch und im anderen Leben die Verdammnis an.»[12]

Die Trias «Liebe, Ehrfurcht und Gehorsam» findet sich bereits im «Schlüsselkatechismus» von Joseph Deharbe SJ, erstmals 1847 in Luzern publiziert, wobei diese Grundeinstellungen auf die Beziehung Untergebene-Vorgesetzte ausgeweitet werden. Nach Deharbe gebietet Gott, «dass die Kinder ihren Eltern, und die Untergebenen ihren Vorgesetzten Ehre, Liebe und Gehorsam erweisen».[13] Deharbe seinerseits bezog sich auf die «Katechismen» des Petrus Canisius (1555), die das vierte Gebot so interpretieren: «Es will, dass wir unseren leiblichen Eltern, von denen wir geboren sind, Ehr, Gehorsam, Lieb, Treu und Hilfe allzeit willig und fröhlich beweisen sollen.»[14]

9 Katholischer Katechismus für das Bistum Basel, Luzern 1911, 64.
10 Katholischer Katechismus für das Bistum Basel, Luzern 1947, 176.
11 Katechismus 1911, 64.
12 Ebd. 179.
13 Joseph Deharbe, Katholischer Katechismus oder Lehrbegriff, Regensburg [4]1848, 108.
14 Zitiert nach Ch. Moufang, Katholische Katechismen des 16. Jahrhunderts in deutscher Sprache, Mainz 1881, 37.

Aufschlussreich ist in diesem Zusammenhang die Feststellung, dass in den massgeblichen Urtexten des vierten Gebotes (Ex 20,12; Dt 5,16) das Wort Gehorsam gar nicht vorkommt. Vielmehr sollen unmündige Kinder ihren Eltern einfach Ehre erweisen, um die Zukunft Israels zu sichern. Die jüngere Generation sollte die ältere nicht abschieben, sondern mit ihr die Zukunft gestalten. Doch lassen sich in der Bibel zahlreiche Zeugen für den Gehorsam finden, ja, eine «Wolke von Zeugen». Doch hier wird dieser Begriff zu Unrecht übernommen. Vielmehr erklärt eine damals wichtige bürgerliche Tugend den ursprünglichen Text.

Wie bereits angesprochen, wurde die Gehorsamspflicht der Christen über Eltern und Vorgesetzten hinausgeführt und auf alle geistlichen und weltlichen «Obrigkeiten» in Kirche und Staat angewandt. So gebietet in der Nachfolge von Canisius und Deharbe das Religionsbuch «Glaube und Leben» von Martin Müller und Herbert Haag noch in seiner 4. Auflage aus dem Jahre 1961: «Die Bürger müssen die rechtmässige Regierung anerkennen, sie unterstützen und ihr gehorchen.»[15] – Der klassische Text, von dem die Gehorsamspflicht gegenüber dem Staat abgeleitet wurde, steht im Römerbrief (13,1–6). Paulus begründet den Gehorsam damit, dass jede staatliche Gewalt von Gott stamme. Wer sich ihr widersetzt, verstösst folglich gegen die göttliche Ordnung. Weil der Staat auch das Urteil über den ausspricht und vollziehen muss, der Böses tut, ist er zur Todesstrafe berechtigt. So begründete man mit Paulus den Gehorsam gegenüber Staat und Kirche, die Rechtmässigkeit und Gottgewolltheit der Todesstrafe einerseits; andererseits verurteilte man mit ihm Streiks und Revolutionen. Der einzige Fall, der eine Gehorsamsverweigerung erlaubte, war dann gegeben, wenn der Staat etwas Sündhaftes und Widergöttliches verlangte.

Diese Erziehung zu «Liebe, Ehrfurcht und Gehorsam» war nicht nur dafür mitverantwortlich, dass die Katholiken in staatspolitischen Fragen ein eher passives, unkritisches und anpassendes Verhalten an den Tag legten und sich nicht an den Arbeiterstreiks gegen ungerechte Arbeitsbedingungen beteiligten. Sie half ebenso mit, dass viele Eltern und Vorgesetzten, die stets als Stellvertreter Gottes galten, ihre Autorität unreflektiert gebrauchten, oft missbrauchten und

[15] Martin Müller/Herbert Haag, Glaube und Leben. Offenbarung, Hochdorf 1950, ^{4}1961, 235.

die Kinder kaum zur Konfliktfähigkeit erzogen. Dafür unterstützte sie einen heute kaum mehr nachvollziehbaren Patriotismus, der im vertrauten Liedgut (z.B. in der Landeshymne: «... Gott im hehren Vaterland») aufschien und anlässlich von Schulreisen (z.B. aufs Rütli oder an die Tellspiele) emotional vertieft wurde. Die damals selbstverständliche Vaterlandsliebe war auch religiös begründet, indem Bruder Klaus als «Landesvater» und Maria von Einsiedeln als «Landesmutter» verehrt wurden. – Hinzuzufügen ist, dass diese Erziehung zu «Liebe, Ehrfurcht und Gehorsam» ein problematisches Priesterbild förderte, weil nämlich die Gläubigen den Priestern vorbehaltlos gehorchen und ihre Fehler gegen allfällige Angriffe verteidigen mussten.

3.3 Geschlechterrollen und Geschlechtsmoral

Während sich in jüngster Zeit ein flexibles Rollenverhalten von Mann und Frau mit in mancher Hinsicht austauschbaren Rollen durchsetzt und die Gleichberechtigung von Mann und Frau im neuen Eherecht zum Ausdruck kommt, kannte die ethisch-religiöse Erziehung in der katholischen Sondergesellschaft klar umschriebene, voneinander verschiedene und in der Ehe sich ergänzende Rollen von Mann und Frau. Die Unterschiede beruhten auf der von Gott gegebenen Natur- und Schöpfungsordnung, und die damit verbundenen Geschlechterrollen wurden in der Erziehung, vor allem durch die Mutter, der nachwachsenden Generation weitergegeben. Grundsätzlich hat Gott Mann *und* Frau erschaffen, beide mit der gleichen Würde und demselben Wert ausgestattet, aber die nach Geschlechtern verschiedenen Wesensarten von Mann und Frau bedingten unterschiedliche Rollen.

In zahlreichen Religionsbüchern wird der Mann als physisch stärker und kräftiger gebaut dargestellt, als schärfer im Denken, selbstbewusster im Handeln und vermehrt an Taten, Leistungen und Erfolg orientiert. Das frauliche Wesen sah man als stiller, bescheidener, inniger, gefühlvoller und religiöser als das des Mannes. Für die Ehe trug der Mann Verstand, Wille und Tatkraft bei, die Frau das Gefühl, die Ausdauer und die Mässigung der Leidenschaft. Im Anschluss an Paulus (1 Kor 11,3) war der Mann das Haupt der Frau. Er schützte und sorgte für die Familie. Die Frau war ihm als treue, ehererbietige Lebensgefährtin zur Seite gestellt, nicht als Sklavin, aber als Gehilfin (vgl. Gen 2,18: Eva). Das Vorbild der Frau schlechthin war Maria, die Dienerin des Herrn.

Aus diesen geschlechtsspezifischen Wesensarten ergaben sich deutlich umrissene Rollenverhalten. Der Mann hatte in der Regel ausser Hauses zu arbeiten und für den Unterhalt der Familie aufzukommen, während die Frau im Haushalt beschäftigt und für die Kindererziehung verantwortlich war. Freilich, schon früh wurde die Notwendigkeit der Mitwirkung des Mannes in der Kindererziehung gesehen, speziell in der religiösen Kindererziehung. – Sollte die Frau einen Beruf erlernen, was in Einzelfällen toleriert, manchmal als nötig erachtet wurde, dann lag dieser im sozialkaritativen oder im Lehrbereich, weil diese Tätigkeiten dem fraulichen Wesen am ehesten entsprachen. Schwere Berufsarbeit und öffentliche Ämter hingegen widersprachen ihrer Wesensart.

Das Leben der katholischen Familien hatte sich nach dem (z.T. erdachten) Leben der heiligen Familie zu gestalten: ausserhäusliche Berufsarbeit des Mannes, Zuständigkeit der Frau im Hauswesen, Hingabe und Opferbereitschaft der Eltern für die Kinder und Dankbarkeit, Ehrfurcht, Liebe und Gehorsam der Kinder gegenüber ihren Eltern.

Die katholische Geschlechtsmoral stand im Zeichen des Kirchenlehrers Augustinus und war dem abendländischen Erbe mit seiner Vorherrschaft des Geistes verpflichtet. Einmütig galt die unauflösliche, auf Nachkommenschaft ausgerichtete Einehe als einzig legitimer Ort gelebter Sexualität. Denn Gott richtete bereits im Paradies die Ehe als Grundlage der menschlichen Gesellschaft ein, und Christus heiligte sie als Sakrament. Die Zeugung und Erziehung von Kindern galt wiederum mit Augustinus als erster Ehezweck, dem weitere Ehezwecke wie die gegenseitige Liebe und die Eindämmung der geschlechtlichen Begierde zu- oder untergeordnet waren.

Unter neuplatonischem und manichäischem Einfluss betrachtete man die Sexualität, obwohl von Gott geschaffen, als etwas Zwiespältiges, Gefährliches und möglichst zu Vermeidendes. Lange Zeit wurde sie in die Nähe des Tierischen gerückt. Keuschheit im Sinn der Reinheit und Ehelosigkeit als geistlicher Rat wurden ausdrücklich höher eingestuft als die Ehe. Alle ausserhalb der ehelichen Gemeinschaft aktivierte Sexualität und jeder nicht für Nachkommenschaft offene Geschlechtsakt galten, sofern sie willentlich geschahen, als natur- und gottwidrig und deshalb als in sich schwer sündhaft. Jede schwere Sünde beraubte die Getauften der heiligmachenden Gnade und schloss sie vom Heil aus. Nur eine vollständige Reue und Beichte (mit Angabe von Zahl und Umständen dieser Verfehlungen) schenkte diese Gnade wieder und bewirkte die Wiederzulassung zur Eucharistiefeier. – In neuscholastischen Lehrbüchern begegnet uns häufig eine problematische Willenserziehung zur Bewahrung der Reinheit. Diese wurde vom Berliner freigeistigen Philosophen Friedrich Wilhelm Foerster (1869–1966), der in Zürich von 1899 bis 1912 als Dozent wirkte und in katholischen Kreisen hohes Ansehen genoss, noch verstärkt, obwohl er einen areligiösen Moralunterricht propagierte.

Gemäss erwähntem Grundsatz der Geschlechtsmoral (Sexualität in der Einehe im Hinblick auf Nachkommenschaft) wurden alle damit im Zusammenhang stehenden Probleme beurteilt. Die Sterilisation wurde abgelehnt, weil sie den ersten Ehezweck verunmöglichte; Homosexualität wurde als naturwidrig verurteilt; empfängnisverhütende Methoden und Mittel wurden ebenfalls in globo verworfen. Als Methode der Geburtenregelung kam die Enthaltsamkeit in Frage, seit der Enzyklika «Casti connubii» (1930) in bestimmten Fällen (z. B. bei Verdacht auf Krankheit) auch die Methode der Zeitwahl nach Ogino-Knaus. Im bekannten Lehrbuch der Philosophie von Bernhard Kälin wurde die artifizielle Insemination abgelehnt, weil sie die Naturordnung ausschalte.[16]

Es erübrigt sich beinahe, die konsequente Verurteilung der bei weitem schwerer wiegenden Abtreibung als Tötung menschlichen Lebens zu erwähnen. Sie zog nach dem Kirchenrecht von 1917 (Canon 2350 § 1) die Strafe der Exkommunikation nach sich, die allein der Bischof aufheben konnte.

Trotz des konservativen Tenors der katholischen Geschlechtsmoral besannen sich einige Theologen auf die sexualpositiven Impulse der christlichen Offenbarung, dies um so mehr, als im 20. Jahrhundert vermehrt Psychologie- und Pädagogikstudien aufkamen. Fritz Tillmann wehrte sich bereits 1926 in seinem Religionsbuch «Licht und Leben» gegen die Abwertung der Leiblichkeit und gegen die pessimistische Sicht der Sexualität. Als einer der ersten sah er die

[16] Bernhard Kälin, Lehrbuch der Philosophie II. Einführung in die Ethik, Sarnen 1945, ³1962, 264.

sexuelle Lust im Kontext der ehelichen Liebe als etwas Positives.[17] Doch allgemein wurden die kritischen Stimmen zur herkömmlichen Geschlechtsmoral, die in den dreissiger und vierziger Jahren laut wurden und für die stellvertretend Heribert Doms und August Adam erwähnt seien, erst in den sechziger Jahren rezipiert, freilich nicht überall.

3.4 Erziehung zu sozialem Handeln

Schon immer wusste der christliche Glaube um seine soziale, diakonische Dimension. Konkrete Taten der Liebe sind gleichsam Tatbeweise für die Ernsthaftigkeit des Glaubens. Dieses Bewusstsein wurde besonders in der Fastenzeit erneuert und am Aschermittwoch mit dem Evangelium (Mt 6,1–6, 16–18) unterstrichen. Von den drei «Werken der Umkehr» Almosen, Gebet und Fasten wurde das erste für die soziale Erziehung besonders relevant, ja, es prägte die christliche Diakonie lange Zeit. Mildtätigkeit und Almosen-Geben vom Überfluss waren Konkretisierungen des Gebotes der Nächstenliebe und Erweise der Liebe Gottes zu den Menschen. Dazu kamen in Anlehnung an Matthäus (25,35–36) die Werke der Barmherzigkeit: Hungrige speisen, Durstige tränken, Nackte bekleiden, Gefangene befreien, Kranke besuchen, Fremde beherbergen und – nach dem Katechismus des Petrus Canisius oder dem Meditationsbild des Nikolaus von Flüe – Verstorbene würdig begraben. – Wie überzeugend die Auswirkungen christlicher Diakonie und Sozialerziehung in der Fürsorge der Kranken etwa im Mittelalter oder in den sozialkaritativen Orden des 18. und 19. Jahrhunderts auch waren, aus heutiger Sicht muss die kleinräumige, beinahe private, individualistische Perspektive festgehalten werden. Eine globale Sicht fehlte ebenso wie ein strukturales, auf grundlegende Veränderungen ausgerichtetes Denken.

Seit der Mitte des 19. Jahrhunderts wurde in der Schweiz die soziale Frage brisant. Hier zeigte sich die traditionelle Soziallehre und -erziehung unzureichend. Gleichsam visionär reagierte Kapuzinerpater Theodosius Florentini (1808–1865) auf die Negativfolgen der Industrialisierung (Nachtarbeit, ausbeuterische Frauen- und

[17] Fritz Tillmann, Licht und Leben, Düsseldorf 1938, 78.

Kinderarbeit, Verwahrlosung) mit christlichen Musterfabriken in Analogie zu den Klöstern. Doch scheiterten seine Experimente bald infolge finanzieller Einbrüche.

In der ersten Sozialenzyklika «Rerum Novarum» (1891) war Leo XIII. der Überzeugung, die soziale Frage liesse sich primär durch eine sittliche Erneuerung der Menschen lösen. Er forderte die Reichen zur Wohltätigkeit durch Almosen auf und verströstete die Besitzlosen damit, dass «Armut in den Augen der ewigen Wahrheit nicht die geringste Schande sei» (Nr. 20). Armut und Reichtum gehörten zur «unabänderlichen Ordnung der Dinge» (Nr. 14). Weil das Privateigentum als unantastbar und gottgewollt angeschaut wurde, bezog die katholische Soziallehre und die entsprechende Erziehung in der ideologischen Auseinandersetzung mit dem Kommunismus und dem atheistischen Sozialismus eine durchwegs ablehnende Position, wofür beispielsweise das erfolgreiche «Sozialismus»-Buch (1890) mit 16 Auflagen von dem aus Brig stammenden Sozialphilosophen Victor Cathrein SJ (1845–1931) genannt sei.[18] Noch die Enzyklika «Quadragesimo Anno» (1931) Pius' XI. behauptete die prinzipielle Unvereinbarkeit von Sozialismus und Katholizismus: «Es ist unmöglich, gleichzeitig guter Katholik und wirklich Sozialist zu sein» (Nr. 120). (Auf reformierter Seite initiierten Hermann Kutter [1863–1931] und Leonhard Ragaz [1868–1945] den religiösen Sozialismus mit der gegenteiligen Grundposition!)

Gleichwohl entwickelte «Rerum Novarum» eine Reihe praktischer Anweisungen zum sozialen Tun: Schutz der Arbeiterrechte, Postulat eines ausreichenden Minimallohnes für Familienväter, das Recht auf die Gründung von Arbeitervereinigungen (Gewerkschaften) sowie die Schaffung von Kranken-, Unfall- und Hinterbliebenenversicherungen. Johann Baptist Jung (1861–1922), Religionslehrer in St. Gallen und Mitbegründer der christlich-sozialen Bewegung in der Schweiz, adaptierte «Rerum Novarum» für schweizerische Verhältnisse[19], indem er Berufsgenossenschaften, die Erneuerung

[18] Vgl. Albert Ziegler, Victor Cathrein (1845–1931) – Auf dem Weg zur Sozialphilosophie, in: Stephan Leimgruber/Max Schoch (Hg.), «Gegen die Gottvergessenheit. Schweizer Theologen im 19. und 20. Jahrhundert, Freiburg i. Br. 1990, 130–142.

[19] Johann Baptist Jung, Grundriss der christlichen Sittenlehre mit besonderer Berücksichtigung der sozialen Frage und der wichtigsten Rechtsgrundsätze über Kirche und Staat, bearbeitet für die oberen Klassen der höheren Lehranstalten, St. Gallen 1900, ³1917.

der Agrarpolitik und des Kreditwesens forderte, gleichsam Ansätze zu einem gesellschaftspolitischen sozialen Handeln in überschaubaren Bereichen.

Einen wirklichen Durchbruch in der Erziehung zum sozialen Handeln brachte erst die Gründung des Fastenopfers der Schweizer Katholiken, ausgehend vom Missionsjahr 1960/61, durch Meinrad Hengartner.[20] Die jährliche Fastenaktion gilt bis heute als bedeutendste Lern- und Bewusstseinsbildungskampagne in sozialen Fragen, und zwar stets in weltweiten Horizonten.

Schliesslich sei aus der Zeit nach dem II. Vatikanum als Variante der sozialen Erziehung die Friedenspädagogik erwähnt, wie sie im Lernprogramm «Den Frieden lernen» (1973)[21] von Ansgar Friemelt und Fritz Oser erarbeitet wurde. Mit den Zielen der Verbesserung der Gesprächs- und Kritikfähigkeit, dem Hinterfragen des Gehorsams und der Analyse zwischenmenschlicher Prozesse werden hier neue Beiträge zur anfangs dargelegten Erziehung zum freien, verantworteten Handeln aus dem Glauben geleistet.

[20] Vgl. Hansjörg Vogel, Busse als ganzheitliche Erneuerung. Praktisch-theologische Perspektiven einer zeitgemässen Umkehrpraxis, dargestellt am Fastenopfer der Schweizer Katholiken, Fribourg 1990.

[21] Ansgar Friemelt/Fritz Oser, Den Frieden lernen. Christentum und Wissenschaft auf der Suche nach Frieden. Ein Lernprogramm für die Oberstufe der Mittelschulen, Gymnasien, Sekundarstufe II und Lehrerseminarien, für die Erwachsenenbildung und zum Selbststudium, Olten/Fribourg 1973.

Katholische Schulen im Spannungsfeld von Alternativ- und Ersatzschulen[1]

Bruno Santini-Amgarten

in Verbindung mit Willy Bünter und Urs Hiltebrand

Es ist selten, dass katholische Schulen bezüglich ihrer Geschichte im Mittelpunkt des Interesses stehen. Sie haben aber diese Öffentlichkeit notwendig, wenn ihre Zukunft gesichert sein soll. Der Beitrag hebt folgende Schwerpunkte heraus:

- Kirchliche Dokumente zur katholischen Privatschule beziehungsweise der Schule schlechthin und deren Funktion unter besonderer Hervorhebung der Synode 72
- Fallbeispiele, die sich mit Rücksicht auf den Beitrag von Hermann Bischofberger in diesem Band auf die Sekundarstufe I beschränken
- Anfragen und Perspektiven.

1. Kirchliche Dokumente zur Schule beziehungsweise katholischen Privatschule und deren Funktion

Die nachstehende Grafik soll einen Überblick über die einzelnen Dokumente vermitteln; sie zeigt eindrucklich die Entwicklung der Einstellung zu den staatlichen und (privaten) katholischen Schulen.

[1] Dieser Text ist zustandegekommen dank der entscheidenden Mitarbeit von lic. theol. Urs Hiltebrand (Erstellung der Grafik der Schulgründungen, Durchführung, Auswertung und Mitarbeit bei der Formulierung von Perspektiven bzgl. der Fallbeispiele) sowie dank einem unveröffentlichten Artikel von Willy Bünter in Verbindung mit dem Autor zum Thema «Katholische Privatschulen in der Schweiz. Stellungnahmen der Diözesansynoden (Synode 72) zur Bedeutung katholischer Privatschulen in der Schweiz» (1986). Die Verantwortung des Inhalts liegt allein beim Hauptverfasser. Eine gering erweiterte Fassung ist erschienen als Beiheft 4 zu BILDUNG (1990) mit dem Titel «Das Selbst- und Fremdverständnis der katholischen Schule als Alternative».

Aufgeführt sind bekannte und weniger bekannte kirchliche Verlautbarungen und für das katholische Schulwesen der Schweiz einschlägige Dokumente der «Arbeitsstelle für Bildungsfragen der Schweizer Katholiken» beziehungsweise der «Konferenz Katholischer Schulen und Erziehungsinstitutionen der Schweiz» (KKSE, deren Geschäftsführung durch die Arbeitsstelle wahrgenommen wird).

	Vatikan		*Schweiz*
1866	Hl. Offizium an die Schweizer Bischöfe: grundsätzlich keine Erlaubnis, die Kinder in gemischte Schulen zu senden.		
1917	Kirchliches Gesetzbuch (Can. 1374): «Katholische Kinder dürfen akatholische, neutrale, gemischte (oder Simultan-) Schulen, die auch Nicht-Katholiken offenstehen, nicht besuchen.» Ausnahmefälle möglich.		
1929	Pius XI.: Divini illius magistri: Schule ist grundsätzlich katholische Schule; Staatsschule für Katholiken verboten.		
		1963	Bettagsmandat der Schweizer Bischöfe: Erziehungs- und Schulfragen der Zeit: Christliche Schule ist die einzige Schulform, die das christliche Erziehungsideal vollgültig verwirklicht; ökumenische Offenheit; Wohlwollen gegenüber der christlichen Staatsschule.
1965	Vatikanum II: Gravissimum educationis (Erklärung über die christliche Erziehung): Anerkennung des schulischen Pluralismus; katholische Schule als vorrangige Wahl.		
		1975	Synode 72, u.a. Diözese Basel: Bildungsfragen und Freizeitgestaltung; katholische Schulen als Alternative.

1977	Kongregation für das katholische Bildungswesen: Die Katholische Schule: katholische Schule als christliche Alternative.	1975	Arbeitsstelle für Bildungsfragen: Projekt «Zukunft der katholischen Schulen»: katholische Schulen als «echte Alternative».
1982	Dies.: Der katholische Laie als Glaubenszeuge in der Schule: ausdrückliche Bezüge auf die Dokumente 1977 und 1965.		
1983	Kirchliches Gesetzbuch (Codex des kanonischen Rechtes; can. 798): «Die Eltern sollen ihre Kinder jenen Schulen anvertrauen, in denen für die kath. Erziehung gesorgt wird; wenn sie das nicht können, sind sie verpflichtet, dafür zu sorgen, dass deren erforderliche kath. Erziehung ausserhalb der Schule geschieht.»	1984	Dies. (KKSE): Die Kirche und die katholischen Schulen der Schweiz: katholische Schulen als Dienst an der Gesellschaft.
1988	Kongregation für das Katholische Bildungswesen: Die religiöse Dimension der Erziehung in der katholischen Schule: Schule als Schulgemeinschaft.	1989 und 1991	Dies. (KKSE): Leitbild der katholischen Schulen Schweiz: katholische Schule als Alternative mit Öffnung auf die Welt.

Tabelle: Kirchliche Verlautbarungen zum Schulwesen

1.1 Vom Verbot des Besuches staatlicher Schulen zur katholischen Schule als vorrangige Wahl

Antwort des Heiligen Offiziums an die Schweizerischen Bischöfe auf die Frage des Besuches gemischter Schulen

Die Schweizerischen Bischöfe haben im Jahre 1866 den Vatikan angefragt, ob es den Eltern erlaubt sei, ihre Kinder gemischten Schulen zur Erziehung anzuvertrauen. Die Kardinäle erörtern auf mehreren Seiten, welche Gefahren ein solcher Besuch beinhalte, und sie antworten abschliessend: «Allgemein gesprochen ist es nicht erlaubt. In Einzelfällen ist es dem Urteil und dem Gewissen des Ordinarius überlassen, dessen Pflicht es aber sein wird, sorgfältig dafür zu sorgen, dass nicht nur von ihm und von den Pfarrern, sondern auch von den einzelnen Eltern geeignete Mittel angewendet werden, wodurch die Gefahr des Schadens für den Glauben von den Schülern abgewendet wird.» [2]

Kirchliches Gesetzbuch

Der «Codex Iurici Canonici» von 1917, can. 1374 nimmt dieses Verbot mit aller Deutlichkeit wieder auf: «Katholische Kinder dürfen akatholische, neutrale, gemischte (oder Simultan-) Schulen, die auch Nicht-Katholiken offenstehen, nicht besuchen. – In Ausnahmefällen steht einzig und allein dem Ordinarius die Entscheidung zu, ob wegen besonderer Umstände der Besuch dieser Schulen geduldet werden kann.» [3]

Enzyklika «Divini illius magistri» von Papst Pius XI.

Pius XI. veröffentlicht im Jahre 1929 die obgenannte Erziehungsenzyklika. Er beruft sich dabei auf bereits erfolgte Veröffentlichungen von Pius IX. (1864) und Leo XIII. (1880, 1884, 1886, 1887, 1894) und erneuert im Abschnitt 75 «ihre Erklärung und gleichzeitig die Vorschriften der heiligen Canones». [4]

Bettagsmandat der Schweizerischen Bischöfe für das Jahr 1963: Erziehungs- und Schulfragen in unserer Zeit

Der zeitliche Abstand von 34 Jahren zur Erziehungsenzyklika markiert einen klaren Wandel. Die christliche Schule ist erwartungsgemäss nach wie vor die einzige Schulform, die das christliche Erziehungsideal vollgültig verwirklicht, aber diese kann sowohl staatlich wie privat sein. Mit Nachdruck wird auf die privaten katholischen

[2] Zitiert nach Johannes Mösch, Die christliche Erziehungslehre, Solothurn 1952 (2., erweiterte Auflage), 84f.

[3] Zitiert nach Johannes Mösch, Erziehungslehre, 76f.

[4] Zitiert nach Johannes Mösch, Erziehungslehre, 57. Die Hinweise auf die Verlautbarungen von Pius IX. und Leo XIII. finden sich ebenfalls dort.

Schulen hingewiesen: «Alle diese Aufgaben fordern einen tatkräftigen Einsatz und bedeutende Mittel von uns Christen selber, wo und solange der Staat die konfessionelle Schule nicht unterstützt. Ist das aber zu leisten? Das wird in dem Masse möglich sein, als wir an den Wert und an die Notwendigkeit unserer katholischen Schulen glauben. Die Erfüllung dieser Aufgabe ist ein Gradmesser für den Lebenswillen des schweizerischen Katholizismus.» (S. 10) Die Bischöfe wenden sich auch dankerfüllt an die evangelischen Schulen und deren Wirken (S. 11). Sie wenden sich aber ebenso entschieden gegen den Vorwurf an «die christliche Schule, sie sei ein Spaltpilz der modernen Gesellschaft. Doch diesen Vorwurf entkräftet der Hinweis auf die Tatsache, dass wir nun einmal eine pluralistische Gesellschaft sind.» (S. 6) [5]

Erklärung des II. Vatikanischen Konzils über die Erziehung «Gravissimum educationis»

Die im Jahre 1965 verabschiedete Erklärung «ist die vierte Fassung des Textes, der aus dem vorkonziliaren Schema über die katholischen Schulen hervorging». [6] Das Bettagsmandat dürfte sehr wohl bereits von den Vorarbeiten zu dieser Erziehungserklärung inspiriert worden sein. Hier wird erstmals der schulische Pluralismus anerkannt. Die katholische Schule hat allerdings eindeutig Priorität, etwa formuliert in Artikel 8 der genannten Erklärung: «Weil die katholische Schule also dem Volk Gottes in der Erfüllung seines Auftrages so förderlich und dem Gespräch zwischen Kirche und menschlicher Gemeinschaft zu deren beiderseitigen Vorteil nützlich sein kann, behält sie auch in unserer heutigen Welt eine entscheidende Bedeutung.» [7]

Im Vergleich zwischen dieser Stellungnahme und jener vom Jahre 1929 ergeben sich aufschlussreiche Einblicke: Pius XI. musste die katholische Schule gegenüber den totalitären Regimen des Faschismus, des Kommunismus und des Nationalsozialismus verteidigen und betonte deshalb das Recht auf Erziehung, begründet durch ihr

[5] Bettagsmandat der Schweizerischen Bischöfe für das Jahr 1963, Erziehungs- und Schulfragen in unserer Zeit, Chur 1963.

[6] Karl Rahner/Herbert Vorgrimler, Kleines Konzilskompendium, Herder 1972 (8. Auflage), 331.

[7] Zitiert nach Karl Rahner/Herbert Vorgrimler, Konzilskompendium, 343.

höchstes Lehramt. Auch hat sich die Reihenfolge in der Aufzählung der Erziehungsträger verändert: In der Konzilserklärung ist zuerst von den Eltern, dann vom Staat und zuletzt von der Kirche die Rede, 1929 zuerst von der Kirche und der Familie und erst danach vom Staat.[8] Diese neue Sicht wirkt sich in immer grösserem Ausmass auf die drei folgenden Dokumente der «Kongregation für das katholische Bildungswesen» aus:

Im Dokument «Katholische Schule» (1977) wird die katholische Schule als die christliche Alternative hingestellt: «Um in der Auseinandersetzung mit dem Kulturpluralismus die Erreichung ihrer Ziele zu gewährleisten, setzt sich die Kirche für den Grundsatz des Schulpluralismus ein.

Die Kirche ist schliesslich fest überzeugt, dass die Katholische Schule mit ihrem Bildungsplan, den sie den Menschen unserer Zeit anbietet, eine ihr eigene kirchliche Aufgabe, die dringend und unersetzlich ist, erfüllt.»[9]

Die Reihe dieser Dokumente findet ihre Fortsetzung in den Texten «Der katholische Laie als Glaubenszeuge in der Schule»[10] und «Die religiöse Dimension der Erziehung in der katholischen Schule. Grundzüge zur Überlegung und zur Überprüfung».[11] Diese Veröffentlichung nimmt die bisherigen kirchlichen Verlautbarungen auf und bezieht sich auch auf die Rundschreiben oder Ansprachen Papst Johannes Pauls II.: «Die katholische Schule hat also vom Konzil eine wohldefinierte Identität erhalten. Sie soll nicht nur Kirche in der Gesellschaft vergegenwärtigen, sondern selbst Kirche sein. Die katholische Schule ist also ein Ort der Evangelisierung, des Apostolats, der Seelsorge. Sie ist es insoweit, wie sie der Bildung der christlichen Persönlichkeit dient. In diesem Punkt sind die Anweisungen Papst Johannes Pauls II. hilfreich. Für ihn ist die ‹katholische Schule keine Rand- oder zweitrangige Tatsache der pastoralen Sendung des Bischofs. Man darf nicht glauben, sie hätte nur eine Ersatzfunktion für die staatlichen Schulen zu übernehmen›.» (S. 17).

[8] Ludwig Räber, Leitbilder einer christlichen Pädagogik, Freiburg i. Ue. 1977, 179.
[9] Kongregation für das katholische Bildungswesen, Die Katholische Schule, Rom 1977, 7f. (Abschnitte 13–15).
[10] Dies., Der katholische Laie als Glaubenszeuge in der Schule, Rom 1982.
[11] Dies., Die religiöse Dimension der Erziehung in der katholischen Schule. Grundzüge zur Überlegung und zur Überprüfung, Rom 1988.

1.2 Synode 72 und katholische Schulen

Ende der 60er Jahre waren Bildung, Schulreform und Bildungspolitik hervorragende öffentliche Themen, an deren Diskussion sich die Kirche kaum beteiligte. Anderseits begann sich zur selben Zeit eine schwere Krise des katholischen Bildungswesens abzuzeichnen, vorab der katholischen Schulen. Die Synode 72 bot die Möglichkeit, die Not und auch die Chancen der katholischen Schulen einer breiteren kirchlichen Öffentlichkeit bekanntzumachen und die Kirche für sie zu engagieren.

Zur Situation der katholischen Schulen 1972

Die Studie «Zukunft der katholischen Schulen»[12] zeigt die unterschiedlichen Situationen der katholischen Schulen dieser Jahre auf und weist auch auf die Wurzeln der Unterschiede hin:

- Die Schulhohheit liegt bei den Kantonen, die ihr Schulwesen unkoordiniert entwickelt haben. Das Privatschulrecht wird äusserst unterschiedlich gehandhabt – dies übrigens auch heute noch.[13]
- Die Schulangebote in den Rekrutierungsgebieten der katholischen Internatsschulen wurden massiv ausgebaut.
- Die Bistümer scheinen kaum Möglichkeiten zu haben, auf die katholischen Schulen einzuwirken und sie finanziell zu fördern; Kantonalkirchen verfügen über keine Schulhoheit; Pfarreischulen sind privatrechtliche Institutionen.
- Die katholischen Schulen sind ganz unterschiedlich rechtlich formiert – von Ordensgemeinschaften bis zu Familienunternehmungen, zum Teil in enger Verbindung zu öffentlichrechtlichen Körperschaften.
- Der Nachwuchsmangel der Orden macht das Überdenken der Aufgaben und Ziele notwendig; die Schule hat nicht überall erste Priorität.

[12] Alfons Müller-Marzohl, Willy Bünter, Zukunft der katholischen Schulen, Luzern 1972–1975, Teil I–VI.
Siehe dazu auch Ludwig Räber (Hrsg.), Christliche Erziehung in der pluralen Gesellschaft, Weinheim 1970 (daselbst besonders den Beitrag des Herausgebers: «1970 – Jahr der Erziehung – Chance oder Kapitulation der christlichen Erziehung», 16–27).

[13] Bruno Santini-Amgarten, Privatschulen und staatliche Leistungen, Luzern 1990 (Beiheft 3 zu BILDUNG).

- Seit Beginn der 1960er Jahre öffnen sich die Internatsschulen für Externe, Knabenschulen für Mädchen und umgekehrt, und der Umstrukturierungsprozess macht sich auch in der Anpassung der Angebote an aktuelle Bedürfnisse bemerkbar.
- Die Veränderung des Lebensstils führt auch zu höheren Ansprüchen an die katholischen Schulen, damit zu massiven baulichen Veränderungen und zur Neugestaltung der Binnenorganisation.

Insgesamt ist die Führung einer katholischen Schule schwieriger geworden. Gleichzeitig setzt in den Internatsschulen ein Schülerrückgang ein, der zwar grösstenteils, aber mit vielen Nachteilen durch den Ausbau des Externats kompensiert werden kann. Es scheint, als wäre vielen katholischen Eltern der Wert einer katholischen Schule nicht mehr bewusst. Doch zeigt es sich, dass diese Institute, vor allem der Sekundarstufe II, als Ersatzschulen und nicht ihrer pädagogischen Alternative wegen besucht worden sind. Umgekehrt hat der Veränderungsprozess dieser Jahre deutlich gemacht, dass bei Schulgründungen nicht immer die pädagogische Motivation die wichtigste Rolle spielte.

Möglichkeiten der Kirche

In den Jahren nach dem Bettagsmandat 1963 wächst im kirchlichen Bereich Skepsis gegenüber den katholischen Schulen. Es wird festgestellt, dass sie nicht mehr das erbringen, was die Kirche von ihnen erwartet: Nachwuchs für die Priesterseminare, Orden und Kongregationen. Und die öffentlichen Schulen stehen nicht mehr im Geruch der Kirchenfeindlichkeit. Die Interdiözesane Sachkommission 11 «Bildungsfragen und Freizeitgestaltung» der Synode nimmt die Anliegen der katholischen Schulen vorerst einmal zur Kenntnis. Dass sie sich dafür engagieren sollte, ist nicht allen selbstverständlich. Ein religiös-pädagogisches oder ein kulturkämpferisch-konfessionelles Argument allein kann ein Engagement nicht rechtfertigen.

Andere Argumente schliessen dann aber die Kommission auf:
- die Notwendigkeit und das Recht der Kirche, sich im schulischen Bereich darstellen zu können
- das Elternrecht, für ihre Kinder eine ihnen zusagende Schule zu wählen
- das Interesse des Staates an Privatschulangeboten.

In der Fassung der Basler Diözesansynode, verabschiedet am 28. November 1975 (Solothurn)[14], heisst es zu den kirchlichen Schulen folgendes:

«14.1 Die Synode würdigt die Bedeutung der katholischen Privatschulen. Sie anerkennt sie als Bestandteil der gesamten Bildungsarbeit der Kirche und als eine wertvolle Möglichkeit, in der pluralistischen Welt den christlichen Erziehungsauftrag deutlich zu machen.

14.2 Katholische Privatschulen sind als Alternative zu den öffentlichen Schulen wertvoll und notwendig und sollen von der Kirche mitgetragen werden. Da viele Kirchgemeinden und Pfarreien in der Lage sind, private Schulen finanziell zu unterstützen, fordern wir diese Gremien auf, zu helfen, wo es nötig ist. Unter Umständen sind rechtliche Grundlagen zu schaffen oder neu zu überdenken, damit Landeskirchen und Kirchgemeinden nach Notwendigkeit Beiträge gewähren können. Insbesondere soll dadurch auch Kindern aus finanziell schwachen Familien der Besuch katholischer Privatschulen ermöglicht werden.»

Die Wirkung des Dokuments

Es zeigt sich bald, dass die Anliegen der katholischen Schulen in den Räten und Pfarreien nach der Synode 72 kaum wahrgenommen werden. Einzig im Bistum St. Gallen beschliesst die «Katholische Administration» (das landeskirchliche Verwaltungsorgan) eine verstärkte Unterstützung der katholischen Mittelschulen. 1975 ist also kein Wendepunkt: Die Krise dauert an, sie verschärft sich sogar. Klar wird auch, dass ohne besondere Anstrengungen der einzelnen Schulen und der «Konferenz Katholischer Schulen und Erziehungsinstitutionen der Schweiz» (KKSE) von den Kirchgemeinden, Kantonalkirchen und auch der Bischofskonferenz keine entscheidende Hilfe zu erwarten ist. Die KKSE und deren geschäftsführende Stelle, die Arbeitsstelle für Bildungsfragen der Schweizer Katholiken, versuchen in verschiedene Richtungen vorzustossen: Finanzierungsmodelle, Studientagungen, sprachregionale Sektionen und Stufenkonferenzen.

[14] Synode 72, Diözese Basel, Bildungsfragen und Freizeitgestaltung. Verabschiedete Texte. Sachkommission 11, Solothurn 1976.

1.3 «Die Kirche und die katholischen Schulen der Schweiz» – ein neues Dokument[15]

Die KKSE verstärkt den Kontakt mit der Bischofskonferenz. Gemeinsam mit ihr sollen die Schulen zur Solidarität ermutigt und die kirchliche Öffentlichkeit zu einem verstärkten Engagement gerufen werden. In den ersten Gesprächen wird ein Problembereich offengelegt, der an der Synode 72 verdrängt worden ist und den Bischöfen zu schaffen macht: Was macht eine Schule zur katholischen Schule? Wie weit sehen sich diese Schulen eingebunden in die kirchlichen Strukturen? Die Erfahrung, dass «katholisch» sehr unterschiedlich definiert wird und die Mehrzahl der Schulen ausserhalb der ortskirchlichen Strukturen steht, erschwert die gemeinsame Arbeit. So beschliesst der Vorstand der KKSE in Rücksprache mit der Bischofskonferenz, ein Dokument «Die Kirche und die katholischen Schulen der Schweiz» zu erarbeiten. Ein erster Entwurf wird 1981 in eine breite Vernehmlassung geschickt; das Schlussdokument erscheint schliesslich im Jahre 1984 auf deutsch und französisch. Die katholischen Schulen verstehen sich darin als einen Dienst an der Gesellschaft; sie beanspruchen anderseits, entsprechend ernst genommen zu werden.

Zur Bewertung

Die Empfehlungen der Synode 72 wie auch das neue Dokument der KKSE haben dieselbe Zielrichtung und zeigen die besonderen Schwierigkeiten der katholischen Schulen in der Schweiz. Sie sind an eine kirchliche Öffentlichkeit gerichtet, bei der sie um Verständnis und Unterstützung werben. Sie brauchen Geld, freiwillige Spenden, Mittel aus den Steuererträgen der Gemeinden und staatliche Beiträge. Darüber entscheiden aber, soweit es sich nicht um Bistumsgelder handelt, nicht die Bischöfe, sondern das Volk, die «kirchliche Öffentlichkeit». Der Schweizer und die Schweizerin öffnen ihren Geldbeutel selten aus ideologisch begründeter Notwendigkeit, son-

[15] Die Kirche und die katholischen Schulen der Schweiz. Ein Grundlagendokument der KKSE (mit einem Vorwort von Abt Henri Salina und einem Fragenkatalog zum Dokument), in: BILDUNG, Informationsdienst der Arbeitsstelle für Bildungsfragen, 64/65 (1984) 3–17 – Französische Fassung: L'Eglise et les écoles catholiques, Lucerne 1984.

dern aus Zweckmässigkeit. So führen denn beide Dokumente nur am Rande theologische und ideologische Argumente an. Sie berufen sich vielmehr auf die Zweckmässigkeit:

- Präsenz der Kirche im Schulwesen
- Wahrung der Elternrechte
- Sicherstellung eines pluralistischen Schulwesens
- Möglichkeit, christliches Gedankengut zu vermitteln
- Dienst am (unterprivilegierten) Schüler
- Dienst an den Eltern.

Beide Dokumente haben auch eine ausgesprochen politische Ausrichtung. Es geht um die staatliche Anerkennung und um die Mitfinanzierung der Schulen. Die entsprechenden Postulate sind zwar vage formuliert und fordern die kirchliche Basis zum Handeln auf. Aber anders geht es nicht. Die Schulhoheit liegt bei den Kantonen, und Verbesserungen zugunsten der katholischen Schulen können nur über die politischen Strukturen der einzelnen Kantone herbeigeführt werden. Hier müssen Initiativen ergriffen werden.

Die vorsichtigen Formulierungen haben noch einen anderen Hintergrund: Die meisten katholischen Gymnasien und Lehrerseminarien erhalten staatliche Mittel für den Schulbereich (nicht aber für den Internatsbereich) nach Anzahl der Schüler aus dem Standortkanton. Sie sind gegenüber den Privatschulen im Bereich der Primarstufe (Volksschule) privilegiert. Sie spüren aber, dass der Einfluss des Staates die Ausgestaltung als Alternativschule erschwert.

1.4 «Leitbild der katholischen Schule»[16]

Das neue Dokument erscheint als «Diskussionsbeitrag» und versucht, die katholische Schule inhaltlich zu fassen. Es möchte die Diskussion um die katholischen Schulen neu in Gang bringen. Ausgehend von den Rechten des Schülers und der Schülerin wird unter dem Stichwort der Öffnung und der Offenheit die katholische Schule als eine Alternative und nicht als ein Ersatz thematisiert: «In einer pluralistischen Welt, in welcher materielle Werte vorherrschen, möchte die katholische Schule eine unter mehreren Alternativen

[16] Gilbert Bugnon/Bruno Santini-Amgarten, Leitbild der katholischen Schule. Ein Diskussionsbeitrag, Luzern 1989 (Beiheft 2 zu BILDUNG).

gegenüber dem Staat und Privatschulen anderer Ausrichtung sein. Die Andersartigkeit liegt also zuerst auf der Ebene der weltanschaulichen Ausrichtung vor der pädagogisch-methodischen Ebene. Alternativen im Schulangebot verbürgen den Eltern und ihren Kindern die Freiheit der Erziehung und des Unterrichts. Sie ermöglichen den gegenseitigen Wettbewerb und führen so oft zu einer besseren Qualität der Schule.» (S. 10)

Dieser mehrmals überarbeitete «Diskussionsbeitrag» ist nach einer schriftlichen Vernehmlassung bei den Mitgliedsschulen der KKSE an der Jahresversammlung 1991 in einer Kurzfassung einstimmig verabschiedet worden und als «Leitbild der katholischen Schulen Schweiz» dreisprachig (d,f,i) erschienen.

1.5 Fazit

Die kirchlichen Dokumente haben einen entscheidenden Wandel durchgemacht:

- von der absoluten Pflicht des Besuchs einer katholischen Schule anstelle der staatlichen Schule zur Empfehlung des Besuchs einer katholischen Schule. Mit anderen Worten: In den früheren Dokumenten waren staatliche Schulen eher minderwertiger Ersatz für das Fehlen einer katholischen Schule.
- Von der Ausschliesslichkeit zum Angebot und zur Alternative der katholischen Schule
- Für schweizerische Verhältnisse gilt auch, dass die katholischen Schulen ihre seit Jahrhunderten betonte Aufgabe der Förderung geistlicher Berufe[17] nicht mehr im gleichen Masse bei veränderten gesellschaftlichen Umweltbedingungen erfüllen können.

Die Veröffentlichungen der Konferenz Katholischer Schulen und Erziehungsinstitutionen der Schweiz (KKSE) differenzieren diesen Wandel in folgender Richtung (für die Situation in Westeuropa bzw. anderen europäischen Ländern sei auf die höchst aufschlussreiche entsprechende Broschüre verwiesen[18]): Katholische Schulen wurden

[17] Rudolf Bolzern, Das höhere katholische Bildungswesen der Schweiz im Ancien Régime (16.–18. Jahrhundert): Eine Zeit ohne eigene Universität, in: Zeitschrift für Schweizerische Kirchengeschichte, 83 (1989), 7–38.

[18] Das katholische Schulwesen in Europa, Pro Mundi vita, Bulletin 97, 2/1984.

während Jahrzehnten mindestens zum Teil aus einer Mangelsituation heraus besucht (kein entsprechendes Angebot im eigenen Umfeld) und dienten deswegen als Ersatz. Dazu kommt aber – das lässt sich aus den Gründungsdokumenten verschiedener Schulen leicht ablesen – der Drang, vielleicht auch der Zwang zum Besuch einer katholischen Schule, wenn die stark freisinnig geprägte Staatsschule im eigenen Umfeld die religiöse Entfaltung erschwerte oder gar verunmöglichte. Die katholische Schule entwickelte sich von einer «Pflicht-Alternative» zu einer freigewählten Alternative heute.

2. Fallbeispiele: Ersatz- oder Alternativschule

Als Fallbeispiele werden die Freien Katholischen Schulen Zürich ausführlicher behandelt; anschliessend kommen eine Mädchen- und zwei Knabenschulen aus Platzgründen nur kurz zum Wort. Alle vier Beispiele sollen die Fragestellung «Ersatz oder Alternative?» näher beleuchten. Vorgängig soll eine Übersicht der Gründungen der katholischen Privatschulen der Deutschschweiz gegeben werden.

Die umstehende Grafik macht unter anderem zwei Tatsachen deutlich:

- Die grosse Zeit der Schulgründungen beginnt mit dem Kulturkampf; sie nimmt kontinuierlich zu und erreicht ihren Höhepunkt zur Zeit des Zweiten Weltkrieges.
- Die Schulgründungen nehmen anfangs der 1970er Jahre rapide ab. In den letzten Jahren wurde keine katholische Privatschule gegründet; aber in vielen Fällen haben sich die Typenangebote an den bestehenden Schulen verändert, zum Teil erweitert. Umgekehrt proportional zu den Schulgründungen verlaufen seit den 60er Jahren die Schulschliessungen oder Verstaatlichungen (eine Grafik steht noch aus). Diese Entwicklung ist nicht abgeschlossen, auch wenn sie sich zahlenmässig verlangsamt hat, und ist eine ganz ernste Herausforderung an die katholische Öffentlichkeit.

Grafik:
Gründungen katholischer Privatschulen der Deutschschweiz (ohne Kinderheime)

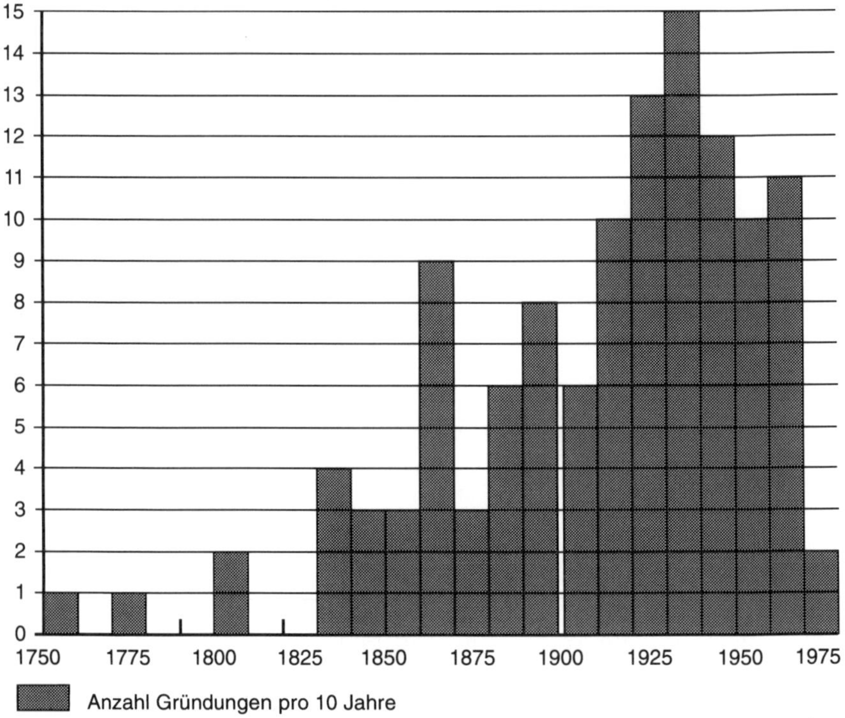

Der Vergleich mit den vier Perioden Altermatts der Entwicklung des Schweizer Katholizismus[19] dürfte schwierig sein und ist vielleicht erst mit einer repräsentativen Motivgeschichte der Schulgründungen zu leisten. Im folgenden kann es sich nur um bescheidene Ansätze handeln.

2.1 Freie Katholische Schulen in Zürich[20]

2.1.1 Entwicklungsgeschichte

In den 70er Jahren des letzten Jahrhunderts erlebte der Katholizismus in der Stadt Zürich in der Folge des ersten Vatikanums einen

[19] Urs Altermatt, Der Schweizer Katholizismus zwischen Konfession und Nation, in: Urs Altermatt u.a., Konfessionelle Religiosität – Chancen und Grenzen, Zürich 1989, 36–51.
[20] Interview mit Dr. Magnus Wolfensberger.

Tiefpunkt. Mit der Abspaltung der Altkatholiken schien der Untergang der römisch-katholischen Konfession in Zürich besiegelt. Als Reaktion bildete sich jedoch ein stark ausgeprägtes römisch-katholisches Identitätsbewusstsein, dessen Zenit sich wohl in der Gründung der ersten eigenen Schule ankündigte.[21]

Man fühlte sich als Katholik in der öffentlichen Schule diskriminiert. Einer der wichtigsten Zankäpfel bildete der Religionsunterricht bzw. der Unterricht in Sittenlehre und biblischer Geschichte. Dabei ist es aufschlussreich zu beobachten, dass gläubige Protestanten und Katholiken weitgehend gleich handelten. So waren es im Kanton Zürich die engagierten Protestanten, die als erste eigene Schulen eröffneten (z.B. 1869 das Evangelische Lehrerseminar Unterstrass). Die Katholiken konnten in den 1920er Jahren die Begründungen übernehmen. Die erste Schule wurde endlich 1924 eröffnet und war eine reine Mädchenschule. Dies wurde vom Institut Menzingen so verlangt, das auch die Lehrerinnen stellte. Erst 1949 kam es zur Eröffnung einer Knabenschule, die von Marianisten-Schulbrüdern geführt wurde. Ab ca. 1965 erfolgte dann – auch auf Wunsch der Eltern – eine immer weitgehendere Durchmischung zwischen Mädchen und Burschen. Heute unterrichten die katholischen Schulen Zürichs rund 700 Schüler und Schülerinnen, verteilt auf 5, ab 1991 auf 4 Schulhäuser der Sekundarstufe I einschliesslich Gymnasium (1.–4. Klasse), Typus B und D. Noch rund ein Fünftel der Lehrpersonen sind Ordensleute. Die Schulen sind nicht staatlich subventioniert und können dank der substantiellen Unterstützung der katholischen Kirche Zürichs existieren.

2.1.2 Pädagogische Ausrichtung und Bildungserfolge

Schon durch die Menzinger Schwestern war der erzieherische Charakter der katholischen Schulen von Anfang geprägt. Der einzelne Schüler sollte als Person in christlicher Sicht im Zentrum stehen.[22] Dagegen wurden die öffentlichen Schulen als «sehr mili-

[21] Siehe auch Regina Zanoni-Borden, Die Entwicklung des Mittelschulwesens im Kanton Freiburg bis 1582: Von den Anfängen bis zur Gründung des Kollegiums Sankt Michael (1582), Freiburg i. Ue. 1989.

[22] Siehe August Oggenfuss, Erziehungsziele und Schulstruktur. Zur Interpretation von Erziehungszielen und ihren Auswirkungen in öffentlichen und privaten Schulen, Einsiedeln 1981 (Selbstverlag: Druck Kürzi). Es werden die Erziehungsziele der Freien Katholischen Schule Wiedikon und der öffentlichen Sekundarschule Ämtler verglichen. Siehe besonders S. 110ff.

tärische Mühle» apostrophiert. Es wurde versucht, auf Sinnfragen einzugehen und christliche Mitmenschlichkeit in der Konfliktbewältigung sichtbar zu machen, Gemeinschaft und Gespräch zu fördern, Leitbilder zu vermitteln.

In den ersten dreissig bis vierzig Jahren erwuchsen vor allem den Menzinger Schwestern, später den Marianisten aus der Schule zahlreiche geistliche Berufe. Diese Entwicklung liess Mitte der 60er Jahre stark nach, auch wenn es heute noch überdurchschnittlich viele geistliche Berufe gibt. Die Schulen wiesen in früheren Jahren hohe Quoten an Lehrerberufen auf. Oft trat eine Mädchenklasse bis zu einem Drittel anschliessend an ihre Schulzeit ins Lehrerseminar ein. Die Knaben besuchten anschliessend öfter die Mittelschule, bis Mitte der 60er Jahre vor allem auch katholische Internate wie jenes von Immensee. Viele Schülerinnen und Schüler engagieren sich später in ihren Pfarreien.

2.1.3 Wandel der Motivationen für den Schulbesuch

Die sozio-kulturelle Schichtung entspricht während der ganzen Geschichte der Schulen in etwa jener der katholischen Stadtbevölkerung. Die Familienstrukturen variieren entsprechend dem jeweiligen Quartiercharakter sehr stark, sind aber typisch. Eine zunehmende Anzahl von Kindern stammt heute aus unvollständigen Familien (Tagesschule als Entlastung der alleinerziehenden Mutter).

In den ersten Jahrzehnten der Freien Katholischen Schulen stellte das Bekenntnis zur römisch-katholischen Konfession die primäre Motivation dar. Katholische Schulen wurden zu Zeichen der gesellschaftlichen Bedeutung des Katholizismus und waren für die Identitätswahrung wichtig. Ähnlichen Charakter hatten beispielsweise die katholische Tageszeitung «Neue Zürcher Nachrichten» oder die christdemokratische Fraktion im Gemeinderat der Stadt Zürich. Die eigenen Kinder an die katholischen Schulen zu schicken, kam in gewisser Hinsicht einem öffentlichen Glaubensbekenntnis gleich; man exponierte sich gesellschaftlich. Dies konnte oft auch einen Grund gegen die Wahl der Privatschule darstellen.
Sekundäre geschichtliche Gründe waren die erschwerte Mobilität für den Besuch anderer Schulen durch die hohen Preise der städtischen Verkehrsbetriebe, der gute schulische Ruf (wie er beispielsweise 1946 in den Visitationsberichten der Bezirksschulpflege Zürich zum Aus-

druck kam), die Bevorzugung von Absolventen katholischer Schulen bei der Lehrstellenvergabe (wobei die Ehrlichkeit der Schüler, aber auch ihr Fleiss immer wieder hervorgehoben wurden), der Umstand einer reinen Mädchenschule, die Hoffnung einzelner Eltern auf geistliche Berufe.

Heute sind ca. 12% der Schüler/innen nicht katholisch (evangelisch, orthodox). Schätzungsweise 20% der Eltern sind heute noch regelmässig praktizierend.

Zum Teil sind die heutigen Motivationen verändert:
- Es gibt auch heute noch Eltern, die ihre Kinder aus weltanschaulich-religiösen Gründen an die katholischen Schulen schicken. Vor allem sind hier evangelische Eltern, auch Pfarrer zu nennen, die sich in ihrem Glauben stark engagieren – dies, obwohl das Schulgeld für diese Familien infolge des Wegfalls der Kirchgemeinde-Subventionen wesentlich höher ist.
- Weiter sind zu nennen: Familientradition bezüglich Besuchs katholischer Schulen; der gute Ruf der Schulen (einerseits im Erreichen der Lernziele, andererseits im persönlichen Stil bei der Behandlung der Schüler); klare Kenntnis der Ausrichtung der Schule in einer Grossstadtsituation; Schüler aus familiären Problemsituationen, Entlastungsfunktion der Tagesschule; Besuch des katholischen Gymnasiums bei Nichtaufnahme an eine öffentliche Mittelschule besonders in den grossen Jahrgängen mit restriktiveren Aufnahmebedingungen; altersgemässe und bewusste Einführung in die neue Schulstufe.

Der Zeichencharakter einer katholischen Schule wird heute nicht mehr so stark empfunden (ein Drittel der Synodalräte stimmte gegen die weitere Subventionierung durch die Landeskirche), trotzdem ist die Ausrichtung der Freien Katholischen Schulen Zürich klar: Gelebter Glaube will praktiziert sein. Werte der Menschlichkeit werden zwar mit anderen geteilt, unterscheiden sich also inhaltlich nicht zwischen den Konfessionen; in der Form ihrer (symbolischen) Darstellung gibt es aber sehr wohl Unterschiede. Die Schulen fühlen sich demnach gut in den ortskirchlichen Rahmen eingebunden und pflegen auch zum Bistum regelmässigen Kontakt.

2.1.4 Ersatz oder Alternative?

Die Freien Katholischen Schulen Zürich verstehen sich eindeutig als eine Alternative; sie sehen sie in verschiedener Ausrichtung:
- individuelles Eingehen auf die Schülerperson
- besondere weltanschauliche und religiöse Ausrichtung der Schule
- Dienst an der Familie
- «Eine Schule, an der sich Geborgenheit und Anforderung nicht ausschliessen. Der Schüler soll spüren, dass man ihn in seiner Art gern hat.»

2.2. Der alternative Charakter dreier weiterer Privatschulen

Aus Platzgründen wird die Wiedergabe der Befragung auf Kurzangaben zur Motivation sowie zum katholischen und alternativen Charakter eingegrenzt.

2.2.1 Institut Rhaetia, Luzern[23]

Die Tagesschule für Mädchen, 1911 von den Dorothea-Schwestern gegründet, legt Wert auf ihre katholische Tradition. Während die Schule in theologischer Hinsicht sehr traditionell gewesen ist, entwickelt sie sich heute dank des Ordens in Richtung befreiungstheologischen Denkens. Früher war die Katholizität der Schule für strenggläubige Familien ausschlaggebend; heute ist diese Motivation in sehr seltenen Fällen vorhanden; ausschlaggebend sind heute schulische Probleme – neben der Familientradition, der Tatsache der Mädchenschule, der Betonung auf menschlichen Werten in der Schule.

Die Rhaetia versteht sich als eine alternative Schule, «in der Leistung und Leistungsdruck nicht die Hauptrolle spielen, sondern gleichwertig andere Werte zum Tragen kommen, und zwar Werte, die mit dem Leben zu tun haben, mit der Zwischenmenschlichkeit, Werte, die auch mit Religion zu tun haben, mit sozialem Denken, mit sozialem Engagement.»

[23] Interview mit Sr. Catherine Fries (teilweise) und Erwin Hofstetter (Teilergebnisse).

2.2.2 Alpine Schule Vättis SG[24]

Die Leitung der Knabenschule, 1954 von einem streng katholischen, sozial engagierten Primarlehrer gegründet, liegt heute in den Händen von Cilli und Werner Aepli-Hobi. Sie erscheinen als elterliche Autoritätspersonen, bei denen weniger kirchliche oder philosophische Moralkategorien und Orientierungen im Vordergrund stehen als vielmehr die gelebten Erfahrungen auch mit den eigenen Kindern.

Während in den 1950er Jahren die Katholizität der Schule durchaus eine motivierende Rolle spielte, tritt sie heute stark in den Hintergrund: Eine geringe Minderheit von Eltern thematisiert bei Anfragen die katholische Ausrichtung der Schule, wobei auch bei diesen weniger die Katholizität an sich, sondern eher das Vermitteln von Wertbewusstsein oder der menschliche Ruf der Schule im Vordergrund zu stehen scheint.

Bis Ende der 1960er Jahre war das Internatsleben vollständig durch das katholische Milieu geprägt. Es wird heute als schwierig betrachtet, den Schülern etwas von der eigenen liturgischen Beheimatung mitzugeben. «Dies wird auch nicht gewünscht – allenfalls toleriert.»

Die Schule Vättis sieht ihren Alternativcharakter im folgenden:

- Der Einzelne soll sich zu sich selbst und zu seinem besten entwikkeln.
- Vater-/Mutterbeziehung zur Internatsleitung
- wo nötig therapeutische Betreuung
- eigenes Elternsein der Lehrpersonen als Vorbild
- Christsein nicht als etwas Gelehrtes, sondern als etwas Gelebtes durch das Lehrerteam.

2.2.3 Juvenat der Franziskaner, Flüeli-Ranft[25]

Das Knabeninstitut, neu gegründet 1971 im Flüeli und in der Trägerschaft der Franziskaner-Konventualen, wollte als kleine Schule mit franziskanischer Ausrichtung auf die pädagogischen Diskussionen und Experimente der 1968er und frühen 1970er Jahre

[24] Interview mit Werner Aepli (Teilergebnisse).
[25] Interview mit Guido Baumgartner und P. Klaus Renggli (Teilergebnisse).

reagieren. Dabei wird die implizite gegenüber der expliziten Spiritualität hervorgehoben, welche auch von den Laienlehrern gelebt und getragen wird.

Im Zentrum steht der Mensch als ganzheitliches Wesen. Das Juvenat versteht sich als christliche Schule und möchte die Katholizität weit gefasst wissen.

Primär-Motivation der Eltern für den Schulbesuch sind Probleme des Schülers im Umfeld von Schule oder Familie. Dahinter tritt die Katholizität als Motivation zurück, auch wenn rund 80% der Schüler katholisch sind (seit Beginn konstant) und 30% der Eltern sich als kirchlich engagiert bezeichnen.

Das Juvenat versteht sich als eine alternative Schule, welche durch folgende Merkmale gekennzeichnet wird:

- eine Schule, in der neben der Leistung der Jugendliche in seiner ganzheitlichen Entwicklung gefördert wird.
- der Mensch steht im Zentrum
- mehr Geduld sowie Eingehen auf den Schüler
- Vertreten von christlichen Werten in franziskanischem Geiste
- Kleinheit und Flexibilität der Schule und des Internats
- themenzentriertes Arbeiten
- Internat als Erfahrungsfeld und Lebenshilfe für den Schüler (z.B. besondere Dienste und Ämter).

Das Juvenat hat 1991/92 ein modellhaftes Konzept entwickelt, in welchem obige Merkmale zum Tragen kommen.

3. Anfragen und Perspektiven

Es ist selbstverständlich, dass aufgrund von vier Fallbeispielen, beschränkt auf die Sekundarstufe I, und von Schulgründungsdaten der Deutschschweiz keine allgemein gültigen Anfragen möglich sind; diese mögen lediglich, gerade im Rückgriff auf die offiziellen Verlautbarungen, Anstösse zum Weiterdenken geben.

3.1 Katholische Identität: Anpassung oder Widerstand?

Die Katholizität der befragten Schulen ercheint heute unterschiedlich reflektiert und ausgesprochen. Die Unterscheidung zur «evangelischen Hälfte» tritt in den Hintergrund, da die dogmatischen Differenzen unwesentlich erscheinen. Die Distanz zur Amtskirche scheint zuzunehmen. Festzustellen ist eine betont humanistische, als christlich bezeichnete Position.

Wird die Lehrerschaft auf absehbare Zeit hin nicht mehr von einer ausdrücklich katholischen Spiritualität geprägt sein? Woher soll dannzumal eine gelebte katholische Ausrichtung kommen, die trägt und nicht nur zum Zuge kommt, wenn es gilt, den Sonderschulstatus abzuwehren? Müssten nicht ausgearbeitete Konzepte vorliegen, wie dies inzwischen vom Juvenat geleistet worden ist?[26] Können das neue Leitbild der katholischen Schulen Schweiz und die vom Verband gewünschte intensive Auseinandersetzung klärend wirken?

Wenn heute das Gegensatzpaar «Anpassung oder Widerstand?» nicht mehr von Bedeutung ist, sondern es mehr um die Positionierung katholischer Schulen überhaupt im Gesamt des schulischen Angebots geht, so sind die Schulgründungen mindestens der ersten Hälfte dieses Jahrhunderts oft in klarer Opposition zu den laizistischen Kräften des Freisinns entstanden. Man denke an die Freien Katholischen Schulen Zürich.

Die gleiche Entwicklung lässt sich in den offiziellen kirchlichen Verlautbarungen verfolgen: von den katholischen Schulen als Bollwerk gegen freisinnige, laizistische Strömungen zur Hervorhebung katholischer Schulen als gemeinschaftstiftender Bildungsstätten.

Die Frage nach dem Verhältnis von Katholizismus und Moderne, von zyklischen Bewegungen von Anpassung und Widerstand, von Erneuerung und Krise, wie es Urs Altermatt[27] formuliert, kann trotz klarer Wellenbewegung in den Schulgründungen (siehe Tabelle; eine komplementäre Statistik der Schulschliessungen und Verstaatlichungen fehlt bisher) nicht endgültig beantwortet werden.

[26] Bruno Santini-Amgarten, Die Zukunft unserer Schulen. Ein Leitfaden zur Überprüfung der Situation und Zukunftsperspektiven katholischer Schulen, Luzern 1987 (Beiheft 1 zu BILDUNG).

[27] Urs Altermatt, Katholizismus und Moderne, Zur Sozial- und Mentalitätsgeschichte der Schweizer Katholiken im 19. und 20. Jahrhundert, Zürich ^{2}1991, 63–71.

Aufschluss dürfte erst eine repräsentative Motivgeschichte der Schulgründungen geben. Ebenso fällt es schwer, von einem Antimodernismus mit modernen Mitteln zu reden: Jedenfalls hatte die antimodernistische und eher wissenschaftsfeindliche Tendenz des Katholizismus keine sichtbaren Auswirkungen beispielsweise in den Zürcher katholischen Schulen. Und unsere weiteren Fallbeispiele lassen ebenfalls keine solchen Schlüsse zu (siehe dazu allerdings auch den Beitrag von Stephan Leimgruber in diesem Band).

3.2 Entwicklung zur Alternative innerhalb eines pluralistischen Schulsystems oder Rückzug in Marktnischen und gesellschaftliche Randbereiche als neue Ersatzfunktion?

Der Hauptgrund für den Besuch einer katholischen Privatschule ist oft in schulischen Problemen an staatlichen Schulen zu sehen. Dabei macht es Mühe, ein Image als Förderschule anzunehmen. Die ausserordentlichen Hilfestellungen, die das Kind aufgrund seiner speziellen Situation benötigt, werden darum als Akt der Menschlichkeit, als Eingehen auf die Person bezeichnet.

Das Abdrängen in den Sonderschulstatus hängt wohl auch mit dem Verlust des Einflusses des Gesamtkatholizismus zusammen. Dabei erfüllen die katholischen Schulen Leistungen, die der Staat dank ihrer Hilfe nicht erbringen muss, und ermöglichen so die Aufrechterhaltung des Status quo. Das Abdrängen hängt aber auch mit einem ganz anderen handfesten Grund zusammen: Je mehr nämlich Ordensleute durch Laienlehrkräfte an katholischen Schulen als Folge mangelnder Berufungen abgelöst werden (müssen), desto höher steigen die Schul- und Pensionspreise. Dies wiederum wirkt sich dämpfend auf den Wunsch nach dem Besuch einer privaten Schule aus.

Nehmen damit katholische Schulen mindestens teilweise statt einer alternativen Funktion eine besondere Ersatzfunktion, nämlich eine Nischenfunktion, wahr? D.h. übernehmen sie eine ihr von der Gesellschaft noch zugestandene – und finanziell honorierte – Partialfunktion? Wie weit kann diese Funktion in christlicher Optik als Einsatz für die Schwächeren gewertet werden? Wie weit geht es dadurch mehr um die bestmögliche Integration in eine säkularisierte Gesellschaft mit fragwürdigen Werthaltungen anstatt um Einmischung und Veränderung dieser Werte im Sinne christlichen Ferments?

Folgt daraus, dass die Komplementarität privater und staatlicher Schulen je nach Schultyp unterschiedlich ausfällt: private Schulen als loyale gleichwertige Alternativen (die es vorläufig schwer haben, auch bei der Zuteilung von Staatsgeldern gleichwertig zu sein) und private Schulen als subsidiäre Institutionen (wo die staatlichen Einrichtungen nicht genügen und wo dadurch Staatsgelder locker werden)? [28] Dass diese beiden Varianten auf einem Kontinuum anzusiedeln sind, dürfte der Wirklichkeit am nächsten kommen. Zwischen diesen beiden Varianten liegen zum Beispiel die privaten Lehrerseminarien des Kantons Zug, die ohne den Status einer Förderschule staatliche Bildungsaufgaben wahrnehmen und für ihre Leistungen entsprechend abgegolten werden.

Die Fallbeispiele lassen vermuten, dass der alternative Charakter in katholischen Stammlanden schwieriger zu vertreten ist als in der Diaspora oder diasporaähnlichen Situation wie etwa in Zürich. Dies dürfte sich in den nächsten Jahren drastisch ändern, wenn auch in katholischen Stammlanden das Katholische bzw. das Christliche mehr und mehr zur Privatsache wird und die zum Teil noch funktionierende Volkskirche sich über den Weg einer verwalteten Kirche zur Bekenntniskirche hinbewegt.

Abschliessend kann gesagt werden: Die Einlösung des Anspruchs der katholisch-christlichen Alternative [29] wie er heute in kirchlichen und verbandlichen Dokumenten formuliert wird (siehe Kapitel 1), bedarf ernsthafter Anstrengungen – ohne amtskirchliche Bevormundung und in ökumenischer Offenheit. Dabei müssten auch Schulen mit Nischenfunktion alternative Züge aufweisen und verstärken und so das Spannungsfeld «Alternative/Ersatz» auflösen. [30] Diese umfassende Aufgabe ist für die kirchliche Öffentlichkeit und Entscheidungsträger eine gewaltige Herausforderung; denn dafür braucht's nicht nur «guten Willen», sondern auch – Geld.

[28] Morit Arnet, Schule Schweiz. Wo steht die Privatschule? in: BILDUNG, 18 (1990) Heft 2.

[29] Dass der Alternativcharakter ganz unterschiedliche Ausprägungen annehmen kann, zeigt eindrücklich der Übersichts- und Sammelband von Martin Näf, Alternative Schulformen in der Schweiz, Zürich 1988. Siehe u.a. den Beitrag von Arthur Brühlmeiner, Freies katholisches Lehrerseminar St. Michael, Zug, S. 185–205.

[30] Die *staatliche* Schulhoheit und deren Gesetzgebung jedenfalls lassen einen ziemlich grossen Spielraum offen. Siehe dazu Herbert Plotke, Schweizerisches Schulrecht, Bern 1979, 459–471.

Die katholischen Gymnasien im Wandel des 20. Jahrhunderts

Hermann Bischofberger

In zahlreichen Publikationen sowie neuerdings in seinem Buch «Katholizismus und Moderne» schildert Urs Altermatt, wie sich die Schweizer Katholiken nach dem Sonderbund innerhalb des schweizerischen Staatswesens zu einer Sondergesellschaft formierten. Er stellt auch dar, wie sich diese auflöst oder sich in andere Formen wandelt.

Zur Sondergesellschaft gehören auch die katholischen Gymnasien. Katholische Eltern fürchteten, der katholische Glaube ihrer Söhne und Töchter würde an einer liberalen Kantonsschule erschüttert.[1] Auch das Kirchenrecht enthielt Vorschriften, wonach katholische Schulen besucht werden sollten.[2] Der gesellschaftliche Wandel der letzten 25 Jahre hat auch vor den katholischen Gymnasien nicht Halt gemacht. Wohl hat sich in diesem recht kurzen Zeitraum mehr geändert als in den letzten 120 Jahren zuvor.

Ende der 1960er und in den 1970er Jahren stellen wir vorerst einen strukturellen und baulichen, an sich leicht erkennbaren Wandel, der anhand von Zahlen dargestellt werden kann, fest.[3] Gleichzeitig

[1] Urs Altermatt, Katholizismus und Moderne. Zur Sozial- und Mentalitätsgeschichte der Schweizer Katholiken im 19. und 20. Jahrhundert, Zürich ²1991, 36–37, 56–57, 147.

[2] Paul Westhoff, Artikel Schule in: Lexikon für Theologie und Kirche, Bd. 9, Freiburg i. Br. 1937, Sp. 343.

[3] Einen ersten Versuch, die Chronologie der verschiedenen Schulen aufzuzeigen, habe ich in der Zeitschrift «Disentis» 52 (1985), 77–80, veröffentlicht. Die Liste stützte sich auf Auszüge aus zahlreichen Jubiläumsschriften und Artikel in den Mitteilungsblättern der verschiedenen Schulen, die oft nur schwer zugänglich waren. Oft differieren die Gründungsdaten, wenn Errichtungsbeschluss und Schuleröffnung nicht im gleichen Jahre erfolgt sind oder nicht zwischen provisorischer

setzte ein Mentalitätswandel im religiösen, gesellschaftlichen, politischen und pädagogischen Bereich ein, der wohl noch lange nicht abgeschlossen sein wird. Dieser ist nur schwer zu dokumentieren, weil hier statistische Daten den Sachverhalt nicht adäquat wiederzugeben vermögen. Hier griff ich zum Mittel der Befragung.

1. Die katholischen Gymnasien der Schweiz als Sonderfall im Bildungswesen der Weltkirche

Die Stellung der katholischen Gymnasien in der Schweiz war im Rahmen der römisch-katholischen Kirche bis in die 1960er Jahre atypisch. Dies aus folgenden Gründen:

Der herausragende Schulorden ist derjenige der Jesuiten. Mit seiner Aufhebung durch das Breve «Dominus ac redemptor iste» Clemens' XIV. vom 11. Juli 1773 wurde dessen Position im Schulwesen entscheidend geschwächt, immerhin vorläufig nicht ganz ausgelöscht, denn die einstigen Jesuiten konnten die Schulen als Weltpriester weiterführen. Zwar errichtete Papst Pius VII. mit der Bulle «Sollicitudo omnium ecclesiarum» vom 7. August 1814 den Orden wieder. Doch gelang die Wiederherstellung des Schulbetriebes nicht mehr an allen Schulorten der Schweiz, wo die Gesellschaft Jesu vor ihrer Aufhebung unterrichtet hatte.

Mit dem für die Mehrheit der Katholiken negativen Ausgang des Sonderbundskrieges wurden die Jesuiten aus der Schweiz vertrieben. Nun mussten Gemeinschaften, deren Hauptaufgabe nicht immer die Schule war, die Lücken zu füllen versuchen. Dieses Sachverhaltes ist man sich im allgemeinen zu wenig bewusst.

Die Jesuitengymnasien mussten durch ihre Struktur bedingt eine gewisse Grösse aufweisen. Sie eignen sich für Hauptorte mit einem recht grossen Einzugsgebiet. In unseren kleinräumigen Verhältnissen

und definitiver Anerkennung der Maturität unterschieden wird. Anhand meiner Darlegungen ergibt sich, dass ich einheitliche Kriterien zur Erhebung dieser Daten eingehalten habe. Weitere Literatur: Walter Ludin, Männerorden in der Schweiz, Zürich/Einsiedeln/Köln 1982; Stephan Leimgruber, Ethikunterricht an den katholischen Gymnasien und Lehranstalten der Schweiz, Habil.-Schrift Freiburg (= Praktische Theologie im Dialog, Bd. 3), Freiburg 1989, 27–85.

sahen sie sich deshalb nicht nur politischen, sondern auch organisatorischen Problemen ausgesetzt. In Bellinzona mussten sie deshalb das Gymnasium im Jahre 1675 den Benediktinern übergeben, weil der jesuitische Schulbetrieb für das Einzugsgebiet überdimensioniert war und sich nicht vereinfachen liess.

Die Schulform des Konzils von Trient war das Kleinseminar. Ihm folgte das Gross- oder Priesterseminar.[4] Das Gymnasium sollte in Form des Kleinseminars vor allem Priester- und Ordensberufe fördern. Wohl gab es ausnahmsweise auch Abteilungen für Studenten, die nicht Priester werden wollten. Diese Schulform hat sich in der Schweiz nicht durchgesetzt. Wir treffen sie einzig in den Schulen der Missionsgesellschaften, die aber bis in die 1960er Jahre einzig den Ordensnachwuchs ausbilden wollten. Gewiss näherte sich der Kollegibetrieb alten Stiles dem klösterlichen Leben. In seiner Hauptausrichtung unterscheidet er sich dennoch vom Kleinseminar, weil bewusst darauf hin tendiert wurde, auch Laien auszubilden, die später die katholische Sache in Politik und Wirtschaft vertreten sollten.

2. *Chronologie*

2.1 Gymnasien und Lyzeen zur Bildung von Männern

2.1.1 Von der Spätantike bis ins Hochmittelalter

Die heute bestehenden Schulen weisen teils ein sehr hohes Alter auf. Die älteste noch heute bestehende ist das Gymnasium der Augustiner-Chorherren in Saint-Maurice, das bereits in spätantiker Zeit, einige Jahre nach 515, belegt ist und ohne allzu grosse Unterbrüche bis heute überlebt hat.[5] In früh- und hochmittelalterliche Zeit gehen die Klosterschulen der Benediktiner von Einsiedeln (10. Jhdt.), Muri

[4] Hubert Jedin/Georg May, Artikel Seminar, in: Lexikon für Theologie und Kirche, Bd. 9, Freiburg i. Br. 1964, Sp. 647–650.

[5] Aus Platzgründen ist es hier nicht möglich, hier die zahlreichen Jubiläumsschriften und Artikel in den Mitteilungsblättern der entsprechenden Schulen anzuführen. Vgl. Literatur in N. 3 sowie die jeweiligen Bände der Reihe ‹Helvetia sacra›.

(11. Jhdt.), Engelberg (12. Jhdt.) und Diesentis (13. Jhdt.) zurück. Im 13. Jahrhundert entsteht auch die Schule der Zisterzienser von Wettingen. Das 15. Jahrhundert liess die Schulen oft zerfallen, die Reformationszeit vorübergehend aussterben.

2.1.2 Die katholische Reform

Das Konzil von Trient förderte die Jesuiten, die sich des Bildungswesens in ganz besonders hohem Masse annahmen. Durch Vereinigung von Religion und Wissenschaft (pietas und scientia) sollte die Jugend in christlicher Zucht ausgebildet werden, um später für die streitende Kirche, das regimen militare ecclesiae, als Priester oder Laien dienen zu können.[6] Jesuitenkollegien entstanden 1574 in Luzern, 1582 in Freiburg, 1590 in Pruntrut, 1607 in Ernen/Siders/Leuk/Brig (1662), 1625 in Sitten und 1646 in Solothurn. Die Gründung des heiligen Karl Borromäus, das Collegio papio in Ascona, betreuten seit 1584 die Oblaten von San Ambrogio. Die Jesuitenschule in Bellinzona aus dem Jahre 1646 musste 1675 aus den schon genannten Gründen den Benediktinern von Einsiedeln überlassen werden. Die wichtigsten Zentren der katholischen Schweiz besassen nun Jesuitenschulen. Von ihnen aus konnte das Reformwerk gewissermassen an Ort und Stelle einsetzen.

2.1.3 Nach dem Sonderbundskrieg

Nach 1848 und auch in der ersten Hälfte unsererers Jahrhunderts mussten die katholischen Stammlande die Jugend auch aus Orten, in denen einst Jesusitenkollegien bestanden hatten, aufnehmen, weil die Kantonsschulen als zu liberal empfunden wurden. Dazu kam die weitere Aufgabe, die Studenten aus der seit der Mitte des letzten Jahrhunderts wachsenden Diaspora zu formen.

Verschiedene Ordensgemeinschaften sahen nun ihre Aufgabe in der Führung von Gymnasien, auch von Realschulen und landwirtschaftlichen Bildungsstätten. P. Gall Morel, ein St. Galler im Kloster

[6] So das Incipit der Bulle Pauls III. von 1540, dazu: Burkhardt Schneider, Artikel Jesuiten, in: Lexikon für Theologie und Kirche, Bd. 5, Freiburg i. Br. 1960, Sp. 912–920; Bernhard Duhr, Die Studienordnung der Gesellschaft Jesu, Freiburg i. Br. 1896; Ferdinand Strobel, Die Gesellschaft Jesu in der Schweiz, in: Helvetia sacra, Bd. 7, Bern 1976, 41–45; Rudolf Bolzern, Das höhere katholische Bildungswesen der Schweiz im Ancien Régime (16.–18. Jahrhundert), in: ZSKG 83 (1989), 13–29.

Einsiedeln, kannte die liberale Bewegung sehr genau. Er riet daher seinen Äbten Cölestin Müller und Heinrich Schmid, die Klosterschule auszubauen. Doch lehnten diese vor 1848 mit der Begründung ab, die Führung von Schulen sei Sache der Jesuiten. 1848 änderte Abt Heinrich Schmid seine Haltung. Jetzt sei der Zeitpunkt gekommen, da das Kloster Einsiedeln eine neue Hauptaufgabe zu erfüllen habe. Er liess den leeren Nordflügel des Klostergevierts aus den Jahren 1698 bis 1714 zwischen 1850 und 1852 zur Schule ausbauen.[7] Die Zahl der Studenten verdoppelte sich. Das Kloster Engelberg erweiterte seine Klosterschule ebenfalls. Auch hier nahm die Studentenzahl derart zu, dass 1863 bis 1866 ein neues Schulhaus erbaut werden musste.[8] Der Kanton Obwalden berief die Benediktiner von Muri-Gries schon 1841 nach Sarnen an die dortige Lateinschule, wo 1868 ein Internatsgebäude und 1891 ein weiteres Schulhaus erstellt werden mussten.[9] Charakteristisch ist, dass die Schule zur Hauptaufgabe dieser Orden geworden ist. Der Bau von Schulhäusern unterstreicht diesen Wandel auch in baulicher Sicht: War die Schule vorher ein Bestandteil des vielfältigen Klosterlebens und daher im Klostergeviert untergebracht, wurde die Schulführung Hauptaufgabe und schliesslich in einem Neubau ausserhalb des eigentlichen Klostergebäudes wahrgenommen. Die Schulleitung verselbständigte sich, indem der Abt seine Funktionen im Schulbetrieb vorerst an einen Präfekten und schliesslich an einen Rektor delegierte. Mit dem Erwerb der eidgenössisch anerkannten Matura zwischen 1884 und 1944 wurden weitere Bauten notwendig. Von jeweils 80 bis 100 Studenten in den 1890er Jahren stiegen die Zahlen über 200 und 300. Oft konnten sie bis heute gehalten werden.

Die Zisterzienser von Wettingen liessen sich 1856 in Mehrerau bei Bregenz nieder. Auch hier wurde die Schule nun Hauptaufgabe. Aus der Schweiz vertriebene Jesuiten begannen 1856 in Feldkirch mit der Schulführung.

7 Benno Kühne, Gedenkblätter auf Dr. Heinrich Schmid, Abt von Einsiedeln, Einsiedeln 1875, 32–36; Romuald Banz, Kurze Geschichte der Stiftsschule Einsiedeln, Einsiedeln 1948, 68–69.

8 Gall Heer, Aus der Vergangenheit von Kloster und Tal von Engelberg 1120–1970, Engelberg 1975, 426–427.

9 Bernhard Kälin, Hundert Jahre Kollegium Sarnen (= Beilage zum Jahresbericht der Kantonalen Lehranstalt Sarnen 1940/41), Sarnen 1941, 13–15, 90.

Zwei Kleinseminare entstanden dennoch: In St. Georgen richtete das Bistum St. Gallen 1857 ein Knabenseminar ein. 1874 wurde es durch den Grossen Rat aufgehoben. Bischof Carl Greith verlegte es daher samt den unterrichtenden Priestern ins 1856 wiederhergestellte Kollegium Maria Hilf in Schwyz. Dasselbe musste der Bischof von Chur bereits im Jahre 1859 tun, so dass in Schwyz ein Gymnasium für die Studenten, vergleichbar mit weiteren innerschweizerischen Schulen bestand, nebenher auch die Unterseminare zweier Diözesen eingerichtet waren. Bis in die 1960er Jahre unterrichteten Weltpriester aus der Diözese St. Gallen, heute noch einer aus der Diözese Chur. Am Kollegium in Schwyz hielt sich lange eine romanischsprechende Akademie.

Die Benediktiner von Mariastein waren 1874 vertrieben worden und siedelten sich in Delle an. Dort mussten sie im Jahre 1901 fliehen und kamen nach Salzburg, schliesslich nach Bregenz und Altdorf, wo sie 1906 das Kollegium Karl Borromaeus eröffneten. 1881 gelang die Restauration der Abtei Disentis und damit auch der Klosterschule. Auch hier wurde die Schule zur Hauptaufgabe. Nach langem Zögern eröffneten die Kapuziner im Jahre 1908 in Appenzell eine Realschule und ein Untergymnasium zur Schulung der jungen Appenzeller und St. Galler, für die kein katholisches Gymnasium zur Verfügung stand. Das Kollegium St. Antonius in Appenzell wurde deshalb als Nachfolger der Klosterschule von St. Gallen angesprochen. Die Liberalen St. Gallens schrieben, die Appenzeller hätten einst das mönchische Joch abgeworfen, jetzt würden sie es sich freiwillig wieder aufladen. In den Realschulunterricht wurden Kurse für angehende Stickereizeichner eingebaut, um sie zu befähigen, als Katholiken Kaderfunktionen in der blühenden St. Galler Textilwirtschaft einnehmen zu können. Man übernahm sogar die aus dem liberalen Verlagshaus Fehr in St. Gallen stammenden Schulbücher, weil diese dort obligatorisch waren. Die Kapuziner verhielten sich mehrere Jahre hindurch abwartend, bis sie die Schule in Appenzell eröffneten. Wissenschaftlicher Bildung gegenüber war der Orden nämlich skeptisch eingestellt. Studien, die über die Theologie hinausgingen, seien nicht franziskanisch und würden der minoritas widersprechen. Die Folgen der Aufklärung seien nur allzu gut bekannt. P. Hilarin Felder, der spätere Titularerzbischof von Gera, stellte in seiner Dissertation fest, dass bereits im 13. Jahrhundert Franziskaner wissenschaftlichen Studien nachgingen. Denken wir an die heiligen Bonaventura und Antonius von Padua. Auch rangen sich die Verantwortlichen des Kapuzinerordens zur Überlegung durch, nur gut ausgebildete Laien könnten sich in der politischen und wissenschaftlichen Landschaft durchsetzen. Auch war Ordensnachwuchs aus den Schulen zu erwarten.[10]

2.1.4 Niederlassungen von Missionsgesellschaften seit 1905

Die antiklerikale Gesetzgebung Frankreichs hat vor allem in den Jahren 1901 bis 1904 nach Roger Aubert wohl ca. 30 000 Ordensleute aus ihrem Staatsgebiet vertrieben.[11] Viele siedelten sich in der Schweiz an. Pierre-Marie Barral, der Gründer der späteren Missionsgesellschaft Bethlehem, sah diese Entwicklung voraus und liess sich bereits 1895 in Vordermeggen und 1896 in Immensee nieder.

Durch den Ersten Weltkrieg bedingt wechselten zahlreiche Missionsgebiete ihre Staatszugehörigkeit. Die Einheimischen vertrieben mit den Kolonialmächten auch deren Missionare. Papst Benedikt XV. forderte daher die vom Kriege verschonten oder neutralen Staaten auf, diese Lücken zu schliessen. Dazu kam, dass die Schweiz seit den 1920er Jahren von einer breiten Missionsbegeisterung erfasst wurde. In der Folge entstanden wiederum in den katholischen Stammlanden Missionsschulen, die meist ausschliesslich zur Schulung des Ordensnachwuchses bestimmt waren.

Die Missionare der Heiligen Familie hatten sich 1909 in Werthenstein niedergelassen und übertrugen die Schule im Jahre 1934 nach Nuolen. Die Missionare von La Salette kauften im Jahre 1924 das Kurhaus Mörschwil, in welchem sie 1935 ein Gymnasium und auf dem Gutenberg bei Balzers ein Lyzeum einzurichten. Die Pallottiner erwarben im Jahre 1926 die Stickerei Friedberg und richteten eine Missionsschule ein. Die Steyler Missionare kauften 1929 die Villa Weinburg bei Rebstein und benannten sie nun Marienburg. Vorerst 1931 in Meggen und schliesslich 1932 in Ebikon richteten die Pallottiner ein Gymnasium für Spätberufene ein. 1932 bauten die

10 Hilarin Felder, Erzbischof P. Bernhard Christen von Andermatt 1837–1909, Schwyz 1943, 52–53, 335–344; Zu Appenzell: Hermann Bischofberger, 75 Jahre Kollegium St. Antonius und Gymnasium Appenzell, Appenzell 1983, 24–34 und dort angeführte Literatur.

11 Roger Aubert, Geschichte der Kirche, Bd. V/1, Einsiedeln 1975, 68.

Marianhiller Missionare in Altdorf ein Konvikt, in welchem zeitweise auch Schule gehalten wurde. Die Maristen übernahmen 1937 das Gymnasium von Vaduz.
Auch nach dem Zweiten Weltkrieg sind kleinere Gymnasien entstanden.

2.2 Gymnasien und Lyzeen zur Bildung von Frauen

Der Ausbildung von Mädchen widmen sich seit dem 16. Jahrhundert die Ursulinen. Ihre 1905 in Freiburg eröffnete Handelsschule erhielt 1976 die Maturaanerkennung.

Die Lehrschwestern vom Heiligen Kreuz in Menzingen gliederten dem Seminar im Jahre 1864 ein Pensionat für Töchter an, die Lehrerinnen werden, aber nicht in die Kongregation eintreten wollten. Aus der 1887 eröffneten Realschule entstand 1957 ein Untergymnasium, das bis 1973 Bestand hatte. In Freiburg gründeten sie 1909 die «Académie Sainte-Croix», das erste Mädchengymnasium. Die Schwestern von Ingenbohl eröffneten hier im Jahre 1890 ein Töchternpensionat, dessen Vorläufer bis 1857 zurückreichen. 1928 wurde die Matura anerkannt. Die Schwestern von Baldegg richteten 1916 einen Gymnasialkurs ein, der sich allerdings nicht allzulange halten konnte. [12]

Ein Blick in die älteren Schriften dieser Schulen zeigt, dass die Frau in der Gesellschaft eine eigenständige Aufgabe zu übernehmen hatte, jedoch ausschliesslich als Mutter, Lehrerin sowie in den Berufen der Krankenpflege und Fürsorge. [13]

3. Stand 1960er Jahre

In den 1960er Jahren standen die Ordensschulen scheinbar ganz und gar gefestigt da: Den Anfechtungen der Kulturkämpferzeit waren sie nicht mehr so ausgesetzt. Verschiedene Schulen wurden in

[12] Rudolf Henggeler, Das Institut der Lehrschwestern vom Heiligen Kreuz in Menzingen (Kt. Zug) 1844–1944, Menzingen 1944, 174–175; Klara Franziska Kriesi, Referat, Mai 1987, Maschinenschrift, Ingenbohl 1987, 3; Maria Matthäa Vock, Schwesterninstitut Baldegg 1830–1930, Hochdorf 1930, 197.

[13] Theresianum Ingenbohl. 50 Jahre, Ingenbohl 1940, 27–34; Altermatt, Katholizismus und Moderne, 204–205.

den 1930er, 1940er und 1950er Jahren durch Neubauten ergänzt, auch durch Turnhallen und Theaterräume. Die Studentenzahlen erreichten maximale Höhen, in Schwyz zeitweise über 800.

Franz Demmel konnte mit seinen Berechnungen aufzeigen, dass die Dienstleistungen von Ordenskräften im öffentlichen Schulwesen der Schweiz im Jahre 1973 einer Lohnsumme von 75 Millionen Franken gleichkamen.[14]

Die wissenschaftliche Ausbildung der Lehrer war sehr gut. Eine Grosszahl hatte ein Zweitstudium mit Doktorat abgeschlossen. Viele waren auch als bedeutende Wissenschaftler anerkannt. Weitere Ordensangehörige bereicherten durch ihre Publikationen die Kloster- und Landesgeschichte. Sie erarbeiteten Lehrbücher, die auch an anderen Schulen eingesetzt wurden. P. Romuald Banz konnte 1948 eine zwei Druckseiten umfassende Liste mit Lehrbüchern, die Einsiedler Konventualen verfasst hatten, publizieren.[15]

4. Umwälzungen seit Ende der 1960er Jahre

4.1 Neue Trägerschaften und Bauten als äussere Ursachen zur Veränderung

Und da von Krise reden? Und sie kam doch! Der Ordensnachwuchs ging schlagartig zurück. Deshalb überalterte der Lehrkörper. Die Priesterberufe fehlten auch im Weltklerus; Ordensleute halfen deshalb nebst einer reduzierten Schulverpflichtung in den Pfarreien aus. Junge Ordensmitglieder mussten ein Zweitstudium absolvieren, das wesentlich länger dauerte. Mit dem gleichen Zeitaufwand, den die älteren Mitbrüder für das ganze Fachstudium samt Doktorat eingesetzt hatten, konnte nurmehr das Lizentiat erreicht werden. Die jungen Priester halfen zudem während des Studiums in der Seelsorge aus.

[14] Franz Demmel, Die Zukunft unserer katholischen Schulen, in: Schweizerische Kirchenzeitung 144 (1976) 9–10, 128–129, bes. 129.
[15] Banz, Stiftsschule Einsiedeln, 157–158.

Die Lücken mussten mit Laienlehrern geschlossen werden. Diese Kosten brachten die Budgets aus dem Gleichgewicht. Die neue Verordnung des Bundesrates vom 22. Mai 1968 über die Anerkennung von Maturitätsausweisen hatte zur Folge, dass auch die Anforderungen, welche an den naturwissenschaftlichen Unterricht gestellt wurden, anstiegen. Bauten und die Anschaffung weiterer Apparaturen wurden nötig.

Der pädagogische Wandel vom Frontalunterricht mit Wandtafel zu neuen Formen wie Gruppenunterricht und der Einsatz von neuartigen technischen Hilfsmitteln rief nach einer neuen Raumkonzeption. Die alten Schlafsäle mit numerierten Lavabos hatten ausgedient und mussten in Einzel-, Zweier- oder Dreierzimmer umgebaut werden. Grossbauten waren z. B. in Engelberg in den Jahren 1973/74, in Einsiedeln und Disentis in den Jahren 1979 bis 1981 die Folge.

Oft mussten neue Trägerschaften gesucht werden. Das Lyzeum Gutenberg in Balzers wurde 1973 geschlossen und 1985 als Exerzitienhaus wieder eröffnet. Die Benediktiner von Mariastein setzten andere Prioritäten und zogen sich 1981 aus Altdorf zurück. Das Kollegium Maria Hilf in Schwyz konnte die Rechnungsabschlüsse 1970 und 1971 nurmehr mit Darlehen decken. 1972 musste es der Kanton Schwyz übernehmen. 1983 ging die Académie Sainte-Croix in Freiburg an den Staat über. In eine Stiftung wurde das Kollegium Spiritus sanctus in Brig umgewandelt. Zu einer Staatsbeteiligung kam es 1976 in Appenzell und 1978 in Stans, bis der Kanton letzteres, das Kollegium St. Fidelis, 1988 übernehmen musste. Ans Land Liechtenstein ging 1981 die Trägerschaft des Gymnasiums in Vaduz.[16]

4.2 Mentalitätswandel als innere Ursache zur Veränderung

P. Krispin Moser erinnerte sich, wie er im Appenzellerland als Student während den Spaziergängen als «Zockerwässeler», also als Nichtsnutz, beschimpft wurde. Als im Jahre 1976 ein Vertrag mit der Kapuzinerprovinz zur Mitträgerschaft des Kantons Appenzell I. Rh.

[16] Zusammengestellt anhand der Verträge und Gesetze, welche die Grundlage der neuen Trägerschaften bilden. Massgebend war uns das Datum des Inkrafttretens. Wir benutzten die Gesetzessammlungen der betreffenden Kantone.

am Gymnasium Appenzell abgeschlossen werden konnte, befürchtete man ein Referendum, das indes nicht ergriffen wurde. Seit 1980 hat die Landsgemeinde in zwei Vorlagen über vier Millionen Franken für das Gymnasium oppositionslos bewilligt. Aus den Budgetverhandlungen des Grossen Rates ging 1990 klar hervor, dass der Kanton Appenzell I. Rh. unter Umständen einmal das Gymnasium übernehmen müsse. Diese Mitteilung wurde unwidersprochen zur Kenntnis genommen. Damit leite ich zu Mentalitätsfragen über, die z.B. an einer Darstellung des Internatsbetriebes erläutert werden können. Ihn charakterisierte P. Dr. Romuald Banz im Jahre 1948: «Wie schon in der Familienerziehung, kommt es auch hier auf katholische Luft, Licht und Leben an.»[17] Die Luft bezeichnet die katholische Athmosphäre, das Licht die solide Ausbildung und das katholische Leben den katholisch-kirchlich geprägten Tagesablauf im Internat als durch Vorschriften geregelte Abfolge von Messe, weiteren religiösen Übungen, Schule, Studium und Freizeit. Mit Stolz konnte P. Romuald 1948 feststellen, dass sich die Tagesordnung der Stiftsschule Einsiedeln seit über zweihundert Jahren nur in zwei geringfügigen Details verändert habe. Ältere Gewährspersonen empfanden dies nicht so sehr als Zwang. Diese Abfolge entsprach auch weitgehend dem Alltag in der Familie mit Messe, Tagesgebeten zu bestimmten Zeiten und der täglichen Arbeit. Auch war man autoritätsgläubiger.

Im alten Studienbetrieb geschah sehr viel unter Aufsicht, so die Bearbeitung der Hausaufgaben und das Lernen im «Museum», der alten Bezeichnung für die Studiensäle.

Nach Hause durften die Studenten nur während des Sommers und an hohen kirchlichen Feiertagen zurückkehren. Ein ausgebautes Freizeitprogramm konnte daher gut durchgeführt werden. Es gab genügend Zeit zum Mitmachen in Organisationen, die zum sogenannten Vereinskatholizismus gehörten. Die «Sodalität», kirchenrechtlich strukturiert und jesuitischer Herkunft, ist die älteste Vereinigung. Dann folgen die Sektionen des «Schweizerischen Studentenvereins», im Umfeld des Jesuitenkollegiums Schwyz gegründet und in den ersten Sektionen an den Jesuitenschulen von Freiburg und Brig aufgebaut. Dann entstanden weitere Vereine, so die Werkgemeinschaft «Silvania» für das Presseapostolat und die Abstinen-

[17] Banz, Stiftsschule Einsiedeln, 77–79.

tensektion. Es folgte die Missionssektion, aus welcher zahlreiche Priesterberufe herauswuchsen. Hierher gehören auch die Akademien, in welchen die Studenten Vorträge zur Schulung des Ausdrukkes und des Auftretens halten mussten. Im Anschluss an die Schlussexamen oder zur Fasnachtszeit wurde Theater gespielt, meist ein Drama und anschliessend ein Schwank. Akademien und Theater finden wir in der ‹Ratio studiorum› der Jesuiten aus dem Jahre 1591. Von ihr ausgehend haben auch die Ordensgemeinschaften des letzten Jahrhunderts die Schulprogramme gestaltet. Ihr Denken hat sich wohl bis zu den Umwälzungen der 1960er und 1970er Jahre erhalten. Dennoch bestanden Unterschiede: Vereinzelte Lehrmittel wurde in nahezu allen Schulen eingesetzt. In vielen Fächern herrschte aber grosse Vielfalt an verschiedenen Lehrmitteln.[18] Im Kollegium Maria Hilf hielt und hält sich eine starke Tessinergruppe. Hier bestand bis in die 1960er Jahre eine romanische Akademie. In Disentis lebt die rätoromanische Kultur in Forschung und Schule.

Seit den 1960er und 1970er Jahren hat sich der Schul- und Internatsbetrieb gründlich geändert: Alle Gewährspersonen weisen auf die veränderten Pfarreistrukturen, aus denen die Studenten und Studentinnen herstammen, hin.[19] Der Massen- und Erfolgskatholizismus existiert nicht mehr. Gruppen von besonders interessierten Christen bilden sich.[20] Die befragten Lehrkräfte stimmten auch darin überein, dass auf die Jugendlichen in keinerlei Art und Weise ein Zwang, an religiösen Anlässen teilzunehmen, ausgeübt werden dürfe. Das religiöse Angebot besteht heute nebst der Messe aus Besinnungstagen, Gottesdiensten, welche Schüler mitgestalten, Me-

[18] Paul Diebolder, Die Lehrbücher der schweizerischen katholischen Lehranstalten, Luzern 1914.

[19] Befragt wurden P. Bernward Muff, lic. phil., Lehrer am Gymnasium Appenzell seit 1966, befragt am 17. März 1990; P. Dominik Thurnherr, lic. phil., Internatsvorsteher, im Schuldienst in Sarnen seit 1967, befragt am 28. März 1990; P. Adrian Willi, lic. theol., Leiter des Gymnasiums und der Diplommittelschule St. Klemens Ebikon, im Schuldienst seit 1987, Verfasser einer «Standortbestimmung. Gymnasium St. Klemens Ebikon», Ebikon 1990, 25 S., befragt am 9. März 1990; Sr. Klara Franziska Kriesi, mag. œc., Rektorin des Theresianums Ingenbohl, Verfasserin verschiedener Arbeiten zur Schulführung: Klara Franziska Kriesi, Sind katholische Mädcheninternate noch gefragt?, in: Pro Filia-Information, Heft 3/1987., dies., Referat Mai 1987 (Anm. 12), 6 S., Walter Künzle, Inseln der Glaubensvermittlung? Religionsunterricht an einer katholischen Schule am Beispiel des Theresianums von Ingenbohl, in: Arbeitsstelle für Bildungsfragen, Heft 1/1990, 12–14. Sie wurde am 23. April 1990 befragt.

[20] Altermatt, Katholizismus und Moderne, 254–255, 273–275, 348–349, 355–359.

ditationen und Kursen mit handwerklicher Tätigkeit, z.B. Anfertigen eines Hungertuches. Dieses Angebot wird durch den Religionsunterricht ergänzt, der das religiöse Wissen vermitteln will. [21] «Wissen als Grundlage des Gewissensentscheides», formulierte P. Adrian Willi. An solchen Anlässen nehmen recht viele Jugendliche gerne teil. Mitglieder von solchen Vorbereitungsgruppen treten oft in die verschiedenen kirchlichen Dienste. Rund ein Drittel der Absolventinnen des Lehrerinnen- und Kindergärtnerinnenseminars von Ingenbohl übernehmen nach Studienabschluss katechetische Funktionen in Pfarreien. [22]

Dem Jugendlichen wird ein grosser Freiraum eingeräumt, den er in gewissen Grenzen frei ausgestalten kann und soll, denn nach der Matura wird er seine Freiheit ohnehin selbständig gestalten müssen. In den meisten Klosterschulen sind Lehrer und Lehrerinnen während des ganzen Tages für Gespräche erreichbar. Diese Diskussionsmöglichkeiten werden oft und gerne benutzt.

Verschiedene Klosterschulen setzen besondere Impulse, die der Spiritualität ihrer Gemeinschaften entsprechen: Immensee will für die Drittweltproblematik sensibilisieren. Die Kapuziner in Appenzell betonen franziskanische Ideale, so die Freude, die weitervermittelt werden soll, oder die Achtung vor der Natur als Geschenk Gottes, die geschützt und erhalten werden muss. Benediktiner in Sarnen sehen die Form der ‹Stabilitas› nicht nur darin, dass ihre Tätigkeit an einem festgelegten Ort erfolgt, sondern auch, dass die Kräfte auf eine bestimmte Aufgabe konzentriert werden. In Gemeinschaft sollen Probleme angegangen werden. Das Stabile kann aber auch Kampf gegen Verzettelung und Stress bedeuten. [23]

Der Internatsbetrieb ist neu konzipiert worden. Meist kehren die Studenten wöchentlich oder 14täglich nach Hause zurück. Aktivitäten wie Vereinsleben und Theater sind nurmehr unter erschwerten Umständen möglich.

Gewandelt hat sich auch das Einzugsgebiet: Statt aus der Diaspora oder traditionell zu bestimmten Schulen gehörenden Einzugsbieten stammen je länger je mehr Studenten aus der näheren Umgebung der

[21] Willi, Standortbestimmung, 19–25; Künzle, Inseln der Glaubensvermittlung?, 12–14; Befragungen (Anm. 19).

[22] Willi, Standortbestimmung, 11, 16; Künzle, Inseln der Glaubensvermittlung?, 13.

[23] Befragungen (Anm. 12). Damit soll nicht gesagt sein, dass nicht auch andere Schulen diese Ideale in ihre Erziehungsarbeit einbeziehen.

Schulen. Wohnten im Jahre 1950 einzig 15% der Gymnasiasten des Kollegiums St. Antonius im Kanton Appenzell I. Rh., waren es 1980 kanpp 60%. Der Trend ist ansteigend, weil das traditionelle Einzugsgebiet St. Gallen durch die Eröffnung von zwei zusätzlichen Gymnasien je länger je mehr ausfällt. In zunehmendem Masse finden Studenten und Studentinnen aus unglücklichen Familienverhältnissen den Weg in Klosterschulen. Ins Kollegileben werden die Ehemaligen einbezogen. Waren es früher die Festgrüsse der Studentensodalität, sind es heute die Kollegizeitschriften, die wie die Meinrads-Raben zu den Ehemaligen fliegen. Ehemaligen-Vereinigungen treffen sich beispielsweise dann, wenn ein Schultheater aufgeführt wird. Auch bieten sie oft Hand für Spezialfinanzierungen.

Die Schulbrüder in der Schweiz 1880–1960

Patrick Braun

Die Schulbrüder (Frères des écoles chrétiennes) wurden von Jean-Baptiste de La Salle 1684 in Reims als Laienorden für Unterricht und Erziehung gegründet. Die Stiftung galt vornehmlich den «Armen», d.h. den Ungebildeten und Unbemittelten. Sie dehnte sich zunächst rasch in Frankreich aus. Nach der Französischen Revolution nahm das Institut neuen Aufschwung und breitete sich auf europäische und aussereuropäische Länder aus.[1] In der Geschichte der Pädagogik haben die Schulbrüder besondere Bedeutung in methodischer Hinsicht erlangt. Sie unterrichteten vor allem in Volksschulen, im Realschulzweig und haben in der Lehrerbildung Frankreichs Hervorragendes geleistet. In neuerer Zeit gewann ihre katechetische Arbeit zunehmende Bedeutung.[2] Nach der Statistik vom 31. Dezember 1960 hatte die Kongregation Niederlassungen in 80 Ländern der Erde. Mit über 16 000 Mitgliedern hat sie in den 1960er Jahren ihren höchsten Mitgliederstand erreicht. Seither ist die Gesamtmitgliederzahl rückläufig (1987: 9177 Mitglieder).

In der Schweiz wirken die Schulbrüder Jean-Baptistes de La Salle seit 1750 bis auf den heutigen Tag mit einem Unterbruch in den Jahren 1798 bis 1839.[3] Die einzige Niederlassung während des

[1] Zur Geschichte der Schulbrüder s. Dictionnaire d'histoire et de géographie ecclésiastiques 18 (1977), 1290–1310 (Yves Poutet); Georges Rigault, Histoire générale de l'Institut des Frères des écoles chrétiennes, 9 Bände, Paris 1937–1952; Konradin Zähringer, Die Schulbrüder des hl. Johannes Baptist de La Salle, Freiburg/Schweiz 1962; zu Jean-Baptiste de La Salle (1651–1719): Dictionnaire de Spiritualité ascétique et mystique 8 (1974), 802–821 (Alphonse Hermans, Michel Sauvage).

[2] Lexikon der Pädagogik, Neue Ausgabe 3 (1971), 495.

[3] Rigault, Histoire générale 6, 167–180; 8, 211–213; Frère Alban FSC, Histoire de l'Institut des Frères des écoles chrétiennes. Expansion hors de France (1700–1966), Roma 1970, 221–225. In Vorbereitung: Helvetia Sacra VIII, Die Kongregationen in der Schweiz, Art. Schulbrüder.

Ancien Régime bestand in Estavayer. Im Verlauf des 19. und 20. Jahrhunderts führten die Brüder rund zwanzig christliche Schulen, Internate und Heime in der Schweiz: nur zwei Niederlassungen in der deutschsprachigen Schweiz (Immensee, Knutwil), alle übrigen in der Westschweiz. Ein Viertel der Schulen befand sich in Gebieten mit ehemals oder noch heute überwiegend reformierter Bevölkerung: in Genf, Neuenburg, Rolle und Vevey. Die grosse Mehrzahl der Häuser der Schulbrüder wurde in den katholischen Stammlanden gegründet: in Estavayer (1845), Châtel-Saint-Denis (1845), Attalens, Fribourg, Rue, Vionnaz, Montet (Broye), Drognens und Knutwil. Gegenwärtig bestehen Kommunitäten der Schulbrüder in Neuenburg und seit 1973 in Zürich.

Das Thema «Schulbrüder in der Schweiz 1880–1960» wird im folgenden unter mehreren Gesichtspunkten gegliedert. In einem längeren Abschnitt sollen die Niederlassungen vorgestellt, Ursache und Bedingungen ihrer Gründung behandelt werden. Weitere Abschnitte beleuchten kurz die Tätigkeitsfelder und die Schliessung der Häuser. [4]

1. Äusserer Rahmen der Gründungen

Trotz des Klosterartikels in der Bundesverfassung ist es dem Institut der Brüder der christlichen Schulen gelungen, innert vierzig Jahren elf Niederlassungen in der Schweiz zu gründen. Die Niederlassung der Kommunitäten erfolgte in drei Gründungswellen: 1886–1894, 1904–1907, 1919–1926.

[4] Aus dem Archiv des Institut catholique in Neuenburg standen mir folgende Quellen mittels Photokopien und Abschriften von Fr. Othmar Würth zur Verfügung: Notices nécrologiques, Auszüge aus den Nachrufen über verstorbene Schweizer Schulbrüder; Generalatsarchiv der Schulbrüder in Rom, Fonds NG 411–428, Photokopien betr. Attalens, Saint-Pierre de Clages, Immensee, Rue, Vevey und Vionnaz; Auszüge aus diversen Jahrgängen des Bulletin des écoles chrétiennes. Fr. Othmar Würth, derzeit in Butare (Rwanda), danke ich herzlich für die Erlaubnis, seine Aktensammlung zu benützen.

Erste Gründungswelle

In Frankreich hatten die Schulbrüder mit der Laisierung des öffentlichen Unterrichts (1880 –1886)[5] viele Schulen verloren. Die Folge war ein gewisser Überschuss an Brüdern, der es erlaubte, auch im benachbarten Ausland neue Wirkungsfelder zu übernehmen. Die Initiative lag bei den einzelnen Distrikten (Ordensprovinzen). Die erste Gründungswelle brachte die Eröffnung von drei Schulen im Kanton Freiburg, in Attalens (1886), Freiburg (1890) und Rue (1894).

Das Institut zählte um 1880 einige Mitglieder aus der Umgebung von Attalens FR. Ein Besuch des Direktors der Kommunität Caluire bei Lyon in seiner Heimat begeisterte den Pfarrer von Attalens, Alexandre Robadey (1841–1909)[6], für den Plan, Brüder für die Knabenschule seiner Pfarrei zu erbitten. Sowohl Bischof Gaspard Mermillod[7], ein Freund des Generalobern Joseph Josserand (1884–1897), als auch Georges Python[8], Vorsteher der Freiburger Erziehungsdirektion, unterstützten das Vorhaben. Am 23. Dezember 1886 wurde die Niederlassung in Attalens eröffnet; sie gehörte dem Distrikt Chambéry an. Unklar ist, weshalb die Brüder auf Anweisung des Visitators Fr. Orbanis Attalens bereits am 11. Juli 1887 wieder verliessen. Der Gemeinderat nahm sogleich neue Verhandlungen mit dem Distrikt Lyon auf. Am 20. Oktober 1887 wurde vertraglich die Anstellung von drei Brüdern geregelt. Der Unterricht begann am 19. November 1887 unter der Leitung von Fr. Olbert-Marie Dangelzer († 1926). Die Schule gehörte bis 1894 zum Distrikt Lyon, danach zum Distrikt Chambéry. Den drei Klassen der Primarschule wurde

[5] Marcel Launay, L'Eglise et l'Ecole en France, XIXe–XXe siècles, Paris 1988, 71–91.

[6] 1867–1909 Pfarrer und Dekan in Attalens. Jules Desfossez, Nécrologe du clergé séculier du diocèse de Lausanne, Genève et Fribourg, 1833–1939, Fribourg 1939, 130.

[7] Geb. 1824, gest. 1892; 1883–1891 Bischof von Lausanne und Genf, 1890 Kardinal. Helvetia Sacra I/4, Le diocèse de Lausanne (VIe siècle–1821), de Lausanne et Genève (1821–1925) et de Lausanne, Genève et Fribourg (depuis 1925), Bâle/Francfort-sur-le Main 1988, 179–183.

[8] Geb. 1856, gest. 1927; 1884–1893 Nationalrat, 1886 Staatsrat, 1896–1920 Ständerat. Historisch-biographisches Lexikon der Schweiz 5 (1929), 505.

am 18. Dezember 1887 mit Billigung des freiburgischen Staatsrats eine Regionalschule angeschlossen. Im Februar 1899 erhielt die Kommunität einen vierten Schulbruder.[9]

Die geglückte Niederlassung der Schulbrüder in Attalens veranlasste den Generalobern Fr. Joseph, die Gründung eines «Petit Noviciat» in der Schweiz ins Auge zu fassen. Der Rektor von Saint-Pierre de Clages, Casimir Robadey (1848–1925)[10] – ein Bruder des Pfarrers von Attalens – wies auf die Möglichkeit hin, das Walliser Priorat käuflich zu erwerben. Fr. Olbert-Marie besichtigte anfangs Oktober 1888 Saint-Pierre de Clages und war von der Idee, ein Noviziat im dortigen Priorat zu errichten, hell begeistert. Auf seiner Rundreise hatte er von Bischof Adrien Jardinier[11], Domdekan François-Xavier Blatter[12] und dem Direktor des Sittener Priesterseminars, Joseph Nantermod[13], Zusicherungen erhalten, dass sie die Idee eines Noviziats der Schulbrüder im Wallis begrüssen und unterstützen würden. Leider zerschlugen sich Ende 1888 die Verhandlungen am Kaufpreis, den das Institut als übersetzt betrachtete.[14]

Möglicherweise gaben die Verhandlungen mit Freiburg den Ausschlag, den Plan eines Noviziats im Wallis fallenzulassen. Am 30. April 1888 hatte Georges Python bei den Schlussprüfungen der Regionalschule in Attalens den Vorsitz geführt und dabei den Wunsch geäussert, dass in Freiburg eine ähnliche Schule eröffnet werde. Bischof Mermillod doppelte beim Generalobern nach. Die Verhandlungen wurden mit dem Visitator des Distrikts Lyon,

[9] Fr. Olbert-Marie Dangelzer wirkte 22 Jahre als Direktor in schweizerischen Niederlassungen, in Attalens, 1890–1897 in Freiburg, später in Montet; 1920–1926 Visitator des Distrikts Lyon; Nachruf in Aktensammlung Würth. Zu Attalens: wie Anm. 4, Fonds NG 411. Bernard Secret, Les Frères des écoles chrétiennes en Savoie, 1810–1944, Chambéry 1944, 109; Rigault, Histoire générale 8, 211–213; Alban, Histoire, 225, 757 f.

[10] 1883–1925 Rektor von Saint-Pierre de Clages. Jean-Emile Tamini/Pierre Délèze, Nouvel essai de Vallesia christiana, Saint-Maurice 1940, 236, 493; Helvetia Sacra III/1, Frühe Klöster, Die Benediktiner und Benediktinerinnen in der Schweiz, Bern 1986, 1442.

[11] Geb. 1808, gest. 1901; 1875–1901 Bischof von Sitten. Tamini/Délèze, Nouvel essai, 77, 462.

[12] Geb. 1820, gest. 1896; 1864 Direktor des Priesterseminars in Sitten, 1880 Domdekan, 1888 Generalvikar des Bischofs von Sitten. Tamini/Délèze, Nouvel essai, 421.

[13] Geb. 1844, gest. 1927; 1884–1890 Direktor des Priesterseminars in Sitten. Tamini/Délèze, Nouvel essai, 106, 478.

[14] Wie Anm. 4, Fonds NG 421.

Fr. Polentius, geführt. Die Schulbrüder erwarben das in der Nähe des alten Bahnhofs gelegene Gut «Les Pilettes» und liessen ein kleines Haus für die Klassen errichten. Mit neun Schülern begann Fr. Olbert-Marie 1890 den Unterricht. Im Oktober 1891 hatten die Brüder 62 Schüler; ein Internat wurde eröffnet. Die Schule Saint-Georges in Freiburg wurde mit der Niederlassung in Attalens 1894 dem Distrikt Chambéry zugeteilt. Sie zählte 1903 unter Fr. Urbice-Lucien (Direktor 1897–1918) 110 Schüler.[15]

Auf Vorschlag von Erziehungsdirektor Python beschloss der Freiburger Staatsrat in seiner Sitzung vom 23. Juni 1894, die Eröffnung einer Regionalschule in Rue (Glânebezirk FR) zu gestatten. Damit bot sich den Schulbrüdern die Möglichkeit, innert kurzer Frist eine dritte Schule im Kanton Freiburg zu übernehmen. Der Generalobere Fr. Joseph beauftragte den Leiter der Schule in Freiburg, Fr. Olbert-Marie, die Verhandlungen mit dem Gemeinderat von Rue zu führen. Das Ergebnis war die Konvention vom 23. Juli 1894. Die Gemeinde vertraute den Brüdern die auf den 1. Oktober 1894 zu eröffnende Regionalschule und nach Beendigung des Schuldienstes des jetzigen Lehrers die Knabenprimarschule an. Python sanktionierte den Vertrag am 6. September 1894. Die Institutsleitung verlangte noch einige Änderungen, die von der Gemeinde nur mündlich zugestanden wurden. Trotz dieses Vorbehalts kamen am 20. September 1894 drei Schulbrüder nach Rue. Ein vierter Bruder für die Erteilung des Deutschunterrichts schloss sich im Dezember an. Zugleich mit der Regionalschule eröffnete man am 1. Oktober 1894 ein Pensionat und Juvenat. Seit dem 15. Oktober 1896 versah die Kommunität unter Beiziehung eines fünften Bruders auch die Primarschule.[16]

Zweite Gründungswelle

Mit der antiklerikalen Gesetzgebung in Frankreich, die in den Jahren 1901 bis 1904 besonders die Kongregationen traf, steht

[15] Secret, Frères, 109; Rigault, Histoire générale 8, 211–213; Alban, Histoire, 225, 758. Zum rechtlichen Aspekt s. unten, Anm. 20.

[16] Wie Anm. 4, Fonds NG 426; Secret, Frères, 109; Christian Bardy, Les écoles régionales et les écoles secondaires de garçons dans le canton de Fribourg (1874–1919), mém. de licence Fribourg 1988, 61–64.

die nächste Gründungswelle in direktem Zusammenhang.[17] Angehörige von 15 Orden und Kongregationen bemühten sich offiziell um die Niederlassung in der Schweiz. Angesichts dieser religiösen Einwanderungswelle ergriff das Eidgenössische Justiz- und Polizeidepartement restriktive Massnahmen.[18] Gestützt auf Artikel 52 der Bundesverfassung verbot das Departement die Gründung neuer Niederlassungen; es gestattete hingegen den ausländischen Ordensleuten, als zivile Einzelpersonen in der Schweiz zu wirken.[19] An diesen Rahmen hatten sich die Schulbrüder zu halten.[20]

Ein erster Versuch des Distrikts Besançon, 1902 in Le Landeron ein Heim für kranke und alte Brüder zu gründen, schlug infolge einer Pressepolemik fehl.[21] Am 11. Juni 1903 wandte sich das Eidgenössische Justiz- und Polizeidepartement gegen die Gründung einer Schule durch Schulbrüder in Genf mit dem Hinweis, dies komme einer Niederlassung dieser Kongregation gleich.[22] Die Situation der Brüder in Frankreich verschlimmerte sich drastisch im folgenden Jahr. Das Gesetz vom 15. Juli 1904 verbot den Orden und Kongregationen jegliche Unterrichtstätigkeit und zog in Frankreich die Schliessung von 801 Brüderschulen nach sich.[23]

Von den 42 im Distrikt Chambéry bestehenden Häusern wurden 1904 36 geschlossen.[24] Der Visitor, Fr. Urbain-Joseph (1900–1917),

17 Launay, L'Eglise et l'Ecole, 82f.; zur Auswirkung auf das Institut der Schulbrüder s. Alban, Histoire, 269–294.

18 Walther Burckhardt, Schweizerisches Bundesrecht 2, Frauenfeld 1930, 256–279.

19 Art. 52 BV verbot «die Errichtung neuer und die Wiederherstellung aufgehobener Klöster oder religiöser Orden». «Neue Niederlassungen» bezog sich auf alle Orden und Kongregationen, die am Tag des Inkrafttretens der Bundesverfassung, am 29. Mai 1874, in der Schweiz noch keine Niederlassung besessen hatten, cf. Zaccaria Giacometti, Schweizerisches Bundesstaatsrecht, Zürich 1949, 356–359. Die konfessionellen Ausnahmeartikel (Art. 51 und 52 BV) wurden 1973 aufgehoben.

20 Das Eidgenössische Justiz- und Polizeidepartement ersuchte 1903 die Freiburger Regierung um Auskunft über die Erziehungsinstitute der Schulbrüder im Kanton Freiburg. Die Kantonsregierung machte geltend, dass die Kongregation schon vor 1874 Niederlassungen in der Schweiz gehabt habe. Das Departement hielt dies aber nicht für zutreffend. Die Schulbrüder traten daraufhin ihre in Freiburg betriebene Schule an die Gemeinde ab, so dass sie formaljuristisch seit 1907 keine Unterrichtsanstalt mehr im Kanton Freiburg hatten. Burckhardt, Schweizerisches Bundesrecht 2, 263.

21 Raymond Böhi (Hg.), Les Frères à Neuchâtel. Un siècle d'histoire, 1863–1963, Porrentruy 1963, 37.

22 Burckhardt, Schweizerisches Bundesrecht 2, 260.

23 Alban, Histoire, 287.

24 Secret, Frères, 117.

plazierte einen Teil der Brüder in der Schweiz, d.h. in möglichster Nähe des Distrikts, damit sie später leicht wieder an die angestammten Wirkungsstätten versetzt werden könnten. Vier Kommunitäten wurden von Savoyen aus gegründet: Immensee (1904), Rolle (1904), Vionnaz (1906), Vevey (1907).

In Immensee SZ befand sich seit 1896 eine apostolische Schule zur Ausbildung von Missionaren. Das Missionshaus und sein Gründer Pierre-Marie Barral waren in Savoyen bekannt.[25] Fr. Urbain-Joseph erkundigte sich nach der Möglichkeit, einige Brüder in Immensee unterzubringen. P. Barral erklärte sich auf Anfrage hin bereit, etwa 20 Brüdern Gastrecht zu gewähren. In einem am 22. Februar 1904 abgeschlossenen Vertrag wurden die Bedingungen festgehalten. Die Brüder sollten zivile Kleidung tragen und in Immensee als Lehrer, in der Beaufsichtigung der Knaben, in der Krankenabteilung, auf dem Sekretariat oder als Handwerker tätig sein. Die ersten vier Brüder begannen am 30. April 1904 ihre Arbeit in Immensee. In den folgenden Monaten folgten weitere Gruppen, so dass Ende September desselben Jahres insgesamt 23 Schulbrüder in der apostolischen Schule Bethlehem Dienst leisteten. Die «Messieurs de Savoie», wie sie in Immensee genannt wurden, lebten im übrigen gesondert für sich unter Beobachtung ihrer Regel.[26]

Die zweite Ausweichniederlassung des Distrikts Chambéry wurde nach der Schliessung der beiden savoyischen Pensionate La Motte-Servolex und Thonon-les-Bains in Rolle VD gegründet. Die Brüder planten die Eröffnung eines Handelsinstituts und Pensionats. Auf Einsprache des Eidgenössischen Justiz- und Polizeidepartements vom 30. Mai 1904 verzichteten sie auf die Leitung des Instituts, durften jedoch darin als Lehrer angestellt werden.[27] In Rolle erteilten

[25] Walter Heim, Die Errichtung des Missionshauses Bethlehem 2, Immensee 1983, 14.

[26] Wie Anm. 4, Fonds NG 419; Verzeichnis der Schulbrüder in Immensee; Nachrufe der beiden Obern der Kommunität, Fr. Victor-Eugène Chanvillard (Direktor 1904–1911, † 1942) und Fr. Ursice-Michel Boirard (Direktor 1911–1920, † 1941). Secret, Frères, 115; Alban, Histoire, 758.

[27] Die Einsprache des Departements stützte sich auf ein Gutachten Prof. Fritz Fleiners vom 18. Mai 1904. Fleiner war irrtümlich der Auffassung, die Kongregation der Schulbrüder habe am Tag der Einführung der Bundesverfassung von 1874 keine Niederlassung in der Schweiz gehabt. Burckhardt, Schweizerisches Bundesrecht 2, 272–274.

die Brüder Primar- und Sekundarunterricht sowie Unterricht in Sprach- und Handelsfächern. Das Institut erreichte 1914 mit rund 150 Schülern seinen Höhepunkt.[28]

Bei den beiden folgenden Niederlassungen scheint die Initiative vom schweizerischen Klerus ausgegangen zu sein. Im August 1906 richtete der Pfarrer der Walliser Gemeinde Vionnaz, Georges Martin (1848–1926)[29], an den Visitator des Distrikts Chambéry die Bitte, ihm zwei Brüder für die Gemeindeschule zu überlassen. Fr. Urbain-Joseph und Pfarrer Martin einigten sich über die Bedingungen, die den beiden Brüdern ein den Regeln entsprechendes Leben ermöglichen sollten. Am 2. November 1906 begannen Fr. Vincent- de-Paul (Direktor 1906–1915) und Fr. Vambert-Louis den Unterricht mit 46 Schülern, die auf zwei Klassen verteilt waren. Wie zu erwarten, zeigten die Walliser Behörden keinerlei Bedenken, dass Ordensleute an öffentlichen Schulen unterrichten. Man verlangte aus Rücksicht auf die eidgenössischen Behörden lediglich, dass die Brüder zivile Kleidung trügen.[30]

Ein Jahr nach diesen Abmachungen übernahm der Distrikt Chambéry die freie Knabenprimarschule der katholischen Pfarrei in Vevey VD. Bisher hatten Laienlehrer aus dem Kanton Freiburg an ihr unterrichtet. Die häufigen Lehrerwechsel bewogen Pfarrer Jules Chauffat († 1952), sich als Schuldirektor an eine religiöse Kongregation zu wenden. Der Redemptorist Charles Durand, ehemaliger Schüler in Attalens, vermittelte die Verbindung zum Institut der Schulbrüder. Am 19. Oktober 1907 wurden drei Brüder in Vevey installiert und unter demselben Datum der Vertrag zwischen Pfarrer Chauffat und dem Visitator Fr. Urbain-Joseph unterzeichnet. Der Unterricht begann mit 150 Schülern in vier Klassen am 28. Oktober 1907. Einen Monat später stiess ein vierter Bruder zur Kommunität. Diese konnte in Vevey ungehindert nach der Ordensregel leben. Die Brüder mussten allerdings zivile Kleidung tragen und führten ihren bürgerlichen Namen.[31]

[28] Wie Anm. 4, Nachrufe Fr. Unizaud († 1926) und Fr. Alard-Ernest († 1932). Secret, Frères, 121; Alban, Histoire, 756f.

[29] 1897–1916 Pfarrer von Vionnaz. Tamini/Délèze, Nouvel essai, 138, 471.

[30] Wie Anm. 4, Fonds NG 428. Secret, Frères, 121; Alban, Histoire, 757.

[31] Wie Anm. 4, Fonds NG 427. Secret, Frères, 121; Alban, Histoire, 757.

Bisher sind wir den Gründungen des Distrikts Chambéry gefolgt. Auch aus dem Distrikt Lyon kamen Brüder infolge der Schliessung von Schulen 1904 in die Schweiz. Ihre Hauptniederlassung ist Montet im freiburgischen Broyebezirk. Am 20. April 1907 nahm Georges Python Verhandlungen auf, um den Brüdern das Waisenhaus Marini anzuvertrauen. Der Distrikt Lyon sagte zu, und Ende Mai 1907 begannen bereits vier Schulbrüder unter der Leitung von Fr. Olbert-Marie Dangelzer (Direktor 1907–1920) ihre Arbeit im Waisenhaus in Montet.[32]

Dritte Gründungswelle

In den Jahren nach dem Ersten Weltkrieg erfolgte eine dritte Gründungswelle. In Genf erbat Archiprêtre Albert Vogt (1874–1942) seit 1922 Schulbücher für die Pfarrei Notre-Dame. Anknüpfend an die traditionsreiche Genfer Schultätigkeit vor 1872, eröffnete der Distrikt Chambéry 1923 die erbetene Pfarreischule. Zwei leibliche Brüder, Fr. Olaguer-Jean (Direktor 1923–1924) und Fr. Olaguer-Denis Bochud (1928–1938), gebürtig von Bossonens FR, leiteten kurz nacheinander die Pfarreischule Notre-Dame. Sie zählte 1932 mit drei Schulbrüdern fast 100 Schüler. Die in Genf unterrichtenden Brüder waren allesamt schweizerischer Herkunft.[33]

Brüder der deutschen Provinz engagierten sich in zwei Erziehungsheimen: 1919 in Drognens FR und – seit 1926 – in Knutwil LU. Und das nicht zufällig. Deutsche Schulbrüder hatten 1902 in Guénange bei Thionville eine Erziehungsanstalt übernommen und im Laufe weniger Jahre zu einem blühenden Heim mit Werkstätten und einer Druckerei ausgebaut. Es wurde zum Modell der Erziehungsheime, welche die deutschen Brüder im Ausland, in der Schweiz und seit ihrer Wiederzulassung in Deutschland (1919) eröffneten.[34]

[32] Nachruf Fr. Olbert-Marie Dangelzer († 1926); Aktensammlung Würth, wie Anm. 4. Das Waisenhaus Marini stand seit seiner Eröffnung 1881 unter der Leitung von Abbé Eugène Torche († 1908). Léon Genoud, Manuel des œuvres du canton de Fribourg, Fribourg 1923, 109f.

[33] Nachrufe der Brüder Olaguer-Jean († 1926) und Olaguer-Denis Bochud († 1942); Aktensammlung Würth, wie Anm. 4. Bulletin des écoles chrétiennes, Oktober 1932; Alban, Histoire, 759.

[34] Rigault, Histoire générale 8, 152–157; Alban, Histoire, 762f.; Zähringer, Schulbrüder, 56.

2. *Die Tätigkeitsfelder*

Primar- und Mittelschulunterricht

In allen ihren schweizerischen Niederlassungen mit Ausnahme von Immensee und Knutwil erteilten die Schulbrüder Primarunterricht. Ihre Primarschulen zählten zwischen 40 und 160 Schüler, die verantwortlichen Kommunitäten drei bis fünf Brüder. Die Besoldung eines Schulbruders war bescheiden; sie betrug in Neuenburg 600 Franken jährlich (1864) [35] und variierte in Vevey zwischen 500 und 600 Franken pro Trimester (1907). Neben dem Wunsch nach religiösen Lehrern spielten auch Gründe der Sparsamkeit mit, wenn sich Pfarreien und Gemeinden um Schulbrüder bewarben. Die Brüder selbst legten Wert auf Unentgeltlichkeit ihres Unterrichts, d.h. auch an den freien Schulen der Pfarreien Neuenburg und Vevey bezahlten die Schüler in der Regel kein Schulgeld. In den Niederlassungen Attalens, Freiburg und Rue, die von Georges Python als Regionalschulen geplant worden waren, führten die Brüder einen an die obligatorische Volksschule anschliessenden Jahreskurs. Dessen Zweck war es, die Schüler auf den Eintritt in eine Berufslehre oder in die Mittelschule vorzubereiten.

Mehrere Schulen der Brüder besassen ein Pensionat, so Freiburg, Rue, Rolle und Neuenburg. Das Institut in Rolle bot Unterricht in Sprach- und Handelsfächern an, seine Schüler waren verschiedenster Herkunft. Sie stammten aus Savoyen, den Kantonen Waadt, Freiburg, Bern sowie aus Italien. Auch die apostolische Schule in Immensee wurde als Internat geführt. Die Brüder wirkten in der Beaufsichtigung der Schüler und Lehrlinge, einzelne als Lehrer der Seminaristen.

Aus ganz bescheidenen Anfängen hat sich das «Institut catholique» in Neuenburg entwickelt, das mit fast 200 Internatsschülern um 1960 seinen Höhepunkt erreichte und gegenwärtig 90 interne Schüler zählt. Anlässlich seines Besuchs in Neuenburg Ende September 1888 hatte der Generalobere Fr. Joseph Josserand die Gründung eines Pensionats angeregt, um die Bedeutung der Brüder für die Stadt zu heben. Doch das erste Pensionat 1893–1896 zog nur wenig Schüler

[35] Böhi, Frères, 21.

an. Als 1904 die Schulen des Distrikts Besançon aufgehoben wurden, beschlossen die Obern, das Pensionat in Neuenburg wiederzueröffnen. Seit dem Schuljahr 1905 führten die Brüder einen Handelskurs, das Pensionat zählte damals 20 interne Schüler. Die Entwicklung der Schülerzahl in Neuenburg soll hier nur skizziert werden.[36] Tiefpunkte sind in den Jahren des Ersten Weltkriegs, der Wirtschaftskrise sowie 1935 zu verzeichnen. Seit 1918, in gezieltem Vorgehen seit 1936 wurden Schüler aus der deutschsprachigen Schweiz aufgenommen, die am Institut die Kurse in Französisch und Handelsfächern besuchten. Die Zahl der Internatsschüler musste 1948 auf 145 begrenzt werden. Die Erwerbung der Gebäude von Fontaine-André 1954 ermöglichte es, weitere 50 interne Schüler aufzunehmen.[37]

Parallel verlief der Aufschwung der Kommunität in Neuenburg. 1863–1903 zählte die Gemeinschaft meist vier Brüder, 1904 –1938 um zehn Mitglieder. Fr. Raynaud Carrard (Direktor 1935–1946) zog 1936 ein halbes Dutzend deutscher Schulbrüder nach Neuenburg. 1938–1963 wuchs die Gemeinschaft stetig bis auf 29 Brüder an, die sich mehrheitlich aus ehemaligen Schülern des Internats rekrutierten.[38]

Heimerziehung

Neben dem Primar- und Mittelschulunterricht ist als weiteres Tätigkeitsfeld die Heimerziehung in Montet, Drognens und Knutwil zu nennen. Ein Jahr nach ihrer Ankunft in Montet, am 1. Juni 1908, übernahmen die Brüder die Leitung des Waisenhauses Marini. Die Zöglinge wurden in drei Gruppen unterteilt: die Knaben von 7 bis 14 Jahren, die normalen Primarschulunterricht erhielten; Knaben von 14–16 Jahren, die ihre Primarschulbildung vervollständigten und einen landwirtschaftlichen Kurs besuchten; junge Männer von 16–18 Jahren, die einer handwerklichen Berufslehre oblagen. Die

[36] Ib., 37, 46, 56.
[37] Ib., 57–59.
[38] Ib., 51.
[39] Bulletin des écoles chrétiennes, Januar 1909, 79; Alban, Histoire, 759.

Zahl der Kinder und Jugendlichen stieg auf etwa 120 an, doch auch die Kommunität von anfänglich vier Brüdern hatte sich im Verlauf der Jahre mehr als verdoppelt.[39]

Die kantonale Erziehungsanstalt Saint-Nicolas in Drognens zählte 1920 93 Zöglinge im Alter von 10–18 Jahren. Die deutschen Schulbrüder fanden bei ihrer Ankunft miserable pädagogische Zustände vor; einzelnen Zöglingen befestigte man zeitweise eiserne Kugeln an den Füssen, um ein Entweichen aus der Anstalt zu verhindern. Unter Fr. Séverinus schafften die Brüder die Kugeln ab und bemühten sich, eine Atmosphäre des Vertrauens zu schaffen. Die schulpflichtigen Kinder wurden in zwei französischsprachigen und in einer deutschsprachigen Klasse nach dem freiburgischen Lehrplan unterrichtet. Die schulentlassenen Zöglinge konnten in den von den Brüdern eingerichteten Werkstätten (Schreinerei, Schlosserei, Schuhmacherei, Buchbinderei, Schneiderei) ein Handwerk nach eigener Wahl erlernen.[40]

Auch das am 26. September 1926 eröffnete Erziehungsheim St. Georg in Knutwil erhielt durch die Brüder eine Reihe von Ateliers, die es den Jugendlichen erlaubten, sich in einem Handwerk ausbilden zu lassen. Am 11. Januar 1936 wurde das bisherige Angestellten- in ein Pachtverhältnis umgewandelt, d.h. die Schulbrüder betrieben das St. Georgsheim fortan auf eigene Rechnung. Die Kommunität zählte zwölf Brüder; 1958 betreuten sie zusammen mit elf Laien und einem Geistlichen gegen 120 Jugendliche im Alter von 12–18 Jahren.[41] Alle drei genannten Erziehungsheime erhielten durch die Tätigkeit der Schulbrüder eine einheitliche pädagogische Ausrichtung, was ihren guten Ruf begründete.

[40] Wie Anm. 4, Fonds NG 415, Artikel Drognens, von Josef Beck; Brief von Fr. Raynaud-Césaire Carrard (1887–1960) an Fr. Georges Cuenot, undatiert. Die 1888 eröffnete Erziehungsanstalt in Drognens wurde zunächst von Spiritanern, 1895–1915 von Salvatorianern geleitet; Genoud, Manuel, 178–180; Bulletin des écoles chrétiennes, Januar-April 1924 (Firmspendung durch Bischof Marius Besson); Zähringer, Schulbrüder, 59.

[41] Der Luzerner Grosse Rat bewilligte in seiner Sitzung vom 30. September 1958 einen finanziellen Beitrag an den Umbau und die Modernisierung des Erziehungsheims der Schulbrüder in Knutwil Bad. Unter dem Titel «Eigenartige Subventionierung einer privaten Erziehungsanstalt» erschien darauf ein Artikel in der Neuen Zürcher Zeitung Nr. 3116, vom 26. Oktober 1958; dessen Autor, Advokat Adolf Graber in Luzern, beanstandete mit dem Hinweis auf Art. 52 BV die staatliche Beitragsleistung. S. den Brief des damaligen Direktors des Heimes, Br. Kilian Schmitt, an den Luzerner Regierungsrat, 20. Dezember 1958; Aktensammlung Würth, wie Anm. 4. Zähringer, Schulbrüder, 61 f.; Alban, Histoire, 761.

Hauptmotiv der Tätigkeit der Brüder ist gemäss ihrer Regel, den Kindern und Jugendlichen einen auf solider religiöser Grundlage stehenden Unterricht zu vermitteln, sie zu engagierten Christen zu erziehen. Ein weiteres Motiv wird oft in den Quellen genannt: der geistliche Nachwuchs. Nach einer Statistik von Fr. Othmar Würth haben von 1830 bis 1965 genau 100 Schweizer – 50 von ihnen waren 1965 noch am Leben – den Beruf des Schulbruders gewählt. Im allgemeinen kann man die Ordenseintritte nicht auf eine bestimmte Schule der Brüder zurückführen. Anfangs kamen die Eintritte vor allem aus dem Jura, den Kantonen Genf, Neuenburg und Freiburg. Der Bezirk Veveyse (Attalens und Umgebung) hat 1855–1933 zwölf Brüder hervorgebracht. Einige wenige Eintritte verzeichnen die Schulen von Vevey, Montet und Knutwil. Eine grosse Ausnahme bildete die Schule in Neuenburg. Unter dem Direktorat von Fr. Joseph Clémence (1946–1957) haben mehr als 30 Jünglinge den Weg des Noviziats gewählt.[42] Etwa die Hälfte von ihnen ist dem Institut bis heute treu geblieben. Nach dem Zweiten Vatikanischen Konzil (1962–1965) hat sich auch in Neuenburg die Situation radikal geändert. Ordenseintritte sind wie gegenwärtig in allen schweizerischen Ordensschulen seltene Ausnahmen.

3. Lebensdauer der Häuser

Wie die Tabelle veranschaulicht, hat nur eine Niederlassung, die Schule in Neuenburg, seit ihrer Gründung 1863 bis heute Bestand. Die elf zwischen 1886 und 1926 gegründeten Niederlassungen waren von bedeutend geringerer Lebensdauer: bis neun Jahre die Häuser Rue und Vionnaz; 15–27 Jahre die Häuser Drognens, Genf, Immensee, Montet und Rolle; 35–46 Jahre die Häuser Vevey, Attalens, Freiburg und Knutwil. Die durchschnittliche Lebensdauer der aufgehobenen Niederlassungen betrug nur 23,4 Jahre. Welches sind die Gründe dieser relativen Kurzlebigkeit?

[42] Aktensammlung Würth, wie Anm. 4. Böhi, Frères, 55.

Niederlassung	Gründung	Aufhebung	Provinz
Neuenburg NE	1863		Besançon
Attalens FR	1886	1925 [43]	Lyon/Chambéry
Freiburg FR	1890	1933 [44]	Lyon/Chambéry
Rue FR	1894	1899	Chambéry
Immensee SZ	1904	1920 [45]	Chambéry
Rolle VD	1904	1931 [46]	Chambéry
Vionnaz VS	1906	1915	Chambéry
Montet (Broye FR)	1907	1929	Lyon
Vevey VD	1907	1942	Chambéry
Drognens FR	1919	1934 [47]	Deutschland
Genf GE	1923	1938	Chambéry
Knutwil LU	1926	1972	Deutschland

Zunächst hat man sich vor Augen zu halten, dass die modernen Ordensgemeinschaften keine Stabilitas loci kennen, sich vielmehr durch grosse Mobilität auszeichnen und ihre Mitglieder dort einsetzen, wo ihr apostolischer Einsatz am dringlichsten erscheint. Als die Kongregation während und nach dem Ersten Weltkrieg Schulen in Frankreich wiedereröffnete, herrschte zeitweise Mangel an Brüdern. Personalmangel bildete den Hauptgrund der Abberufung der Brüder aus Vionnaz,[48] Immensee und Freiburg. Ein häufiger Grund der Schliessung waren sodann lokale Schwierigkeiten, mit denen sich die Brüder konfrontiert sahen. Bereits nach fünf Jahren reisten die Schulbrüder von Rue ab, weil ein juristisch gültiger Vertrag mit der

43 Abreise der Brüder am 28. Oktober 1925, wie Anm. 4, Fonds NG 411.

44 Rigault, Histoire générale 8, 213.

45 Fünf Brüder verliessen Immensee bereits 1904/05. Die Kommunität zählte 1911 zwölf, zuletzt nur drei Schulbrüder; Nachruf Fr. Ursice-Michel, wie Anm. 26.

46 Schliessung des Handelsinstituts im August 1931; Nachruf Fr. Alard-Ernest, wie Anm. 28.

47 Kündigung des Vertrags am 10. November 1933, Abreise der Brüder am 1. April 1934; Quelle: Br. Roderich, Aktensammlung Würth, wie Anm. 4. Nach den Schulbrüdern übernahmen wieder die Salvatorianer Drognens; Anton Kiebele/Antoni Kielbasa u.a., Die Salvatorianer in Geschichte und Gegenwart, Rom-Steinfeld/Eifel 1981, 177f.

48 Mit Hinweis auf den Personalmangel erteilte die Ordensleitung auch den sechs Walliser Gemeinden, die 1914 nach Schulbrüdern verlangten, eine Absage. Nachruf Fr. Vincent-de-Paul († 1944), Aktensammlung Würth, wie Anm. 4.

Gemeinde nicht zustandekam; ausserdem gab ein Teil der Bevölkerung weltlichen Lehrern den Vorzug. In Montet und Drognens gab die Wirtschaftsführung Anlass zu Meinungsverschiedenheiten mit den zuständigen staatlichen Kommissionen.[49] Regelwidrige Auflagen waren ein weiterer Aufhebungsgrund. Die Regel schrieb einen strengen Tagesablauf vor. Als unvereinbar mit diesen Vorschriften empfanden die Brüder in Attalens das Ansinnen des Pfarrers Gustave Sonney (1890–1935)[50] und der Gemeindebehörden, ihnen die Leitung des Kirchenchors und einer neuen Dorfmusik zu übertragen. Mangelhafte Klausur und die den Brüdern aufgetragenen Bettelgänge bei den Pfarrangehörigen waren der Grund, dass die Obern die Schliessung der Kommunität Vevey anordneten. Besonders die finanziellen Schwierigkeiten sind zu nennen. Sie führten zur Schliessung des Instituts in Rolle, dessen Schülerzahl nach 1914 rapid sank, sowie der Schulen in Freiburg und in Genf.[51] Ein Trost verblieb den Brüdern: ihre Schulen genossen in der Bevölkerung meistens einen ausgezeichneten Ruf. Die Quellen sind reich an Zeugnissen kirchlicher und weltlicher Behörden, die den Brüdern Anerkennung und Dank für ihre Tätigkeit aussprechen.[52]

Gesellschaftliche Bedeutung der Kongregation

Die religiösen Orden und besonders die Kongregationen haben durch ihre Schulen, Heime, Spitäler das Gesicht des Schweizer Katholizismus bis etwa 1960 entscheidend mitgeprägt. In dem vielfältigen Geflecht religiöser und sozialer Dienste, welche die Kongregationen in der Schweiz anboten, bilden die Schulbrüder Jean-Baptistes de La Salle gewiss nur ein Zweiglein. Ihre Lehr- und Erziehungstätigkeit kam in erster Linie der katholischen Bevölkerung zugute und widerspiegelt im kleinen deren weltanschauliche

[49] Alban, Histoire, 759.

[50] 1922–1935 Pfarrer von Attalens. Desfossez, Nécrologe, 82.

[51] Brief von Fr. Raynaud-Césaire, wie Anm. 40.

[52] Zum Beispiel Brief des Préfet de La Veveyse Tobie Oberson an den Visitator Fr. Abdon, Châtel-Saint-Denis, 3. November 1925; Aktensammlung Würth, wie Anm. 9.

Geschlossenheit. Das Institut catholique in Neuenburg und das Erziehungsheim Knutwil erreichten in den 1960er Jahren in Schüler- und Brüderzahl ihren Höhepunkt. Der in die Kirche eindringende Meinungspluralismus – er verschaffte sich bereits am Zweiten Vatikanischen Konzil (1962–1965) Gehör – hat die Voraussetzungen apostolischer Tätigkeit geändert. Die Schulbrüder der Moderne erproben neue Arbeitsfelder und -formen. Ihrer Regel gemäss halten sie fest am Wert christlicher Erziehung als Angebot in der pluralistischen Gesellschaft.

III. VEREINE UND ARBEITERBEWEGUNG

Die christliche Sozialbewegung

Bruno Gruber

1. Vorgeschichte – Vorläufer

Den Anstoss zur Gründung christlichsozialer Organisationen und Institutionen gab – wie in vielen andern Ländern Europas – die Sozialenzyklika «Rerum novarum» 1891. Man verstand diese «Arbeiter-Enzyklika» Leos XIII. als Aufruf an die Arbeitnehmer, ihr Schicksal in die eigenen Hände zu nehmen.

Die christliche Sozialbewegung der Schweiz entstand jedoch nicht auf grüner Wiese. Während des ganzen 19. Jahrhunderts hatte es Versuche gegeben, das harte Los der Arbeitnehmer zu lindern.[1] Diese Versuche verdichteten sich um die Mitte des Jahrhunderts in der Gründung zahlreicher Vereine wie etwa der Vinzenzvereine, der Gesellenvereine, des Pius-Vereins. Sozialkaritative und sozialpädagogische Bemühungen standen dabei im Vordergrund. Mitte der siebziger und Mitte der achtziger Jahre kamen die Männer- und Arbeitervereine dazu. Ihr sozialreformerisches Wirken war geprägt von hervorragenden Persönlichkeiten wie Prof. Beck und den Nationalräten Feigenwinter und Decurtins. Doch trotz all dieser bekannten und geschätzten Persönlichkeiten gelang den Männer- und Arbeitervereinen der Durchbruch zu einer schlagkräftigen Sozialbewegung nicht. Er gelang wohl vor allem aus zwei Gründen nicht. Erstens waren die Arbeiter nicht unter sich. Ein recht hoher Anteil der Mitglieder waren Selbständigerwerbende, waren Arbeitgeber. Zweitens

[1] Louis Schihin, Sozialpolitische Ideen im schweizerischen Katholizismus. Die Anfänge (1798–1848), Schöffisdorf (Zürich) 1937.
Gregor Beuret, Die katholisch-soziale Bewegung in der Schweiz 1848–1919, Winterthur 1959.

versuchte die Führung der Männer- und Arbeitervereine aus politischen Gründen einen Brückenschlag zu den Sozialisten, zum Schweizerischen Arbeiterbund und zum Schweizerischen Gewerkschaftsbund. Beides entsprach aber nicht den Erfahrungen und Erwartungen vieler christlicher Arbeitnehmer. Insbesondere die Alltagserfahrung, die sie mit sozialistischen Gewerkschaftern machten, war vielen ein Greuel. Das schlug sich denn auch nieder in der sehr mühsamen Mitgliederentwicklung der Männer- und Arbeitervereine. Diese zählten um die Mitte der neunziger Jahre, also nach zehn- bzw. zwanzigjähriger Existenz, lediglich etwa 5500 Mitglieder. [2]

2. Die Gründungszeit der Christlichen Sozialbewegung 1899–1919 [3]

Die Gründung der christlichsozialen Bewegung erfolgte in St. Gallen, im Zentrum der stark konjunktur- und strukturanfälligen Stikkereiindustrie. Sie ging aus von Johann Baptist Jung, einem Priester, der in seiner Jugend das Arbeiterelend während vieler Jahre am eigenen Leibe erfahren hatte. Als Priester und Religionslehrer an der Kantonsschule bewahrte er den Blick für die Sorgen und Bedüfnisse der einfachen Arbeiter und Arbeiterinnen. Ihm zur Seite stand von Anfang an Dr. Alois Scheiwiller, der spätere St. Galler Bischof.

Diese beiden Männer legten innert weniger Jahre den Grundstein zu einer umfassenden christlichsozialen Arbeiterbewegung modernen Zuschnitts. Ausgangspunkt und Grundlage waren die religiössozialen Standesvereine der Arbeiter und Arbeiterinnen. Aus diesen und neben diesen entstanden in rascher Folge christliche Gewerk-

[2] Beuret, Die katholisch-soziale Bewegung, 118.

[3] Josef Scherrer, Die christliche Sozialreform. Eine Orientierung über die christlichsoziale Arbeiter- und Volksbewegung, Winterthur 1929.
Ders. Führer durch die Christlichsoziale Bewegung der Schweiz, Winterthur 1929.
Ders. Christlichsoziale Politik. Eine Wegleitung in: Soziale Volksbildung, Heft Nr. 4.
Alfred Teobaldi (Hg), Die Christlichsozialen. Kurze Geschichte der christlichsozialen Bewegung in der Schweiz. Flugschriften zu Schutz und Trutz. Im Zeitensturm, Winterthur 1921.
Gehrig Othmar, Das Christlichsoziale in der Politik unter besonderer Berücksichtigung des Christlichsozialen Arbeiterbundes der Schweiz 1919–1939, Zürcher Dissertation, Winterthur 1969.

schaften, die sich 1907 zum christlichen Gewerkschaftsbund zusammenschlossen. Gleichzeitig wurde eine Reihe von Selbsthilfe-Institutionen ins Leben gerufen; so 1899 die Christichsoziale Kranken- und Unfallkasse der Schweiz; 1902 die erste Konsumgenossenschaft; 1904 die Leo-Buchhandlung; 1905 die Verlagsanstalt und Buchdruckerei Konkordia und die Schweizerische Genossenschaftsbank.

Als Klammer all dieser und weiterer Organisationen und Institutionen diente der bereits 1903 geschaffene «Zentralverband christlichsozialer Arbeiterorganisationen». Dessen Leitung übernahm Dr. Alois Scheiwiller. Sitz des Zentralverbandes wurde Zürich. Dort hatte Scheiwiller das erste christlichsoziale Arbeitersekretariat eröffnet.

Es war diese zielbewusste Dynamik der Gründungszeit, welche der christlichsozialen Bewegung den Erfolg sicherte. Sie entsprach den Bedürfnissen und Erwartungen vieler christlicher Arbeitnehmer und weckte ihr Vertrauen. So zählten 1907, als der Christliche Gewerkschaftsbund gegründet wurde, die christlichen Berufsverbände 9000 Mitglieder; die Arbeiterinnenvereine 8500 und die Arbeitervereine 5500 Mitglieder.[4] Dieser organisatorische und mitgliedermässige Erfolg der christlichsozialen Bewegung, die sich damals geographisch auf die Gegend zwischen St. Gallen und Zürich konzentrierte, übertraf bei weitem die Bemühungen der Männer- und Arbeitervereine und entschied die Auseinandersetzung zwischen diesen beiden Richtungen des sozialen Katholizismus.

Diese Entscheidung bedeutete den Aufbau und die Aufrechterhaltung einer eigenständigen christlichsozialen Sozial- und Gewerkschaftsbewegung. Im Gegensatz dazu hatte die Führung der Männer- und Arbeitervereine versucht, die katholischen Arbeitnehmer in einen politisch und religiös neutralen Schweizerischen Arbeiterbund und Gewerkschaftsbund zu integrieren. Das gelang auch bis zum Generalstreik 1918 bezüglich des Arbeiterbundes. Diesem gehörten sowohl die Männer- und Arbeitervereine wie auch der Zentralverband christlichsozialer Organisationen an. Es gelang aber nicht, die christlichen Geewerkschaften dem Schweizerischen Gewerkschaftsbund einzugliedern. Da war die alltägliche, bittere Erfahrung der christlichsozialen Basis mit einer marxistisch-antireligiösen und parteipolitisch geprägten Gewerkschaftspolitik viel zu eindrücklich.

[4] Alfred Teobaldi, Die Christlichsozialen, 8.

Sicher spielte auf christlichsozialer Seite ebenfalls die Erkenntnis eine entscheidende Rolle, dass mit der Aufgabe der christlichen Gewerkschaften auch die christlichsoziale Bewegung mit ihren für die einfachen Leute so wertvollen Institutionen keine Überlebenschancen mehr gehabt hätte. Die von der christlichsozialen Basis so negativ empfundene antireligiöse und politische Prägung der sozialistischen Gewerkschaften fand dann bei der Gründung des Christlichen Gewerkschaftsbundes im Jahre 1907 ihren Niederschlag in den Programm-Leitsätzen, in denen es einleitend heisst: «Die christlichen Gewerkschaften sind selbständige, von jeder politischen Partei unabhängige, interkonfessionelle, jedoch auf dem Boden des Christentums stehende Arbeiterberufsorganisationen». [5] Bedeutsam ist dabei, dass sich die christlichen Gewerkschaften von Anfang an als interkonfessionell verstanden und auch für evangelische Mitglieder offen waren. Der Zentralverband christlichsozialer Organisationen blieb jedoch Mitglied des Schweizerischen Arbeiterbundes, zusammen mit dem Gesellenverein, der sozialen Sektion des Volksvereins und den Männer- und Arbeitervereinen. Deren Führer spielte noch während Jahren eine wichtige und segensreiche Rolle im Arbeiterbund. Langsam entstand aber auch in der christlichsozialen Bewegung eine politische Führungsequipe. Im Rahmen der religiössozialen Standesvereine entwickelten sich politische Kommissionen, eine Art Vorläufer christlichsozialer Parteien und Parteigruppen. 1908 veröffentlichten sie ihr erstes «Politisches Programm der schweizerischen Christlich-Sozialen».

So verfügte die chrislichsoziale Bewegung am Ende ihres ersten Jahrzehnts nicht nur über rasch erstarkte, zahlreiche Organisationen und Institutionen, sondern auch über ein gewerkschaftliches und ein politisches Programm.

3. Der Christlichsoziale Arbeiterbund 1919–1957

Der Generalstreik 1918 führte zum geschlossenen Austritt aller katholischen und christlichsozialen Organisationen aus dem Schweizerischen Arbeiterbund. Am 22. Februar des folgenden Jahres wurde

[5] Protokoll der Verhandlungen des I. Kongresses der christlichen Gewerkschaften der Schweiz, abgehalten am 12. Mai 1907 in Winterthur, 34.

in Zürich der Christlichsoziale Arbeiterbund (CAB) gegründet. Ihm traten der Zentralverband christlichsozialer Organisationen mit dem Christlichnationalen Gewerkschaftsbund, den katholischen Standesvereinen und mit den Selbsthilfe-Institutionen bei. Ferner schlossen sich ihm der Zentralverband der katholischen Jünglingsvereine, der Verband der Gesellenvereine und die soziale Sektion des Volksvereins an. An dessen Spitze trat Kantonsrat Josef Scherrer, der bereits 1916 als Sekretär des Zentralverbandes gewählt worden war. Im gleichen Jahr wurden fünf Christlichsoziale in die Eidgenössischen Räte gewählt, darunter auch Josef Scherrer. Der CAB wurde von Anfang an vom Bundesrat als subventionsberechtigter Spitzenverband anerkannt und ins Vernehmlassungsverfahren miteinbezogen.

Wichtig in dieser Zeitspanne ist die Ausarbeitung und Verbreitung der gesellschafts- und sozialpolitischen Konzeption des CAB. Wesentliche Grundzüge einer christlichsozialen Politik waren bereits in den ersten beiden Jahrzehnten des Jahrhunderts erkennbar. In einem Aufruf des «Zentralverbandes christlich-sozialer Arbeiterorganisationen der Schweiz» aus dem Jahre 1904 wurden bereits fünf – vorwiegend gewerkschaftspolitische – Ziele genannt, so:

- Gleichstellung des Arbeiters mit dem Arbeitgeber in Bezug auf den Arbeitsvertrag durch Tarifverträge;
- berufliche, fachliche Ausbildung des Arbeitnehmers;
- Rechtsschutz ihrer Mitglieder;
- Errichtung einer Arbeitslosenversicherung;
- Aufbau einer starken Genossenschaftsbewegung. [6]

Im gleichen Aufruf waren vorausgehend andere zentrale Elemente genannt worden. So vor allem die parteipolitische und die konfessionelle Neutralität. Ferner die Ablehnung des Klassenkampfes und die Festlegung auf die Sozialreform. Dazu heisst es dort: «Wir wollen eine Reform, eine Verbesserung der Lage des Arbeiters durch Einschränkung der Kapitalmacht und durch allmählig eigenen Genossenschaftsbesitz neben dem Privatkapital.»

Es fällt auf, dass in diesem Aufruf des Zentralverbandes allein auf die Karte der Selbsthilfe gesetzt und staatliche Sozial- und Wirtschaftspolitik mit keinem Wort erwähnt wird. Damit wollte sich der

[6] Der Arbeiter und die Organisation. Vierseitiges Zirkular. Hgg. vom Zentralkomitee christlich-sozialer Arbeiterorganisationen der Schweiz, Zürich 1904.

Zentralverband und insbesondere die christliche Gewerkschaftsbewegung offensichtlich scharf abheben von den sozialistischen Gewerkschaften und ihrer so verpönten Vermengung von Gewerkschafts- und Parteipolitik. Dass damit jedoch keine grundsätzliche Ablehnung staatlicher Sozial- und Wirtschaftspolitik gemeint war, geht aus dem ersten «Politischen Programm der schweizerischen Christlich-Sozialen» von 1908 hervor.[7] Dort wird einleitend klar festgehalten: «Die Christlich-Sozialen, in der Überzeugung, dass die Selbsthilfe allein zur Lösung der sozialen Frage nicht genügt, dass es vielmehr hierzu auch der Staatshilfe bedarf (vergl. Enzyklika Rerum novarum Leo's XIII.), werden die Arbeit auch auf das politische Gebiet verlegen müssen.» Trotzdem blieb lange Zeit eine merkliche Distanz zum Staat bestehen. Die Erwartungen in staatliche Eingriffe in das Wirtschafsleben waren dann und wann selbst geringer als bei den Freisinnigen.

Politik war nicht Aufgabe des Zentralverbandes und noch weniger der Gewerkschaften. Sie war primär Sache der speziell dazu ins Leben gerufenen politischen Kommissionen der religiös-sozialen Standesvereine der Arbeiter. Und die Verwirklichung der politischen Ziele erstrebte die Gründergeneration nicht «durch eine vollständig gesonderte christlichsoziale Partei, sondern – so heisst es wörtlich im «Politischen Programm» von 1908 – dadurch, dass wir innerhalb der bestehenden christlich-konservativen Parteien unsere grundsätzlichen und praktischen Forderungen sozialen Charakters nach Kräften zur Anerkennung und Durchführung bringen.» Das geschah denn auch offensichtlich mit Nachdruck und Erfolg. Das zeigte sich u.a. in der langandauernden, engen Zusammenarbeit zwischen CAB und der Konservativ-christlichsozialen Volkspartei auf kantonaler und eidgenössischer Ebene.

Eine dauerhafte, fruchtbare Zusammenarbeit in der Entwicklung der CAB-Politik gab es auch mit der Universität Freiburg. Sie fand ihren sichtbaren Niederschlag in zahlreichen «Sozialen Wochen». Die Protokolle dieser Tagungen mit dem vollständigen Wortlaut der zahlreichen Referate wurden jeweilen in Buchform veröffentlicht.

[7] Politisches Programm der schweizerischen Christlichsozialen, angenommen am Delegiertentag der christlich-sozialen Arbeitervereine in Zürich am 6. September 1908.

Die wohl wichtigste Idee, die aus dieser engen Zusammenarbeit zwischen CAB, Partei und Universität resultierte, war die Idee der berufsständischen Ordnung. Sie ergab sich logisch aus den tragenden Grundanliegen der christlichsozialen Bewegung: der Ablehnung des Klassenkampfes und dessen Überwindung durch die ‹Ständeversöhnung›, der Zusammenarbeit zwischen Arbeitgebern und Arbeitnehmern bzw. ihrer Organisationen einerseits, der Zurückhaltung gegenüber dem Staat und seinen Eingriffen in die Wirtschaft sowie den Erwartungen in die Selbsthilfe andererseits.

Diese Idee der berufsständischen Ordnung wird in den «Sozialen Wochen» immer wieder vorgestellt und weiterentwickelt; findet Eingang in das «Wirtschafts- und Sozialprogramm der Schweizer Katholiken» von 1929; wird dem Bundesrat anfangs 1934 vom CNG in einem «Entwurf für ein Bundesgesetz über die Ordnung der Wirtschaft» und anfangs 1937 vom CAB mit «Richtlinien für eine schweizerische Lösung» eingereicht; findet Unterstützung auch im Schweizerischen Gewerbeverband.

Wenn alle diese Anstrengungen trotzdem zu keinem greifbaren Ergebnis führten, so wohl vor allem deswegen, weil sie weder im freisinnigen noch im sozialistischen Lager Unterstützung fanden. Wohl aber auch deswegen, weil es den Befürwortern dieser Idee nicht gelang, den Schritt von einem gesellschaftspolitischen Konzept zu einem operablen wirtschaftspolitischen zu vollziehen. Das gelang erst nach dem 2. Weltkrieg mit der Idee der sozialen Marktwirtschaft.

4. Vom Christlichsozialen Arbeiterbund zur Christlichen Sozialbewegung

Dass der Christlichnationale Gewerkschaftsbund (CNG) drei Jahre vor dem CAB dem Bundesrat ein – wohl von Jakob Lorenz entworfenes – Konzept der berufsständischen Ordnung einreichte, macht deutlich, dass sich bei einzelnen Gliederungen des CAB Selbständigkeitsregungen bemerkbar machten und sich die Gewichte innerhalb des CAB langsam verschoben. Das zeigte sich auch darin, dass der CNG – gegen heftigen Widerstand im CAB – Mitte der dreissigerJahre der «Nationalen Aktionsgemeinschaft für wirtschaftliche Verteidigung» beitrat und das sozialdemokratische Projekt einer Krisensteuer unterstützte. Das waren deutliche Anzeichen dafür, dass der CNG eine eigenständige Politik verfolgen wollte.

Zu einer Neuordnung der christlichsozialen Bewegung kam es aber erst, nachdem Josef Scherrer anfangs 1956 seinen Rücktritt als Präsident des CAB einreichte. Der alte CAB, dessen Geschicke Josef Scherrer während fast dreissig Jahren mit grosser Hingabe und Meisterschaft leitete, war ein stark zentralistisches Gebilde. Der Verselbständigungsprozess der einzelnen Mitgliedsorganisationen und Institutionen vollzog sich in der ersten Hälfte der fünfziger Jahre vor allem dadurch, dass eine junge Führungsgeneration antrat, welche die CAB-Tradition nur noch vom Hörensagen her kannte und kaum mehr Kontakte zum CAB hatte. So wurde denn das Ausscheiden Josef Scherrers zum Anlass, den CAB umzubauen in Richtung auf eine Arbeitsgemeinschaft der vier angeschlossenen «Säulen»:

- Christlichnationaler Gewerkschafsbund der Schweiz (CNG)
- Katholische Arbeitnehmerbewegung der Schweiz (KAB)
- Christlichsoziale Parteigruppe der Schweiz (CSP)
- Vereinigung der wirtschaftlichen und sozialen Institutionen.

Artikel 4 der neuen CSB-Statuten umschreibt die Aufgaben der CSB folgendermassen:

a) die Herstellung eines dauernden fruchtbaren Kontaktes zwischen den angeschlossenen Organisationen;
b) die Wahrung bzw. Herbeiführung der Einheit in grundsätzlichen, sozialen und wirtschaftlichen Fragen;
c) die Koordination der Tätigkeit und die Wahrung der gemeinsamen Interessen;
d) die gegenseitige Förderung und Unterstützung im Rahmen der statutarischen Ziele und Möglichkeiten.

Den bruchlosen Übergang vom CAB zur CSB sicherte die mittlere Generation, zu welcher der neue CSB-Präsident, Nationalrat Ernst Meier, gehörte. Er war sowohl als Gewerkschafter wie als Politiker von jung und alt anerkannt. Ihm war es auch zu verdanken, dass die Führung innerhalb der CSB ohne grössere Spannungen auf den CNG überging.

Der Übergang vom CAB zur CSB bedeutete auch eine Lösung der engen kirchlichen Bindung, die dem alten CAB und vor allem seinem Präsidenten eigen war. Die vielerorts gehegten Befürchtungen, dass damit auch der christliche Charakter der CSB – und vor allem des CNG – verlorenginge, trafen jedoch nicht zu. Er änderte sich jedoch in dem Sinne, dass er sich auf die christliche Soziallehre und Sozialethik – die evangelische mit eingeschlossen – konzentrierte. Dass die christliche Soziallehre auch an der Mitgliederbasis bekannt wurde, dazu trug die Gründung der sozialen Seminare viel bei. Deren Zusammenschluss im Schweizerischen Sozialen Seminar wurde zu einer wichtigen Institution innerhalb der CSB.

Die Bildungsarbeit wurde in allen CSB-Organisationen zu einem zentralen Anliegen. So entstanden – neben den sozialen Seminaren – sowohl im CNG wie in der KAB eigene Bildungsinstitute, zwischen denen sich eine fruchtbare Zusammenarbeit entwickelte. So sorgen diese drei Bildungsinstitutionen durch gemeinsame Kurse dafür, dass die christliche Soziallehre in der CSB lebendig bleibt. Seit einigen Jahren gehören alle drei auch dem «Europäischen Zentrum für Arbeitnehmerfragen» (EZA) an, welches europaweit christlichsoziales Gedankengut verbreitet und vertieft.

Dass die CSB zu einer initiativen Arbeitsgemeinschaft wurde, in der die Mitgliedsorganisationen eigenständig, aber im ‹Konzert› mit den andern handeln, zeigt sich in der Lancierung mehrerer eidgenössischer Volksinitiativen. So war Hauptinitiant der «MitenandInitiative» die KAB; Hauptinitiant der AHV-Initiative in der Mitte der sechziger Jahre, der Mitbestimmungs-Initiative und der Kündigungsschutz-Initiative der CNG. Dazu kam eine grosse Zahl von parlamentarischen Vorstössen im sozial- und wirtschaftspolitischen Bereich.

Diese politische Aktivität auf eidgenössischer Ebene, zu der eine nicht minder aktive Arbeit auf kantonaler und kommunaler Ebene hinzukommt, zeugt dafür, dass auch die Verselbständigung des politischen Flügels der Christlichsozialen in den fünfziger Jahren von der neugewonnenen Selbständigkeit im Rahmen der CSB profitierte. Dass darunter der Zusammenhalt mit der CVP nicht litt, zeigt u. a. der Umstand, dass die CSB bzw. die CSP der CVP immer wieder führende Persönlichkeiten für Spitzenfunktionen in Partei und Öffentlichkeit zur Verfügung stellen konnte.

Diese politische Aktivität, insbesondere des CNG und der CSP, normalisierte auch das Verhältnis zum Schweizerischen Gewerkschaftsbund und zur Sozialdemokratischen Partei. Man erkannte in beiden Lagern, dass die Realisierung gewerkschaftlicher Anliegen auf politischer Ebene nur möglich ist durch eine Zusammenarbeit sowohl der Gewerkschaften wie der sozialorientierten Parteien. Den eigentlichen Durchbruch in dieser Richtung brachte die Mitbestimmungs-Initiative.

5. *Die Christliche Sozialbewegung heute und morgen*

Seit ein paar Jahren macht sich innerhalb der CSB ein bemerkenswerter Wandel fühlbar. Neues Leben entsteht an der Basis in den Kantonen. Es konkretisiert sich insbesondere in der politischen Arbeit, die in einer ganzen Reihe von Kantonen zur Aktivierung bestehender und vor allem zur Gründung neuer christlichsozialer Parteien und Parteigruppen geführt hat. Ob und allenfalls wie sich dadurch das Verhältnis zur CVP verändern wird, ist noch offen.

Verändert hat sich auch einiges innerhalb der CSB. Aus der Arbeitsgemeinschaft gesamtschweizerischer Organisationen und Institutionen wird zusehends wieder mehr eine Bewegung. Neben die normale Arbeit der CSB-Leitung treten Tagungen und Veranstaltungen, an denen insbesondere die Führungsgremein und die Basis der Kantonalorganisationen hervortreten.

Gerungen wird gegenwärtig um eine Grundsatzerklärung oder ein Grundsatzprogramm der CSB. Im Zentrum dieser Bemühungen steht ein neues Selbstverständnis der «Christlichsozialen», das vor allem einen motivierenden gemeinsamen Fundus bringen soll. Auch da ist noch keineswegs ersichtlich, wohin diese neuen Entwicklungen führen.

Diese Rückbesinnung auf die eigenen Grundlagen hat insbesondere in den Kantonen eine überraschend lebendige Diskussion ausgelöst. Bezeichnend ist, dass diese im Rahmen der Vorbereitung auf die Hundertjahrfeier der christlichen Soziallehre geführt wurde.

6. *Vom kirchlichen bzw. christlichen Charakter der CSB*

Es ist schwierig festzustellen, ob und allenfalls wieweit sich die christlichsoziale Bewegung in der ersten Hälfte ihrer Geschichte dem schweizerischen Katholizismus zugehörig empfand. Sicher darf man es annehmen von den beiden Gründervätern Jung und Scheiwiller, obwohl sie eine konfessionell neutrale christliche Gewerkschaftsbewegung anstrebten. Man darf es auch annehmen von weiteren führenden Persönlichkeiten, insbesondere von den Politikern, allen voran von Josef Scherrer. Und sicher auch kann man es annehmen von den katholischen Standesvereinen der Arbeiterinnen und Arbeiter.

Aber es war offensichtlich ein Katholizismus mit anderem Kolorit und anderer Stossrichtung als in den katholischen Stammlanden. Die christliche Sozialbewegung ist ja primär aus der Abwehr eines als religionsfeindlich erfahrenen und empfundenen Sozialismus entstanden. Ohne marxistische Unterwanderung des schweizerischen Sozialismus und des Schweizerischen Gewerkschaftsbundes wäre ihre Gründung wohl gar nicht geglückt. So stand denn nicht ein Antimodernismus bzw. ein Anti-Industrialismus im Vordergrund der christlichsozialen Programmatik. Selbst aus der Arbeiter-Enzyklika «Rerum novarum» und den folgenden Sozialrundschreiben entnahm man lediglich die für die praktische Gestaltung von Gesellschaft, Staat und Wirtschaft bedeutsamen Positionen: das Ja zu einer staatlichen Sozialpolitik; das Ja zur Koalitionsfreiheit und damit zur Selbsthilfe der Arbeitnehmer und das Ja zur Sozialpartnerschaft in Gleichberechtigung bzw. zur partnerschaftlichen Regelung der sozialen Belange.

Dass sich die christliche Sozialbewegung in ihrer Stossrichtung so deutlich unterschied vom bäuerlich-gewerblichen Katholizismus der Stammlande hat aber auch damit zu tun, dass sie im Raume St. Gallen–Zürich entstand, wo sich die Industrialisierung bereits seit Jahrzehnten durchgesetzt hatte, und zwar auch in vorwiegend katholischen Gebieten. Da konnte es nicht mehr um die Bekämpfung der Industrialisierung gehen, sondern nur noch um deren Vermenschlichung.

Die Auflösungserscheinungen des Katholizismus, die sich seit den fünfziger und sechziger Jahren bemerkbar machten, beschränkten sich innerhalb der christlichen Sozialbewegung auf die kirchlichen Mitgliedsorganisationen, d.h. auf die Standesvereine. Bei den übrigen Mitgliedsorganisationen und Institutionen waren keine negativen Auswirkungen festzustellen. Erreichte beispielsweise die Mitgliederzahl des Christlichnationalen Gewerkschaftsbundes anfangs der fünfziger Jahre 50 000, so überschritt sie Mitte der siebziger Jahre die

100 000er Grenze und die «Christlichsoziale» schwang sich in der zweiten Hälfte der achtziger Jahre mit über einer Million Mitgliedern zur zweitgrössten Krankenkasse der Schweiz auf.

Auch inhaltlich-programmatisch trat kein Substanzverlust ein. Im Gegenteil. Anfangs der sechziger Jahre gab sich beispielsweise der CNG ein Grundsatzprogramm, das sich deutlich an der inzwischen entfalteten christlichen Soziallehre orientierte, und 1977 stellte er in einer Grundsatzerklärung fest, dass er sich «in seinen Zielsetzungen und Aktionsmitteln von der christlichen Sozialethik und Soziallehre leiten» lasse. Die gleiche Orientierung enthält auch die Grundsatzerklärung der CSB.

Dass vom Auflösungsprozess des Schweizer Katholizismus auch innerhalb der CSB lediglich die kirchlichen Standesvereine betroffen sind, dürfte vor allem darauf zurückzuführen sein, dass der alles erfassende Individualisierungsprozess sich auch bei den Katholiken im Sinne religiöser Unmittelbarkeit und Eigenverantwortung auswirkt, der keineswegs mit einem Substanzverlust einhergehen muss.

Die katholische Arbeitnehmer- und Arbeitnehmerinnenbewegung der deutschsprachigen Schweiz

Bernhard Wild

1. Vorgeschichte der katholischen Arbeitnehmer – und Arbeitnehmerinnenvereine – KAV und KAiV – bis 1919: zentralistisch vorgeformtes Gefüge

Die Katholischen Arbeitervereine (KAV) und die katholischen Arbeiterinnenvereine (KAiV) sind über den Zentralverband christlichsozialer Organisationen der Schweiz (ZV) Mitglieder des 1919 gegründeten christlichsozialen Arbeiterbundes der Schweiz geworden. Der ZV seinerseits bestand seit dem 17. Mai 1903 als Zusammenschluss der KAV und KAiV mit den christlichsozialen Gewerkschaften und den sich bildenden Selbsthilfeinstitutionen. Dem ZV stand als Zentralpräsident der Geistliche Dr. Alois Scheiwiler aus St. Gallen vor.

Die KAV hatten ihr eigenes Verbandsorgan, «Der Arbeiter», mit dem Untertitel «Zeitung der christlichsozialen Arbeiterorganisationen». Deren Redaktor war ebenfalls Dr. Alois Scheiwiler. Die KAV konnten die Zeitung 1905, quasi als Vermächtnis, vom Volksverein übernehmen.

Die KAiV führten seit 1907 ebenfalls ihr eigenes Verbandsorgan: «Die Arbeiterin», als Organ der christlichsozialen Arbeiterinnenvereine. Auch dessen Redaktor war Dr. Alois Scheiwiler. Und ebenfalls Scheiwiler war auch Generalsekretär des 1904 in Zürich errichteten Arbeitersekretariats.

1915 gelang den St. Gallern, dieses Zentral-, resp. Arbeitersekretariat von Zürich in ihre Heimatstadt zu holen. Ein kluger Schachzug, denn so erwirkten sie die Bereitschaft ihres St. Galler Kantonsrats, Josef Scherrer, 1916 das Generalsekretariat des ZV von

Dr. Alois Scheiwiler zu übernehmen. Gleichzeitig übernahm Scherrer das Vizepräsidium des ZV. 1919 wurde Scherrer in den Nationalrat gewählt, was ihn dann sehr schnell zu der dominanten Figur der christlichsozialen Organisationen der Schweiz werden liess.

August Steffen, der spätere Zentralsekretär der KAV, vermerkte in einer Randnotiz zu seinen nicht veröffentlichten Memoiren (1979) in einem unverkennbaren Ton des Bedauerns: «Seit Nationalrat J. Scherrer im Nov. 1919 im Nationalrat Einsitz nahm, wurden sozialpolitische Fragen weitgehend in der christlichsozialen Fraktionsgruppe in Bern behandelt, während sie vorher im Schosse des Zentralverbandes c.s.O. und im Vorstand des CAB zur Behandlung kamen».[1]

Was die KAV de jure in den christlichsozialen Arbeiterbund zwar noch retten konnten, war ihre politische Kommission. De facto war diese sehr bald nichts weiteres mehr als der verlängerte Arm Scherrers in die KAV.

So legten KAV und KAiV ihre Arbeitsschwergewichte sehr rasch auf die religiös-sittliche und -soziale Schulung ihrer Mitglieder und Vertrauensleute. Als Ideal schwebte der wahre katholische Arbeiter, die wahre katholische Arbeiterin vor.

Mit dem Eintritt in den Christlichsozialen Arbeiterbund, 1919, verfügten die Vereine über
205 Sektionen und 13 538 Mitglieder bei den Männern und
149 Sektionen und 21 094 Mitglieder bei den Frauen.

2. *Wichtige Entwicklungsschritte der KAV/KAiV unter dem Dach des Christlichsozialen Arbeiterbundes ab 1919 und später des CAB ab 1937*

2.1 In zentralistischer Hörigkeit

Der Generalsekretär des Zentralverbandes (ZV), Josef Scherrer, übernahm bei der Gründung 1919 gleich das Präsidium des christlichsozialen Arbeiterbundes. Vizepräsident des ZV blieb er, ebenso Mitglied der politischen Kommission der KAV.

[1] August Steffen, Wie ich die KAB erlebte ... (Ein unvollständiger Versuch, Erinnerungen aufzufrischen), Zürich 1979. Es handelt sich um nicht veröffentlichte Notizen des ehemaligen Zentralsekretärs der KAV, resp. KAB/M, August Steffen. Die Notizen sind am Sozialinstitut der KAB Schweiz in Zürich aufbewahrt.

Dr. Alois Scheiwiler blieb bis zur Auflösung des ZV dessen Präsident, dies auch nachdem er 1930 zum Bischof von St. Gallen gewählt worden war. Durch die Verschmelzung des ZV mit dem christlichsozialen Arbeiterbund zum CAB wurde Scherrers Alleinposition unter den Christlichsozialen noch wesentlich gefestigt.

Den religiös-sozialen Standesvereinen war die sozialpolitische Eigenentwicklung durch diese Verschmelzung vollends genommen. In den Gründungsbeschlüssen wurde zwar betont, die Organisationen des ZV würden mit ihren vollen Rechten und Pflichten in den CAB integriert. Dennoch: Die politische Kommission der katholischen Arbeitervereine wurde als überflüssig abgeschafft, und der CAB übernahm mit seinem Generalsekretariat umfänglich die gesellschaftspolitische Rolle. [2] Die Standesvereine wurden damit schlichtwegs ins politische Abseits verwiesen. Für die getreuen Diener und Dienerinnen ihres Herrn, die KAV und KAiV, brachte dies nicht nur Nachteile – wie wir bald sehen werden – sondern auch eminent viel Kraft und Fantasie für sozialkaritatives Engagement. Aber auch das wollte zentral sichergestellt sein. In den Gründungsstatuten des CAB finden wir den wichtigen Passus, Art. 9:

«Die Kommission für die religiös-sozialen Standesvereine übernimmt in Verbindung mit dem Generalsekretariat die Führung und Betreuung der konfessionellen Standesvereine. Diese Kommission wird auf Vorschlag der Verbände der Standesvereine gewählt und vom Präsidenten des CAB geleitet. Jeder Verband wählt 3 bis 5 Vertreter in die Kommission. Die Kommission ist berechtigt, zentrale und regionale Präsideskonferenzen zur Erörterung und Beschlussfassung über einschlägige religiös-soziale Sach- und Organisationsfragen einzuberufen». [3]

Und wir können heute den ersten Zentralpräses der KAB-Verbände (1954–1967), Paul Rickenbach, verstehen, wenn er argwöhnt, dass damit alles andere als ein Eigenleben den KAV und KAiV

[2] Josef Scherrer, Der Standort der Christlichsozialen, St. Gallen, 1947, 35. Scherrer spricht hier indirekt die enge Vernetzung innerhalb der Christlichsozialen Organisationen und gleichzeitig die zunehmende Verlagerung der sozialpolitischen Tätigkeit von den Standesvereinen auf die CAB, die Kantone und Gemeinden an.

[3] Paul Rickenbach, Josef Scherrer und die KAB, in: Dr. h.c. Josef Scherrer 1891–1965, Winterthur, 1965, Hrsg. Konkordia Winterthur, 40. Hierin ist nur gerade der für uns bedeutungsvolle Artikel 9 der am 20.8.1937 genehmigten Statuten der CAB wiedergegeben.

offenstand und die Verselbständigung dieser Verbände noch auf sich warten liess, aber schliesslich mit Schaffung der CSB 1957 kommen musste.[4]

Der christlichsoziale Arbeiterbund musste natürlich auch sein eigens Verbandsblatt haben. Auf Jahresanfang 1920 erschien sein Tagblatt «Hochwacht». Der «Arbeiter» und die «Arbeiterin» wurden integriert. Schmeichelhaft muss das für die KAV und KAiV nicht gewesen sein. Die Mitteilung an die Leser und Leserinnen in der ersten Wochenausgabe 1921 verrät jedenfalls keinerlei Begeisterung. Da hiess es lediglich:

Die Mitglieder der Arbeiterinnenvereine wollen beachten:

«dass nach Beschluss der Delegiertenversammlung in Winterthur «Die Arbeiterin» nun in Verbindung mit einer Wochennummer der «Hochwacht» erscheint und zwar jeweils mit der Mittwoch-Nummer. Der Titel der «Arbeiterin» muss aus postalischen Gründen in Hochwacht Ausgabe Arbeiterin umgetauft werden. Diese Wochenausgabe ist und bleibt das obligatorische Vereinsorgan der Arbeiterinnenvereine.»[5]

Aber den KAV und KAiV war es nie wohl ohne eigenes Verbandsorgan. Zudem war die Ablehnung unter den Mitgliedern gegenüber einer Verpflichtung zu einem «Hochwacht»-Abonnement recht gross. Bereits 1926 erwirkten die KAiV wieder die Ablösung von der «Hochwacht» und brachten die «Arbeiterin» wieder als eigenständiges Organ, mit eigener redaktioneller Leitung heraus. Der Untertitel «Wochenblatt für die katholische Frauenwelt» verriet nun einiges an Selbstsicherheit der Arbeiterinnen. 1952 tauften sie dann ihr Blatt dennoch um in «Heim und Beruf».

Die Männer machten es den Frauen 1930 nach. Ab dann hatten auch sie wieder ihren eigenen «Arbeiter». Mit der Aktion einer monatlichen Eroberungsnummer in den Jahren zwischen 1937 und 1948 gelang es ihnen sogar, die Zeitung auch im freien Einzelhandel abzusetzen. 1958 bekam der «Arbeiter» den neuen Namen «Werkvolk». Die Fusion der beiden Verbandsorgane, der KAV und KaiV, brachte 1969 den heutigen «Treffpunkt» hervor.

[4] Ebd., 40.

[5] Aus «Hochwacht Ausgabe Arbeiterin» obligatorisches Organ der katholischen Arbeiterinnen der Schweiz. So, wie jede Mittwochausgabe der «Hochwacht» den Arbeiterinnen gewidmet war, so erschien jeweils am Freitag die «Hochwacht Ausgabe Arbeiter».

Wichtigste personelle Veränderungen, aus der Sicht von KAV und KAiV, waren wohl die Besetzung des Generalsekretariats mit einer Zentralsekretärin für die KAiV und einem Zentralsekretär für die KAV.

War es der Weitsicht eines Josef Scherrer zuzuschreiben, entsprach es seinem personalpolitischen Geschick oder waren es taktische Manöver, die 1933 zu diesem personellen Ausbau des Generalsekretariats veranlassten? Jedenfalls erforderte die Krisenzeit der dreissiger Jahre ein sehr wachsames Auftreten des CAB mit seinen Mitgliedervereinigungen. Scherrer holte deshalb 1929 die Luzerner Kreissekretärin, Rosa Louis, als Sekretärin aufs Generalsekretariat. 1933 wurde sie vom Zentralkomitee des ZV zur Zentralsekretärin in der Funktion als Verbandssekretärin der KAiV, gewählt. Im selben Jahr liess Scherrer auch den Arboner Arbeitersekretär August Steffen zum Zentralsekretär, in der Funktion als Verbandssekretär der KAV, wählen. Mit der Verbändeverschmelzung 1937 wird Scherrer den beiden zwar weitgehend die Führung der Vereine überlassen. Als einer aber, der den christlichsozialen Ideen mit ganzer, persönlicher Kraft verbunden war, behielt Scherrer die letzte Entscheidungsbefugnis über die KAV und KAiV in seinen Händen. [6]

Strukturanpassungen mussten kommen. Die Erwartungen der KAV und KAiV sind im CAB nie richtig erfüllt worden. Am 16. April 1954 gründeten sie deshalb in Züsrich die Arbeitsgemeinschaft der Sozialen Standesvereine, zusammen mit dem Verband katholischer Hotel- und Restaurantangestellter, unter dem Kürzel SASS. Das Zentralpräsesamt übernahm Paul Rickenbach.

Am 11. Januar 1957 starb Bischof Meile, Bischof von St. Gallen. Der neue Bischof, Dr. Josephus Hasler, übernahm im selben Jahr das Protektorat der SASS.

Noch im selben Monat reichte Josef Scherrer seine Demission beim CAB ein, mit gleichzeitiger Niederlegung all seiner Chargen.

Die bereits zuvor in Angriff genommene Statutenrevision beim CAB konnte rasch abgeschlossen und die CSB, die Christliche Sozialbewegung der Schweiz, als Nachfolgerin des CAB, aus der Taufe gehoben werden. Der CSB waren als völlig autonome Organisationen angegliedert: Der Christlichnationale Gewerkschaftsbund der Schweiz, CNG/Die schweizerische Arbeitsgemeinschaft der Sozialen

[6] Paul Rickenbach, Josef Scherrer und die KAB, 33.

Standesvereine, SASS/Die Vereinigung christlichsozialer Selbsthilfeinstitutionen/und die christlichsoziale Parteigruppe der Schweiz, CSP.

Die Delgiertenversammlung von KAV und KAiV vom 25. März 1956 in Bern beschloss die Verlegung der Zentralsekretariate KAV und KAiV von St. Gallen nach Zürich. Dass dieser Umzug für Scherrer wie ein Schlag ins Gesicht gewirkt haben muss, ist leicht verständlich. Rosa Louis nahm mit Scherrer ihren Abschied, nur August Steffen akzeptierte die Verlegung nach Zürich und blieb dem Verband bis zu seiner Pensionierung 1969 treu.

Die Delegierten von KAV und KAiV gingen in Schwyz am 24. März 1957 noch weiter und gaben sich den neuen Namen «Verband der katholischen Arbeiter- und Angestellten-Vereine der Schweiz». Die jüngste Namensänderung erfolgte dann 1972 bei der Fusion der beiden Verbände zu «Katholische Arbeitnehmerbewegung der Schweiz» (KAB).

Die während gut vierzig Jahren praktizierte Bürogemeinschaft am Generalsekretariat in St. Gallen und die über allem dominierende Person eines Josef Scherrer machen es heute schwierig, klar abzugrenzen, wer damals jeweils die Entscheidungs- und die Ausführungsverantwortung trug. Bei unserem Stand der Abklärungen müssen wir es bei der Vermutung bewenden lassen, dass die Zentralsekretariate weniger die Ideen produzierten, dafür um so gewiegter und fleissiger – ab und zu auch hartnäckig – die Intentionen Scherrers methodisch gekonnt in den KAV und KAiV umzusetzen verstanden. [7]

2.2 Die Katholischen Arbeiter- und Arbeiterinnenvereine im Schutz der katholischen Kirche: Kampf um die Selbstbehauptung

Schon die Enzyklika «Humanum gens», von Papst Leo XIII. (1884), forderte die Arbeiter auf, sich im Schoss der Kirche zu Vereinigungen zusammenzuschliessen.

[7] Das Jahrbuch 1941–1942 des CAB (St. Gallen 1943) ist hiefür ein sprechendes Beispiel. Schon im Vorwort präsentiert Josef Scherrer seine eigenen politischen Optionen, S. 9–48. Im Tätigkeitsbericht der christlichsozialen Gesamtorganisatio-

Aber erst die Enzyklika «Rerum novarum», die Leo XIII. 1891 lancierte, gab den bahnbrechenden Anstoss zur Bildung von katholischen Arbeiter- und Arbeiterinnenvereinen. Die Kirche legitimierte damit den Arbeitervereinen ihre Existenz. [7]

Für die Schweiz war es als erster der St. Galler Bischof Augustin Egger, der sich in diese Pflicht nehmen liess, und Vikar Johann Baptist Jung mit der Verantwortung für die katholischen Jünglingsvereine einsetzte. 1904 schickte er dann Vikar Dr. Alois Scheiwiler als Generalsekretär des Zentralverbandes christlichsozialer Organisationen nach Zürich. Und Bischof Egger war es schliesslich auch, der 1905 die Vorwürfe der konservativen Politiker – wegen der im Gang befindlichen Arbeitervereinsgründungen – rundweg abwies. Als wahre «Morgartentat» bezeichnete einmal Paul Rickenbach diesen mutigen Akt des Bischofs. [8]

1919 machte Bischof Georgius Schmid von Grüneck, Bischof von Chur, die Sozialisten wütend, indem er vor den verderblichen Verbindungen mit ihnen warnte, und dafür die katholischen Arbeiter- und Arbeiterinnenvereine aufs wärmste empfahl. [9] Trotz heftigster Proteste von links gegen den Churer Bischof doppelten die Schweizer Bischöfe im Jahr darauf nach und warnten ihrerseits die Katholiken vor einem Eintritt in die sozialistische Gewerkschaft und – Partei. Und fünf Jahre später verfassten die Bischöfe einen Aufruf zugunsten der katholischen Arbeiterinnenvereine.

Wie ernst es ihnen dabei war, zeigte eine Verfügung der Bischofskonferenz 1932, wonach bevorstehende Auflösungen von Arbeiter- und Arbeiterinnenvereinen den Diözesanleitungen zu melden wären und die Vereine selber am Obligatorium der Verbandsblätter festzuhalten hätten. [10]

1938 geschah dann andererseits etwas, was einigen Wirbel auslöste und bei den Christlichsozialen auf Unverständnis stiess: Die Bischöfe erklärten den Volksverein zum offiziellen Träger der Katholischen Aktion. [11] Die Protestaktionen von seiten der KAV und

nen ist auf S. 57 dann eher ein Klagen herauszuspüren, dass via Generalsekretariat «auch die Institutionen des christlichsozialen Arbeiterbundes verwaltet werden müssen».

8 Paul Rickenbach, Wir sind immer am Anfang. In: Materialmappe für die Schulungsarbeit, herausgegeben von der KAB, Zürich 1960, 5.

9 Josef Scherrer, Die christliche Sozialreform, Winterthur 1943, 60f.

10 Der «Arbeiter», 4. August 1932.

11 August Steffen, Zur Geschichte der KAB, Zürich 1978, 31.

KAiV liessen nicht lange auf sich warten, was die Bischöfe dann wiederum bewog, 1939 versöhnende Richtlinien für die Pflege der religiösen Standesvereine herauszugeben.[12]

Der Churer Bischof Laurentius Matthias Vincenz doppelte im Jahre darauf mit entsprechenden Richtlinien nach, die er dem gesamten Kirchenvolk erläuterte.[13] 1942 tat es ihm Bischof Josephus Meile von St. Gallen gleich. Er veröffentlichte in diesem Sinn die Schrift «Eine christliche Selbstbesinnung»[14].

Demonstrationskatholizismus

KAV und KAiV machten mit ihren jährlichen Romfahrten, erstmals 1931, recht klar sichtbar, wie treu und ergeben sie sich Kirche und Hierarchie verbunden fühlten. Ihre Pflicht und Schuldigkeit Papst und Kirche gegenüber erwiesen sie jeweils dem Hl. Vater mit grosszügigen Geschenkgaben. Diese waren stets das Ergebnis vorausgegangener Sammelaktionen. So schrieb der «Arbeiter» in seinen Maiausgaben von der eben zu Ende gegangenen Romwallfahrt vom 11.–19. Mai 1951, die KAB hätte dem Hl. Vater als Geschenke einen Kelch, etliche Markenuhren und viele Artikel von Handarbeiten mitgebracht.[15]

So war denn diesen Romwallfahrten unbestreitbar auch ein demonstrativer Charakter gegeben. Dies entsprach natürlich wiederum ganz dem Geist eines Josef Scherrer, der die Tätigkeit von KAV und KAiV «in engster Anlehnung an die Hierarchie (sich) vollziehen» sah[16].

Die Einbindung in die katholische Kirche kam aber auch in den engagierten Teilnahmen an innerkirchlichen Dikussionen zum Ausdruck. So reichte beispielsweise die Delegiertenversammlung vom 19. März 1952 ein Postulat an die Bischofskonferenz ein, sie solle die Einführung von Abendmessen in den Pfarreien ermöglichen. 1957

[12] Josef Scherrer, Die christliche Sozialreform, 63.

[13] Ebd., 63.

[14] Ebd., 63.

[15] Über zwei Ausgaben des «Arbeiters», in Nr. 21 vom 25. Mai und in Nr. 22 vom 1. Juni 1951, wird in bewegenden Worten von der Romwallfahrt vom 11.–17. Mai 1951 berichtet. Die katholischen Arbeiter/Innen hätten dem Papst mit tobendem «Evviva il papa» applaudiert.

[16] Paul Rickenbach, Josef Scherrer und die KAB, 42.

beantragten KAV und KAiV zusammen den Bischöfen der Schweiz, ein für alle Diözesen einheitliches Gebets- und Gesangbuch herauszugeben.[17]

Solchem Engagement weiter verpflichtet, engagierten sich später dann der KAB-Gesamtverband – und vorab viele einzelne seiner Mitglieder – in der vor- und nachsynodalen Aufbau- und Weiterarbeit.

3. KAV und KAiV als sozialreligiöse Bildungsvereine

Die klassische Bildungsarbeit

Sie entsprach der Referententätigkeit, welche Vereinspräsides, Ortspfarrer, Arbeitersekretäre, Redakteure der Verbandsorgane, Gewerkschaftsfunktionäre, sowie Verantwortliche von Selbsthilfeinstitutionen in den Ortsgruppen wahrnahmen. Entscheidend mitprägend war natürlich auch die Referatstätigkeit des Verbandssekretärs, der -sekretärin und des Generalsekretärs. Letzterer hielt beispielsweise allein im Jahr 1937 96 Referate.[18] Seine zentrale Bildungsorientierung lautete: die Familie, Gesellschaft und die Wirtschaft in einheitlicher Ordnung zu einem sozialen Ausgleich zu bringen. Die geistige Orientierung hiess: Durch Ständeversöhnung muss das christliche Solidarbewusstsein in der Öffentlichkeit zum Tragen kommen.[19]

Diesen Anliegen dienten auch Führerkurse für die Verantwortlichen der christlichsozialen Organisationen. Die erstmals durchgeführte «Soziale Woche» vom 18.–20. August 1927 mit gegen 200 Teilnehmenden sollte später noch mehrere Auflagen erfahren.[20] Die KAiV machten in dieser Zeit Furore mit ihren Hauswirtschaftskursen. 1929 erreichten sie, bei 679 durchgeführten Kursen mit 8303 Teilnehmerinnen, Teilnahmehöchststand.[21]

[17] August Steffen, Zur Geschichte der KAB/M, 45.
[18] Jahrbuch des CAB, 1937 + 1938, St. Gallen 1939, 57.
[19] Paul Rickenbach, Josef Scherrer und die KAB, 32f.
[20] August Steffen, Zur Geschichte der KAB/M, 24.
[21] August Steffen, Zur Geschichte der KAB/F, 3.

Sie verstand sich in den KAV und KAiV immer eingebettet in den gesellschaftspolitischen Kontext des christlichsozialen Arbeiterbundes und in der Grundoption treu den Intentionen ihrer Gründungspersönlichkeiten Johann Baptist Jung und Dr. Alois Scheiwiler. Dies auch in den politisch wirren Zeiten, wie denen des zweiten Weltkrieges. So vermerkte August Steffen, mit Blick auf die damals wachsende Bedrohung aus dem nördlichen Nachbarland in den dreissiger Jahren: «Angefacht durch die revolutionären Forderungen und Erfolge der mächtig aufstrebenden nationalsozialistischen Bewegung erstanden auch in der Schweiz sympathisierende Fronten und frontenähnliche Gebilde. In einer Reihe von Versammlungen unserer christlichen Arbeiterorganisationen wurde zu diesen Erneuerungsbünden Stellung genommen und festgestellt, dass wir es nicht nötig haben, uns diesen Fronten anzuschliessen und dass wir jeden Einbruch der Bewegung mit aller Entschiedenheit abwehren werden. Unsere christliche Soziallehre, die in den Enzykliken «Rerum novarum» Quadragesiomo anno und verankert ist, bleibt nach wie vor die für uns massgebende Richtschnur». [22] Verbreitung religiösen Schrifttums – namentlich sozialethisches und persönlichkeitsbildendes – z.B. die deutsche Übersetzung von Van der Meerschs «Menschenfischer», fand in Tausenden von Exemplaren Absatz. [23]

Parallel zu diesen Anstrengungen bemühte man sich auch, in den Pfarreien Arbeiterbibliotheken mit demselben, empfohlenen Schrifttum aufzubauen.

Der KAiV pflegte seine jährlichen Exerzitien. Diese hoben sich in keiner Weise von den damals praktizierten Formen ab. Maria König, Zürich, welche solche Kurse ab 1938 besuchte, erklärte uns gegenüber:

«Es handelte sich nicht um sozialorientierte Exerzitien. Im Vordergrund stand – bei sehr diszipliniertem Stillschweigen, wer es brach, wurde nach Hause geschickt – auf der Grundlage der Bibel sich im Lebensalltag zu behaupten. Anders dagegen waren die Ferienkurse, z.B. auf St. Pelagiberg, Rigi-Klösterli, St. Jakobsbad oder im Haus St. Josef in Lungern. Da waren

[22] August Steffen, Wie ich die KAB erlebte, 2.
[23] Ebd., 3.

stets eingebaute Werkrunden speziell darauf hin ausgerichtet, uns Teilnehmerinnen christlichsoziales Handeln beizubringen.» [24].

Den KAV und KAiV kommt das Verdienst zu, bildungsmethodisch- und -didaktisch immer sehr innovativ gewesen zu sein. Auf die Feststellung anfangs der dreissiger Jahre, dass die Bildungsbereitschaft abnahm, [25] reagierten die Zentralen mit der Herausgabe einer Referentenmappe [26] als erstmalige, und in ihrer Art sicher auch einzigartige Arbeitshilfe für pfarreiliche Bildungsarbeit.

Pater Louis Betschart, Arbeiterseelsorger, begann ab 1937 die Sektionspräsides und interessierten Ortsgeistlichen mit der neuen Materie Erwachsenenbildung vertraut zu machen: August Steffen startete, zusammen mit Rosa Louis, in derselben Zeit die Aufbauarbeit mit Kerngruppen, eine Aktions- und Organisationsart, aber auch eine spirituelle Idee, die er bei den «Jeunesse ouvrière chrétienne» in Frankreich kennengelernt hatte (heute würden wir solche Gruppierungen vielleicht als Basisgruppen bezeichnen). Scherrer zeigte unmissverständlich dieser Bildungsarbeit gegenüber sein Unbehagen. Steffen schrieb 1979 dazu:

«Obgleich uns kein grundsatzwidriges Verhalten vorgehalten wurde, spürten wir doch, dass leitende Leute in der Führung des CAB skeptisch waren und uns nicht verstehen wollten. Ich wurde sogar an eine Sitzung mit Dr. Josephus Meile zitiert in welcher man mich allen Ernstes zwingen wollte, von der Verwendung der ‹ausländischen, fremden Methode› abzusehen. Ich war aufs Tiefste erschüttert, konnte aber meine Überzeugung nicht preisgeben. Die Zukunft hat uns recht gegeben. Nicht nur konnte durch neuen Schwung die Mitgliederzahlen erhöht werden, auch in den Sektionen die mitmachten wurde es lebendig, gute Vorstösse und praktische Aktionen gaben Zeugnis ab». [27]

Wenn sich die Kerngruppenaufbauarbeit auch mühsam gestaltete, war das wiederum ein Impuls, um sich methodisch etwas einfallen zu lassen. So erschienen ab 1951, in regelmässiger Folge, gebrauchsfertige Programme für Kerngruppenzusammenkünfte.

[24] Persönliches, von Bernhard Wild gehaltenes, protokollarisch nicht festgehaltenes Gespräch, mit Maria König. Sie war seit 1938 Mitglied der KAB/F und später Kantonalpräsidentin des Kantonalverbandes KAB/F Zürich-Schaffhausen. Sie meint, die Exerzitien hätten immer einen sehr Exerzitienmeister orientierten Charakter gehabt. Die in den Exerzitien erfahrene religiöse Vertiefung sollte den Arbeiterinnen Mut geben, sich aus dem Glauben heraus im Lebensalltag sicher zu behaupten.

[25] Jahrbuch des CAB 1932 + 1933, St. Gallen 1934, 69.

[26] August Steffen, Zur Geschichte der KAB, 29.

[27] August Steffen, Wie ich die KAB erlebte, 3.

Einen Taschenkalender gab der KAiV ab 1938, in ununterbrochener Folge, jährlich heraus. Dieser Kalender behielt seine Bedeutung als persönliches Gebets- und Bildungsbuch bis zur Fusion von KAB/F mit KAB/M 1972.

Als sehr innovativ und mutig darf der 1945 erfolgte Kauf des Hauses St. Josef in Lungern durch die Katholischen Arbeiterinnen bezeichnet werden. Binnen einem Jahr schuf sich das Haus den Namen einer Arbeiterinnen-Bildungsstätte.

Zentralsekretär August Steffen erkannte darin sofort eine weitere Bildungschance, nämlich zentralorganisierte Führer-, später auch Führerinnenschulung aufzubauen. Aber auch das sollte wiederum nicht ohne anfänglichen Argwohn von CSB-Seite her geschehen:

«Da mir die Heranbildung tüchtiger Vertrauensleute und Führungskräfte sehr am Herzen lag, wurde mein Vorschlag, in Lungern einen *1. Kurs einer Sozialen Arbeiterschule* durchzuführen, trotz einiger Bedenken akzeptiert. Entgegen allen Befürchtungen meldeten sich 37 Teilnehmer für diesen 1. Kurs an.» [28]

Während insgesamt 18 Jahren konnte in der Folge jährlich ein solcher Kursus abgehalten werden, zu welchem die Teilnehmenden fast durchwegs ihre Ferien hergeben mussten. Aus diesen Aktivitäten entwickelte sich später das «Schweizerische Soziale Seminar», das 1957 erstmals unter diesem Namen, in Zürich gestartet werden konnte. Methodisch völlig neu war in der Arbeiterschulung die Gruppenarbeit. Noch erwähnt werden muss die zunehmende Systematisierung in der KAV/KAiV-Bildungsarbeit. Ab 1940 gab die Zentrale jährlich ein Bildungsmotto bekannt. Mit einer Jahresmappe wurde den Sektionen die inhaltliche Absicht näher gebracht. Das Arbeitsprinzip: Sehen – Urteilen – Handeln wurde zur geläufigen Arbeiterbildungsmethode einexerziert. Von der «Jeunesse ouvrière chrétienne» übernommen hat sich diese Methode bis zum heutigen Tag gehalten.

[28] Ebd., 4.

4. Das soziale Engagement von KAV und KAiV zwischen 1937 und 1957

Man darf heute mutmassen, dass, gerade weil dem KAV und KAiV die sozialpolitische Rolle durch den christlichsozialen Arbeiterbund abgenommen worden war, diese um so kreativer sozialkaritative Kräfte entfaltete.

Zentralsekretär August Steffen berichtet in seinen unveröffentlichten Memoiren über die erste grosse dieser Aktionen:

«Die Jahre 1934–39 waren geprägt durch Wirtschaftskrise und Arbeitslosigkeit, die schwer auf unserem arbeitenden Volk lastete. In wiederholten Vorstellungen gelangte die Leitung der c.s.O. an den Bundesrat, um geeignete Massnahmen zur Arbeitsbeschaffung und eine gerechte Verteilung der durch die Krise hervorgerufenen Lasten zu erwirken. In etlichen Städten und grösseren Orten wurden für die Arbeitslosen Arbeitsvermittlungsdienste, regelmässige Versammlungen und Weiterbildungsgelegenheiten, Suppenküchen und Lesestuben eingerichtet. Um diese Dienste zu finanzieren wurden Sammlungen veranstaltet und beispielsweise in St. Gallen ein 3-tägiger Bazar veranstaltet, der 25–30 000 Fr. einbrachte, was damals als grosser Erfolg bezeichnet wurde. Zu all diesen organisatorischen Aufgaben kamen für mich noch zahllose Beratungen und Verbeiständungen an in Not geratene Arbeiterfamilien hinzu» [29].

In diesen Jahren wehrte sich der KAiV öffentlich gegen die Einführung eines «obligatorischen Haushaltlehrjahres», befürwortete dagegen den «freiwilligen Hilfsdienst der Frauen in der Kriegsvorsorge.» [30]

Rosa Louis schrieb den KAiV-Frauen zu, dass gerade sie es waren, die in dieser Zeit die Frauenfrage aktualisiert hätten. Der Intention nach seien die KAiV mehr in den Bereichen «Arbeit, Fortbildung, Familie, Beruf und Staat, und nicht mal in erster Linie im Bereich des Religiösen» verpflichtet gewesen. [31]

Während den Kriegsjahren nahm der KAV seinerseits die CAB-Idee auf, den Arbeiterfamilien preisgünstige Wohnmöglichkeiten zu verschaffen. Was dann anfänglich Vermittlungscharakter hatte, entwickelte sich in den vierziger/fünfziger Jahren zu Wohnbaugenos-

[29] Ebd., 1.
[30] Jahrbuch des CAB 1937 + 1938, St. Gallen 1939, 100.
[31] Ebd., 100.

senschaften.[32] Als Basis dieser Aktion erliess der CAB am Landeskongress 1939 eine Resolution zur Besserstellung der Familien und zur Wahrung ihrer echten Probleme.

Auf die entstehende Not in den Kriegsjahren reagierten die KAV/KAiV sehr rasch. Mit Briefaktionen, Freundschaftspaketen, der Zustellung der Verbandszeitung wurde zu den aktivdienstleistenden Soldaten Kontakt hergestellt. Ab Mitte 1940 versandte der Zentralsekretär Steffen seine «Grenzwachtbriefe»:

«Sie waren dazu bestimmt, den an der Grenze stehenden Vertrauensleuten und Kerngruppen-Mitarbeitern anhand von Beispielen Anleitungen zu geben, wie in der Truppe aufbauend gewirkt werden kann. Es kamen uns auch gewisse Missstände in der Truppe und sonderbares Verhalten von militärischen Vorgesetzten gegenüber Soldaten zu Gehör. Wir scheuten uns nicht, gewisse Vorfälle in unserer Verbandszeitung zur Sprache zu bringen, was uns Warnungen seitens der strengen militärischen Zensurkommission eintrug.»[33]

Dann ging es auch darum, den daheimgebliebenen Arbeitern und ihren Familien sowie den vorübergehend vaterlosen Familien Mut zu machen. Zwei Arbeiterspiele zur Auflockerung des gefährlichen Alltags wurden für sie entwickelt, die Zustellung der Verbandszeitung gesichert oder versucht, sie in die Kerngruppenarbeit miteinzubeziehen.

Sofort nach Kriegsende erhielt August Steffen vom CAB den Auftrag, den Aufbau eines Arbeiterhilfswerks für Kriegsgeschädigte im Ausland aufzubauen; warum erst nach Kriegsende begründet Scherrer mit Demarchen aus dem eidgenössischen Volkswirtschaftsdepartement:

«Eine uns zugekommene Anregung, uns um die kriegsgefangenen christlichen Arbeiterführer aus den verschiedenen Ländern anzunehmen, konnte nicht verwirklicht werden, weil Liebesgabenpakete gemäss einer Verfügung der Handelsabteilung des eidgenössischen Volkswirtschaftsdepartementes schon im Jahre 1941 mit Rücksicht auf die Landesversorgung nicht spediert werden durften.»[33]

Mit Schreckensbildern kam Zentralsekretär Steffen aus den besuchten Ländern zurück und vermochte denn auch sofort die Arbeiter- und Arbeiterinnenvereine zu mobilisieren. Auf Ende 1945 konnten bereits an die ersten Jungarbeiter und Jungarbeiterinnen aus

[32] August Steffen, Wie ich die KAB erlebte, 4.
[33] Ebd., 2.

verschiedenen kriegsgeschädigten Ländern Erholungswochen im Haus St. Josef, Lungern, angeboten werden. Innerhalb weniger Monate erbrachte eine intensiv gestaltete Sammelaktion über 223 000 Franken in bar, dazu etwa 1200 Kisten mit Lebensmitteln, Kleidern, Schuhen, Möbelstücken und Nähmaschinen.[34]

Gereift durch diese Erfahrungen und, wie Josef Scherrer einmal das Tun der KAV/KAiV interpretierte, dem «apostolischen Denken» verpflichtet[35], gelang den katholischen Arbeiter- und Arbeiterinnenvereinen im Jahrzehnt nach Kriegsende hervorragende Sozialarbeit. Sie seien hier abschliessend – der uns auferlegten Kürze wegen – nur noch summarisch registriert:

- Ferien-Freizeitwerk der KAB. Seit 1949 Arbeiterfamilienferien in der Schweiz; ab 1952 auch im Ausland.
- Aktion Waschmaschine. Sie lief bis anfangs der sechziger Jahre. Günstig requirierte Maschinen lud man auf einen Handkarren, fuhr im Turnus bei Arbeiterfamilien vorbei und bot ihnen so Gelegenheit, erstmals sich dieser technischen Errungenschaft zu bedienen.
- Vom Beispiel der «Aides familiales» in Frankreich und Belgien angeregt, gelang es den KAV und KAiV gemeinsam, im November 1950, selber eine Familienhelferinnenschule in Melchtal (OW) zu eröffnen. Inzwischen sind dort schon über 1200 Berufsleute ausgebildet worden.
- Das herausragendste Werk ist wohl die Aktion für Entwicklungszusammenarbeit der KAB, «Brücke der Bruderhilfe». Arbeiter helfen Arbeitern oder Hilfe zur Selbsthilfe hiessen schon im Gründungsjahr 1956 die Losungsworte. Das Werk schlug überraschend gut bei den Ortsgruppen ein und entwickelte sich entsprechend im Verlauf dieser Jahre. 1989 vermochte es mit Jahresspenden von insgesamt über zwei Millionen Franken Projekte in der Dritten Welt realisieren zu helfen.

Mit der Schaffung eines Sozialinstituts der KAB Schweiz, 1963 am Sitz des Verbandssekretariats der Katholischen Arbeiter- und Arbeiterinnenvereine der Schweiz (KAB), unterstrichen die Bewegungen der KAB/M und KAB/F ihren Willen, die bald anbrechende Nachkonzilszeit mitgestalten zu wollen.

[34] Jahrbuch des CAB 1941 + 1943, St. Gallen 1944, 31.
[35] August Steffen, Wie ich die KAB erlebte, 3.

Der Freiburgische Katholische Jungmannschaftsverband

Beat Hayoz

Am 3. April 1933[1] versammelten sich zehn Jungmannschaftssektionen im Gesellenhaus in Freiburg zur Gründung des Freiburgischen Katholischen Jungmannschaftsverbandes (FKJV) und fanden damit Anschluss an den Schweizerischen Katholischen Jungmannschaftsverband (SKJV). Zu den Gründersektionen gehörten Bösingen (1932 gegründet), Brünisried (1927), Düdingen (vor 1916), Gurmels, Heitenried (1928/29), Rechthalten (1918), St. Johann/Freiburg (1898 wurde in der Stadt Freiburg der älteste Jünglingsverein des Kantons gegründet), Tafers (1899 als ältester Jünglingsverein im Sensebezirk gegründet), Überstorf (1927/28) und Wünnewil.[2] Das Amt eines Diözesanpräses hatte Hermann Schneuwly, dasjenige eines Kantonalpräsidenten Hermann Perler inne. Kurze Zeit später erhob Bischof Marius Besson der FKJV zum Diözesanverband und stellte «ihm damit aus sprachlichen und methodischen Gründen die Unabhängigkeit vom welschen Teil der Diözese»[3] sicher.

Schon längere Zeit war man sich darüber einig, die Organisation der Jugend an die Hand nehmen zu müssen, wie wir immer wieder aus Pressemitteilungen erfahren; namentlich die Konservative Par-

[1] Protokoll 1, Freiburgischer Katholischer Jungmannschaftsverband (FKJV), 3. April 1933. Das erste Protokoll des FKJV enthält Angaben vom 3. April 1933 bis zum 1. Februar 1942, das zweite endet mit dem 9. November 1956. Ab 1957 existieren keine Protokollbücher mehr, sondern nur noch lose Blätter, die nicht vollständig erhalten sind. Das Archiv befindet sich im Pfarrhaus in St. Antoni.

[2] Beat Hayoz, 50 Jahre Freiburgischer Katholischer Jungmannschaftsverband (FKJV). Die Geschichte einer einst blühenden Jugendorganisation, in: Freiburger Nachrichten (FN), 2. April 1983.

[3] FN, 28. September 1963. Die Artikel in den FN sind entweder nicht oder nur mit den Initialen der Verfasser unterzeichnet und stammen häufig vom Präses oder von Kantonalvorstandsmitgliedern.

tei des Sensebezirks war daran interessiert. «Auch im Kanton Freiburg wollen wir endlich daran denken, in unserer Jugend Begeisterung für religiöse und politische Probleme zu wecken. Nachdem unserem Volke nicht ohne Mühen erweiterte, politische Rechte zugestanden wurden, soll es diese auch ausüben und auszuüben verstehen (...) An der Delegiertenversammlung der konservativen Partei des Sensebezirkes vom letzten Sonntag in Tafers ist die Notwendigkeit vermehrter Heranziehung unserer Jugend an die öffentlichen Probleme in trefflichen Voten begrüsst und unterstützt worden. Der Parteivorstand ist beauftragt worden, im Verein mit den zuständigen Organen und den daran interessierten Personen, die Organisation der Jungmannschaft Deutschfreiburgs energisch an die Hand zu nehmen.» [4] Bereits 1848 wurde in Zufikon (Kt. Aargau) ein Jünglingsverein gegründet, der sich an «ledige unbescholtene Jünglinge» ab dem 16. Lebensjahr wandte. [5] Die Gründung eines schweizerischen Zentralverbandes fand 1893 in Luzern statt, also 40 Jahre vor dem freiburgischen. Den eigentlichen Auftakt für den FKJV bildete die am 19./20. August 1933 abgehaltene ZUJUTA (Zuger Jugend-Tagung), an der über 20 000 Jungmänner teilnahmen und die ihren Höhepunkt im imposanten Festzug durch die Strassen der Stadt Zug fand. [6] Diese Demonstration katholischen Vereinswesens wirkte auf den jungen Verband anziehend, dieses Erfolgserlebnis verlieh ihm die nötige Kraft, den erforderlichen Schwung und die nötige Begeisterung, um die Klippen des Beginns zu meistern.

Sinn und Zweck der Jungmannschaft

Das Katholische Handbuch der Schweiz beschreibt die Aufgabe und Bedeutung der Jungmannschaft folgendermassen: «In der Katholischen Jungmannschaft soll der Jungmann die für ihn notwendige Schulung und Bildung erhalten, die ihn befähigt, einst als grundsatztreuer Katholik, pflichtbewusster Familienvater, tüchtiger

[4] FN, 11. Oktober 1928.

[5] Joseph Jung, Katholische Jugendbewegung in der deutschen Schweiz. Der Jungmannschaftsverband zwischen Tradition und Wandel von der Mitte des 19. Jahrhunderts bis zum Zweiten Weltkrieg, Freiburg 1988, 55ff. Jung gibt in seiner Dissertation einen Überblick über die Jünglingsvereine, deren Gründung vor der Konstituierung des Zentralverbandes im Jahre 1893 erfolgte.

[6] Beat Hayoz, Kirchliche Jugendarbeit in Deutschfreiburg von 1933 bis in unsere Tage (Ende 1981). Seminararbeit Universität Freiburg 1982, 6 (unveröffentlicht).

Berufsmann und vaterlandstreuer Eidgenosse seine Pflicht im sozialen und öffentlichen Leben zu erfüllen.»[7] Das Hauptgewicht der vielseitigen Tätigkeiten des FKJV bildete zweifellos der religiöse Bereich; erwähnt seien liturgische Feiern, Bibellesungen, religiöse Vorträge, Exerzitien, spezielle Jungmännerwochen. Ein zweiter Schwerpunkt lag in der Bildungsarbeit, getreu dem Motto: «Katholische Ganzheit in Religion, Bildung und Tat.»[8] Besonders gepflegt wurden die Theater- und Vortragsarbeit (etwa die Bekämpfung der sogenannten «Schundliteratur») wie auch soziale Tätigkeiten. Am Beispiel der Jungmannschaft Überstorf FR habe ich das Vortragsprogramm[9] genauer untersucht: An erster Stelle standen religiöse Themen, wobei darunter auch Fragen der Moral und der Freundschaft fielen. Über ein Drittel aller Vorträge bezog sich auf diesen Sachverhalt. Im Bereich der gesellschaftlichen Fragen wurde der Jungmann über seine politischen Rechte und Pflichten informiert und angehalten, seine politischen Rechte wahrzunehmen, für die katholischen Vertreter zu stimmen und sich mit der christlichsozialen Gewerkschaft zu befassen. Ein knappes Drittel aller Veranstaltungen war diesem Problemkreis gewidmet. Neben diesen Kerngebieten gelangen andere Themenkreise (vor allem als Auflockerung dienend) zur Durchführung: Reiseberichte, geschichtliche und kulturelle Vorträge sowie unterhaltende Beiträge machten rund ein Viertel aller Veranstaltungen aus. Gehalten wurden die Vorträge sehr häufig vom Präses oder vom Ortspfarrer. Einen absoluten Höhepunkt im Vereinsjahr bildete das Christkönigsfest mit der Aufnahmefeier für die Kandidaten (Bekenntnisweihe, Segnung und Überreichung der Abzeichen).

In den am 11. Juni 1937 von der vereinigten Präsides- und Präsidentenkonferenz genehmigten ersten Verbandsstatuten wurde der Zweck des FKJV folgendermassen umrissen:

«Im besonderen bezweckt er die Förderung und Verwirklichung der Katholischen Aktion unter der Jungmännerwelt, enge Zusammenarbeit und Einheit unter den Pfarreijungmannschaften unter Wahrung ihres Eigenlebens und ihres lebendigen Einbaues in die Pfarrfamilie.» (Art. 2b)

[7] Katholisches Handbuch der Schweiz, Luzern 1943, 156.

[8] Ebd., 156.

[9] Die Angaben stammen aus den Protokollen der Jungmannschaft Überstorf, 1928ff.

«Der Kantonalverband, seine Sektionen und Organe stehen, im vollen Einklang mit den kirchlichen Weisungen über die Katholische Aktion, über und ausser jeder Parteipolitik.» (Art. 2c)[10]

1935 fanden die Vereine St. Peter und Liebfrauen (beide aus der Stadt Freiburg) und Giffers Anschluss an den FKJV. Dieser wuchs beständig, so dass er 1938 rund 600 Mitglieder zählte. Rügen mussten die Verantwortlichen erteilen, da die Sonntagsheiligung auf die leichte Schulter genommen wurde, besonders die Welschlandaufenthalter, und diese waren in jener Zeit recht zahlreich, sündigten, wenn man den Verbandsakten[11] Glauben schenken darf, in dieser Beziehung häufig.

Aus den Sektionen Bösingen, Freiburg, Gurmels, Heitenried, St. Wolfgang, Tafers und Überstorf entstand 1938 (schweizerische Gründung 1932) der kantonale Jungwachtbund[12], der fortan als die Nachwuchsorganisation des Verbandes galt und deren Führer praktisch hundertprozentig der Jungmannschaft angehörten. Um besser auf die Bildungsbedürfnisse der Mitglieder eingehen zu können, wurde in den Sektionen die schulentlassene Jugend allmählich in eine jüngere (bis zum 20. Lebensjahr) und in eine ältere Gruppe (bis zur Heirat) aufgeteilt. Neben dem Jungmann wurde nun also auch der Schüler erfasst; die Organisationskette von der Schulbank bis zur Heirat war gebildet.

Sport

Für das Gedeihen vieler Jungmannschaftssektionen spielten Fragen rund um den Sport eine wichtige Rolle; einzelne Sektionen wie auch der Verband bemühten sich um die Durchführung von Rekrutentagungen wie auch um den militärischen Vorunterricht. Bereits 1943 ging der Appell an die Sektionen, in ihren Vereinen das Turnen einzuführen, ein Thema, das der Zentralpräses auf Bitten des Diözesanpräses an einem Einkehrtag im Burgbühl behandelte.[13] Wie kaum eine andere Frage führte die Sportdebatte zur Meinungspolarisierung im Verband.

[10] FKJV-Statuten von 1937, Art. 2b und 2c.

[11] Siehe Protokolle und Briefe des FKJV (Verbandsarchiv in St. Antoni).

[12] Wach auf, 11. Mai 1959. Das «Wach auf» ist das seit 1952 existierende offizielle Mitteilungsblatt des FKJV.

[13] Schriftliche Mitteilung von Hermann Schneuwly, Diözesanpräses 1933–44, vom 27. August 1981.

Für den FKJV stellte sich die zentrale Frage, ob er einen neuen Sportverband gründen oder sich den neutralen Sportorganisationen anschliessen wollte. Am 24. September 1945 rang sich der FKJV zur Gründung des FKTSV (Freib. Kath. Turn- und Sportverband)[14] durch. In vielen Sektionen führten künftig die Jungwachtscharen das Programm der Jugendriege durch. Anlässlich der 25-Jahr-Feier des FKJV vom 7. Mai 1959 in Düdingen kam Diözesanpräses Alfons Hayoz in seiner Festansprache unter anderem auch auf das Turnen zu sprechen und begründete das Einstehen für die katholischen Turnvereine folgendermassen: «Das Turnen ist ein Bestandteil der Erziehung. Für einen kath. Jungmann kann nur eine christl. Erziehung in Frage kommen. Die Kirche ist immer für eigene kath. Schulen eingestanden. Aus dem gleichen Grunde ist sie auch für eigene kath. Turnvereine, die heute in der Erziehung der Jugend eine eminent wichtige Rolle einnehmen.»[15]

Durch ein möglichst grosses Angebot an beruflicher Fortbildung, Unterhaltung und Freizeitgestaltung sollten die katholischen Jünglingsvereine auch für jene Jungmänner attraktiv gemacht werden, die aus einer primären Motivation heraus kein Interesse an dieser Jugendorganisation zeigten. Vielfach kam es aber wegen der Sportbewegung auch zu Spannungen in den Sektionen. Bei den meisten Präsides bestand aus einer traditionellen Haltung heraus ein Widerstand gegen die Sportbewegung, vor allem religiös-sittliche Bedenken wurden vorgebracht (Sonntagsheiligung, Sportbekleidung, Nacktduschen, das Badevergnügen ganz allgemein). «Dass ich mich mit allen mir zur Gebote stehenden Mitteln auch für die Zukunft gegen die Strandbaderei zu Wehr setzen werde, könnt ihr begreifen. Weil kaum ein Übel so viel Schaden in der Pfarrei anzurichten vermag als gerade das. Wenn es nach jahrelangen Kämpfen noch immer Leute gibt, die leider anderer Meinung sind, so ist das sehr zu bedauern.»[16]

Der FKJV spielte bei der Gründung von katholischen Sportvereinen[17] eine wichtige Rolle; als grösste Leistung darf sicher die Grün-

[14] Prot. 2 FKJV, 25. September 1945.

[15] Wach auf, 11. Mai 1959.

[16] Prot. 1 Jungmannschaft Überstorf (1928–44), Worte des Präses an der GV vom 7. April 1935.

[17] Um 1945 entstanden im Sensebezirk folgende Turnvereine: Giffers-Tentlingen (1943), Schmitten (1945), Bösingen (1946), St. Antoni (1946), Wünnewil (1946). Bereits 1928 wurde in Düdingen als ältester im Sensebezirk ein Turnverein gegründet. Vgl. Beat Hayoz, Jungmannschaft und Sport, in: FN, 7. Juni 1983.

dung des Freiburgischen Katholischen Turn- und Sportverbandes (FKTSV) aus dem FKJV heraus bezeichnet werden. Mit der Auflösungsphase des katholischen Blocks in den sechziger Jahren verselbständigten sich die Vereine mehr und mehr, änderten ihre Vorstellungen; es wurden neutrale Sportvereine gegründet. In diesen Sportvereinen erwuchs den Jungmannschaftssektionen eine scharfe Konkurrenz, gegen die sie kein Gegenmittel fanden.

Theater

Neben den Jungwachtsektionen und den katholischen Turnvereinen räumte der Verband den Theatergruppen und der -Schulung einen wichtigen Platz ein, ein Engagement, das seinen Höhepunkt sicher in den aus dem FKJV hervorgegangenen Sensler Freilichtspielen (1964 und 1966) fand, eine ohne Zweifel grosse Leistung des Verbandes. Das Laientheater, das nicht nur unterhalten, sondern auch bilden und erziehen sollte, bildete einen wichtigen kulturellen Beitrag im Leben einen Dorfgemeinschaft. In Zusammenhang mit dem Theaterspiel tauchten aber auch verschiedene Probleme auf: Mangelnde Disziplin der Theaterspieler, übermässiger Alkoholkonsum (Spende eines Fasses Bier nach gelungenen Aufführungen), abendliche Spielzeit (das Rosenkranzgebet kam zu kurz), Theaterspiel als Selbstzweck, Auswahl des Stückes (Probleme: Liebeshandlungen und Frauenrollen). Eine heikle Angelegenheit bildeten die Frauenrollen. Wenn immer möglich sollten keine Frauen spielen, ansonsten wirkten Jünglinge in Frauenrollen. 1947 sprach sich die Präsidesversammlung für das gemischte Theater aus. «Wir haben bis jetzt die Erfahrung machen müssen, das mit nicht gemischten Spielen stets ein finanzielles Risiko besteht. Wenn andere Vereine gemischt spielen, so dürfen wir nicht im Rückstand stehen, sondern zeigen, dass man auch gut und seriös spielen kann.»[18] «Was jedoch die Samstagabend-Anlässe anbelangt, so sind wir prinzipiell dagegen.»[19]

[18] Prot. 2 FKJV, 11. Juli 1947.
[19] Ebd.

Blühender Verband

Als Diözesanpräses Hermann Schneuwly 1944 das Verbandsruder Peter Pauchard übergab, zählte der Freiburgische Katholische Jungmannschaftsverband rund 700 Mitglieder. 650 Jungmänner aus Deutschfreiburg nahmen am 4./5. Mai 1946 an der Gelöbniswallfahrt nach Einsiedeln teil, eine Wallfahrt, die der SKJV versprochen hatte, wenn unser Land vom Krieg verschont bliebe. [20] Fast geschlossen beteiligte sich der FKJV 1949 am Schweizerischen Katholikentag in Luzern; am zehnten und letzten Katholikentag, der vom 15. bis 17. Oktober 1954 in Freiburg stattfand, waren etwa 500 Jungmänner aus Deutschfreiburg anwesend. [21] Diese Katholikentage fassten die Schweizer Katholiken – und darin eingeschlossen ihre Jugendverbände – zu eigentlichen «katholischen Heerschauen» [22] zusammen, der Wille zur Einheit und Geschlossenheit wurde auf eindrückliche Art und Weise vordemonstriert. An solchen Massenveranstaltungen sammelte auch der FKJV neuen Mut und Optimismus für die Zukunft.

Nach dem Zweiten Weltkrieg stellte sich die Frage, ob spezielle Arbeiterjugendgruppen ins Leben gerufen werden sollten. Um eine Aufsplitterung des Verbandes in Interessengruppen zu verhindern, verhielt sich der FKJV dieser Frage gegenüber skeptisch, obwohl man sich in den Verbandsgremien der Probleme dieser Jugendlichen durchaus bewusst war und die Meinung vertrat, Jungmänner sollten ebenfalls in die katholischen Arbeitervereine eintreten. [23] Für Landwirte wurden an speziellen Jungbauerntagungen spezifisch landwirtschaftliche Fragen behandelt.

Die Jungmannschaft als Brücke zwischen den verschiedenen Ständen und Volksschichten wollte zum sozialen Ausgleich beitragen und die Zusammenarbeit mit den andern Pfarreivereinen (Arbeiter-, Cäcilien-, Turn- und Sportvereine) fördern. Im FKJV waren alle Berufsgruppen und sozialen Schichten vertreten, sicher dominiert von Jünglingen aus dem primären Sektor. Bestimmt war es nicht einfach, die inzwischen auf fast 1000 Mitglieder angewachsene Schar

[20] FN, 8. Mai 1946.
[21] Beat Hayoz, FN, 2. April 1983.
[22] Urs Altermatt, Katholische Subgesellschaft, in: Karl Gabriel u. Franz Xaver Kaufmann (Hg.), Zur Soziologie des Katholizismus, Mainz 1980, 164.
[23] Vgl. den Jahresbericht 1946 des FKJV von Diözesanpräses Peter Pauchard.

auf einen Nenner zu bringen und Arbeiter, Bauern, Handwerker, kaufm. Angestellte und Studenten mit einem gemeinsamen Programm zu begeistern wie auch ihrer verschiedenen sozialen Stellung gerecht zu werden. Das Mitmachen in der Jungmannschaft war nicht unbedingt ein «Müssen», doch bot sie den Jugendlichen eine Möglichkeit, sich zu treffen und mit Kameraden einige gemütliche Stunden zu erleben, war doch das Freizeitangebot in den Dörfern beschränkt, auch fehlte es vielen Jugendlichen an Kommunikationsmitteln, um die nächstgelegenen Zentren aufsuchen zu können.

Zu einiger Besorgnis Anlass gab die langsam auch im Sensebezirk vernachlässigte Sonntagsheiligung, eine Erscheinung, die der Verband willens war aufzuhalten: «Sportanlässe am Sonntagvormittag sind bei uns verpönt. Der Wirtschafts- und Kinobesuch sollte für Jugendliche verboten sein» [24] oder: «Ja, man geht wohl nicht zu weit, wenn man sagt, dass die Bars und Dancings geradezu die Start-Plätze für die ‹Karriere› der Verbrecher von morgen abgeben!» [25]

Immer wieder redeten die Geistlichen auf die jungen Leute ein, verurteilten die Zeitumstände und wiesen auf die Stärke des katholischen Glaubens hin: «Noch leben wir, das heisst, die wir nicht aus der Heimat ziehen müssen, um anderswo unser Leben zu verdienen, wohl geborgen in einem Paradies, das uns von treukatholischen Vorfahren als reiches Gnadenerbe christlichen Arbeitens hinterlassen wurde. Wachsamkeit und Gebet sind aber deshalb gleich nötig für die Freiburger, vielleicht nie mehr als gerade heute. Bereits wühlen fremde Geisteselemente in den Köpfen und Herzen unserer Freiburger. Diese Elemente stammen aus der Küche des Naturalismus, der Vergnügungssucht, der Sonntagsentehrung und des Marxismus.» [26]

Als Zeichen des Protestes gegen die glaubens- und sittenlose Zeit wie auch als Bekenntnis zu Gott errichtete der FKJV am 9. Juli 1950 ein Kreuz auf der Kaiseregg.

[24] Prot. 2 FKJV, 11. März 1948.

[25] Pfarrblatt St. Moritz, Freiburg, 10. August 1947.

[26] FN, 16. März 1948. Aus dem Referat «Vom Jungmann zum Laienapostel oder Jungführer», gehalten von Kaplan Josef Käser an der Jungführertagung in Düdingen.

Die Jungmannschaft in den 1950er Jahren

Zu Beginn der 50er Jahre bemerkte der Diözesanpräses kritisch in seinem Jahresbericht: «Ich kann mich des allgemeinen Eindruckes nicht erwehren, dass unser Verband das Aufwärtssteigen auf den Gipfel aufgegeben hat und bereits wieder abwärts steigt.» [27] Der Bestand des FKJV pendelte sich um die 1000 Mitglieder ein (1956: 1004, 1958 als Höhepunkt 1129 [28]), war somit einer der stärksten Kantonalverbände in der Schweiz. Das 1952 vom Verband beschlossene Mitteilungsblatt «Wach auf» sollte dem vermehrten Informationsbedürfnis gerecht werden und als Bindeglied zwischen den einzelnen Sektionen dienen. Ein Jahr später begann Alfons Hayoz seine überaus segensreiche Tätigkeit als Diözesanpräses. Um die Arbeit effizienter bewältigen zu können und eine gewisse Dezentralisierung zu erreichen, wurde der FKJV 1954 in drei Kreise eingeteilt: Ober-, Unterland und Stadt Freiburg. [29]

Als moralische Rückendeckung wurde 1955 der «Bund der Ehemaligen», eine Vereinigung gewesener Aktivmitglieder des FKJV, die an den Idealen der Bewegung festhielten und die Aktiven unterstützten, ins Leben gerufen. [30]

Um den gesellschaftlichen Veränderungen Rechnung zu tragen, tauchten um die Mitte der 50er Jahre neue Vorstellungen zur Durchführung der Verbandsarbeit auf: aktiveres Mitmachen, weniger offizielle Tätigkeiten, Kurzvorträge von Mitgliedern, Diskussionsabende über aktuelle Fragen, Lichtbild- und Filmvorführungen (ab 1953 werden auf Gesuch des FKJV jede Woche Filmbesprechungen in den «Freiburger Nachrichten» abgedruckt); jeder Abend sollte neben dem bildenden einen unterhaltenden Teil enthalten. [31] Vermehrt standen auch staatspolitische Fragen im Vordergrund: Der Jungmann und seine staatspolitische Verpflichtung, Gewerkschaftsfragen, Kirche und Politik, Staatsaufbau der Schweiz.

[27] Jahresbericht 1951 des Diözesanpräses, datiert auf den 3. März 1952.
[28] Entnommen den Jahresberichten und andern Angaben und Zusammenstellungen.
[29] Wach auf, 25. April 1954.
[30] Ebd., 21. Juli 1962.
[31] Ebd., 14. Oktober 1955.

Auf den ersten Januar 1956 ersetzten neue Statuten diejenigen aus dem Jahre 1937; im gleichen Jahr konnte Bischof François Charrière am 30. September am Grabe des Heiligen Petrus Kanisius im Kollegium St. Michael die erste kantonale Verbandsfahne einweihen. [32]

Jungmannschaft und Politik

Wenn auch die Jungkonservativen und die Jungmannschaft in einigen Sektionen eng zusammenarbeiteten, stand der FKJV – gemäss den Statuten von 1937 und 1956 – ausser jeder Parteipolitik. Bereits 1928 wurde im Sensebezirk eine Jugendtagung durchgeführt, um der politischen Sorg- und Interesselosigkeit vorzugreifen; die Initiative dazu ging von den Jünglingsvereinen und der Konservativen Partei des Sensebezirkes aus. «In Pfarreien ohne Jungmannschaft sollten die Vorträge im Einverständnis mit der jungkonservativen Bewegung abgehalten werden.» [33]

Ohne Zweifel bildete der FKJV einen guten Nährboden für die Konservative Volkspartei. So äusserte der Pfarrer von Überstorf 1943 den Wunsch: «Für die bevorstehenden Nationalratswahlen wünscht der Präses alle Stimmfähigen sollen stimmen und zwar konservativ.» [34] Oder 1955: «Soll ein Jungmann Politik treiben? Ja ein Jungmann darf Politik treiben, aber am richtigen Ort, und nicht nur hinterwärts oder in dem Wirtshaus. Da wir Katholiken in der Schweiz in der Minderheit sind, müssen wir zusammenstehen. Besonders an den Wahlen ist es unsere Pflicht für unsere katholischen Kandidaten zu stimmen.» [35]

1947 nahm der Diözesanpräses klar und unmissverständlich zur Bildung von Jungarbeitervereinen und Gruppen der Jungkonservativen Stellung: «Hiebei möchte ich es als selbstverständlich erachten, dass die Jungmänner (...) ihre Stimme nur Parteien abgeben, die für das Christentum eintreten. Die konservative Volkspartei und das christlich-soziale Kartell soll in der Folge sich immer mehr überzeu-

[32] FN, 28. September 1963.
[33] Prot. 1 FKJV, 13. September 1935.
[34] Prot. 1 Jungmannschaft Überstorf, Monatsversammlung vom 28. Oktober 1943.
[35] Ebd., Prot. 3 (1953–64), Monatsversammlung vom 5. Oktober 1955, Vortrag des Präses.

gen, dass die volljährigen in der Jungmannschaft organisierten Jungmänner zuverlässige Eidgenossen sind, die sich um die Geschehnisse der gesunden Politik interessieren und von ihrem Stimm- und Wahlrecht zum Nutzen des christlichen Staates Gebrauch machen. Mit diesen Worten glaube ich die Frage gelöst zu haben, ob es am Platze sei, dort, wo bereits blühende Jungmannschaftssektionen arbeiten, noch jungkonservative Gruppen und Jungarbeitervereine ins Leben zu rufen.» [36]

Anlässlich der Feier zum 25jährigen FKJV-Jubiläum 1959 in Düdingen hob Diözesanpräses Alfons Hayoz nochmals die politische Aufgabe des FKJV hervor und unterstrich dessen Bedeutung für die christlichen Parteien: «Auch das öffentliche Leben profitiert davon und die christlichen Parteien. Ohne als Kath. Arbeitsgruppe Politik zu treiben, werden in diesem Kreise die Jungen gelehrt – wenn sie überhaupt irgendwo gelehrt werden –, aus christlichem Verantwortungsgefühl heraus das öffentliche Leben gestalten zu helfen. Es ist nicht auszudenken, dass ein kath. Jungmann als Bürger seine Stimme einer nichtchristl. Partei geben würde.» [37]

Jungmänner sollten sich mit der christlichen Gewerkschaft befassen, in Arbeitervereinen mitmachen, aber ja nicht in einer sozialistischen Gewerkschaft. Im Klartext: den CNG (Christlichnationaler Gewerkschaftsbund) unterstützen, nicht aber den SGB (Schweizerischer Gewerkschaftsbund). Obwohl der Jünglingsverein Überstorf 1930 sein Veto geltend gemacht hatte, liess der Wirt in Niedermettlen zu, dass in seinem Lokal eine Versammlung der Sozialisten stattfand. [38] Seit der Jahrhundertwende sahen die Katholiken im Sozialismus eine zunehmende Bedrohung für ihre Identität [39]; die Jungmannschaft ging da nicht andere Wege. Im Zweiten Weltkrieg waren die gewissenhafte Pflichterfüllung und die treue Hingabe an die Armee wichtige Anliegen des Verbandes. Auf die Gefahren des Kommunismus wurde bei jeder sich bietenden Gelegenheit aufmerksam gemacht. Eine Trennung zwischen Kirche, Glaube und Politik war für die damaligen Katholiken undenkbar. Spätestens in

[36] Jahresbericht 1947 des Diözesanpräses, datiert auf den 10. März 1948.

[37] Wach auf, 11. Mai 1959.

[38] Prot. 1 Jungmannschaft Überstorf, Vorstandssitzung vom 31. März 1930.

[39] Vgl. dazu besonders: Urs Altermatt, Katholizismus und Moderne. Zur Sozial- und Mentalitätsgeschichte der Schweizer Katholiken im 19. und 20. Jahrhundert, Zürich ²1991, 152ff.

den 60er Jahren begann die Einheit und Geschlossenheit des Katholischen Blocks in ideologischer Sicht auseinanderzubrechen und machte einem breiten Meinungspluralismus Platz.

Der FKJV scheute sich nicht, zu heiklen politischen Ereignissen Stellung zu nehmen: 1956 verurteilte er die sowjetische Invasion in Ungarn und nannte sie ein Verbrechen [40], 1964 äusserte sich der Verband in einem Brief an den Chef des EMD zu den Vorkommnissen anlässlich der Grenzbesetzungs-Gedächtnisfeier in Les Rangiers und versicherte dem Bundesrat seine volle Sympathie: «Solche Methoden, die sonst nur bei geistig unterentwickelten Menschen Brauch sind und deren sich eine verhetzte Jugend bedient – die man ebenso für Besseres begeistern könnte –, sind ein grober Schlag gegen die Demokratie. Es schaudert uns beim Gedanken, dass vor Jahrzehnten bei unserem nördlichen Nachbarn auch solche johlende, pfeifende, tierisch brüllende und vom Wahn einer ‹Unterdrückung› besessene Menschen auf die Strasse gingen. So fing es damals an – und die Diktatur war da.» [41] Das Echo in der deutschen Schweiz war positiv, hingegen reagierte die Westschweiz – insbesondere die katholischen Kreise – grösstenteils negativ.

Jungmannschaft – Marianische Kongregation

Lange Zeit gingen diese beiden Vereine getrennte Wege, wie etwa die Antwort des Diözesanpräses auf die Anfrage der Jungmannschaft Brünisried zeigt, die 1948 mit dem Marienverein einen gemeinsamen Spaziergang durchführen wollte. «Durch unsere Veranstaltungen wollen wir einem falschen Abweichen vorbeugen. Wir wollen nicht noch etwas beginnen, was anderswo falsch ausgelegt wird und zu Missbräuchen führen kann.» [42] Künftig hielt sich der FKJV an diesen Beschluss.

Zu Beginn der 60er Jahre war dann des öfteren von einer Zusammenarbeit zwischen diesen beiden Vereinen die Rede. Der Diözesanpräses ermunterte die Jugendlichen, den Mut zu gemischten

[40] FN, 8. November 1956.

[41] FN, 1. September 1964. Bspw. Roland Béguelin gab sein Missfallen dem Diözesanpräses unmissverständlich zu verstehen.

[42] Prot. 2 FKJV, 15. Juni 1948.

Theatern aufzubringen, von Zeit zu Zeit gemischte Versammlungen abzuhalten und Tanzkurse weiter zu verfolgen. 1955 hatte die Vorstände-Konferenz des ersten Kreises unmissverständlich festgehalten: «Tanzanlässe, von der Jungmannschaft veranstaltet, werden allgemein abgelehnt.» [43] Ein erster Tanzkurs des FKJV fand dann 1966 statt, doch konnten sich nicht alle Mitglieder hinter dieses Vorhaben stellen.

25 Jahre FKJV

Aus finanziellen Gründen hielt der FKJV seine 25Jahr-Feier erst 1959 in Düdingen ab. Kirchliche Würdenträger und weltliche Behörden gaben sich im wirtschaftlichen Zentrum des Sensebezirkes zur Würdigung des grössten Jugendverbandes Deutschfreiburgs ein Stelldichein. Über 1500 Jungmänner fanden sich in Düdingen ein: «Noch nie seit Bestehen des Freiburger Jungmannschaftsverbandes sind so viele Jungmänner Deutsch-Freiburgs aufmarschiert.» [44] Einen grossartigen Höhepunkt in der wechselvollen Geschichte des FKJV stellte ohne Zweifel die auf den Himmelfahrtstag 1961 einberufene Missionstagung (Missionsaussendung) in Düdingen dar, wo 4000 Jugendliche Deutschfreiburgs – aus den männlichen und weiblichen Organisationen – auf eindrückliche Art und Weise – wohl zum letzten Mal – die Stärke und Geschlossenheit der organisierten katholischen Jugend, den Willen zu «Einheit und Geschlossenheit» [45], immer wieder proklamiert von den katholischen Autoritäten in der eigentlichen Blütezeit des katholischen Blocks (etwa 1920 bis 1960), demonstrierten. «Aufmarsch und Glanz des Festes überboten alles, was an Tagungen religiöser Gruppen je bei uns stattgefunden hat.» [46]

Solche Massenanlässe muten uns heute etwas sonderbar an; sie sind wohl am ehesten mit kommerziellen Konzerten, Sportgrossveranstaltungen oder Protestkundgebungen vergleichbar.

[43] Wach auf, 14. Oktober 1955.
[44] Ebd., 11. Mai 1959.
[45] Urs Altermatt, Katholische Subgesellschaft, 164.
[46] Jahresbericht des Diözesanpräses 1961.

Sensler Freilichtspiele

Als am 16. August 1964 auf dem «Münsterplatz» in St. Ursen die Premiere der Sensler Freilichtspiele mit dem Stück «Von fünferlei Betrachtnis», einem Totentanzspiel von Cäsar von Arx, stattfand, erlebte der FKJV, wie auch das kulturelle Leben Deutschreiburgs, eine Sternstunde. «Der Freilichtaufführung unseres Verbandes liegen religiöse, kulturelle und kameradschaftliche Motive zugrunde.» [47] An die 100 Personen, darunter 43 Spielerinnen und Spieler, waren an den Freilichtspielen beteiligt und nahmen mit Genugtuung zur Kenntnis, wie ihr Theaterstück beim zahlreich aufmarschierenden Publikum wohlwollende Aufnahme fand, erschienen doch bereits zur Premiere 600 Zuschauer; insgesamt sahen sich rund 3900 Besucher dieses grosse Gemeinschaftswerk der Sensler Jugend an. [48]

1966 gingen mit dem Volksschauspiel «Preciosa» von Pius Alexander Wolff, nach einer Novelle von Cervantes und der Musik von Carl Maria von Weber, die zweiten Sensler Freilichtspiele in St. Antoni über die Bühne. Aus diesen Freilichtspielen, die sicher den Höhepunkt der FKJV-Arbeit bedeuteten, wuchs dann die Deutschfreiburgische Theatergruppe (DFTG) heraus.

Die letzten Jahre

«Wehende Fahnen und marschierende Jugend» [49] gehörten endgültig der Vergangenheit an. Mit Umfragen, Schulungskursen, neuen Themen wurde versucht, dem zunehmenden Desinteresse an der Jungmannschaft und den gesellschaftlichen Veränderungen Rechnung zu tragen. Materielle Werte prägten aber mehr und mehr das Bild der Jugend, geistige waren immer weniger gefragt, ihr Stellenwert in der Gesellschaft war bescheiden. Die Aufgabe der Jungmannschaft bestand weiterhin in der religiösen, vaterländischen, beruflichen, sozialen und körperlichen Erziehung und Ausbildung der Jungmänner. Mühe bereiteten vor allem die Exerzitien: «Wenn trotz

[47] Diözesanpräses Alfons Hayoz im Spielführer zu den Sensler Freilichtspielen, St. Ursen 1964, 9f.
[48] Der eingeladene Bundespräsident Ludwig von Moos konnte der Einladung nicht Folge leisten. Die Zahlen finden sich im «Wach auf», nicht näher datiert.
[49] Beat Hayoz, FN, 2. April 1983.

Einstimmungsabend von unserem über tausend Mitglieder zählenden Verband nur neun Mitglieder die Exerzitien besuchen, stellt sich unwillkürlich die Frage, ob wohl der Sinn der Exerzitien nicht mehr verstanden wird. Dabei sind Exerzitien Brot für unsern religiösen Hunger.» [50]

1964 entstand aus dem FKJV heraus die Landjugendgruppe Sense I [51], deren Pluspunkte die gemischten Veranstaltungen und die überpfarreiliche Organisation waren. Obwohl der FKJV bemüht war, die Unterschiede zwischen den beiden «Gruppen» – Jungmannschaft und Landjugend – herauszuarbeiten und eventuelle Vorurteile abzubauen, begegneten viele der neuen Bewegung mit einiger Skepsis.

Nachdrücklich versuchte der Verband das Image der Jungmannschaft für brave, angepasste Jugendliche zu Beginn der 60er Jahre abzustreifen. «Blue Jeans und Lederjacken können zwar nicht als die Uniform der Jungmannschaft bezeichnet werden. Doch finden sich je länger desto häufiger auch Typen solcher Art bei uns. Wir erschrekken nicht darob. Wir freuen uns vielmehr, wenn eine Pfarrei-Jungmannschaft derart ausstrahlt, dass sich die ruppigen Boys von ihr ansprechen lassen.» [52]

Das Freizeitangebot (Fernsehen, Kinos, verschiedene Vergnügungsanlässe) vergrösserte sich und mehr Kommunikationsmittel standen zur Verfügung. Wo aber blieb die Jungmannschaft, lautete eine selbstkritische Frage. «Wie hat sich die Jungmannschaft aber entwickelt? Sie blieb praktisch auf der gleichen Stufe. Wir Jungführer des Kantons Freiburg müssen uns eingestehen, dass wir nicht mehr konkurrenzfähig sind. Andere Institutionen und Interessengruppen haben uns überflügelt.» [53]

Spürbar machte sich ein akuter Führermangel bemerkbar, nicht zuletzt durch das «Ledigenstatut» hervorgerufen. «Weiter wäre zu sagen, dass sich heutzutage die jungen Leute früher verheiraten als dies noch vor 20 Jahren der Fall gewesen war. Und der Eintritt in den Ehestand heisst Austritt aus der Jungmannschaft!? (...)

[50] Wach auf, September 1965.

[51] Agri-Journal – Freiburger Bauer, 14. Januar 1982.

[52] FN, 28. September 1963. Diese Aussagen schrieb Paolo Brenni, Verbandspräses des SKJV, unter dem Titel «Dynamische Jugendarbeit», erschienen in der Beilage «Wir arbeiten für morgen», aus Anlass der Jubiläen 70 Jahre SKJV und 30 Jahre FKJV.

[53] Wach auf, nicht näher datiert.

Bedeutet Vermählung wirklich Austritt aus der Jungmannschaft? NEIN – jeder, der im Vorstand einer Jungmannschaft wirkt, kann auch im Ehestand seine Führerposten ohne weiteres beibehalten. Durch seine Reife und Erfahrung wird er seinen Vorstandskollegen mit seinem Rat noch lange eine gute Stütze sein (...)

Es geht also der Aufruf an alle Vorstandsmitglieder, die sich zu verheiraten gedenken (oder schon verheiratet sind), sich der Jungmannschaftsarbeit noch einige Zeit zu widmen.» [54] Wenn auch die Verbandsleitung gegen verheiratete Jungmannschaftsführer nichts einzuwenden hatte, lebten die Sektionen auch weiterhin von ihren unverheirateten Jünglingen, bedeutete der Eintritt in den Ehestand praktisch den Austritt aus der Jungmannschaft.

Ein grossangelegter Kurs («Jugend in Führung») sollte 1969 (seit 1967 arbeiteten Töchter im FKJV mit) den Jungmännern und Töchtern das Wissen und die Fähigkeit vermitteln, LeiterIn einer Jugendorganisation für Schulentlassene zu werden, doch liess die Beteiligung, obwohl 500 Programme und 200 Plakate zur Verteilung gelangt waren, zu wünschen übrig. [55] Traditionelle katholische Jugendvereine passten nur noch schlecht in das Bild der Wohlstandsgesellschaft hinein. Eine Frage erhitzte die Gemüter in dieser letzten Phase ganz besonders: Könnte die Neuorganisation des Verbandes mit einer Kerngruppenstruktur ein Neuaufleben bewirken, oder bewerkstelligte das Abkommen vom Massenverband genau das Gegenteil, nämlich den rasanten Fall der katholischen Standesvereine? In einigen Pfarreien fanden Reorganisationen statt, eine Umfrage zeigte recht deutlich, dass die meisten Sektionen ein Abrücken vom Massenverband wünschten und die Kerngruppenarbeit bevorzugten.

1969 schlief das «Wach auf» ein, der einst so blühende und einflussreiche FKJV löste sich mehr und mehr auf und stellte seine Aktivitäten 1969/70 schliesslich ganz ein.

[54] Wach auf, Oktober 1966.

[55] Siehe Bildungsmappe zum Kurs «Jugend in Führung», organisiert vom FKJV und den Marienvereinen Deutschfreiburgs.

Gründe für das Ende des FKJV

Thesenartig sei versucht, wichtige Faktoren für die Auflösung des Freiburgischen Katholischen Jungmannschaftsverbandes festzuhalten:

- Es ist dem FKJV nicht gelungen, sich den rasch wandelnden Zeitumständen anzupassen. Obwohl es bei vielen Verantwortlichen an gutem Willen nicht fehlte, änderte sich an der Verbandsarbeit nichts Fundamentales. Mit religiösen Fragen und Themen liessen sich nur mehr wenige Jugendliche ansprechen. Viele Geistliche waren nicht flexibel genug und konnten (wollten) ihre Ideen und Vorstellungen nicht ändern. Da fruchteten auch drohende Worte gegen die neuen Zeitumstände wenig, denn Jungmänner liessen sich dadurch nicht in die Pfarreisäle locken; zu viele Geistliche hingen einem frommen Wunschbild nach und übten Widerstand gegen die Moderne.[56]
- Das neue Zentralprogramm des SKJV, mit dem man sich der Zeit anpassen wollte, brachte die erhoffte Wende nicht. Mit der Bildung von Kerngruppen wurde nicht mehr die breite Masse der Jugendlichen erreicht, sondern nur mehr Eliten; die einst so starke Einheit ging dadurch endgültig verloren.
- Die einsetzende Hochkonjunktur und das damit einhergehende Wohlstandsdenken förderten die Gemeinschaftsarbeit nicht. Es ging den Jugendlichen materiell besser, auch waren sie durch die zunehmende Motorisierung viel flexibler geworden, so dass sie bequemere Freizeitmöglichkeiten wählten. Das Engagement nahm ab; einsatzfreudige dynamische Jungmänner liessen sich nur mehr selten dazu bewegen, das Vereinsschifflein zu steuern. Zudem vernachlässigten viele Sektionen die Weiterbildung ihrer Führer.
- In den stark aufkommenden Sportvereinen erwuchs der Jungmannschaft eine scharfe Konkurrenz, wogegen sie keine Mittel fand. Viele Jungmänner traten diesen Vereinen bei und hatten kein Interesse und keine Zeit mehr für die Jungmannschaftsarbeit. Zudem gestaltete sich die Zusammenarbeit mit der Marianischen Kongregation viel zu langsam und war mit zu vielen Vorurteilen und moralischen Fragezeichen belastet.

[56] Vgl. Urs Altermatt, Katholizismus und Moderne, 49f.

- Nach der eigentlichen Blütezeit des katholischen Blocks von 1920 bis 1960 setzte spätestens in den sechziger Jahren die Auflösungsphase ein; Vereine und Parteien verloren an Bedeutung, veränderten sich «oder sind durch andere Organisationen und Institutionen ergänzt und in den Hintergrund gedrängt worden.»[57] Katholische Standesvereine wie der FKJV oder die Marianische Kongregation waren überholt und passten nicht mehr in die «neue» Zeit hinein; sie hielten mit den ökonomischen und sozialen, den politischen und kulturellen Veränderungen nicht Schritt.

Für die Auflösung des FKJV können also verschiedene Ursachen angeführt werden:

- gesellschaftliche: rasche Veränderung der Umwelt und der Lebensbedingungen.
- ideologische: die Zielsetzung passte nicht mehr ins Weltbild der Jugendlichen am Ende der 60er Jahre.
- interne: die Abkehr vom Massen- zum Kerngruppenverband glückte nicht.
- personelle: bewährte und verdiente Kräfte traten ins zweite Glied zurück.

[57] Urs Altermatt, Katholische Subgesellschaft, 163f.

«La paroisse œcuménique des jeunes» dans le diocèse de Lausanne, Fribourg et Genève 1959–1969

Fabrizio Viscontini

1. 1959–1964: Quelque chose bouge

1.1. L'œcuménisme comme défi de la modernité

Un des défis majeurs auquel les catholiques suisses ont dû faire face entre 1959 et 1969 fut la poussée œcuménique provoquée par le concile Vatican II.

Ce problème déjà présent dans le diocèse de Lausanne, Fribourg et Genève évoluera avec le concile vers une radicalisation qui coïncidera avec la contestation estudiantinne de la fin de la décennie.

1.2. L'annonce du concile dans la presse catholique

Bien que la presse catholique fit un large espace à l'annonce du concile du 27 janvier 1959, elle se limita exclusivement au communiqué de presse qui soulignait l'aspect œcuménique. Seule la *Semaine catholique* s'intéressa à l'accueil réservé par les protestants à cette nouvelle.

Elle citait La *Suisse* du 27 janvier qui rapportait le témoignage du M. le professeur d'Espine, président de la Fédération des Eglises protestantes suisses: «(...) il importe, tout d'abord, dit-il de savoir quel sens sera donné à ce terme d'œcuménisme; nous ne pouvons qu'attendre que le Saint-Siège se soit expliqué sur ce que représente cette déclaration.»[1]

[1] La Semaine catholique du 29 janvier 1959.

En raison «du manque d'information», la presse protestante avait eu la même attitude que la presse catholique. La *Gazette de Lausanne* (journal de tendance libérale et d'origine protestante) du 26 janvier 1959 soulignait «(...) l'esprit de conciliation et de compréhension dont le nouveau souverain pontif est animé dans toutes les questions qui touchent à l'unité de l'Eglise à réalisation de laquelle est décidé de réaliser tous les efforts.»

1.3. Les rencontres interconfessionnelles

Les choses bougèrent pendant la période qui suivit l'annonce du concile; on commença à se demander où on était le dialogue entre catholiques et protestants en Romandie. Un article dans *Choisir* de janvier 1961 disait qu' «(...) en Suisse romande, il y avait eu quelques réunions entre prêtres et pasteurs du mouvement ‹Bible et Liturgie›; après un temps d'interruption, elles ont repris à Lausanne sous une forme différente: on y traite de la théologie pastorale.» L'auteur soulignait aussi que c'était plutôt en Suisse alémanique que les «cellules» interconfessionnelles se développaient avec le plus de succès.

1.4. Le vieux problème réapparaît: les mariages mixtes

Le problème des mariages mixtes, dont le nombre à l'époque augmentait, était assez important en Romandie. A Genève (cas extrême) 42% des mariages étaient mixtes [2].

La question se posait à deux niveaux: la priorité catholique dans l'éducation des enfants et l'intercommunion: à la cène le conjoint catholique ne pouvait pas communier [3]. L'enquête parue dans *Choisir* d'avril 1963 sur la pastorale des mariages mixtes avait «révélé (...) combien un allègement de cette discipline [qui concernait les mariages mixtes] serait souhaité et combien de souffrances seraient épar-

[2] Cf. R. Brêchet, «L'Eglise en Suisse romande. Essor ou déclin?», in: Choisir, 1 (1959), 8, pp. 18–20.

[3] Cf. Déclaration œcuménique sur le problème des mariages mixtes. Commission œcuménique de dialogue, in: La Semaine catholique, 30 (1967); VVAA, Nouvelle histoire de la Suisse et des Suisses, 1986, p. 254.

gnées (...)». Cette enquête, qui concernait la partie rurale de Genève, Vaud, le Jura-Sud et le Pays neuchâtelois, avait montré que 20–25% des ménages mixtes étaient dans une situation irrégulière, en rupture de communion avec l'Eglise. En outre, la majorité des enfants n'étaient ni baptisés, ni catéchisés dans la foi catholique.

L'auteur continuait en disant qu'«on doit craindre que la situation ne soit guère meilleure dans les grandes villes (...)».

Les évêques suisses étaient également sensibles au problème des mariages mixtes. A la fin de la troisième session du concile en 1964 Mgr Charrière avait fait une intervention sur ce problème.

1.5. Le décret sur l'œcuménisme: les réactions dans la presse

Le décret sur l'œcuménisme *Unitatis Redintegratio* fut élaboré pendant la troisième session du concile. Il a été adopté par 2137 voix contre 11, et il fut promulgué par le pape Paul VI le 21 novembre 1964. Il était l'aboutissement de trois projets antérieurs et de 19 modifications introduites au dernier moment par le Secrétariat pour l'union des chrétiens [4].

Ce qui polarisa les opinions de la presse religieuse fut la non-votation du texte «sur la liberté religieuse» et l'«appel du pape à la Vierge Marie» à la fin de la troisième session.

Naturellement ces faits avaient provoqué des réactions dans la presse protestante. Par exemple la *Vie protestante* (hebdomadaire protestant de Lausanne) du 27 novembre 1964 sortait avec le titre polémique: «Le concile n'a pu librement dire oui à la liberté.» La *Gazette de Lausanne* dénonçait ce fait, mais avec une attitude plus prudente.

Dans la presse catholique, La *Liberté* du 20 novembre 1964 publiait un rapport de la «Kipa». Ce rapport relate des agissements des évêques Carli et Lefèvre «décidés à mettre tout en œuvre pour empêcher l'adoption de ce texte [sur ‹la liberté religieuse›]»; il reproduit en caractères gras les lettres de protestation des cardinaux Meyer et Ritter [5]. La *Semaine catholique* du 3 décembre se limitait briève-

[4] Cf. Paul Poupard, Le concile Vatican II, Paris, 1983.

[5] Victor Conzemius, «La presse suisse et les interventions de Paul VI dans les travaux du concile», in: Paolo VI e i problemi ecclesiologici del concilio, colloquio internazionale di studio, Brescia, 19–20–21 settembre 1986, p. 536.

ment à justifier l'attitude du pape dans l'affaire. L'*Echo* du 28 novembre sous le titre «Une mise au point nécessaire» défendait les décisions du concile [6].

Malgré ces contestations l'élan conciliaire commençait à produire des réalisations concrètes. Certaines comme par exemple les commissions œcuméniques de dialogue au niveau cantonal (sur l'exemple de ce qui se passait au niveau suisse), la création en 1964 de l'Institut d'études œcuméniques à l'Université de Fribourg ou enfin les groupes œcuméniques au niveau paroissial entraient dans l'optique des Eglises protestante et catholique et ne provoquèrent pas d'inquiétudes. D'autres, plus radicales, se situaient dans un contexte social bien précis, à savoir, celui de la fin des années 60, qui ont poussé très loin le discours œcuménique.

2. «Le combat œcuménique»: Lausanne, la paroisse œcuménique des jeunes (PODJ)

Etienne Fouilloux dans sa périodisation des années qui commencèrent avec la contestation de la jeunesse de 1968, écrit que «cette impatience [du mouvement œcuménique] est une des deux formes que la chaude année 1968 consacre sous le nom de la contestation d'un œcuménisme jugé officiel, établi et rassis» [7].

Le canton de Vaud compte au début des années 1970 une minorité catholique en augmentation face à la majorité protestante. A Lausanne à cette époque les catholiques représentent le 40% de la population. L'Eglise protestante dans le canton était Eglise d'Etat (comme Berne et Zurich).

Pour ce qui concerne les catholiques, ils cherchaient à sortir de leur «ghetto» et à se faire reconnaître par les autorités cantonales. Le statut de l'Eglise catholique élaboré par le Conseil d'Etat et l'Evêque fut rejeté une première fois par les paroisses catholiques. Il sera accepté après modifications par le peuple vaudois en 1970 [8].

[6] Pour ce qui concerne les journaux: cf. Jean-Philippe Chenaux, La presse d'opinion en Suisse romande ou la bataille des idées, 1986.

[7] Etienne Fouilloux, L'œcuménisme. Unité chrétienne et identités confessionnelles, Paris, 1984, p. 22.

[8] Cf. Bertil Galland, (S.l.d.), Encyclopédie illustrée du Pays de Vaud, Lausanne, 1970, T.V.

2.1. La fondation et les buts de la PODJ

«Nous ne sommes pas les derniers chrétiens d'un monde qui finit, nous sommes les premiers chrétiens d'un monde nouveau.»[9]

Avec ce message, signé par les responsables de la jeunesse catholique et protestante et notamment des scouts, on annonçait la création à Lausanne d'une paroisse œcuménique des jeunes. Cette expérience qui était un prolongement de «la semaine de l'unité», commença le 2 février 1969 et devait se prolonger jusqu'à Pâques. Cette paroisse avait été créée avec l'assentiment des autorités ecclésiastiques protestantes et catholiques. L'initiative était limitée dans le temps pour éviter des nouvelles divisions dans l'Eglise. Le programme prévoyait que «(...) les jeunes chrétiens de Lausanne se rencontreront journellement, décidant au fur et à mesure des nécessités d'autres rencontres. Un culte du dimanche soir et un relais de prière chaque jour de 19 à 22 heures à la chapelle des Terreaux formeront la trame de cette ‹paroisse›. Des expériences seront entreprises, une recherche sera vécue en vue d'un renouveau, mais dans la continuité de l'Eglise; elles porteront sur la liturgie, la prédication, l'approche de la parole de Dieu, l'accueil des jeunes et des couples, des engagements précis et limités dans le temps, une prière liée aux événements de l'actualité.

«Laïcs, prêtres et pasteurs seront accueillis volontiers au relais de prière ou au culte de dimanche soir»[10]. Ensuite les responsables du PODJ avaient appelé le Père George Kolb, aumônier catholique des gymnases de Lausanne, et le pasteur Jacques Nicole, aumônier de la jeunesse de l'Eglise réformée vaudoise, à exercer leur ministère. L'*Echo* (le journal des catholiques de la Suisse romande) avait annoncé le début de cette expérience avec un certain délai de temps et avec une attitude de prudence. «Les risques que prennent les autorités n'échappent à personne. Une prudence lucide les a amenées à encadrer cette initiative par des aumôniers responsables. Le mot paroisse doit signifier, dans la pensée des jeunes, un relais qui permette une réflexion commune.»[11]

[9] La Vie protestante du 24 janvier 1969.
[10] Ibid.
[11] L'Echo du 8 février 1969.

2.2. *Les autres manifestations œcuméniques des jeunes à Lausanne durant la même période*

En janvier 1969 un événement laisse penser que le désir de créer une unité entre les jeunes chrétiens était répandu à Lausanne et ne se limitait pas à la seule PODJ. Il s'était passé qu' «(...) une dizaine de jeunes chrétiens se sont mis en devoir dans la nuit du 24 au 25 janvier d'abattre fourrés et taillis qui séparent les terrains voisins de l'église catholique du Saint-Rédempteur et de la chapelle protestante des Mousquines et de creuser un chemin sur une quinzaine de mètres destiné à relier les deux édifices»[12].

Dans une lettre envoyée aux conseils des deux paroisses les jeunes justifient leur geste de cette façon: «Bien que l'on ne puisse mettre en doute l'importance de la théologie dans le dialogue œcuménique, des gestes symboliques sont nécessaires à l'avancement de la cause.»[13]

2.3. *Les activités de la PODJ*

Le culte de dimanche: Ce qui est surprenant est l'augmentation rapide des participants à ces cultes œcuméniques. Au début ils étaient 60 et ils sont passés à 2000 à l'occasion de la fête des Rameaux à la cathédrale de Lausanne.

Dans ces célébrations de 300 à 950 personnes étaient présentes. L'âge des participants, selon les chroniques des articles, devait se situer en général entre 16 et 20 ans. La paroisse œcuménique était composée d'environ ⅔ de protestants et ⅓ de catholiques.

Pour animer ces célébrations on utilisait des instruments qui appartenaient à la culture musicale des jeunes du moment.

Les deux aumôniers de la PODJ, G. Kolb et J. Nicole, avaient déclaré: «(...) si les responsables de la PODJ ont fait appel à nous, la place qu'ils nous avaient réservée était très vague. Leur organigramme ou leur mentalité n'avait pas prévu un poste où l'autorité ecclésiastique aurait à s'exprimer selon les schémas habituels (...).»[14] Pour ce qui concerne le rite «(...) rien ne ressemble, si possible, aux cultes ordinaires de nos Eglises (...), on laisse dormir le grand orgue et

[12] La Liberté du 27 janvier 1969.
[13] Ibid.
[14] La Vie protestante du 16 mai 1969.

le remplace par une section rythmique; on recrée hymnes et acclamations liturgiques en un style qui ne doit ni à la réforme grégorienne ni à celle de Luther (...). [On préfère] à toutes prédications de l'Evangile (...) une discussion par groupes sur le thème du jour»[15]. Dans cette dernière démarche on voit très bien l'influence de la «contestation», en reproposant les assemblées d'étudiants (même si les jeunes s'étaient partagés en groupes de discussion) qui se tenaient dans les Universités.

L'intercommunion était pratiquée d'une façon particulière; «(...) disparue, elle aussi, la table de la communion au centre de l'église: deux tréteaux provisoires ont été placés aussi loin que possible l'un de l'autre pour ne rien cacher de la division qui sépare aujourd'hui les chrétiens. On y communiera séparément, protestants d'un côté, catholiques de l'autre.»[16]

Les autres activités: Chaque soir les jeunes se retrouvaient dans la sacristie de la chapelle des Terreux pour prier; en outre, on accueillait les jeunes qui venaient à la chapelle pour s'intéresser aux activités, lire, discuter, décider des formes de leur engagement. On avait constitué en outre «(...) des groupes d'action, d'entraide – réfection d'appartements, alphabétisation des travailleurs étrangers –, un groupe d'action politique»[17].

2.4. Les interdictions

L'interdiction du Conseil de paroisse de la cathédrale: Les jeunes de la PODJ à l'occasion du jour des Rameaux, à cause de la quantité de gens qui s'attendaient au culte, décidèrent de le tenir à la cathédrale de Lausanne. La messe et la cène seraient célébrées comme d'habitude simultanément, mais séparément.

Le Conseil paroissial de la cathédrale réuni d'urgence le lundi 23 mars 1969 jugea cette célébration inopportune. «(...) La jeune ‹paroisse œcuménique› déclarait vouloir se plier à cette décision, et se contenter le dimanche soir d'un service de la Parole.»[18]

[15] Ibid. du 21 février 1969.
[16] Ibid.
[17] Informations catholiques internationales, 334 (1969), p. 18.
[18] La Vie protestante du 28 mars 1969.

Les motifs du refus de l'intercommunion, qui semblèrent incompréhensibles aux jeunes, étaient causés par la crainte de réveiller, par une messe à la cathédrale, un anticatholicisme latent dans les paroisses protestantes vaudoises. En outre, dans cette période, le Conseil d'Etat était en train d'élaborer le statut des catholiques. C'était un mauvais moment pour faire apparaître à nouveau les motifs de conflit entre protestants et catholiques.

Cette affaire, malgré tout, n'eut pas dans la presse un si grand écho que l'«interdiction» de Mgr Charrière.

L'interdiction de Mgr Charrière: Après une consultation faite par Mgr Charrière avec le Secrétariat pour l'unité des chrétiens, celui-là décida d'interdire aux catholiques de la PODJ l'intercommunion. Cette décision avait été communiquée à la PODJ le 31 mars 1969. Les motivations qui avaient été transmises oralement par l'évêque auxiliaire Mgr Mamie, étaient les suivantes:

«– La compréhension théologique de l'eucharistie est trop différente pour que sa célébration simultanée n'amène pas de confusions d'ordre dogmatique.
- Le Secrétariat pour l'unité des chrétiens, au Vatican, a fait savoir que de telles célébrations risquaient de faire boule de neige, ou, pour employer une autre image, de mettre le feu aux poudres. D'autres eucharisties simultanées seraient alors célébrées de manière hâtive et irréfléchie.
- Le retentissement que ces célébrations de la PODJ ont eu fait craindre qu'elles ne se multiplient dans les paroisses. (...)»[19]

2.5. Les conséquences de cette interdiction

A cause de la décision de Mgr Charrière une vingtaine de jeunes de la PODJ (catholiques et protestants) avaient décidé de commencer une grève de la faim de trois jours. En outre, à la mi-avril 1969, ils

[19] Ibid. du 18 avril 1969.
Cf. aussi Mgr François Charrière, Pierre Mamie, «Les célébrations liturgiques interconfessionnelles», in: La Semaine catholique, 12 (1969); en Suisse, Mgr Charrière met fin à des célébrations eucharistiques des jeunes, in: Informations catholiques internationales, 334 (1969), p. 18.

avaient décidé de lancer un nouveau mouvement qui s'appelait «Jeunes en marche» (JEM) pour continuer l'expérience commencée avec la PODJ; 350 jeunes participèrent à la première réunion. Ils eurent aussi une rencontre le samedi 18 mars 1969 avec l'évêque auxiliaire Mgr Mamie.

Ensuite, ils donnèrent une réponse en trois parties aux arguments que Mgr Charrière avait communiqués pour interdire l'intercommunion.

Les jeunes étaient plus influencés par les éléments qui les unissaient (catholiques et protestants), que par les éléments théologiques profonds de leur division.

Le deuxième point mettait en évidence qu'ils avaient toujours respecté l'autorité de l'évêque, et que leur initiative n'était pas un geste de rébellion. Mais d'autre part ils étaient surpris de l'incompréhension des autorités ecclésiastiques.

A l'évêque qui a peur que cette initiative puisse provoquer un mouvement trop étendu, ils répondent qu'ils «(...) n'avaient cherché ni fait de publicité» [20]. Malgré cela, cette initiative n'était pas passée inaperçue, comme en témoigne l'intérêt d'une partie de la presse protestante. Les jeunes soulignent qu'ils ne représentent qu'une partie du mouvement pour l'unité: «Tout concrètement, le mouvement dont nous ne sommes qu'un petit rouage est représenté parmi nous par des foyers mixtes engagés, (...), pour qui la PODJ n'a été qu'un signe supplémentaire que la marche en avant continuait.» [21] Le problème des mariages mixtes avait été résolu; les Eglises catholique et protestante avaient adopté en 1969 «(...) une nouvelle réglementation des mariages mixtes, par laquelle les catholiques renoncent de fait à la priorité qu'ils exigeaient dans l'éducation des enfants» [22]. Mais la vie dans les foyers mixtes était troublée par l'intercommunion. Si, par exemple, les deux conjoints pratiquaient dans une église catholique, le protestant pouvait communier (hospitalité eucharistique). Au contraire, s'ils participaient à la cène, le conjoint catholique ne pouvait pas recevoir la communion.

[20] La Vie protestante du 18 avril 1969.
[21] Ibid..
[22] VVAA, La nouvelle histoire de la Suisse et des Suisses, op. cit., p. 254.

2.6. L'attitude de la presse sur l'affaire

La première chose que l'on note est la différence d'attitude de la presse catholique et de la presse protestante. *La Vie protestante* fut le journal qui suivit constamment l'affaire (chaque semaine il y avait des articles ou des annonces sur l'activité de la PODJ). Dans ses articles on démontre une grande sympathie pour la PODJ. Mais tout en reconnaissant les mérites des jeunes, un article, écrit à l'occasion de l'interdiction de Mgr Charrière, démontrait un certain réalisme à propos de l'intercommunion; «(...) il serait présomptueux de la part d'un mouvement provisoire (...) de penser que les problèmes puissent être résolus sans délai ou sans référence à l'institution (...).» [23]

La *Gazette de Lausanne,* même si elle suivit constamment l'affaire, montra une certaine sympathie pour la PODJ.

Dans Les *Cahiers protestants* parut un article approfondissant l'affaire. Il s'intitulait «A propos de la Paroisse œcuménique des jeunes: quelques réflexions sur la mutation de l'Eglise aujourd'hui».

Au contraire la presse catholique, comme l'*Echo,* La *Semaine catholique,* voire la *Liberté,* fut très prudente sur le cas de la PODJ et le suivit d'une façon distante.

Dans l'*Echo* on prit seulement position au mois de mai et d'une façon indirecte: «Au point où en sont les discussions sur la communion simultanée de la Paroisse des jeunes à Lausanne, nous ne sommes pas en mesure de donner une information précise (...)» [24]

En général la presse catholique s'était presque limitée à communiquer les prises de positions de l'évêque.

Una Voce helvetica, bimestriel romand lié aux idées de Mgr Marcel Lefebvre, s'était limité à faire des observations pour ce qui concernait le rite de la messe du dimanche 26 janvier 1969, à l'occasion de la clôture de la Semaine de l'unité [25].

[23] La Vie protestante du 11 avril 1969.
[24] L'Echo du 19 avril 1969.
[25] Una Voce helvetica, 3 (1969), pp. 6–7.

2.7. Conclusion

Au niveau européen cette affaire s'insère dans une série d'événements bien précis. Des faits semblables à ceux de Lausanne arrivèrent par exemple aux Pays-Bas. En janvier 1965 le pape Paul VI avait déclaré – «(...) à titre d'exemple, de récents épisodes d'intercommunion. (...) ils s'insèrent dans une ligne qui n'est pas la bonne et que nous devons loyalement réprouver.» [26]

Le cardinal Journet en avril 1969 dans l'*Osservatore romano* publiait un article qui était repris par la *Gazette de Lausanne* du 12 mars 1969 dans lequel on disait qu'il était «(...) impossible d'accepter l'intercommunion entre catholiques et protestants».

L'affaire de la PODJ avait eu une résonance internationale; les *Informations catholiques internationales* du 15 avril 1969 lui dédiaient un article.

En Suisse l'affaire avait été suivie avec prudence par la presse catholique et les évêques, mais il ne faut pas oublier que l'Eglise catholique ayant une structure pyramidale, les conditionnements de Rome étaient évidents.

L'organisation synodale de l'Eglise réformée au niveau cantonal, comme celle de Lausanne, se prêtait facilement à l'interprétation régionale plus libre de certains phénomène, tels que celui de l'intercommunion.

L'attitude des jeunes de la PODJ s'insère dans un comportement particulier face aux problèmes, à savoir celui de faire changer le «système» par des «gestes significatifs».

[26] La Liberté du 25–26 janvier 1969.

IV. POLITIK UND PARTEIEN

Die Schweizerische Konservative Volkspartei in den 1940er Jahren*

Martin Zenhäusern

Der Weg in die Moderne war für die Schweizer Katholiken gerade in den 1940er Jahren kein kontinuierlicher. Die «Schweizerische Konservative Volkspartei» (SKVP), die Partei der Katholiken, die das «Image» der Katholikenpartei bis in die heutige Zeit nicht losgeworden ist, hat mit wechselndem Erfolg auf politischem Weg versucht, diesen Schritt in die Moderne zu vollziehen. Konflikte waren aufgrund der divergierenden Parteiflügel – auf der einen Seite die vorwärtsstrebenden Christlichsozialen, auf der anderen die rückwärtsgewandte konservative Gruppierung – unvermeidlich. Anhand dreier plakativer Beispiele soll diese parteiinterne Auseinandersetzung zwischen Tradition und Modernismus veranschaulicht werden.

Die SKVP-Initiative «Für die Familie» (1941–1945) und die Diskussion um die Einführung der Alters- und Hinterlassenenversicherung (AHV) zwischen 1944 und 1947 illustrieren die latente Unsicherheit und Zukunftsangst der Partei, während das «Erste Convenium christlicher Politiker Europas» 1947 in Luzern einen überraschenden Kontrapunkt zur ansonsten in der behandelten Zeit üblichen SKVP-Lethargie setzt.

* Als Grundlage für diesen Beitrag dient die 1983 unter der Leitung von Prof. Urs Altermatt entstandene Lizentiatsarbeit zum gleichen Themenkreis.

1. Die SKVP entdeckt die Familie

Der Familienschutz erlangte zu Beginn des Zweiten Weltkrieges besondere Bedeutung. Den ersten parlamentarischen Vorstoss in diese Richtung unternahm Nationalrat Josef Escher [1] mit seinem Postulat für die Förderung kinderreicher Familien bereits am 27. September 1929. Zehn Jahre später reichte Escher eine Interpellation zum Familienschutz ein, die er am 22. März 1939 begründete. Er wies darauf hin, dass die Schweiz zu den kinderärmsten Ländern der Erde gehöre, und er warnte davor, «ein sterbendes Volk zu werden» und bald «ein Volk ohne Jugend» [2] zu sein. Seine damaligen Forderungen haben nichts an Aktualität verloren: Wohnungsfürsorge, Hilfe im Geburtsfall, Schulgeldermässigung, steuerrechtliche Entlastung kinderreicher Familien, Einführung eines Familienlohnes.

Die Antwort des Bundesrates erfolgte am 29. März 1939 durch Philipp Etter [3], der versicherte, dass die Exekutive diesen Problemen aufrichtiges Verständnis entgegenbringe. Des weiteren blieb es bei diesen vertröstenden Worten.

Deshalb beschloss das Zentralkomitee am 19. Oktober 1941, eine Verfassungsinitiative «Für die Familie» zu lancieren, und am 27. November 1941 konstituierte sich «ein überparteiliches ‹Initiativkomitee für die Familie›,» [4] an dessen Spitze Escher als Präsident und Martin Rosenberg [5] als Sekretär standen. Escher begründete in der konstituierenden Sitzung den Misserfolg der bisherigen Aktionen für die Familie mit dem Fehlen einer verfassungsmässigen Grundlage. «Diese Grundlage zu schaffen, ist der Zweck der Initiative.» [6]

[1] Josef Escher, VS (1885–1954). Studien in Bern und Berlin. Advokat und Notar. Dr. h.c. Grossrat (1915–1932), Staatsrat (1931–1936). Nationalrat (1925–1932; 1936–1950), Bundesrat (1950–1954). Escher verstarb im Amt.

[2] Protokoll des Nationalrates. Bern 1939. 9. Familienschutz-Interpellation von Escher.

[3] Philipp Etter, ZG, (1891–1977). Studien in Freiburg. Rechtsanwalt. Kantonsrat (1919–1922; 1923–1934), Regierungsrat (1923–1934), Ständerat (1930–1934), Bundesrat (1934–1959).

[4] Giovanni Vasella, Der Familienschutzartikel der Bundesverfassung. Sonderdruck aus Wirtschaft und Recht, Heft 3/1960.

[5] Martin Rosenberg, AG, (1908–1976). Studien in Freiburg, Löwen und Paris. Dr. iur. Bundesstadtkorrespondent für das Vaterland (1935–1968), Generalsekretär der SKVP (1941–1968).

[6] CVP-Archiv Bern, 27. November 1941. Protokoll der konstituierenden Sitzung des Initiativ-Komitees für die Familie.

Die Initiative wurde am 13. Mai 1942 mit 168 730 gültigen Unterschriften eingereicht, wobei erwartungsgemäss der Grossteil der Unterschriften aus den katholischen Stammlanden kam. Allein die Kantone Luzern, St. Gallen und Wallis steuerten rund ein Drittel der Unterschriften bei.

Das Volksbegehren wollte folgende Punkte in der Bundesverfassung verankert wissen:

- der Familie ihr Recht verschaffen;
- die Verfassungsgrundlage schaffen für eine Familiengesetzgebung;
- die Familie in den Mittelpunkt der Sozialgesetzgebung stellen;
- die wirtschaftliche Zukunft der Familie sichern;
- der zunehmenden Verstädterung steuern.

Das Volksbegehren wollte aber *keine* reine Bevölkerungspolitik, keine bloss materielle Besserstellung der Familie, sondern auch einen vermehrten moralischen Schutz. Eine weitere Forderung war die Verbesserung der Qualität und nicht der Quantität der Familie, und letztlich stellte sich die Initiative gegen eine Verstaatlichung und Zentralisation der Familie.

Am 10. Oktober 1944 erstattete der Bundesrat dem Parlament umfangreichen Bericht zu diesem Volksbegehren, und es wurden neue Vorkehren zugunsten der Familie geprüft, die im Gegenentwurf der Bundesversammlung ihren Niederschlag fanden. Am 7. April 1945 beschloss deshalb das Initiativkomitee, obwohl nicht alle seine Forderungen berücksichtigt worden waren, zugunsten des bundesrätlichen Gegenvorschlags die Initiative zurückzuziehen. Am Luzerner Parteitag von 1945 hiess die SKVP folgende Resolution gut: «Der Parteitag der Schweizerischen Katholischen Volkspartei stellt mit Genugtuung fest, dass der Gedanke des Familienschutzes durch die Annahme eines Art. $34^{quinquies}$ der Bundesverfassung verankert wird. Der Parteitag appelliert an die konservativen und christlichsozialen Bürger, sich aktiv für eine wuchtige Annahme der neuen Verfassungsbestimmung einzusetzen. Der 25. November 1945 soll zur machtvollen Kundgebung werden für die Familie und den Weg öffnen für den sozialen Aufbau, der über wirkungsvolle Massnahmen zugunsten der Familie zur Verwirklichung der Alters- und Hinterlassenenversicherung führen muss.» [7]

[7] Vaterland, 29. Oktober 1945.

Am 25. November 1945 wurde der Gegenvorschlag des Bundesrates mit allen Standesstimmen ausser derjenigen von Appenzell AR klar angenommen.[8] An der Spitze der annehmenden Kantone marschierte aber, im Gegensatz zur Unterschriftensammlung, kein Kanton aus den katholischen Stammlanden, sondern Genf mit rund 97 Prozent Ja-Stimmen, gefolgt von Wallis (90 Prozent), Tessin und Neuenburg (je 89 Prozent). Das Resultat lasse also nicht «die ausgesprochen katholischen Kantone im Gegensatz zu den andern als im besondern Masse ‹familienschützerlisch› erscheinen»,[9] schrieb die freisinnige Presse. «Ausser den Urkantonen und Freiburg brachten Zürich, Bern, Zug, Solothurn, Baselstadt, Schaffhausen, Graubünden, Waadt und Aargau prozentual mehr Jastimmen auf als der Kanton Luzern», schrieb das freisinnige «Luzerner Tagblatt»[10] nicht ohne Schadenfreude.

Die unterschiedlichen Positionen zum Familienschutz wurden mit Vehemenz in der Presse ausgefochten, die damals, im Gegensatz zu heute, noch eine reine Parteipresse und deshalb einflussreichstes Verbreitungsmittel der Parteiparolen war. Als das Bundeskomitee des Schweizerischen Gewerkschaftsbundes vor der Abstimmung verlauten liess, dass die seit Jahren geleistete Arbeit zugunsten des Familienschutzes fortgesetzt werden solle, schrieb die «Ostschweiz», dass es doch sicher interessant wäre, «vernehmen zu können, seit wann sich denn die sozialistischen Gewerkschaften mit dem Familienschutz befassen und sich für dessen praktische Verwirklichung eingesetzt haben».[11] Rosenberg warf den Sozialdemokraten seinerseits vor, dass sie mit viel Reserve in den Abstimmungskampf gezogen seien. «Je näher aber der 25. November heranrückte, um so selbstbewusster fühlten sie sich als ‹Väter der Vorlage›.»[12] Der Freisinn sprach die von der SKVP reklamierte Vorreiterrolle im Familienschutz den Konservativen zwar nicht ab, machte aber die Einschränkung, «dass die andern Parteien es an Loyalität nicht haben fehlen lassen».[13] Die SKVP musste sich aber auch sagen lassen, dass der Familienschutz lediglich eine Verlegenheitslösung sei, zu nichts

[8] Der Gegenvorschlag des Bundesrates wurde mit 548 601 Ja gegen lediglich 170 278 Nein klar angenommen.
[9] Luzerner Tagblatt, 26. November 1945.
[10] Ebd.
[11] Die Ostschweiz, 13. Januar 1943.
[12] Vaterland, 27. November 1945.
[13] Neue Zürcher Zeitung, 26. November 1945.

verpflichte und Zuzug aus allen Kreisen verspreche. Trotz dieser nicht unberechtigten Vorwürfe muss man der SKVP zugute halten, dass sie hierbei erstaunliches politisches Gespür zeigte, und dass sie mehr oder weniger geschickt «ihr Anliegen mit der Gunst der Volksmeinung gekoppelt»[14] und die angestrebte Verwirklichung des Familiengedankens schliesslich erreicht hat. Der neue Artikel 34quinquies, der auf die bisher einzige Initiative der SKVP zurückzuführen ist, wurde am 5. April 1946 in Kraft gesetzt. Damit trat die Familie als neue Grösse neben das Individuum.

2. Die AHV als parteiinterne Belastungsprobe

Eine Expertenkommission, notabene ohne SKVP-Vertreter, erarbeitete von Mai 1944 bis März 1945 die Grundsätze für die Ausgestaltung der Versicherung, die in der Vernehmlassung positive Aufnahme fand. Am 24. Mai 1946 veröffentlichte der Bundesrat den Entwurf des sogenannten AHV-Gesetzes. «Die beiden Kammern des Parlamentes berieten ihn anlässlich einer Sondersession im August und verabschiedeten das Gesetz am 20. Dezember desselben Jahres.»[15] Nachdem gegen dieses Gesetz das Referendum ergriffen worden war, an der Spitze des ReferendumsKomitees stand übrigens ein Katholisch-Konservativer[16], kam es am 6. Juli 1947 zur Abstimmung, die klar zugunsten der AHV ausging.[17]

Die Politik der SKVP war so sehr auf die Familienpolitik ausgerichtet, «dass sie den Einstieg in die AHV-Politik beinahe verpasst hätte.»[18] Deshalb verfasste das Zentralkomitee der SKVP am 5. Februar 1944 eine Resolution, die neben der Familienhilfe auch

[14] Josef Marie Imhof, Bundesrat Dr. h.c. Josef Escher. Sein Beitrag zur Schweizerischen Bergbauern- und Familienschutzpolitik. Diss. Freiburg 1978, 231.

[15] Jean-François Aubert, So funktioniert die Schweiz. Dargestellt anhand einiger konkreter Beispiele. Bern [4]1984, 90.

[16] Henry Burrus, BE, (1882–1957). Studien in Reims, Sasbach, Nancy, Bremen und London. Industrieller. Gemeindepräsident von Boncourt (1915–1941), Nationalrat (1939–1947). Burrus rühmte sich, während seiner Parlamentarierkarriere kein einziges Mal das Wort ergriffen zu haben.

[17] Für die AHV stimmten 862 036, dagegen 215 496. Als einziger Stand lehnte der Halbkanton Obwalden die Vorlage ab.

[18] Imhof, Bundesrat Escher, 243.

die Altersversicherung als wichtiges Nachkriegsproblem bezeichnete. Am 29. April 1944 aber musste die Studienkommission der KK-Fraktion, die unter Leitung von Escher stand, von der Erklärung des Bundesrates Kenntnis nehmen, dass «eine formelle Verbindung der Familien- und Altersversicherungsfragen nicht mehr zweckmässig sei.»[19] Der KK-Fraktion gelang es nicht, in der Frage der AHV einen gemeinsamen Standpunkt einzunehmen. Escher führte dies auch darauf zurück, dass die SKVP, obwohl sie einen Sitz gefordert hatte, in der Expertenkommission nicht vertreten war. Der Beitritt zum AHV-Aktionskomitee führte in der Partei zu einer längeren Aussprache. Zuerst wurde ein Beitritt aus sachlichen und taktischen Gründen abgelehnt. Am 5. Mai 1945 jedoch beschloss das Zentralkomitee der SKVP den Beitritt einhellig.

Der AHV ging in den Jahren 1946 und 1947 eine Übergangsordnung voraus, die am 9. Oktober 1945 durch einen Bundesratsbeschluss auf dem Vollmachtenweg in Kraft gesetzt worden war. Die KK-Fraktion begrüsste diese Übergangsordnung zwar, zeigte sich aber bei der getroffenen Lösung mit den massiven Rentenunterschieden zwischen Stadt und Land nicht befriedigt. Um die Expertenvorschläge zur AHV einer eigenen Begutachtung zu unterziehen, setzte die SKVP deshalb eine «Kommission für Familie und Alter» ein, die unter Leitung von Nationalrat Antoine Favre[20] stand. Aber auch diese Kommission konnte nicht endgültig dafür sorgen, die SKVP vom Verdacht der «versteckten» Gegnerschaft zur AHV zu befreien. Parteipräsident Escher musste immer wieder auf Resolutionen des Zentralkomitees und des Parteitages verweisen und ausdrücklich betonen, «die Partei sei für die AHV. Es müsse aber eine AHV sein, die man mit gutem Gewissen und mit Aussicht auf Erfolg vertreten könne.»[21] Escher gestand allerdings ein, dass die Haltung der KK-Fraktion weniger eindeutig sei als die der Partei. Jeder müsse hier nach seinem Gewissen entscheiden, und zudem sei in der Konzeption des Entwurfes den konservativen Grundgedanken in keiner Weise Rechnung getragen worden.

[19] CVP-Archiv Bern, 29. April 1944.

[20] Antoine Favre, VS, (1897–1974). Rechtsstudien in Paris, Freiburg und Berlin. Dr. iur. Professor an der Universität Freiburg. Nationalrat (1943–1952), Bundesrichter (1952–1967).

[21] Imhof, Bundesrat Escher, 248.

Der Leitende Ausschuss der Partei berief auf den 12. April 1947 eine ausserordentliche Delegiertenversammlung nach Sarnen ein. Das Gesetz wurde mit nur zwei Gegenstimmen zur Annahme empfohlen. Nachdem das Referendum gegen die AHV zustande gekommen war, beschloss das Zentralkomitee der SKVP, dem Parteitag die Annahme des Gesetzes zu empfehlen, und zwar mit 17 zu 2 Stimmen, bei 6 Enthaltungen. Der Parteitag folgte dem Vorschlag des Zentralkomitees und gab mit 100 zu 27 Stimmen bei 7 Enthaltungen die Ja-Parole heraus. Dieses nach aussen hin relative Einigkeit und Geschlossenheit suggerierende Resultat am Parteitag vom 8. Juni 1947 in Zürich täuschte über die eklatanten Unstimmigkeiten und hitzigen Auseinandersetzungen hinweg.

Es sei unverständlich und kurzsichtig ohnegleichen, meinte Escher an jenem 8. Juni 1947 in Zürich, wenn die Christlichsozialen dann schon von Spaltung sprechen würden, «wenn die einen nicht gleich mitwollen, wohin die andern.» [22] Wenn man darüber hinaus auch noch anfange, sich selbst «gegenseitig als reaktionär oder kommunistisch zu bezeichnen, dann muss man sich nicht wundern ob dem Echo aus dem gegnerischen Blätterwald.» [23] Josef Scherrer [24], der die Vorlage in deutscher Sprache vorstellte, unterstrich in seinem Referat die Führungsrolle der Christlichsozialen in Sachen AHV, denn der «Christlichsoziale Landeskongress» habe sich einmütig für die Annahme dieser Vorlage ausgesprochen.

Es werde deshalb den Delegierten nicht entgagen sein, «dass in den christlichsozialen Reihen eine vermehrte Aktivität besteht und der Wille dominiert, die Programmforderungen, auf die übrigens das ganze katholische Volk verpflichtet ist, nun endlich durchzusetzen.» [25] Bereits am 31. Januar 1947 hatte die «Christlichsoziale Korrespondenz», zu deren verantwortlichen Redaktoren auch Scherrer gehörte, alle Werktätigen aufgefordert, «die Referendumsbogen nicht zu unterzeichnen.» [26] Voller Stolz liess Scherrer in einem Artikel nach der Abstimmung durchblicken, dass bei der AHV die

[22] Eröffnungsrede von Bundesrat Escher vom 8. Juni 1991, 5 (CVP-Archiv BAr Bern).

[23] Ebd.

[24] Josef Scherrer, SG, (1891–1965). Dr. h. c., Präsident des Christlichsozialen Arbeiterbundes (CAB). Nationalrat (1919–1951).

[25] Vortrag von Josef Scherrer vom 8. Juni 1947 (CVP-Archiv, BAr Bern).

[26] Christlichsoziale Korrespondenz, 31. Januar 1947 (CSB-Archiv BAr, Bern).

Christlichsozialen vorangegangen seien und die Konservativen mitgezogen hätten, als er schrieb, «dass sie auch den allergrössten Teil der konservativen Gesinnungsfreunde in Bewegung setzen und für die freudig bejahende Einstellung gewinnen konnten.» [27] Das sei um so schwieriger gewesen, «als der überwiegende Teil der konservativen Parteipresse, inspiriert von den Bundesstadtredaktoren, zur AHV eine äusserst kritische, zumeist eine negative Stellung» [28] eingenommen habe.

Am Parteitag entspann sich eine heftige Diskussion über die AHV. Von den sechzehn Votanten plädierte die Hälfte gegen die Vorlage. Diese waren gegen die AHV, weil die konservativen Gegenvorschläge durch verschiedene Bundesinstanzen brüsk abgelehnt worden waren, und weil sie den Aufbau der sozialen Solidarität auf dem Staat und seiner Bürokratie als gefährlich einstuften. Zudem hatten sie Bedenken gegenüber der Kostendeckung, der Belastung der Kantone und des Mittelstandes sowie gegenüber der Konjunkturlage. Nicht zuletzt fürchteten sie eine Schwächung des Sparsinns und des Selbsthilfewillens. Es brauchte das Votum des SKVP-Bundesrates Etter, um die Bedenken über die Finanzierung der AHV zu zerstreuen. Etter wies darauf hin, dass die Finanzierung «spezielle für die Land- und Bergkantone, die ja meist finanzschwächer sind, sehr grosse Erleichterungen bringt.» [29]

Wer waren denn nun die hauptsächlichen Gegner der AHV? Gegen die AHV hatten das Genfer Aktionskomitee, die PdA und der Landesring am meisten Opposition gemacht, doch kam das Referendum nicht nur aus diesen Kreisen zustande, wie die «Neue Zürcher Zeitung» zu berichten wusste, sondern aus der sogenannten «zweiten Garnitur» der Gegner, worin vor allem «Persönlichkeiten aus dem liberal-konservativen und katholisch-konservativen Lager» [30] vertreten waren. Auch die Sozialdemokraten zählten Teile der Katholisch-Konservativen Volkspartei zu den AHV-Gegnern. [31] Das Referendums-Komitee wurde von der sozialdemokratischen Presse als «Burrus-Komitee» bezeichnet, wobei der SKVP-Nationalrat Henry

[27] Die Hochwacht, 12. Juli 1947.
[28] Ebd.
[29] Thurgauer Volkszeitung, 10. Juni 1947.
[30] Neue Zürcher Zeitung, 24. Januar 1947.
[31] Volksrecht, 1. Juli 1947.

Burrus als Geldgeber angesehen wurde, und «als Mitspieler betrachtete man u.a. seinen Busen- und Jagdfreund Alt-Bundesrat Musy.» [32]

Nebst der Kirche, die der AHV weitgehend negativ gegenüberstand, muss auch der Grossteil der katholisch-konservativen Presse zur Gegnerschaft gezählt werden. Scherrer hatte seinem Bedauern Ausdruck verliehen, dass im konservativen Leitblatt, dem «Vaterland», überhaupt nie positiv über die AHV geschrieben werde, auch nicht in der «Schweizerischen Katholischen Korrespondenz» (S.K.K.). SKVP-Generalsekretär Martin Rosenberg verteidigte sich mit dem Argument, dass er im «Vaterland» seine Meinung als Journalist und nicht als Parteisekretär äussere, und als Journalist habe er seiner Überzeugung gemäss zu schreiben. Rosenberg, der «friedlichere Gemüter aus dem Gleichgewicht zu werfen» [33] imstande war, machte nie ein Hehl aus seiner Abneigung gegen die AHV. Zehn Tage vor der Abstimmung schrieb er einen Artikel mit der eindeutigen Aussage: «Die AHV ist gar nicht notwendig.» [34] Als er deswegen von der sozialdemokratischen Presse hart kritisiert wurde, konterte an seiner Stelle das «Vaterland», es werde missverstanden. Sein Anliegen sei «die offene und ehrliche Aufklärung des Volkes, namentlich unseres Parteivolkes.» [35] Deshalb könne Kritik an der AHV nicht ausgeschlossen werden, » – wie das von Anfang an im Willen der zuständigen Parteiinstanzen gelegen war.» [36] Dieser Rechtfertigungsversuch vermag nicht zu überzeugen, denn in der Regel publizierte das Blatt Artikel, die nicht auf der Linie der SKVP lagen, selten, wenn überhaupt. Das eher knappe Resultat des Kantons Luzern überrascht deshalb nicht, zumal noch am Vortag der Abstimmung im «Vaterland», das vor allem im luzernischen Hinterland eine grosse Verbreitung hatte, gegnerische Stimmen zur AHV veröffentlicht worden waren.

Obwohl die SKVP nach aussen gerne das Bild einer geschlossenen und gefestigten Partei kolportierte, zeigte gerade die Auseinandersetzung über die AHV, dass diametral auseinanderlaufende Interessen

[32] Berner Tagwacht, 27. Juni 1947.
[33] Im Spannungsfeld der Politik. Festgabe für Dr. Martin Rosenberg, Generalsekretär der Konservativ-Christlichsozialen Volkspartei der Schweiz, Luzern 1968, 15.
[34] Freie Innerschweiz, 26. Juni 1947.
[35] Vaterland, 28. Juni 1947.
[36] Ebd.

und unversöhnliche Flügel bestanden. Auf der einen Seite versuchten die Christlichsozialen unter Führung von Scherrer, mit Hilfe von Escher, Etter und Thomas Holenstein [37], die AHV, die sie als eine der dringlichsten und wichtigsten Sozialmassnahmen ihrer Zeit betrachteten, zu verwirklichen. Auf der anderen Seite stand der konservative, rechte Flügel, unterstützt von den «Journalisten» und einem beträchtlichen Teil der Presse, und vor allem Rosenberg, der als Generalsekretär und Bundesstadtredaktor des katholisch-konservativen Kopfblattes «Vaterland» Stimmung gegen die Gesetzesvorlage machte. Für Rosenberg wurde als Folge seiner zwiespältigen Haltung zur AHV ein Pflichtenheft erstellt. Damit wollte die Parteiführung erreichen, das ihr Generalsekretär in Zukunft seine persönliche Meinung in der Presse nur dann vertreten durfte, wenn diese mit derjenigen der Parteileitung übereinstimmte.

3. Das Convenium von Luzern – ein Schritt in Richtung Europa

Mit dem ersten «Convenium christlicher Politiker Europas», das vom 27. Februar bis zum 2. März 1947 in Luzern stattfand, wollte die SKVP den Kontakt, der vor dem Krieg zwischen den christlichen Parteien Europas bestanden hatte, wieder aufleben lassen. Die Partei trug sich mit dem mutigen, aber unpopulären Gedanken, zu diesem Treffen auch die «Christlich-Demokratische Union» des besiegten Deutschlands einzuladen. Dieser Gedanke musste aber fallengelassen werden, da sonst das Zustandekommen des Conveniums gefährdet gewesen wäre.

Escher, Präsident der SKVP und auch Präsident des Conveniums, konnte Delegationen aus Belgien, England, Frankreich, Italien, Luxemburg, den Niederlanden und Österreich begrüssen. Seine Partei habe nach Luzern eingeladen, weil sie es als ihre Pflicht erachte, «den Versuch einer Annäherung zu machen, die Fäden wieder anzuknüpfen und auf neutralem Boden Männer zusammen zu führen, die,

[37] Thomas Holenstein, SG, (1896–1962). Studien in Basel, Genf, Bern und Rom. Dr. iur. Anwalt. Nationalrat (1937–1954), Präsident der KK-Fraktion (1942–1954), Bundesrat (1954–1959).

mögen sie auch aus Ländern kommen, die sich feindlich gegenüber gestanden, doch den festen Willen haben zu vergessen, zu verzeihen, zu lieben, wieder aufzurichten, wieder aufzubauen.»[38] Niemand habe nämlich so viel zu wahren und zu verteidigen wie die christlichen Parteien. «Wer hat das geistige Rüstzeug, die Welt, die in Blut, Armut und Elend zu versinken droht, aus den Trümmern herauszuführen», stellte Escher die rhetorische Frage, «wenn nicht die christlichen Parteien? [...] Ein geeintes Europa, eine befriedete Welt das ist unsere Sehnsucht,»[39] so skizzierte Escher die Zielsetzung des Conveniums.

Zwischen zwei Ausflügen und dem offiziellen Empfang durch die Regierung des Kantons Luzern wurde zäh verhandelt. Jede Delegation konnte über die Lage im eigenen Land referieren. Holenstein, der dies für die Schweiz tat, wies auf die besondere Lage der Katholiken in seinem Land hin, die nur eine Minderheit seien, über eine einzige Universität verfügten, zwar von fünf Bistümern geführt würden, aber «kein Erzbistum, keinen Primas und keinen Kardinal»[40] hätten. Seine Partei bezeichnete er als Partei der Mitte, die auf dem Boden der christlichen Staats- und Gesellschaftslehre stünde.

Über das künftige Vorgehen konnten sich die Delegationen vorerst nicht einigen. Es musste eine Redaktionskommission, bestehend aus allen Delegationschefs, Escher und Rosenberg, der als Protokollführer amtete, mit dem Auftrag eingesetzt werden, bis zum folgenden Tag eine gemeinsame Resolution vorzubereiten. Nach langen Diskussionen konnten die Beschlüsse einstimmig gutgeheissen werden. Die belgische Delegation wurde dazu bestimmt, so bald als möglich einen neuen Kongress einzuberufen. In der Sonntags-Sitzung vom 2. März 1947 wollten die Belgier dieser Erklärung aber plötzlich nicht mehr zustimmen. In der darauf folgenden Aussprache zeigte sich der Gegensatz der europäischen Weststaaten zu Österreich und Italien, «denen vorgeworfen wird, sie verfolgen nationale Ziele.»[41] Luxemburg, die Niederlande und die Schweizer Delegation suchten zu vermitteln, um einen positiven Abschluss des Conveniums sicherzustellen. Nach einem gemeinsam besuchten Gottesdienst gelang es schliesslich, die Differenzen auszuräumen. Escher schloss am Nach-

[38] Nachlass Escher Brig, 27. Februar 1947. Begrüssungsrede Escher. S. 10.
[39] Nachlass Escher Brig, Protokoll des ersten Conveniums, undatiert. S. 3f.
[40] Ebd., 32.
[41] Ebd., 40.

mittag des 2. März 1947 das erste Convenium christlicher Politiker Europas ab, nachdem die interne Resolution einstimmig und die Pressemitteilung von allen, bei Stimmenthaltung der Niederlande, gutgeheissen worden war. Brüssel wurde als nächster Tagungsort bestimmt. Die S.K.K. berichtete am 4. März 1947 in einem Artikel, der durch die gesamte katholisch-konservative Presse der Schweiz verbreitet wurde, dass die Konferenz ihr Ziel erreicht habe und «als voller Erfolg gewertet» [42] werden dürfe.

Auf die Teilnahme an der zweiten internationalen Konferenz christlicher Politiker, die schliesslich in Lüttich (B) stattfand, musste die SKVP verzichten. An der Fortsetzung des Conveniums in Luxemburg im Dezember 1947 bestand die Delegation der Katholisch-Konservativen aus Escher, Favre, Rosenberg und Karl Wick. [43]

Fazit

1943: Das Ende des Dritten Reiches ist bereits abzusehen, der Schweiz droht keine direkte Kriegsgefahr mehr. Ab 1943 spricht auch die Führung der Schweizerischen Konservativen Volkspartei gerne vom baldigen Beginn einer neuen Zeit. Wie sie sich aber jener neuen Zeit stellen soll, darüber herrscht in den Parteigremien Unklarheit. Einem (politischen) Schritt nach vorne folgt regelmässig ein Rückschlag.

Die SKVP-Initiative «für die Familie» kam, wie man heute sagen würde, in der damaligen Zeit gut an. Der tief in der Partei verwurzelte Antimodernismus verhinderte aber, dass über die Rolle der Frau in Familie und Gesellschaft ernsthaft diskutiert wurde. Zwar forderten einzelne SKVP-Mitglieder zu Beginn der vierziger Jahre das Frauenstimmrecht, nach dem Ende des Zweiten Weltkrieges war dies in der Partei aber kein Thema mehr.

Auch die Diskussion um die AHV-Einführung wurde in der SKVP mehrheitlich rückwärtsgewandt geführt. Unterschiedliche politische Auffassungen zwischen den einzelnen Flügeln, die stellvertretend für

[42] Ebd., 44.
[43] Karl Wick, LU, (1891–1969). Redaktor am Vaterland. Nationalrat (1931–1963).

andere am Beispiel der Auseinandersetzung um die AHV gezeigt worden sind, gipfelten schliesslich 1955 in der Abspaltung der «Christlichsozialen Parteigruppe der Schweiz» (CSP) von der Mutterpartei.

Demgegenüber bewies die SKVP aber auch erstaunlichen politischen Weitblick und Mut, als es ihr gelang, das erste «Convenium christlicher Politiker Europas» in Luzern durchzuführen, das als Schritt in Richtung Europa gewertet werden darf und das «der internationalen Zusammenarbeit christlicher Parteien starken Auftrieb gegeben» [44] hat. Gerade wenn man die vorsichtige Annäherung der zu Beginn der 90er Jahre offiziellen Bundespolitik an die Europäische Gemeinschaft als Vergleich heranzieht, erhält die damalige SKVP-Initiative in einem politisch ungleich schwierigeren Umfeld um so mehr Gewicht.

[44] SKVP-Jahrbuch 1943–1947. 91.

Die Diskussionen um die konfessionellen Ausnahmebestimmungen der Bundesverfassung 1945–1955

Christoph Flury

«Die heutige Schweiz», so schrieb die «Schweizerische Kirchenzeitung» zu Beginn der 1950er Jahre, «hat das Erbe der Ausnahmeartikel von einer Vergangenheit empfangen, welcher keine adäquate und äquivalente politische Gegenwart mehr entspricht. Der politische Radikalismus von einst, welcher mit Sukkurs konfessionspolitischer Momente die Annahme auch der Ausnahmeartikel erreichte, hat keine politische Mehrheitsstellung mehr in der Schweiz. Sein Werk hat aber den Untergang seiner Mehrheitsstellung überlebt und wirkt so verfassungsrechtlich posthum über das Grab der verblichenen Mehrheit hinaus.»[1]

Zweifellos: Die Ausnahmebestimmungen der Bundesverfassung hatten ihren realpolitischen Wert – er mochte für die Gründungs- und Konsolidierungsphase des modernen Schweizerischen Bundesstaates noch von Bedeutung gewesen sein – mit Blick auf die stark veränderten politischen und gesellschaftlichen Verhältnisse schon lange verloren. Vor dem Hintergrund der sich seit der Krisen- und Kriegszeit des Zweiten Weltkrieges etablierenden Konkordanz- und Konsensdemokratie verkamen sie in objektiver Hinsicht endgültig zu einem anachronistisch anmutenden Relikt längst vergangener Zeiten. Allerdings: Mentalitäten und Strukturen veränderten sich nicht im Gleichschritt. Welches Konfliktpotential die Kulturkampfartikel auf der emotionalen Ebene in weiten Bevölkerungskreisen und politischen Milieus der Schweiz immer noch bargen, zeigte sich nachhaltig in allen Auseinandersetzungen um diese «Staatsschutzartikel» bis hin zu ihrer Liquidierung in der Volksabstimmung im Jahre 1973.

[1] Schweizerische Kirchenzeitung 1953, 277.

Vergegenwärtigt man sich den aus dem Konflikt zwischen freisinnigem Radikalismus und politischem Katholizismus im 19. Jahrhundert entstandenen und die Mentalität der Katholiken lange Zeit prägenden Minoritätsstatus, erstaunt dies zumindest auf dieser Seite kaum. Die politische, gesellschaftliche und konfessionelle Gleichberechtigung hatte für den kirchentreuen, katholisch-konservativen Bevölkerungsteil der Schweiz seit der Gründung des Bundesstaates 1848 stets ein wichtiges Anliegen dargestellt. Dies manifestierte sich unter anderem darin, dass die Forderung nach Parität bis weit ins 20. Jahrhundert hinein ein zentraler Punkt des gesellschaftspolitischen Programms des organisierten Schweizer Katholizismus bildete.

In der katholisch-konservativen Optik besassen die Ausnahmebestimmungen der Bundesverfassung ausgeprägt den Charakter eigentlicher «Staatsschutzartikel», die als Diskriminierung des gesamten katholischen Bevölkerungsteils und ihrer Kirche empfunden wurden. «Man würde der Bedeutung und der Tragweite der [Ausnahmeartikel] unserer Bundesverfassung nicht gerecht, wenn man sie einfach auf einen Streit um die Jesuiten reduzieren würde. Es geht bei dieser Auseinandersetzung auch um die Jesuiten; aber es geht dabei doch vor allem um die Gesamtstellung des Katholizismus in der Schweiz. Die einem Freiheitsstaat unwürdige Ausnahmegesetzgebung, wie sie noch immer in der Bundesverfassung verankert ist, trifft nicht nur die Jesuiten, sie trifft die katholische Kirche an sich.»[2] Dies führte dazu, dass trotz der fortschreitenden politischen und gesellschaftlichen Integration der Katholiken in den Bundesstaat die Eliminierung dieser Bestimmungen aus der Sonderbunds- und Kulturkampfzeit in allen Parteisatzungen und Aktionsprogrammen bis in die 1960er Jahre hinein gefordert wurde.[3]

Anzumerken bleibt, dass die katholischen Verbände wie auch die Partei nie zum Instrument einer Volksinitiative griffen, um die Frage auf plebiszitärer Ebene zu entscheiden. Als konfessionelle und politische Minderheit rechnete man stets mit einem Misserfolg und einer daraus drohenden Isolation des katholisch-konservativen Volksteiles. Der seit Ende des 19. Jahrhunderts eingeschlagene Integrations-

[2] Vaterland, 19. August 1948.

[3] Vgl. Ins sechste Jahrzehnt. Standortbestimmung der Konservativ- Christlichsozialen Volkspartei der Schweiz anlässlich des 50-Jahr-Jubiläums 1962, 2 (CVP-Archiv, BAr, Bern; BAr = Schweizerisches Bundesarchiv).

kurs in den Bundesstaat liess die katholischen Parteieliten diese emotionsbeladene konfessionspolitische Frage äusserst pragmatisch und mit grosser Zurückhaltung angehen. Die Hoffnungen setzte man vielmehr in die Möglichkeit, die odiösen Ausnahmeartikel im Rahmen einer konsensuell abgestützten Totalrevision der Bundesverfassung auszumerzen: «Die Auffassung, dass nur eine Totalrevision die Beseitigung der Ausnahmeartikel ermöglichen könne, wurde zum wohl allgemein anerkannten Grundsatz.»[4] Hoffnungen, die sich allerdings nach dem Scheitern diesbezüglicher Anläufe nach dem Ersten Weltkrieg[5] wie auch Mitte der dreissiger Jahre[6] zerschlugen.

Die Jesuitendiskussion nach 1945: Folge des gespannten konfessionellen und politisch-weltanschaulichen Klimas

Die Jesuitenfrage wurde nach 1945 vordergründig durch die zunehmend zurückhaltendere Handhabung und Anwendung des Jesuitenverbotes seitens der zuständigen kantonalen und bundesstaatlichen Behörden aktualisiert. Noch in den ersten Jahrzehnten des 20. Jahrhunderts hatten diese genau darüber gewacht, dass dem geltenden Verbot der Tätigkeit von Jesuiten in der Öffentlichkeit, in Kirche und in Bildungsanstalten die gesetzeskonforme Nachachtung geschenkt wurde.[7]

[4] Martin Rosenberg, Unsere Aktion gegen die Ausnahmeartikel der Bundesverfassung, hg. vom Generalsekretariat der Schweizerischen Konservativen Volkspartei, Bern 1955, 4.

[5] Vgl. dazu Markus Hodel, Die Schweizerische Konservative Volkspartei (1918–1923). Katholische Politik zwischen Aufbruch und Ghetto, Lizentiatsarbeit Universität Freiburg, Freiburg 1987, 215–228.

[6] Vgl. dazu Josef Widmer, Von der konservativen Parteinachwuchsorganisation zur katholischen Erneuerungsbewegung. Die Schweizer Jungkonservativen in den dreissiger Jahren, Lizentiatsarbeit Universität Freiburg, Freiburg 1983, 117–148.

[7] Die zunehmend tolerantere Handhabung der Rechtspraxis zeigte sich deutlich anhand der Entscheide über die Vortragstätigkeit der Jesuiten. Noch 1923 beurteilte der Bundesrat die öffentlichen Vorträge eines Jesuiten in St. Gallen und im Kapuzinerkloster Wil als unvereinbar mit den Bestimmungen der Bundesverfassung. 1930 fand er hingegen keinen Anlass mehr, gegen zwei Predigten des renommierten Münchner Jesuiten Erich Przywara in Zürich und Davos einzuschreiten. Vgl. Botschaft des Bundesrates an die Bundesversammlung über die Aufhebung des Jesuiten- und des Klosterartikels der Bundesverfassung, in: Bundesblatt 124 (1972), 137–139.

Spätestens seit den dreissiger Jahren setzte sich eine liberalere Praxis durch. «Es ist [mir]», so der katholisch-konservative Bundesrat Philipp Etter zu Beginn der 1950er Jahre, «kein einziger Fall bekannt, in dem der Bundesrat oder kantonale Regierungen im Verlauf der letzten Jahre von sich aus gegen die Jesuiten interveniert hätten. Behelligungen erfolgten immer aufgrund von Provokationen von irgend einer Seite her.»[8] In der Tat lief die Praxis auf eine mehr oder weniger bewusste Nichtanwendung der Ausnahmeartikel hinaus. Die Behörden intervenierten mit den notwendigen Massnahmen zu Einhaltung der rechtlichen Norm erst dann, wenn eine verfassungswidrige Tätigkeit eines Ordensmitgliedes publik geworden war und dementsprechend Proteste laut wurden. Ihre Reaktion erschöpfte sich meist in einer Darlegung der Gründe, Probleme und Ursachen der herrschenden Praxis, verbunden mit kleineren, zu Einhaltung der offiziellen Verfassungsnorm unbedingt notwendigen Massnahmen.[9]

Mit ein Grund für diese tolerante Haltung bildeten die Priesterverfolgungen im nationalsozialistischen Deutschland. In verschiedenen Fällen gewährte der Bundesrat aus humanitären Gründen ausländischen Mitgliedern des Jesuitenordens in der Schweiz Asyl. So erlaubte er beispielsweise nach dem Anschluss Österreichs an Deutschland im Jahre 1938 sechs Jesuitenpatres aus Innsbruck, sich vorübergehend in der Schweiz niederzulassen.

Die relativ milde Praxis wirkte sich unterschiedlich aus. Die Katholiken wie die in der Schweiz ansässigen Jesuiten verbuchten diese large Auslegung als Erfolg ihrer vorsichtigen Revisionsbemühungen. «Die Entwicklung zur restriktiven Auslegung lag in der Luft, wollte man den katholischen Volksteil nicht dauernd mit offenen Kulturkampfallüren brüskieren und so nicht nur in die Abwehr- sondern sogar Frontstellung gegen Verfassung und politisches Leben drängen.»[10]

Umgekehrt stiess die «gelegentlich allzu tolerante Stellungnahme des Bundesrates den Jesuiten gegenüber»[11] vorab in protestanti-

[8] Protokoll der 1. Konferenz über die Jesuitenfrage, 27. Mai 1953 (SKVV-Archiv, Luzern).

[9] Vgl. Werner Kägi, Gutachten zum Jesuiten- und Klosterartikel der Bundesverfassung, Bern 1973, 101–104.

[10] Schweizerische Kirchenzeitung 1953, 278.

[11] Paul Zigerli (EVP), Stenographisches Bulletin, NR, Sommersession 1949, 538.

schen Kreisen mehr und mehr auf Kritik und Widerstand. An die Adresse der Katholiken und Jesuiten richteten diese zudem den Vorwurf, die tolerante Haltung der behördlichen Instanzen auszunutzen, um so die Eliminierung der Ausnahmeartikel quasi auf dem Interpretationsweg voranzutreiben. Bereits die grosszügige Asylpolitik des Bundesrates Ende der dreissiger Jahre hatte einen «Sturm gegen das Bundeshaus entfacht.»[12]

Der Ausbruch des Krieges unterband vorerst weitere Diskussionen. Im Zeichen des nationalen Schulterschlusses war man auf allen Seiten gewillt, die innere Einheit und den konfessionellen Frieden während der gefahrvollen Zeit nicht durch inopportune konfessionspolitische Auseinandersetzungen zu gefährden. «Wir haben unserer obersten Landesbehörde gegenüber», so schrieb selbst ein bekannter protestantischer Antijesuit in aller Offenheit, «die Zusage abgegeben, dass wir während des gegenwärtigen Krieges die Jesuitenfrage nicht aufrollen wollen, unter der Voraussetzung, dass man sich auch auf der anderen Seite möglichste Zurückhaltung auferlege.»[13]

Mit dem Kriegsende brach dieses Stillhalteabkommen auseinander. In verschiedenen Eingaben und Resolutionen forderten protestantisch-kirchliche Organisationen von den Behörden, «dass der genauen Durchführung und Innehaltung der Bestimmungen über das Jesuitenverbot»[14] Nachachtung verschafft werde. Die Kritik ging allerdings über das engere konfessionelle Gehege hinaus: Die verschiedenen Vorstösse und Debatten im eidgenössischen und vor allem im kantonalzürcherischen Parlament zeigen, dass der ganze Fragenkomplex auch auf der politischen Bühne ein Echo fand. Damit ist ein weiteres Motiv für die Neuauflage der Diskussionen um das Jesuitenverbot nach 1945 angesprochen.

Das Kriegsende befreite die Schweiz zwar vom existentiellen Druck, der in der Epoche des Nationalsozialismus und Faschismus auf dem Lande gelastet und über alle politischen, kulturellen und konfessionellen Unterschiede hinweg die einzelnen Milieus in einem

[12] Bundesrat Philipp Etter, Protokoll der 1. Konferenz über die Jesuitenfrage, 27. Mai 1953 (SKVV-Archiv, Luzern).

[13] Der Protestant 45 (1942), 39; Kägi, Gutachten, 102 (Anm. 9).

[14] Vgl. etwa die Resolution der evangelischen Synode des Kantons St. Gallen, abgedruckt in: Vaterland, 11. Juli 1945; Arnold Mobbs, Die Evangelischen Kirchen der Schweiz im Zeitalter der Ökumene und der zwischenkirchlichen Hilfe. 50 Jahre Kirchenbund 1920–1970, Bern 1970, 124–128.

gemeinsamen Abwehrreflex zusammengeführt hatte. Gleichzeitig mit dem Nachlassen der äusseren Bedrohung verschärften sich aber vor dem Hintergrund einer noch unsicher erscheinenden Entwicklung die innenpolitischen Kontroversen wieder.[15] Dies hatte zur Folge, dass auch alte konfessionelle Konflikte und Streitfragen wieder in die Öffentlichkeit getragen wurden. Gerade das Jesuitenthema eignete sich wie kaum ein anderes, in der Agitation gegen den politischen Katholizismus in breiten Bevölkerungssegmenten alte und stark verwurzelte Antipathien, Abwehrreflexe und diffuse Ängste zu wecken. «... sobald das Stichwort ‹Jesuitismus› fällt», so beschrieb der katholische Journalist Karl Wick die sozialpsychologische Wirkung des Jesuitenthemas zutreffend, «werden alle Affekte und Leidenschaften geweckt, und die normale Vorstellungswelt erleidet Störungen, die es fast unmöglich machen, über den Jesuitismus überhaupt nur zu diskutieren. Der antijesuitische Affekt ist in weiten Kreisen so gross, dass er jede vernünftige und gerechte Beurteilung alles dessen, was mit den Jesuiten zusammenhängt, einfach ausschliesst.»[16]

Auf der politischen Ebene benutzten antikatholische Scharfmacher die Jesuitenfrage zu einer Art Stellvertreterkrieg gegen den auf Bundesebene, vor allem aber auch in der Diaspora, erfolgreichen politischen Katholizismus. Der alten freisinnigen Staatspartei ging es in erster Linie darum, ihre auf immer wackligeren Füssen stehende Vormachtstellung im Bundesstaat gegenüber ihrem ehemaligen Juniorpartner zu behaupten. Im sozialdemokratischen Lager schien eine gewisse Konkurrenzangst wie die Angst vor einem Rechtsdrall in der eidgenössischen Politik, die antikatholische Stimmungslage zu fördern. So löste jeder Ausbau der katholischen Position in Staat und Gesellschaft – die Aufhebung des Jesuitenartikels wäre zumindest einem Prestigeerfolg für die ehemals diskriminierte katholische Minorität gleichgekommen – Misstrauen und Unruhe, Bedenken und Abwehr aus. Verbale Rückfälle in die Zeit des Kulturkampfes waren

[15] Vgl. Urs Altermatt, Die Stimmungslage im politischen Katholizismus der Schweiz von 1945: «Wir lassen uns nicht ausmanövrieren.», in: Victor Conzemius/Martin Greschat/Hermann Kocher (Hg.), Die Zeit nach 1945 als Thema kirchlicher Zeitgeschichte, Göttingen 1988, 72–96.

[16] Vaterland, 17. Februar 1945.

die Folge. In dieser Perspektive bildeten die Diskussionen um das Jesuitenverbot ein illustratives Beispiel für die Konfessionalisierung politisch motivierter Interessen.

Die Aktualisierung des Jesuitenthemas zwang die katholischen Partei-, Vereins- und Kircheneliten – zum ersten Mal seit Beginn der 1920er Jahre – den ganzen Fragenkomplex in den verschiedenen gesamtschweizerischen Gremien ihrer Organisationen erneut zu diskutieren und Stellung zu beziehen. Den unmittelbaren Anstoss dazu gab ein Radiopredigtverbot, das der Bundesrat an Weihnachten 1946 im letzten Moment gegen den renommierten Schweizer Theologen und Jesuiten Hans Urs von Balthasar verfügt hatte. Angesichts der «Welle von Unzufriedenheit»[17], welche dieses Verbot in weiten katholischen Bevölkerungskreisen ausgelöst hatte, gelangte der damalige katholisch-konservative Bundesrat Enrico Celio an die politischen Instanzen der Katholikenpartei. Der Augenblick sei gekommen, gab er in einer Eingabe an die Partei zu bedenken, «wo man sich fragen kann, ob es nicht im Interesse der Schweizer Katholiken läge, direkt oder indirekt die Frage der Abschaffung des Art. 51 der Bundesverfassung ... aufzuwerfen.»[18]

Am 8. Februar 1947 befasste sich der Leitende Ausschuss und das Zentralkomitee der Partei im Beisein ihrer beiden Bundesräte mit der Angelegenheit. Parteipräsident Josef Escher plädierte nach einem kurzen Überblick über die verschiedenen Vorfälle rund um die Jesuiten für Zurückhaltung. Eine politische Aktion in Form eines parlamentarischen Vorstosses oder gar eine Initiative im Rahmen einer Partialrevision der Bundesverfassung betrachtete er zum damaligen Zeitpunkt als politisch inopportun.[19] «Eine Interpellation im Nationalrat in dieser Sache kommt nicht in Frage. (...) Eine Revision des Art. 51 könnte nur im Rahmen der Gesamtrevision der Bundesverfassung angestrebt werden.»[20] Hinter diesen Entscheid der politi-

[17] Brief Enrico Celio an Martin Rosenberg, 14. Januar 1947 (CVP-Archiv, BAr, Bern).
[18] Ebd.
[19] Vgl. Protokoll des Leitenden Ausschusses (SKVP), 8. Februar 1947; Protokoll des Zentralkomitees (SKVP), 8. Februar 1947 (CVP-Archiv, BAr, Bern).
[20] Protokoll des Direktoriums (SKVV), 8. Januar 1947 (SKVV-Archiv, Luzern).

schen Exponenten stellten sich auch der Katholische Volksverein und die Schweizerische Bischofskonferenz.[21]

Angesichts der verschärften weltanschaulich-politischen Gegensätze in der unmittelbaren Nachkriegszeit war die Zurückhaltung der katholischen Eliten verständlich. Vorab das pragmatisch orientierte Parteiestablishment zeigte wenig Lust, in dieser Frage aktiv zu werden, standen doch die ersten Parlamentswahlen nach dem Krieg vor der Türe. Die Katholiken rechneten mit einem Linksrutsch, der ihre in der Zwischenkriegszeit hart erkämpfte Position im eidgenössischen Machtkartell hätte gefährden können. «Die politische Lage», so warnte Generalsekretär Martin Rosenberg, «hat sich seit 1943 nicht wesentlich verändert; es sind Angriffe auf den Katholizismus zu erwarten. Die freisinnig-sozialistische Allianz könnte Wirklichkeit werden.»[22]

Dies hinderte allerdings die Katholiken nicht daran, die Ausnahmeartikel verbal weiterhin als «Stachel, der jeden katholischen Eidgenossen in seinem Rechtsempfinden verletzt»[23], zu brandmarken.

Die Zentenarfeierlichkeiten von 1948: Ein katholischer Versöhnungsappell mit Folgen

«Wir glauben, dass es nicht nur ein Akt der Gerechtigkeit, sondern auch der politischen Klugheit wäre, wenn der Anstoss zur Beseitigung dieser Ausnahmebestimmungen von gerecht und anständig denkenden Mitbürgern aus einem andern konfessionellen und politischen Lager ausgehen würde. Nicht wir können diese Ausnahmebestimmungen zum Verschwinden bringen, denn wir sind eine Minderheit.»[24] Das war fortan die Parole der katholischen Eliten in der Revisionsfrage. Mit dem Argument, dass die nichtkatholische Mehr-

[21] «Es ist die Auffassung der Bischöfe, dass der gegenwärtige Zeitpunkt nicht geeignet ist zu einem derartigen Unternehmen. Mehr Aussicht auf Erfolg dürfte sein bei einer gelegentlichen Totalrevision der Bundesverfassung.» Protokoll der Schweizerischen Bischofskonferenz, 7./8. Juli 1947 (Archiv der Schweizer Bischofskonferenz, Freiburg).

[22] Protokoll des Zentralkomitees (SKVP), 12. Juli 1947 (CVP-Archiv, BAr, Bern).

[23] Vaterland, 10. September 1951.

[24] Rosenberg, Unsere Aktion, 6 (Anm. 4).

heit die moralische Verantwortung für den Zustand der Rechtsungleichheit trage, setzten sie ihre Hoffnungen auf eine breit abgestützte, überparteiliche und überkonfessionelle Allianz zur Liquidierung der diskriminierenden Ausnahmeartikel. Gelegenheit dazu boten die Zentenarfeierlichkeiten zur Gründung des schweizerischen Bundesstaates von 1848. Sie weckten im katholischen Lager die Hoffnungen auf eine versöhnliche Geste ihrer Miteidgenossen. «Es gäbe», so schrieb Karl Wick am Vorabend des Jubiläumsjahres, «kein schöneres Jubiläumsgeschenk für das nächste Jahr, als wenn die Reste der Kriegsbestimmungen aus der Verfassung ausgemerzt werden könnten. (...) Die Nachkommen der Sieger von 1847 haben nächstes Jahr eine prächtige Chance, ihren eidgenössischen Brudersinn unter Beweis zu stellen ...»[25]

Am Frühjahrsparteitag der SKVP von 1948 im ehemals katholischen Vorort Luzern, der ganz im Zeichen einer feierlichen Kundgebung zum Verfassungsjubiläum stand, bekräftigten die verschiedenen Festredner diesen Appell. In versöhnlichem Ton würdigten sie in der historischen Rückschau das damals geschaffene eidgenössische Grundgesetz als «äusserst wirksames Instrument»[26] für die Entstehung und Entwicklung des modernen Bundesstaates. Mit spürbarem Stolz und Befriedigung hoben sie die Bedeutung der ehemals katholisch-konservativen Minderheits- und Oppositionspartei für den zum Allgemeingut gewordenen föderalistischen Aufbau des eidgenössischen Staatswesens hervor[27] und betonten die Loyalität und Staatstreue der Katholiken. «Nicht ohne Erschütterung ist dieses Werk geschaffen worden. Ein unseliger Bruderzwist hatte unser Volk aufgewühlt. Es ist kein Wunder, wenn nach solchen Ereignissen die neue Verfassung nicht die Zustimmung aller Stände gefunden hat ... Die nicht zustimmenden Stände haben sich mit dem Volksent-

[25] Vaterland, 18. November 1947.

[26] Vaterland, 1. März 1948.

[27] «Die resolute Opposition hatte zur Folge, dass die Verfassung des Jahres 1848 ein Werk politischer Mässigung und grosser Weisheit wurde. (...) Ohne diesen Widerstand hätte es kaum je einen Bundesstaat gegeben. (...) Heute steht der Föderalismus hoch im Kurs. Man hat erkannt, wohin die weitgehende Zentralisation führt und ist jenen dankbar, die stets Warner und Rufer waren und das Ärgste verhindert haben.» Die Schweizerische Konservative Volkspartei während der 33. Legislaturperiode 1947–1951, Bern 1951, 56–57.

scheid abgefunden und treu und unverdrossen am weiteren Aufbau des Staates mitgeholfen. (...) Die Legitimität des Bundesstaates und seiner Verfassung ist heute unbestritten.»[28]

Wen wundert's, dass die Katholiken gleichzeitig mit ihren patriotischen Bekenntnissen noch einmal den Finger auf die diskriminierenden Ausnahmeartikel legten. In direkter Anspielung auf den historischen Antagonisten und heutigen Regierungspartner rief Parteipräsident Josef Escher die Freisinnigen zu einer toleranten Haltung in der Jesuitenfrage auf: «Die Jahrhundertfeier soll Anlass für alle Kreise werden, die der 48er Verfassung zu Gevatter gestanden ... Mögen auch sie sich Rechenschaft geben, dass die Kriegskontributionen nun abbezahlt sind und dass der Zeitpunkt gekommen wäre, jene Artikel, die von uns als Ausnahmebestimmungen angesehen und als Unrecht empfunden werden, auszumerzen. Eine Bereitschaftserklärung aller Parteien, diese Säuberung in unserem Staatsgesetze vorzunehmen, wäre ein Höhepunkt des Jubiläumsjahres, die Krönung des Zentenariums, eine weithin leuchtende Tat der Gerechtigkeit.»[29]

Enttäuscht mussten die Katholiken aber bald einmal zur Kenntnis nehmen, dass an «keinem der offiziellen Festakte des Bundes oder der Kantone auch nur eine leise Andeutung des Bedauerns über dieses Unrecht»[30] geäussert wurde. Ihre Versöhnungsapelle stiessen in den angesprochenen Kreisen auf taube Ohren. Mehr noch: Das Jubiläumsjahr endete mit einigen Misstönen, die Ausnahmebestimmungen wurden zum Gegenstand einer neuerlichen Auseinandersetzung. Was war geschehen? In einer Rede am Zentralfest des Schweizerischen Studentenvereins in Freiburg hatte Bundespräsident Enrico Celio das beklagte Versäumnis quasi offiziös nachgeholt. Die schweizerischen Katholiken hätten sich, so führte er aus, «an den Festlichkeiten des Verfassungsjubiläums herzlich» beteiligt und «ihren ehrlichen, ungeteilten Patriotismus bewiesen. Sie setzten damit», so fuhr er fort, «ihr Vertrauen in den liberalen Geist, in welchem die Männer, Parteien und Behörden ihres Landes eine überlebte Bestim-

28 Vaterland, 21. Juni 1948.
29 Vaterland, 1. März 1948.
30 Neue Zürcher Nachrichten, 30. Juli 1948.

mung des schweizerischen öffentlichen Rechts auch in Zukunft auszulegen und anzuwenden verstehen werden.»[31]

Während man das Statement des Bundespräsidenten angesichts des Schweigens der anderen politischen und konfessionellen Milieus in den katholischen Blättern als opportun betrachtete[32], verurteilten verschiedene Gazetten anderer Parteicouleur die Ausführungen als ungehörige Stellungnahme einer eidgenössischen Magistratsperson zu einer heiklen konfessionspolitischen Angelegenheit. «Es ist eine Frage», monierte etwa die freisinnige «Neue Zürcher Zeitung», «ob es staatspolitisch klug war, diese Rede zu halten. (...) Bisher haben sich unsere Bundesräte in der Übernahme und Vertretung konfessioneller Forderungen zurückgehalten. Jedenfalls handelt es sich um einen ungewöhnlichen Schritt, der bereits einiges Aufsehen erregt hat.»[33] Gleichzeitig verdächtigte man die Katholiken, mit diesem Vorstoss eine Revision der Bundesverfassung einleiten zu wollen.[34] Die Katholiken würden damit, argwöhnte etwa der linksbürgerliche «Winterthurer Landbote», «allerdings erst nach den offiziellen Festlichkeiten den Wechsel für ihr Wohlverhalten»[35] präsentieren. Kurz und bündig stellte das sozialdemokratische «Volksrecht» klar, was wohl viele dachten, aber in verklausulierterer Form zum Ausdruck brachten: «Das Jesuitenverbot steht nicht zur Diskussion.»[36]

Die kühl-reserviert bis frostig-ablehnenden Kommentare brachten den Katholiken schmerzlich zum Bewusstsein, dass trotz vereinzelter positiver Stimmen[37] die grosse Mehrheit der Miteidgenossen nicht bereit war, «die ausgestreckte Hand zur Versöhnung»[38] zu

[31] Die Rede Enrico Celios ist abgedruckt in: Neue Zürcher Nachrichten, 26. Juli 1948.

[32] «Im Zentenarium des Bundesstaates und der Bundesverfassung war ein massgebendes Wort über die konfessionellen Ausnahmeartikel fällig. Sine ira et studio gesagt, musste es sich in den Rahmen der vaterländischen Feiern fügen. Denn Schweigen hätte als Einverständnis oder gar üble reservatio mentalis wirken können, derweil jene Artikel vom katholischen Volksteil als kränkendes Unrecht auch heute empfunden werden.» Neue Zürcher Nachrichten, 30. Juli 1948.

[33] Neue Zürcher Zeitung, 3. August 1948, Nr. 1628.

[34] Ebd. «Handelt es sich um ein Vorspiel zur Revision der Bundesverfassung? Soll diese Parteinahme ein Präjudiz in der öffentlichen Meinung schaffen?».

[35] Winterthurer Landbote, 27. Juli 1948.

[36] Volksrecht, 28. Juli 1948.

[37] Zu erwähnen sind etwa die protestantischen Theologen Karl Barth, Emil Brunner, Peter Vogelsanger und der Kirchenhistoriker Fritz Blanke.

[38] Die Schweizerische Konservative Volkspartei während der 33. Legislaturperiode 1947–1951, Bern 1951, 58.

ergreifen. Im Gegenteil: Die hitzige, hochsommerliche Debatte provozierte schliesslich eine Interpellation mit antijesuitischer Stossrichtung in der grossen Kammer des Bundesparlamentes. Urheber des parlamentarischen Vorstosses war der in den Reihen der LdU-Fraktion politisierende Zürcher Nationalrat Werner Schmid.[39]

Die katholischen Parteieliten sahen sich durch diese Entwicklung erneut vor eine heikle Situation gestellt: Einerseits galt es mit Blick auf das eigene Parteivolk zu diesem alten Postulat, das noch immer die Partei- und Aktionsprogramme zierte, zu stehen und nach aussen Einheit und Geschlossenheit zu demonstrieren. Andererseits war man sichtlich bestrebt, die leidige Angelegenheit möglichst ohne grossen Rummel in Parlament und Medien über die Bühne zu bringen. «Wir dürfen uns», so analysierte Martin Rosenberg die Lage, «über die Situation keine Illusionen machen. Wenn es zu einem offenen Kampf kommt, sind wir in einer hoffnungslosen Minderheit. Wir haben daher Grund, nach Möglicheit zu vermeiden, dass eine Diskussion entsteht.»[40] Diese Taktik stiess in der Fraktion auf Widerstand. «Seit 30 Jahren», argumentierte Nationalrat Karl Wick, «ist zu den Ausnahme-Artikeln im Parlament keine Stellung mehr bezogen worden. Sicherlich ist das katholische Volk in seiner Auffassung bestärkt worden, dass diese Ausnahmeartikel fallen müssen.»[41] Fraktionschef Thomas Holenstein sah sich dadurch veranlasst, im Rat Antrag auf Diskussion zu stellen, um zumindest ein klares Votum der Katholiken anbringen zu können.

Die Antwort auf die Interpellation, die Bundesrat Eduard von Steiger im Namen der Landesregierung in der Frühjahrssession 1949 verlas, war massvoll und berücksichtigte sowohl die Rechtslage wie auch die Anliegen der Katholiken.[42] Der Interpellant wie auch die katholisch-konservativen Parlamentarier zeigten sich befriedigt. Damit hätte die Sache eigentlich stillschweigend beerdigt werden können. Es kam anders: Die Ausführungen des katholisch-konservativen Fraktionssprechers Karl Wick veranlassten ein sozialdemokratisches Ratsmitglied prompt, Antrag auf eine Verschiebung der

[39] Zu Werner Schmid vgl. Werner Schmid, WSZ. Erlebnisse und Begegnungen, Zürich 1975; Tages-Anzeiger, 4. Mai 1981.
[40] Protokoll des Direktoriums (SKVV), 26. Januar 1949 (SKVV-Archiv, Luzern).
[41] Protokoll des Zentralvorstandes (SKVV), 4. Mai 1959 (SKVV-Archiv, Luzern).
[42] Vgl. dazu Stenographisches Bulletin, NR, Frühjahrsession 1949, 477–480.

Diskussion zu stellen. Die Jesuitenfrage erlebte in der folgenden Sommersession eine zweite Auflage. Abgesehen von vereinzelten antijesuitischen Spritzern einiger freisinniger Votanten, die einem erzürnten Martin Rosenberg zeigten, «dass der Geist des aargauischen Klosterstürmers Augustin Keller immer noch lebendig ist»[43], verlief die Debatte in moderatem Ton. Die verschiedenen Fraktionssprecher zeigten sich mit der Antwort des Bundesrates befriedigt, verlangten von den Behörden weiterhin eine strikte Einhaltung der Verfassungsbestimmungen und betonten die Bedeutung des Jesuitenartikels für den konfessionellen Frieden in der Schweiz.[44]

Damit kehrte man hüben und drüben wieder zur tagespolitischen Normalität zurück. Erst die weit polemischer verlaufende Jesuitendebatte im Zürcher Kantonsparlament vier Jahre später sollte das Thema erneut in den Vordergrund rücken. Sie führte zu einer Wende in der katholischen Revisionstaktik: Die abwartend-passive Haltung machte nun einer vorsichtigen Revisionsbewegung Platz.

Die Zürcher Jesuitendebatte 1953:
«Ein giftiger Pfeil in die Seele der Schweizer Katholiken»[45]

Im Jahre 1946 hatte der bereits erwähnte Werner Schmid einen gleichen Vorstoss im Zürcher Kantonsparlament unternommen. Die Zürcher Regierung, die offensichtlich keine grosse Lust verspürte, diese heikle konfessionspolitische Frage aufzuwerfen, hatte zunächst die Stellungnahme des Bundesrates abgewartet. Erst im Februar des Jahres 1953 erstattete sie einen ausführlichen Bericht[46], der im darauffolgenden Herbst zu einer stark emotional gefärbten und von Gehässigkeiten und Aggressionen begleiteten Parlamentsdebatte Anlass gab.

Dass gerade der Kanton Zürich zum Schauplatz einer grossen und heftigen Diskussion um die Ausnahmeartikel wurde, kam nicht von ungefähr. Die Katholiken hatten in diesem traditionell protestantischen Kanton in demographischer, gesellschaftlicher und poli-

[43] Die Schweizerische Konservative Volkspartei 1947–1951, 59 (Anm. 38).
[44] Vgl. Stenographisches Bulletin, NR, Sommersession 1949, 537–547.
[45] Neue Zürcher Nachrichten, 30. September 1953.
[46] Vgl. dazu Amtsblatt des Kantons Zürich, Textteil, Zürich 1953, 212–226.

tischer Hinsicht in der ersten Hälfte des 20. Jahrhunderts in starkem Masse an Bedeutung gewonnen.[47] Die wirtschaftliche Prosperität Zürichs führte zu einer grossen Zuwanderung von Arbeitskräften aus den katholischen Stammlanden. Zu Beginn der 1950er Jahre machten die Katholiken bereits rund einen Drittel der Stadt- und einen Viertel der Kantonsbevölkerung aus.[48] Gleichzeitig mit dem Anwachsen des katholischen Bevölkerungsteils erfolgte ein sukzessiver Ausbau der kirchlich-religiösen Sondergesellschaft.

Hinzu kam, dass in der Stadt Zürich eine grössere Anzahl von Mitgliedern des Jesuitenordens domizilierte. Nach dem Krieg waren nach Erhebungen der Zürcher Behörden rund 20 Jesuitenpatres[49] im «Apologetischen Institut des Schweizerischen Katholischen Volksvereins», im «Katholischen Akademikerhaus» sowie im katholischen Jugendheim «Maximilianeum» in der Studentenseelsorge, in der Wissenschaft aber auch im ordentlichen Kirchendienst tätig.[50]

Die zunehmend an Bedeutung gewinnende gesellschaftliche Präsenz der Zürcher Katholiken sowie die kontinuierlichen Erfolge ihrer Partei lösten in weiten protestantischen Bevölkerungskreisen ein diffuses Unbehagen aus. Man sah die ehemals konfessionell-kulturelle Homogenität und Identität der alten Zwinglistadt bedroht. «Ist dir unbekannt», so drückte dies ein Zürcher Protestant in einem Leserbrief aus, «dass vor 1900 in Zürich keine einzige katholische Kirche notwendig war, während jetzt die siebzehnte (rund hundert Meter von der reformierten Kirche Enge weg) gebaut wird?»[51] Oder ein anderer: «Unser Boden muss scheints... sehr wächsig geworden sein für die Herren Jesuiten. Auf unserem Zürcher Boden, wo die Reformation ihren Anfang nahm, lassen wir unsere protestantische Einstellung in konfessionellen Sachen nicht besudeln ...»[52]

Vielfach identifizierte man pauschal den Jesuitenorden mit der ganzen katholischen Kirche und ihren Organisationen: «Das Akademikerhaus», so schrieb der einflussreiche Leiter des Evangelischen

[47] Vgl. Urs Altermatt, Katholizismus und Moderne. Zur Sozial- und Mentalitätsgeschichte der Schweizer Katholiken im 19. und 20. Jahrhundert, Zürich ^{2}1991, 181–202.

[48] Schweizerische Kirchenzeitung 1956, 363.

[49] Bericht und Antrag des Regierungsrates ... über die Tätigkeit der Jesuiten, in: Amtsblatt des Kantons Zürich, Textteil, Zürich 1953, 222.

[50] Ebd., 223–224.

[51] Die Tat, 11. November 1947.

[52] Ebd.

Pressedienstes und demokratische Kantonsparlamentarier Arthur Frey, «ist die Zentrale des religiösen und kulturellen Lebens von Katholisch-Zürich. Von hier strahlen die Kräfte aus und hier laufen alle Fäden zusammen. In seinen verschwiegenen Mauern birgt es das Apologetische Institut, dass den katholischen Volksverein in allen grundlegenden Fragen berät.»[53] In diesem Kontext tauchte immer wieder der antijesuitische Topos des Jesuitenordens als militanter «Stosstrupp» eines expandierenden Katholizismus auf: «Immer dann, wenn der Katholizismus zum Angriff übergeht, bedient er sich vorzugsweise eines bestimmten Ordens, des Jesuitenordens.»[54] Indem man die Jesuiten als gefährlichste Exponenten des katholischen Offensivgeistes bezeichnete, klagte man den Gesamtkatholizismus als unerwünschten Aggressor an.

Die Jesuiten stellten in dieser Perspektive in der Tat eine Art «Prügelknaben für den schweizerischen Katholizismus» dar.[55] «Der Kampf der Gegner geht», analysierte der bekannte Jesuit Richard Gutzwiller zutreffend, «nicht gegen die Jesuiten als solche, sondern gegen die katholische Kirche, und zwar erfolgt er aus einer Angstpsychose vor dem Wachstum der Kirche und dem kulturellen Vorstoss der Katholiken in das geistige Leben.»[56] Die Auseinandersetzungen um die Jesuiten in der Nachkriegszeit waren so gesehen Ausdruck für die gestärkte gesellschaftliche und politische Stellung der Katholiken in der Zürcher Diaspora wie auf eidgenössischer Ebene.

Vergegenwärtigt man sich diese Grundstimmung im Zwinglikanton, verwundert es nicht, wenn die kantonsrätliche Herbstdebatte an der Limmat von antijesuitischen und antikatholischen Affekten und konfessionellen Gehässigkeiten geprägt war. «Noch selten», charakterisierte der Zürcher Justizdirektor die Beratungen, die insgesamt drei Sitzungen in Anspruch nahmen, «wurde in diesem Saale vom Kantonsrat eine so heftige Diskussion geführt ...»[57] Obwohl sich die offiziellen Fraktionssprecher für eine Abschreibung der Motion aus-

[53] Der Protestant 46 (1943), 45.
[54] Arthur Frey, Der Katholizismus im Angriff, Zollikon-Zürich 1948, 53.
[55] Protokoll der 2. Konferenz über die Jesuitenfrage, 13. Oktober 1953 (SKVV-Archiv, Luzern).
[56] Protokoll der 1. Konferenz über die Jesuitenfrage, 27. Mai 1953 (SKVV-Archiv, Luzern).
[57] Protokoll des Kantonsrates Zürich 1951–1955, Zürich 1955, 1817.

gesprochen hatten[58], scheuten einzelne Votanten nicht davor zurück, an konfessionelle Urängste im schweizerischen Protestantismus zu appellieren, indem sie die alten Schreckgespenster vom Jesuitismus und Papismus heraufbeschworen und den ganzen Katholizismus als totalitär-antidemokratisch und konfessionell intolerant diskreditierten.[59]

Die Debatte schwemmte ein Feindbild des Katholizismus an die Oberfläche, das trotz des beschleunigten politischen und gesellschaftlichen Integrationsprozesses unterschwellig das Denken und Fühlen breiter nichtkatholischer Bevölkerungskreise nach wie vor bestimmte. Noch herrschte das Bild eines freiheitsfeindlichen Machtstrebens des Katholizismus vor, das scheinbar in allen politischen, gesellschaftlichen und kulturellen Handlungen katholischer Kreise zum Ausdruck kam mit dem Ziel, die Schweiz Schritt für Schritt zu rekatholisieren.

Die Zürcher Jesuitendebatte als Katalysator der katholischen Revisionsbewegung

«Die Verunglimpfungen nicht nur des Jesuitenordens, sondern der katholischen Kirche ganz allgemein, darüber hinaus aber auch die Herausforderungen der kirchentreuen Katholiken und die Nadelstiche, die ihnen selbst noble Herren verabfolgten, haben im katholischen Volksteil eine Grundwelle der Empörung und Verbitterung ausgelöst. In jenen Tagen hörten wir spontan aus allen Volkskreisen der katholischen Schweiz das bittere Wort: ‹Man behandelt uns schlechter als die landesverräterische Fünfte Kolonne. Wie lange wollen wir uns das eigentlich noch gefallen lassen?!›»[60] Das Zitat bringt deutlich die katholische Stimmungslage im Anschluss an den «kläglichen Jesuitenkrieg im Zürcher Kantonsrat»[61] zum Ausdruck. Die Partei und die Fraktion, der Volksverein und die Jugendorganisationen legten in verschiedenen Kommuniqués formell Proteste

[58] Die Motion wurde mit 95 zu 35 Stimmen gegen starken Widerstand aus der demokratischen und sozialdemokratischen Fraktion abgeschrieben.
[59] Vgl. dazu Protokoll des Kantonsrates für die Amtsperiode 1951–1955, Zürich 1955, 1808–1953.
[60] Ostschweiz, 19. September 1953, Abendblatt.
[61] Ostschweiz, 10. September 1953, Abendblatt.

ein. Selbst von den Kanzeln der katholischen Kirchen herunter machte sich die Empörung Luft.[62] Unter dem Eindruck der Zürcher Debatte bekundeten auch die in politischen Fragen grosse Zurückhaltung übenden Schweizer Bischöfe ihre Entrüstung. In ihrem traditionellen Hirtenbrief zum Eidgenössischen Bettag 1953 sprachen sie wörtlich von einer «brutale(n) Vergewaltigung einer Minderheit», von einer «Missachtung der Rechte einzelner Personen [und] ganzer Volksteile.»[63] Im katholischen Lager empfand man einzelne Diskussionsvoten als neue kulturkämpferische Hetze und als beleidigende Diskreditierung einer staatspolitisch loyalen Minderheit. «Wir sind dem Freisinn, den Demokraten, Sozial- und Superdemokraten noch immer verdächtig, ultramontan infiziert, nicht stubenrein, fragwürdig, nicht ebenbürtig. Diese anmassende Verdächtigung, diese unangebrachte Ketzerriecherei, diese beleidigende Infragestellung unserer staatspolitischen Zuverlässigkeit, unserer demokratisch-republikanischen Loyalität und unserer patriotischen Gefühle lassen wir uns nun einmal nicht mehr gefallen.»[64]

Durch die «Zürcher Disputation»[65] förmlich herausgefordert, begann sich spontan die seit Jahren latente Revisionsbewegung in der katholischen Volksbasis vor allem der deutschen Schweiz zu formieren. Der Ruf nach einer offensiveren Politik in der Jesuitenfrage wurde nun immer lauter und eindringlicher gestellt. «Uns scheint, die katholische Haltung in der Frage der konfessionellen Artikel der Bundesverfassung müsse nach der Kampfansage neu überprüft werden. Unsere bisherige Ausrede, der erste Schritt zur Abschaffung dieses Ausnahmerechtes sei Sache der Gegenseite, wirkt nicht überzeugend.»[66] Die in der Jesuitenfrage vorsichtig agierenden

[62] Eine kleine Anekdote des damaligen katholisch-konservativen Bundesrates Josef Escher mag dies illustrieren: «Vor einigen Tagen kam ich in Neuenburg mit dem französischen Minister Ferri zusammen, der mir sagte, er hätte am Eidgenössischen Bettag in einer Kirche in Lausanne dem Gottesdienst beigewohnt und sei höchst erstaunt gewesen, eine Predigt zu hören, in der mit grosser Heftigkeit gegen die Bundesverfassung und gegen die Bundesbehörden losgezogen worden wurde. Er fügte hinzu, dass das in Frankreich unmöglich wäre ...» Brief Josef Escher an Max Rohr, 7. Oktober 1953 (CVP-Archiv, BAr, Bern).

[63] Die Kirche in der Welt, Hirtenschreiben der schweizerischen Bischöfe zum Eidgenössischen Dank-, Buss- und Bettag 1953, Solothurn 1953, 11.

[64] Ostschweiz, 10. Oktober 1953, Abendblatt.

[65] Vaterland, 8. Oktober 1953.

[66] Werkvolk, Wochenbeilage der Hochwacht, Nr. 43, 1953.

parteipolitischen Instanzen des Katholizismus wurden mit Nachdruck aufgefordert, endlich zur Tat zu schreiten und das leidige Thema «aus dem Stadium bloss theoretischer Diskussionen und homerischer Dispute»[67] herauszuheben. «Sind wir also bereits so weit gekommen», forderte die christlichsoziale «Hochwacht» die Parteiführung in provokantem Ton auf, «dass man nicht mehr wagt, mit rechtmässigen Mitteln für die Abschaffung eines Unrechtes einzutreten, wenn man befürchten muss, dass einzelne Freisinnsherren, mit denen man in jahrzehntelanger mehr oder weniger einträglicher Bundesgenossenschaft allmählich seelenverwandt geworden ist, unwillig ihr weises Haupt schütteln? Man möge doch zur Kenntnis nehmen, dass sich das Volk keinen Deut um solche Koalitionsängste antichambrierender Sesselstrategen kümmert ...»[68]

Die zunehmende Breiten- und Tiefenwirkung der Revisionsbewegung führte bald einmal zu unkoordinierten und wilden Vorstössen verschiedener katholischer Einzelorganisationen und Scharfmachern. Fern aller parteitaktischer und konfessionspolitischer Rücksichtnahmen drängten sie resolut auf eine konkrete politische Aktion in Form einer Volksinitiative. Unverhohlen wurde damit gedroht, die Angelegenheit auch ohne «die obligaten Angstmeier»[69] an die Hand zu nehmen. «Unser Kreis», so warnte etwa ein katholischer Akademikerzirkel aus der deutschen Schweiz in einer Eingabe an die Parteileitung, «hat zwar eine Initiativbewegung ohne offizielle Mitwirkung der Partei immer nur als ‹ultima ratio› betrachtet. Sollte aber die bestimmte Erwartung ... enttäuscht werden, so wäre es kaum mehr zu umgehen, dass sich ein Initiativkomitee konstituiert, um den nun endlich fälligen Revisionsversuch durch die Lancierung eines entsprechenden Volksbegehrens zu erzwingen.»[70]

In den beiden katholischen Diasporastädten Basel und Zürich nahmen verschiedene religiös-kirchliche Vereine die Vorarbeiten zur Lancierung einer Initiative auf.[71] Im Kanton Schwyz schliesslich preschten die dissidenten Christlichsozialen eigenmächtig vor. Im

[67] Ostschweiz, 16. Januar 1954.
[68] Werkvolk, Wochenbeilage der Hochwacht, Nr. 45, 1953.
[69] Resolution der Luzerner Priesterkonferenz, abgedruckt in: Schweizerische Kirchenzeitung 1954, 563.
[70] Brief Luzius Simeon an Max Rohr, 20. Mai 1954.
[71] Unsere Aktion gegen die Ausnahmeartikel der Bundesverfassung, hg. vom Generalsekretariat der Schweizerischen Konservativen Volkspartei, Bern 1955, 7.

Kantonsparlament reichten sie eine als dringlich erklärte Motion ein, mit der sie den Regierungsrat aufforderten, «eine Vorlage über die Einreichung einer Standesinitiative ... zu unterbreiten und vorgängig mit den Behörden anderer katholischer sowie eventuell weiterer Kantone Fühlung zu nehmen zur Erreichung eines gemeinsamen Vorgehens.»[72]

Sukkurs erhielten die Befürworter einer Verfassungsrevision zudem von der «Schweizerischen Kirchenzeitung». Ihr Hauptredaktor, Alois Schenker, hielt mit Kritik an der bisherigen Haltung der katholischen Eliten nicht zurück. «Nun heisst es Farbe bekennen, hüben und drüben», kommentierte er die Motion im Schwyzer Kantonsparlament. «Wenn die Initiative zustandekommt, muss Stellung bezogen werden, und das katholische Schweizervolk dürfte sehr an dieser Stellungnahme seiner politischen und kirchlichen Führer interessiert sein ...»[73]

Die Auseinandersetzungen um die Ausnahmebestimmungen, das machen die heftigen Reaktionen deutlich, besassen für die Katholiken eine nicht zu unterschätzende Bedeutung: Die Kontroverse um die Jesuiten appellierte noch einmal an den tief verwurzelten katholischen Minoritätenreflex. «Feststehen dürfte immerhin», so das «Vaterland», «dass die Zürcher Katholiken und mit ihnen die Schweizer Katholiken, in diesem nachgeholten Stück Kulturkampf nicht die Verlierenden waren! Er hat unsere Position nicht nur geklärt, sondern insofern auch gestärkt, als uns wieder einmal die Schicksalsgemeinschaft aller Schweizer Katholiken am praktischen Beispiel vordemonstriert wurde.»[74]

Der sich nach dem Zweiten Weltkrieg beschleunigende politisch-weltanschauliche Nivellierungsprozess wirkte sich auch auf den schweizerischen Katholizismus aus. Er machte sich in zunehmenden Erosionserscheinungen innerhalb der katholischen Sondergesellschaft bemerkbar. Durch die Angriffe auf den Katholizismus und den Jesuitenorden wurde noch einmal das katholische Wir-Gefühl, das alte Blockdenken beschworen. In dieser Perspektive kam den anachronistisch anmutenden Auseinandersetzungen um die Jesuitenfrage die Funktion eines wichtigen Mobilisations- und Integra-

[72] Zitiert in: Schweizerische Kirchenzeitung 1953, 515.
[73] Schweizerische Kirchenzeitung 1953, 516.
[74] Vaterland, 22. September 1953.

tionsfaktors für das katholische Milieu zu. Sie trugen nicht zuletzt dazu bei – ähnlich wie die beiden letzten Katholikentage von 1949 und 1954 – die Auflösungserscheinungen der katholischen Sondergesellschaft zu verzögern.

Die innerkatholische Diskussion: Unterschiedliche Interessen

Die katholischen Partei-, Vereins-, und Kirchenspitzen waren nicht untätig geblieben. Der ganze Fragenkomplex bildete seit der Veröffentlichung des Berichtes der Zürcher Regierung zu Beginn des Jahres 1953 Gegenstand intensiver Diskussionen in allen gesamtschweizerischen Gremien des organisierten Katholizismus. Welche Bedeutung man der Frage auf höchster Ebene zumass, zeigten vorab die unter der Federführung der Partei einberufenen konfidentiellen «Luzerner Konferenzen». Unter Berücksichtigung aller führenden katholischen Exponenten aus Politik und Vereinen, aus Kirche und Ordensgemeinschaften sollten sie als breit abgestütztes Forum die einzuschlagende Strategie in dieser heiklen Frage klären helfen. In allen diesen Diskussionen zeigte sich noch einmal die ganze Palette der unterschiedlichen Interessen und Meinungen über die Taktik und das Vorgehen in der Jesuitenfrage. Diese Tatsache hatte eine offensivere Gangart in der Revisionfrage seit den 1920er Jahren gehemmt.

Nach dem Zweiten Weltkrieg waren es vorab die verbürgerlichten und etablierten Politiker der katholischen Diaspora, die für Zurückhaltung plädierten und zur Vorsicht mahnten. Man zeigte hier wenig Interesse, durch eine Verschärfung des konfessionellen und politischen Klimas die relativ saturierten Positionen zu gefährden. «In jenen Kantonen», so gab ein Diasporavertreter aus der welschen Schweiz zu bedenken, «wo die Katholiken eine Minderheit sind, gleichzeitig aber im Vormasch, haben unsere Gegner Mühe, uns zu ‹verdauen›. Sie befürchten, dass wir in immer weitere Positionen vordringen wollen. (...) Wir sind auf den Frieden mit den bürgerlichen Parteien angewiesen, wenn wir ... unsere Positionen behalten wollen und wenn wir gewisse Postulate für unsere Kirche und unsere Schulen erreichen wollen.»[75]

[75] Protokoll der katholisch-konservativen Fraktion, 22. Juni 1954 (CVP-Fraktionsarchiv, Bern).

Im Unterschied dazu neigten die politischen Exponenten der katholischen Stammlande eher zu einem aktiveren Vorgehen. Wenn man sich die zu jenem Zeitpunkt grösser werdende politische Konkurrenz in diesen katholischen Mehrheitskantonen vergegenwärtigt, erstaunt dies kaum. In diesem typisch katholischen Postulat sah man nicht zuletzt einen willkommenen Mobilisationsfaktor der kirchentreuen Katholiken oder, konkret ausgedrückt: «eine ausgezeichnete Plattform für die nächsten ... Wahlen.»[76] «Warum wird von einer Initiative Abstand genommen. Es würde doch bei den andern Eindruck machen, wenn so und soviele Schweizer Katholiken die Initiative unterzeichnet hätten. Wenn nichts unternommen wird, so wird die Partei in den katholischen Kantonen noch mehr Anhänger verlieren ...»[77]

Hinzu kamen die Reserven der politischen Pragmatiker, die sich von einer kräfteverschleissenden Extratour in der Jesuitenfrage wenig versprachen. «In der Fraktion», so erinnerte sich Parteipräsident Max Rohr, «wurden tausend ‹wenn› und ‹aber› gegen einen Vorstoss vorgetragen. Es fehlte der richtige Elan.»[78]

Der ganze Fragenkomplex berührte zudem das heikle Verhältnis von Partei und katholischer Kirche. Nach dem Zweiten Weltkrieg begann sich die alte Symbiose zwischen Kirche und Partei langsam aufzulösen. Die Katholikenpartei war zunehmend bemüht, sich vom Image eines verlängerten Armes der katholischen Kirche zu befreien. «Schon das Wort des Papstes anlässlich des Freiburger Katholikentages mit Hinsicht auf die Ausmerzung der Ausnahmeartikel», gab Bundesrat Philipp Etter zu bedenken, «könnte falsch interpretiert werden und uns von Nachteil sein in dem Sinne, als ob die Politiker eine Parole von Rom befolgen würden.»[79] Eine allzustarke parteipolitische Forcierung dieses alten, spezifisch katholischen Postulates war diesem neuen Kurs zweifellos nicht förderlich.

Zu diesen Divergenzen mehr politisch-taktischer Art kamen die unterschiedlichen Interessen der verschiedenen katholischen Ordensgemeinschaften. Die Mitglieder des Jesuitenordens empfanden

[76] Ebd.
[77] Ebd., Ständerat Gotthard Egli (LU).
[78] Markus Rohr, Lebenserinnerungen, o.O. O.J., 36 (Nachlass Max Rohr, Marly/Freiburg).
[79] Protokoll der 3. Konferenz über die Jesuitenfrage, 2. Juni 1954 (CVP-Archiv, BAr, Bern).

die Ausnahmeartikel als starke Behinderung ihrer vom Kirchenrecht vorgeschriebenen «missio canonica». Als Mindestforderung postulierten sie deshalb, mit Billigung des Basler Bischofs Franz von Streng, eine restriktive Auslegung der Verfassungsbestimmungen. Umgekehrt wandten sich die «etablierten» Orden der Benediktiner und der Kapuziner angesichts ihres relativ günstigen Status quo «gegen jegliches aktives und aggressives Vorgehen unsererseits in der Öffentlichkeit. (...) Wir dürfen unsere Stellen ... nicht gefährden, weil sie innerhalb der Seelsorge eine wichtige Aufgabe erfüllen.»[80]

«Die offenen Aussprachen», so resümierte Parteipräsident Max Rohr nüchtern das Ergebnis der breiten internen Diskussionen, «haben klar gemacht, dass wir wohl eine äussere Geschlossenheit, aber nicht eine innere Geschlossenheit zustande brachten und innerhalb des Katholizismus zustande bringen werden.»[81]

Von der Deklamation zur Aktion: Die Motion von Moos 1954

Trotz aller Divergenzen innerhalb des organisierten Schweizer Katholizismus: der Druck aus der eigenen Volksbasis wuchs zunehmend. Die zwar unkoordinierte und unsystematische, dafür aber umso spontaner anwachsende Revisionbewegung konnte von den verantwortlichen Spitzen des Schweizer Katholizismus je länger desto weniger übergangen werden. «Man sollte», so mahnte der Generalsekretär des Katholischen Volksvereins Josef Meier die Parteileitung, «möglichst rasch von Seite der Partei aus zu irgend einer sichtbaren Aktion kommen, um jenen Leuten den Wind aus den Segeln zu nehmen, die jetzt ungestüm und sinnlos vorantreiben.»[82] «Überall macht sich ein grauenhaftes Chaos bemerkbar.»[83] Die dringende Aufforderung des intimen Kenners der innerkatholischen Szene entsprach durchaus einer realistischen Einschätzung der Lage. Die Gefahr «freischärlerischer Aktionen»[84] aus der eigenen Basis

[80] Provinzial Franz Solan, OFM. Cap., Protokoll der 1. Konferenz über die Jesuitenfrage, 27. Mai 1953 (SKVV-Archiv, Luzern).
[81] Protokoll der 1. Konferenz über die Jesuitenfrage, 27. Mai 1953 (SKVV-Archiv, Luzern).
[82] Brief Josef Meier an Martin Rosenberg, 16. November 1953.
[83] Brief Josef Meier an Martin Rosenberg, 19. April 1953 (CVP-Archiv, BAr, Bern).
[84] Protokoll des Direktoriums (SKVV), 28. Oktober 1953 (SKVV-Archiv, Luzern).

war drastisch gestiegen. Wenn man das Gesetz des Handelns nicht aus den Händen geben wollte, musste man zumindest «Präsenz markieren und kundtun, dass die verantwortlichen Spitzen des schweizerischen Katholizismus wachsam und entschlossen sind, das der Sache Dienliche und Mögliche in die Wege zu leiten.»[85]

Den Zweck, die erhitzten Gemüter im eigenen Lager zu beruhigen und zu besänftigen, verfolgte die vom Zentralkomitee der Partei am 23. Oktober 1953 einstimmig beschlossene Protestresolution, die tags darauf vom Parteitag offiziell verabschiedet wurde. Die Partei stellte darin eine politische Aktion in Aussicht.[86] In seinem scharf gehaltenen Referat vor den Delegierten des Parteitages bekräftigte Parteipräsident Max Rohr die Wende in der bisherigen Revisionstaktik: «Wenn man in den turbulenten Jahren 1848 und 1874 glaubte, uns Kriegskontributionen auferlegen zu müssen, bedeutet es mehr als eine starke Zumutung an über 40% der Bevölkerung, dass sie nach mehr als 100 Jahren diese Kriegskontributionen noch weiter bezahlt, ohne sich dagegen aufzubäumen. (...) Man ist offenbar der Auffassung, dass wir Katholiken uns ins Gesicht spucken lassen und dafür noch ‹danke schön› sagen sollten. (...) Man wird uns verstehen, wenn wir vor [diesen] Verfassungsbestimmungen ... nicht Achtungstellung annehmen können und nicht ruhen und nicht rasten dürfen, bis dieses Unrecht endlich ausgetilgt ist.»[87]

Einmal mehr nahmen die katholischen Spitzen vom Instrument einer Standes- oder Volksinitiative Abstand. Dieser Weg hätte zweifellos zu einer Verschärfung der konfessionellen Gegensätze geführt und damit das notwendige Volksmehr bei der plebiszitären Entscheidung gefährdet. «Die Debatte im Zürcher Kantonsrat», so Max Rohr am Herbstparteitag 1953, «gab uns einen Vorgeschmack von der Hetze, die entfacht würde, wenn wir Katholiken eine Initiative zur Beseitigung der gegen uns gerichteten Ausnahmebestimmungen ergreifen würden. Mir graut davor.»[88] Der zwar längere, dafür aber besser kontrollierbare Weg über eine Motion besass klar Priorität vor allen anderen Optionen.

85 Brief Martin Rosenberg an Richard Gutzwiller S.J., 1. Oktober 1953 (CVP-Archiv, BAr, Bern).
86 Der Text der Resolution ist abgedruckt in: Schweizerische Kirchenzeitung 1953, 533.
87 Referat von Parteipräsident Max Rohr am Parteitag der SKVP vom 24. Oktober 1953, in: Freiburger Nachrichten, 27. Oktober 1953.
88 Ebd.

Am 24. Juni 1954 reichte der damalige Präsident der ständerätlichen Gruppe der katholisch-konservativen Fraktion, Ludwig von Moos, eine Motion ein, in welcher der Bundesrat aufgefordert wurde, eine Vorlage auf Teilrevision der Bundesverfassung mit Antrag auf Streichung des Jesuiten- und Klosterartikels auszuarbeiten. Taktisch geschickt stimmten die katholisch-konservativen Parlamentarier nach informellen Gesprächen dem Vorschlag des damaligen Vorstehers des EJPD, Markus Feldmann, zu, den Vorstoss lediglich in der schwächeren Form eines Postulates entgegenzunehmen. Damit konnte nicht nur eine neuerliche Debatte im Nationalrat umgangen werden: Der Ball wurde auf diese Weise elegant der obersten eidgenössischen Exekutive zugespielt, die nun ihrerseits die Initiative in dieser äusserst heiklen Angelegenheit ergreifen musste. Der eidgenössische Souverän hatte so «nicht mehr über einen katholischen Vorstoss zu entscheiden, sondern über einen Antrag von Seiten des Bundesrates und des Parlamentes.»[89] Zweifellos gab dies dem Vorstoss bei einer Volksabstimmung eine breiter abgestützte Basis, der ganze Fragenkomplex verlor viel vom Stigma eines spezifisch katholischen Postulates.

Ein Jahr später, am 23. Juni 1955, wurde das Postulat im Ständerat oppositionslos dem Bundesrat überwiesen. Damit war eine entscheidende Etappe für die Aufhebung der von den Katholiken als diskriminierend und mit den freiheitlichen und rechtsstaatlichen Grundsätzen der Bundesverfassung als nicht vereinbar betrachteten «Staatsschutzartikel» eingeleitet. Dementsprechend wurde der erfolgreiche Vorstoss im katholischen Lager auch gewürdigt. «Wer den Verhandlungen des Ständerates folgen konnte», so brachte Generalsekretär Martin Roseberg die allgemeine Genugtuung der katholischen Eliten zum Ausdruck, «der hatte den Eindruck, eine historische Stunde der neueren Schweizergeschichte mitzuerleben. (...) Gerade die Einmütigkeit, mit der die konservative Anregung erheblich erklärt wurde, zeigte eindrücklich, dass sich in der Geisteshaltung Wesentliches geändert hat ... Der 23. Juni 1955 beweist aber auch, wie zweckmässig das Vorgehen von der Schweizerischen Konservativen Volkspartei war, nicht von vornherein den Weg der Volksinitiative zu beschreiten.»[90]

[89] Protokoll der 3. Konferenz über die Jesuitenfrage, 2. Juni 1954 (CVP-Archiv, BAr, Bern).
[90] Unsere Aktion, 10–11 (Anm. 4).

Noch dauerte es allerdings rund zwanzig Jahre, bis der Schweizer Souverän im Jahre 1973 relativ knapp mit 54,9 zu 46,1 Prozent[91] die Beseitigung der aus dem 19. Jahrhundert stammenden Kulturkampfartikel sanktionierte. Diese längst überfällige Korrektur erfolgte praktisch gleichzeitig mit den Reformen der Partei zu Beginn der siebziger Jahre, mit denen die Katholikenpartei definitiv Abschied von den Traditionen des politischen Katholizismus nahm.

[91] Statistisches Jahrbuch der Schweiz, hg. vom Bundesamt für Statistik, Basel 1973, 567.

Der Weg zur Schweizer Christdemokratie*

1960–1971

Markus Rohner

Diese Parteireform der Christlichdemokratischen Volkspartei von 1970/71 bestand nicht nur in einer Statutenrevision und einer neuen Namensgebung, sie hatte auch eine tiefgreifende programmatische Erneuerung zur Folge, deren Auswirkungen in der CVP bis heute – positiv und negativ – zu sprüren sind.

Es sind zahlreiche Faktoren und Ursachen auszumachen, die 1971 zu dieser Reform in der christlichdemokratischen Bewegung der Schweiz geführt haben.

Das Vaticanum II als Inspiration

Nach dem Zweiten Vaticanum hat sich die katholische Kirche als Institution in aller Form von der Politik distanziert, um ihre einzelnen Glieder – vor allem die Laien – um so intensiver zum politischen Engagement zu verpflichten. Auch wenn das Verhältnis Kirche-Partei in der Schweiz nie so eng war wie zum Beispiel in Italien oder in Deutschland und die Schweizer Bischöfe sich stärker als ihre deutschen Amtsbrüder in politischen Fragen zurückgehalten haben, Mitte der sechziger Jahre bedeuteten die Vatikan-Reformen eine Zäsur mit politischen Folgen. Die ökumenische Öffnung der katholischen Kirche brachte die aus geschichtlicher Notwendigkeit noch stark dem politischen Katholizismus verpflichtete Partei in ein arges Dilemma: Auch wenn sich die KCVP schon vor dem Konzil nicht expressis verbis als die alleinige Wahrerin einer christlichen Politik

* Als Grundlage für diesen Beitrag dient die 1983 unter der Leitung von Prof. Urs Altermatt entstandene Lizentiatsarbeit zum gleichen Themenkreis.

bezeichnet hat, als «politische Sachwalterin des katholischen Bevölkerungsteils» jedoch verstand sich die katholisch-konservative Parteibewegung in der Schweiz seit dem letzten Jahrhundert allemal. Nach dem Zweiten Vatikanischen Konzil verschrieb sich die christlich geprägte Partei weiterhin «einem rechten Zusammenwirken» zwischen Kirche und Partei: Die Partei darf jetzt zwar den ultramontanen Mantel ablegen, den Draht zwischen Pfarrhaus und Parteisekretariat kappen, und sie braucht auch nicht mehr länger die Funktion eines «verlängerten Armes zur katholischen Kirche» zu übernehmen. Doch die Verwirklichung christlicher Grundsätze in der Politik bleibt für die Katholisch-Konservativen und Christlichsozialen allerdings weiterhin die conditio sine qua non. Und darin liegt bis heute die Daseinsberechtigung einer christlich orientierten Partei.

Eine Gesellschaft im Wandel

Nicht allein die Reformen in der katholischen Kirche in der ersten Hälfte der 1960er Jahre, auch die gesellschaftspolitisch tiefgreifenden Veränderungen in der Schweiz zeitigten ihre Auswirkungen.

Auf dem Wirtschaftssektor hat die Schweiz nach 1950 innerhalb weniger Jahre im Sog eines europäischen Wirtschaftswachstums den Wandel vom agrarisch geprägten Kleinstaat zu einer der bedeutendsten Industrienationen Europas vollzogen. Immer weniger Schweizer arbeiteten in der Landwirtschaft, immer mehr fanden in der Industrie und im Dienstleistungsbereich neu ihr berufliches Auskommen.

Das ungebremste Wirtschaftswachstum blieb auch für die Sozialstrukturen der Gesellschaft nicht ohne Folge: eine mehrheitlich ländlich-agrarisch geprägte Schweizer Bevölkerung wird in den 1950er und 1960er Jahren nun stärker mit einer urban-industriellen Konsum- und Wohlstandsgesellschaft konfrontiert. Alte, jahrzehntelang gültige Sozialstrukturen werden durch diesen wirtschaftlich bedingten Nachkriegsprozess weitgehend überholt.
Die Auswirkungen dieser gesellschaftspolitischen Zäsur haben sich auch in der Politik bemerkbar gemacht. Die 1950er Jahre haben den Drang nach Veränderung auch im Privaten mehr als ermöglicht, so dass die Politik als Kampf um öffentliche und gesellschaftliche Veränderungen zusehends uninteressanter geworden ist. Das politische

Interesse des Bürgers und der Bürgerin richtet sich nur noch auf jene Gefahren, die das Erreichte bedrohen können.
Doch schon bald liessen die ersten negativen Aspekte dieses rapiden weltweiten Wirtschaftswachstums eine verminderte individuelle Lebensqualität erkennen. Der massive Verschleiss von Energie, Rohstoffen und natürlicher Umwelt hat die öffentliche Hand gezwungen, mit restriktiven und prohibitiven Massnahmen einer überhandnehmenden «Laisser-faire»-Politik Einhalt zu gebieten und sie in geordnete Bahnen zu lenken[1]. Das wirtschaftliche Wachstums hat aber auch zu anderen staatlichen Interventionen Anlass gegeben: Um das bestehende Ungleichgewicht zwischen prosperierenden Wirtschaftszentren und wirtschaftlich unterentwickelten Randgebieten nicht zu gross werden zu lassen, sollten Bundessubventionen einen gewissen Ausgleich schaffen. Die stetig wachsenden Anforderungen, die in der Wirtschaft an den Menschen gestellt wurden, bedingten in den 1960er Jahren auch neue Bildungsanstalten, die wiederum einer kostspieligen Staatstätigkeit riefen. Alle diese primär ökonomisch bedingten Veränderungen haben sich aber auch im politischen und sozialen Bereich nachhaltig ausgewirkt: Der wachsende Strom einwandernder Ausländer hat kurzfristig zum Erfolg von Überfremdungsparteien geführt, aber auch das Desinteresse eines ansehnlichen Teils der Schweizer Bevölkerung an der Politik konnte als Indiz veränderter Umstände betrachtet werden. Dem Reformwillen einiger weniger hat die Schweiz in den 1960er Jahren eine Fülle von neuen Volksinitiativen zu verdanken. Vielfach waren diese Zeichen einer tief sitzenden Staatsverdrossenheit[2].

Die Konservativ-christlichsoziale Volkspartei im Vorfeld der Reform

Diese gesellschafts- und wirtschaftspolitischen Veränderungen in den 1950er und 1960er Jahren haben stark zur Reform innerhalb der damaligen KCVP beigetragen. Die entscheidenden Auslöser aller-

[1] Der Bund hat vom Volk mehrmals eine wirksame Handhabe bekommen, um gegen die Schäden des Wohlstandes ankämpfen zu können: Gewässerschutzgesetz (1957), Atomenergie- und Strahlenschutz (1957), Natur- und Heimatschutz (1962), Atomwaffenverbot (1962).

[2] Waren 1960 noch 435 000 Ausländer in der Schweiz beschäftigt, fanden 1970 schon 834 000 einen Arbeitsplatz (Zahlen des Statistischen Amtes).

dings müssen in der Alltagspolitik gesucht werden: Die Nationalratswahlen von 1967 brachten allen vier Bundesratsparteien Mandatsverluste [3]. Die KCVP ging als grösste Wahlverliererin hinter die Bücher. Einen Hauptgrund glaubten die Parteistrategen des Berner Generalsekretariats im industriellen Aufschwung und im gesellschaftlichen Wandel zu erkennen. Dadurch sei für die Parteien ein völlig neuer «homo politicus» entstanden. Das Verhältnis zwischen dem Staat und seinen Bürgern habe sich gelockert, ja teilweise sei daraus sogar ein distanziertes Nebeneinander geworden. Zusehends liessen sich die Bürger von materiellen und weniger geistig-politischen Idealen leiten.

Bei den Nationalratswahlen von 1967 hat sich für die KCVP ein krasses Stadt-Land-Ungleichgewicht herausgeschält. Insbesondere im urban-industriellen Milieu haben die Katholiken der KCVP die Gefolgschaft in Massen verweigert. Daraus wurden in der parteiinternen Wahlanalyse für die KCVP folgende Schlüsse gezogen: Die Partei müsse bei den nächsten Wahlen inbesondere in den hochindustrialisierten und städtischen Kantonen vergrösserte Wahlkampfanstrengungen unternehmen. «Dies jedoch kann nur von Erfolg sein, wenn sich die KCVP ab sofort in all ihren politischen Äusserungen und in ihrer bewussten Selbstdarstellung urbaner gibt», heisst es in der Wahlanalyse. [4]

Generalsekretär Martin Rosenberg interpretiert den Wahlausgang skeptisch: «Gerade die Wahlen 1967 rufen, bevor grösseres Unheil angerichtet ist, zur Besinnung auf das, was ‹christlich verantwortete Politik nach dem Konzil› in schweizerischen Verhältnissen bedeutet und welche Verpflichtung sie uns auferlegt.» [5] Für den Präsidenten der Partei, Ettore Tenchio, haben der «Sog des grossen Umbruchs der neuen Zeit», die Aktivität der Oppositionsparteien gegen die Regierungspolitik, die Teuerungswelle als Folge der Konjunkturpolitik zu den Wählerverlusten der KCVP geführt [6].

[3] Bei den Nationalratswahlen von 1967 kam es zu folgender Sitzverteilung: SP 50 (-3), FDP 49 (-2), KCVP 45 (-3), BGB 21 (-1), EVP 3 (+1), Liberale 6 (-), Demokraten 3 (-1), Landesring 16 (+6), PdA 5 (+1), Verschiedene 2 (-).

[4] Heinz Niemetz, Die Nationalratswahlen von 1967, in: CVP-Jahrbuch 1967–1971, 28 ff.

[5] Martin Rosenberg, in: Die politische Lage in Zahlen. Politische Dokumentation der KCVP Schweiz, Neue Folge, Nr. 1, Bern 1968, 8.

[6] Ettore Tenchio in seinem Eröffnungswort an der Delegiertenversammlung der KCVP in Chur, DV-Protokoll vom 27. April 1968.

Auch in den Kantonalparteien meldeten sich kritische Stimmen. Die Zürcher waren der Ansicht, dass sich die konfessionellen Bindungen zur Partei deutlich gelockert hätten und der Wähler für weltanschaulich nicht engagierte Parteien ansprechbar geworden sei. Die Basler bemängelten bei der KCVP Schweiz eine fehlende Rücksichtnahme auf die Konsumzentren. Kristisches bemerkten auch junge Aargauer: «Die Ziele haben sich geändert, also muss auch der Weg ändern. Unsere Grundsätze in Ehren, aber Wahlkämpfe gewinnen wir keine damit. Wenn wir mit einer Fraktion von der Qualität der unsrigen in einem Wahlkampf dermassen Stimmen verlieren, dann stimmt etwas an der ‹Verpackung› nicht.» [7].

Frischer Wind mit neuen Kräften

Der für die KCVP ernüchternde Wahlausgang hatte bald einmal personelle Konsequenzen. Ettore Tenchio trat das Parteipräsidium an den Luzerner Franz Josef Kurmann ab, und auf dem Generalsekretariat löste Urs Reinhardt den langjährigen Generalsekretär Martin Rosenberg ab.

Kurmann sprach gleich in seiner ersten Präsidialansprache klare Worte: «Die historischen Strukturen, an die wir uns gewöhnt haben und in denen wir uns recht sicher umtaten, fallen zusammen. Alles scheint sich zu öffnen. Kaum ein Tag, ohne dass sich nicht irgendwo eine neue Erkenntniswelt auftut und alte Grenzpfähle umwirft. Wir bewegen uns unaufhaltsam neuen, unbekannten Zuständen entgegen.» [8] Um den Weg zur Zukunft zu verdeutlichen, gehörte es für Kurmann zur neuen KCVP-Politik, dem Bürger das Bild eines neuen politischen Systems zu vermitteln, das ihm aber nicht genügen dürfte, solange er auf einem Wagen sitzt, der in den Nebel hinausfährt. Der Bürger, das Mitglied und der Sympathisant der KCVP wolle folglich die Zukunft mitgezeichnet bekommen und dies könne nur sinnvoll geschehen, wenn es der KCVP gelinge, die von einer modernen Zeit gestellten Aufgaben nicht mit unzureichenden. Methoden der Vergangenheit, sondern mit zeitgemässen Lösungen der Gegen-

[7] «Fricktaler» vom 3. Januar 1968.
[8] Antrittsrede von Parteipräsident Franz Josef Kurmann anlässlich der DV der KCVP in Chur vom 27. April 1968.

wart und Zukunft zu bewältigen. Es war schon fast etwas Revolutionäres, was da von der KCVP-Spitze coram publico als neuer politischer Stil verkauft worden ist.

Über eines allerdings war man sich innerhalb der KCVP einig: Auf die weltanschauliche Fundierung wollte man keinesfalls verzichten. Ohne dieses Rückgrat sah man eine Aufspaltung der Wähler unweigerlich folgen. Martin Rosenberg hat dies 1968 an einer KCVP-DV in Olten folgendermassen geschildert: «Unsere Partei kann auf die weltanschauliche Fundierung nicht verzichten. Es wäre grundfalsch und in den Konsequenzen gefährlich, wenn sich die Parteien christicher Fundierung dem heutigen Trend der Ideologisierung schuldig fühlen würden. Das Christentum ist keine Ideologie und die auf dem Christentum fussenden Parteien sind keine ideologischen Parteien. Christliche Politik kann und darf sich nicht mehr in Grundsätzen und Leitlinien erschöpfen. Aufgabe christlicher Politiker ist es, Grundsätze in politisch brauchbare Postulate, die der jeweiligen Situation entsprechen, zu fassen und so politisch mögliche Lösungen anzugeben, die einem aktuellen Bedürfnis entsprechen.»

Dieses Votum von Generalsekretär Rosenberg, aber auch die Aussagen verschiedener anderer Parteiexponenten in den Monaten nach den verunglückten Nationalratswahlen haben deutlich gezeigt, dass die KCVP, einst eine konfessionell geprägte Elitepartei, bereit ist – wenn auch unter starkem zeitpolitischem Druck – den Schritt zu tun zur konfessionsneutralen, weiterhin föderalistisch strukturierten Weltgestaltungspartei.

Es ist nicht allein die KCVP in der Schweiz, die Ende der 1960er Jahre bei Wahlen bös Haare lassen musste, in der Bundesrepublik Deutschland ist es der Schwesterpartei CDU nicht besser ergangen. Deren Generalsekretär, Bruno Heck, hat deshalb eine selbstkritische Wahlanalyse vorgenommen: «Bisher war es vor allem die Nähe zu den Kirchen, insbesondere zur katholischen Kirche, das Vertrauen auf die marktwirtschaftlichen Erfolge, die in breiten Bevölkerungskreisen als Anstoss wirkten, unsere Partei zu wählen. Es wird für uns entscheidend werden, ob wir die neuen Motive, Leistungsfähigkeit und Fortschrittlichkeit auf uns zu beziehen verstehen, ohne dabei das Vertrauen in unsere Zuverlässigkeit zu verlieren.» Der CDU-Generalsekretär will auf die Herausforderung der Zeit reagieren: «Mit Sicherheit und herkömmlichem Verständnis geht es in der Zukunft nicht mehr, Sicherheit wird heute mehr und mehr als dynamische Grösse gewertet. Neue Entwicklungen zu ignorieren, sich gegen Reformen zu wenden, weil sie tief greifen und überkommende Ordnungen verändern, wird weitgehend nicht mehr als Garant für Stabilität begrüsst.» [9] Deutliche Worte, die Bruno Heck aus der Sicht der CDU in Deutschland ausgesprochen hat, die zu diesem Zeitpunkt aber ebenso für die CVP in der Schweiz ihre Gültigkeit gehabt haben.

Die KCVP wird neu organisiert

Auch wenn der neue KCVP-Generalsekretär Urs Reinhardt deutlich davor gewarnt hat, angesichts der grossen Probleme, mit welchen die KCVP Ende der 1960er Jahre konfrontiert worden ist, in Panik einer «Politik des nassen Fingers» zu frönen, blieb es oberstes Ziel der Parteileitung, fortan vermehrt eine Politik zu machen, die sich intensiv um die Sorgen und Anliegen der Stimmbürgerschaft kümmert.

Im heiklen Verhältnis Kirche-Partei waren nach Ansicht des KCVP-Generalsekretärs vier Feststellungen und Tatsachen zu beachten:

1. Der nachkonziliäre Katholizismus schuf ein negatives Erscheinungsbild der christlichen Parteien.
2. Die katholische Kirche legte keinen grossen Wert mehr darauf, ihre gesellschaftspolitischen Leitsätze ausschliesslich von christlichen Parteien in die Praxis umgesetzt zu wissen.
3. In der Bundesrepublik Deutschland wurden bei den letzten Bundestagswahlen Theologieprofessoren von kurialen Kreisen genötigt, Wahlaufrufe zugunsten der SPD namentlich zu unterschreiben.
4. Die Grundsätze der christlichen Soziallehre sind weitgehend auch von nichtchristlichen Parteien übernommen worden [10].

Entsprechend klar ist an der Spitze der KCVP nach der Wahlniederlage der Wille zum Ausdruck gekommen, nicht mehr länger die

[9] Wahlrapport von Generalsekretär Bruno Heck vor dem Mainzer Bundesparteitag 1969. Protokoll, 26–37.

[10] Protokoll des Leitenden Ausschusses vom 22. Juni 1970, 13/14.

Rolle eines Transmissionsriemens für die katholische Kirche wahrzunehmen, über welchen diese ins Räderwerk der Gesellschafts- Wirtschafts- und Staatspolitik einzugreifen versuchte.

Er muss aber klar festgehalten werden: Die Partei wollte auch Ende der 1960er Jahre ihre bisherigen weltanschaulichen Prinzipien nicht aufgeben. Von einer totalen Entideologisierung war zu jenem Zeitpunkt nie die Rede, die weltanschauliche Fundierung betrachtete man auch nach einer Revision als die alles umfassende Klammer in der christlichdemokratischen Partei.

Der Ruf nach parteiinternen Reformen wird allerdings immer lauter. Es sei für die Konservativen nun «fünf vor zwölf, die Partei vom Kopf auf die Füsse zu stellen und eine hörende Partei» werden zu lassen, tönt es selbstkritisch aus dem Generealsekretariat. Die alte Honoratiorenpartei muss für Urs Reinhardt durch eine bei allen Bevölkerungsteilen stark verwurzelte Mitgliederpartei ersetzt werden, die «territorial» und «soziologisch» ein getreues Bild der schweizerischen Bevölkerungsstruktur widerspiegelt. Eine zusehends deutlicher in den Vordergrund gerückte Mobilität der modernen Industriegesellschaft hat ein immer stärkeres soziologisches Gruppen- und Schichtendenken hervorgerufen. Dies hatten Ende der 1960er Jahre auch die schweizerischen Parteien, insbesondere die KCVP mit ihrer vielfältigen Sozial- und Territorialstruktur zur Kenntnis zu nehmen.

Von der Rahmen- zur Mitgliederpartei

Primäres Ziel der Reformkräfte innerhalb des KCVP war es, den Schritt von der Weltanschauungspartei zur Weltgestaltungspartei oder von der Grundsatzpartei zur Problemlösungs-Organisation zu machen. Aufgrund der Statuten, wie sie 1970 noch ihre Gültigkeit hatten, lässt sich die KCVP am besten mit den Begriffen «Rahmenpartei» und «Kader-/Sympathisantenpartei» oder «Wählerpartei» umschreiben. Das besondere Merkmal einer solchen Partei ist es, dass sich um einen Kreis aktiver Parteimitglieder Wähler und Sympathisanten geschart haben, die durch ihr konkludentes Handeln von seiten der Aktivisten als Mitglieder betrachtet werden können. Die KCVP konnte sich in Gemeinden und Kantonen auf solche Rahmenparteien abstützen. Für eine Volkspartei, wie es die KCVP eine sein wollte, war dies ein unhaltbarer Zustand, bestand doch die Gefahr, dass der Apparatschik, natürlichen politischen Gesetzen folgend, sich bei einer zu grossen Machtfülle verselbständigt und seiner gestellten Aufgabe, Meinungen und Ansichten des Fussvolkes zu vertreten und zu verwirklichen, nur noch unvollständig nachkam oder sie gar ignorierte. Gleichzeitig verpasste es die Partei, ihr ganzes Potential auszuschöpfen.

Das äussere Erscheinungsbild einer Partei in der Öffentlichkeit wird ganz entscheidend geprägt durch den Parteinamen. Mit dem Wechsel von der Schweizerischen Konservativen Volkspartei (1912–1957), über die Konservativ-christlichsoziale Volkspartei KCVP (1957–1970) bis zum heute noch gültigen Parteinamen Christlichdemokratische Volkspartei CVP werden die verschiedenen Etappen der Reform bei den Schweizer Christlichdemokraten aufgezeigt. Dass man 1970 erstmals den Konservativismus nicht mehr im Parteinamen deklarieren will, ist kein Zufall, die CVP will sich in Zukunft bewusst in der Gesinnung offener geben.

Die Statutenrevision von 1970 bringt einige bemerkenswerte Veränderungen: Die föderalistische Struktur wird in der CVP jetzt konsequent angewandt; den Vereinigungen (= soziologische Gliederungen der Partei) wird das Recht eingeräumt, weiterhin ihre Sonderinteressen wahrnehmen zu dürfen. Diesen internen Dualismus hat die CVP bis heute nicht zu lösen verstanden. Im Gegenteil: In der Partei sind auf verschiedenen Stufen Anzeichen auszumachen, dass innerhalb der CVP in den letzten Jahren wieder verstärkt die Interessen der Vereinigungen gepflegt worden sind – dies auf Kosten der Mutterpartei.

Zu einer «demokratisierten» Partei gehören aber auch Transparenz der Parteiarbeit in der Öffentlichkeit und Schulung und Bildung der Parteimitglieder. Beides wird mit den neuen Statuten vollzogen.

Heute mögen die Integration von Wählern und Sympathisanten in den politischen Willensbildungsprozess und eine auf den demokratischen Prinzipien beruhende Parteistruktur als Selbstverständlichkeit hingenommen werden, 1970 allerdings hat die CVP mit ihren neuen Statuten einen bedeutenden Schritt in die Zukunft getan und ist damals vermutlich als die Förderin eines grundlegend neuen Demokratieverständnisses unter den eidgenössischen politischen Gruppierungen hervorgetreten.

Hat die Reform Erfolg gehabt?

Es ist nicht leicht, zwanzig Jahre später über Erfolg oder Misserfolg der Statutenänderung Bilanz zu ziehen. Vieles, was 1970 an Reformen beschlossen worden ist, hat der CVP Erfolg gebracht. Umgekehrt ist es den Christlichdemokraten beispielsweise nicht gelungen, ihr Image einer konfessionellen Partei abzustreifen. Nach wie vor wird die CVP in weiten Teilen der Bevölkerung mit dem Katholizismus identifiziert. Das erhält der CVP zwar in gewissen Regionen der Schweiz (Innerschweiz, St. Gallen, Freiburg, Solothurn) eine recht treue Stammwählerschaft, in urbanen Regionen und konfessionell gemischten Landesteilen fällt es der CVP aber zusehends schwerer, Wähler ausserhalb ihres Milieus anzusprechen. Nicht gelungen ist die Entkonfessionalisierung bei den Parteimitgliedern: Nicht-katholische Christen finden den Weg in die CVP auch heute nur schwer. Nur eine kleine Anzahl Nicht-Katholiken ist bis heute in höhere Partei- oder Politämter aufgestiegen.

V. MENTALITÄTEN UND KULTUREN

Der Kirchenbau
vom Ersten zum Zweiten Vatikanischen Konzil

Heinz Horat

Die gegenseitigen Beziehungen zwischen der Kirche als der Gemeinschaft der Gläubigen und der Kirche als Architektur sind vielschichtig, in beiden Richtungen aktiv und lassen sich nicht verallgemeinernd definieren.[1] Das Zusammenspiel von architektonischen Theorien, sich entwickelnden und verändernden Bedürfnissen des Volkes und kirchlichen Beschlüssen kann anhand der schweizerischen Sakralarchitektur zwischen ca. 1870 und 1960 exemplarisch aufgezeigt werden, denn die hier feststellbaren gesellschaftlichen Verhaltens- und architektonischen Reaktionsweisen – und umgekehrt – sind für die Geschichte der Sakralarchitektur allgemein gültig.[2] Sie pendeln, um eines von vielen Themen herauszugreifen, von der negierenden, die Kirche als Institution äußerlich vernachlässigenden Bauweise, der frühchristlichen Hauskirche zum Beispiel, zu affirmativer, die Kirche als Glaubensgemeinschaft auch formal manifestierender Architektur, der frühchristlichen Basilika also.[3] Dieses Phänomen der äußerlichen Verleugnung oder Manifestation wächst vornehmlich aus dem Selbstverständnis des Kirchenvolkes heraus. Andere Architekturen entstanden als Folge von formalen Entwicklungsschüben oder in Anwendung neuer Technologien und Baumaterialien.

[1] Zur Funktion in der Sakralarchitektur vgl. Heinz Horat, Sakrale Bauten, (Ars Helvetica 3) Disentis 1988.

[2] Das Thema wurde noch nicht zusammenfassend behandelt. Der vorliegende Beitrag ist Teil eines im Entstehen begriffenen Überblicks.

[3] Friedrich Wilhelm Deichmann, Einführung in die christliche Archäologie, Darmstadt 1983, 68–88.

Im Zeitraum 1870–1960 wirkten somit beeinflussend:

1. Bedürfnisse der Gesellschaft, die Nutzung und Funktion: die katholische und protestantische Diaspora, die Beschlüsse des Bundesstaates und der beiden Vatikanischen Konzilien, die Abspaltung der Christkatholiken 1872, die neue katholische Diaspora darnach, die Festigung der römisch-katholischen Position im ausgehenden 19. Jahrhundert, die Wiesbadener Reform der protestantischen Kirche ab 1891, die Reform der katholischen Kirche nach dem 2. Weltkrieg.
2. Künstlerische Tendenzen, die Form: die Ergänzung der historisierenden Stile durch den Heimatstil 1900–1920, die Aktivitäten des «Groupe de St-Luc et St-Maurice», der katholischen Westschweizer Künstler 1919–1945, die neoklassizistische Phase 1915–1925, das Neue Bauen ab 1925.
3. Technologische Entwicklungen und neue Baumaterialien: die materialgerechte Anwendung des Eisenbetons mit der Antoniuskirche in Basel ab 1925.

Im 19. Jahrhundert, im Zeitalter der Romantik, des Kulturprotestantismus und des Aufbaus der Diaspora, entstehen während der fünfziger Jahre die ersten markanten historistischen, insbesondere neugotischen Kirchen an städtebaulich ausgezeichneten Orten der jeweils mehrheitlich andersgläubigen Stadt oder Gegend.[4] Die erste katholische Diasporakirche Berns, St. Peter und Paul, wurde 1853–1864 direkt neben dem Rathaus erbaut.[5] 1859 entstand die neogotische katholische Kirche Notre-Dame in Genf als neue Kathedrale St-Pierre, «parce qu'il convient aux manifestations de la prière; et aussi parce qu'on voulait relier la nouvelle Genève à la Genève qui a bâti la Madeleine et Saint Pierre.»[6] 1858–1861 baute Ferdinand Stadler die protestantische Matthäuskirche in Luzern als erste reformierte Kirche der Innerschweiz im neuen, prominenten Touristen-

[4] Theodor Scherer-Boccard, Wiedereinführung des katholischen Kultus in der protestantischen Schweiz im neunzehnten Jahrhundert, Ingenbohl 1881. Rudolf Pfister, Kirchengeschichte der Schweiz, Bd. 3, 1720–1950, Zürich 1985, 321–331. André Meyer, Neugotik und Neuromanik in der Schweiz, Zürich 1973.

[5] Franz von Streng, Zur Geschichte der Katholiken Berns, in: Diaspora-Kalender 11–13 (1911–13), 15–21, 15–20, 15–19.

[6] Dario Gamboni, Louis Rivier (1885–1963) et la peinture religieuse en Suisse romande, Lausanne 1985, 41.

quartier des Hotels Schweizerhof, 1867 situierte derselbe Architekt die ebenfalls neugotische protestantische Kirche in Baar als «Industriekirche» direkt in der Achse der Fabrikgebäude.[7]

Dieser ersten architektonischen Darstellung der Minderheitsreligion in der Diaspora setzte der Kulturkampf 1870 mit dem Zusammenbruch der katholischen Positionen ein jähes Ende, die häufig kaum vollendeten katholischen Diasporakirchen gingen meistens an die Christkatholiken über.[8] Römisch-katholische Versammlungslokale verschwanden wiederum in der Anonymität des profanen Stadtbildes.[9] Eine Ausnahme bildete die Stadt Zürich, wo die katholische Augustinerkirche zwar ebenfalls von den Christkatholiken übernommen wurde, die papsttreuen Katholiken aber noch im gleichen Jahr die neugotische Kirche St. Peter und Paul in Aussersihl, städtebaulich im Abseits, errichteten, welche allerdings ebenso bezeichnenderweise erst 1895 einen Kirchturm erhielt.[10]

Kirchturmpolitik wurde denn auch am Ende des Jahrhunderts spürbar, als mächtige neue römisch-katholische Kirchen in den reformierten Städten die erstarkten politischen Positionen der nunmehr etablierten Ultramontanen verkündeten. Der Basler Architekt Paul Reber erbaute 1884–1886 in seiner Vaterstadt die Marienkirche als italienisch-romanische Basilika, denn «der romanische Baustil tritt so recht eigentlich auf als Repräsentant der Machtfülle der Kirche. Mit seinen gewaltigen geschlossenen Massen wirkend, prägt sich in ihm aus der Gedanke des Stützenden, Fundamentalen. Die katholische Kirche bringt deshalb, hauptsächlich in letzter Zeit wieder, diesen romanischen Stil als Sinnbild ihrer fundamentalen Macht, vorzugsweise gerne zur Geltung...»[11] Heinrich Viktor von Segesser errichtete die Dreifaltigkeitskirche in Bern 1892–1894 «im altchristlichen oder Basilika-Stil» und kopierte die Fassade nach San Zeno in Verona; August Hardegger schuf 1893–1894 die Liebfrauenkirche in

[7] Andreas Hauser, Ferdinand Stadler (1813–1870), Zürich 1976, 310.

[8] Victor Conzemius, Katholizismus ohne Rom. Die Altkatholische Kirchengemeinschaft, Zürich[2] 1978; Peter Stadler, Der Kulturkampf in der Schweiz, Frauenfeld 1984.

[9] Albert Hausheer, Katholische Diaspora und Inländische Mission in der Schweiz, Solothurn 1929, 24–28.

[10] P. Rainald Fischer, Die Anfänge der katholischen Diaspora in der Stadt Zürich, in: Guido Kolb (Hg.), 100 Jahre St. Peter und Paul, Zürich 1974, 30, 192.

[11] Benno Schubiger, Architektur als Bildträger, in: «Ich male für fromme Gemüter», Ausstellungskatalog Kunstmuseum Luzern 1985, 141.

Zürich als einzige römisch-ravennatische Basilika der Schweiz, indem er dank P. Albert Kuhn ein Projekt von Segessers, das dieser für Escholzmatt gezeichnet hatte, weiterverwendete.[12]

Den Abschluss solcher Monumentalisierung des Selbsverständnisses einer kirchlichen Gemeinschaft bildet eine weitere Phase übersteigerter klassizistischer Formen in der Nachfolge von Leonhard Zeugheers 1836–1839 erbautem Neumünster in Zürich. Die ideelle Oberflächlichkeit der Stilapplikation illustriert die 1857–1860 erbaute Freimaurerloge in Genf, die 1873 von den papsttreuen Katholiken gekauft und dem Sacré Cœur geweiht wurde. Rebers oben zitierte Begründung für die Stilwahl der Baseler Marienkirche ist auf Genf und anderswohin beliebig übertragbar und sagt viel über die tatsächliche Inhaltslosigkeit späthistoristischer Ankleidearchitektur aus. Diese protzige, hohle Formensprache, um sich der Terminologie der kritisierenden Modernen zu bedienen, sprechen die 1918–1920 von Karl Moser erbaute reformierte Kirche Fluntern[13] und die Friedenskirche Bern, die Karl InderMühle 1917–1920 nach Vorbildern von Karl Friedrich Schinkel und Friedrich Weinbrenner, also in Rückbesinnung auf das frühe 19. Jahrhundert entwarf, wie eigens erwähnt wurde.[14] Schliesslich gehört die 1923–1926 von Armin Meili erbaute reformierte Kirche Solothurn zu derselben Gruppe[15] und auch das Projekt für eine Diaspora-Stadtkirche, von A.R. Strässle 1927 entworfen, zehrt trotz Ansätzen der Moderne von derselben Grundhaltung.[16]

Als Reaktion auf die katholische wie protestantische Monumentalarchitektur der Jahrhundertwende setzte sich der Schweizerische Heimatschutz, die «Ligue pour la beauté», ab 1906 kräftig für eine Abkehr vom international Allgemeingülstigen und für neue, aus der eigenen Umgebung gewonnene Formen ein. «Die ganze ästhetische Zerfahrenheit und Kulturlosigkeit der letzten Jahrzehnte spiegelt

[12] Zur Dreifaltigkeitskirche Bern vgl. Anm. 5. Zur Liebfrauenkirche Zürich: P. Rainald Fischer, Die Mutterpfarrei des rechten Limmatufers. Eine geschichtliche Übersicht, in: 75 Jahre Liebfrauenkirche Zürich, Zürich 1968, 8–25; zu Erscholzmatt: Heinz Horat, Die Kunstdenkmäler des Kantons Luzern, Bd. IA, Amt Entlebuch, Basel 1987, 105.

[13] Fritz Gysi, Die neue Kirche Fluntern, in: Das Werk 7 (1920), 103 ff.

[14] Hans Bloesch, Friedenskirche Bern, in: Das Werk 10 (1923), 109–113.

[15] Hannes Ineichen, Tomaso Zanoni, Luzerner Architekten. Architektur und Städtebau im Kanton Luzern 1920–1960, Zürich 1985, 32.

[16] Abb. in: Ars Sacra 1 (1927), Tf. 22.

sich nirgends so grell wieder, wie in vielen unserer kirchlichen Anlagen aus dieser Zeit.»[17] Der Stilmanie der Gotik müsse historisch richtig die landesübliche Bauart (was auch immer das ist) und das Material des Ortes entgegen gestellt werden. Der Entwurf für eine evangelische Kirche in Arosa oder das Projekt für eine Bergkirche wurden als vorbildlich publiziert.[18] Typisch für die Zeit präsentiert sich der kirchliche Sektor der schweizerischen Landesausstellung in Bern 1914 als «Dörfli», abgesetzt und topographisch abgehoben von den übrigen Ausstellungsgebäuden.[19] Die Grundidee ist eine Fortsetzung desselben Themas, das schon 1896 mit der Kirche des «Village Suisse» anläßlich der schweizerischen Landesausstellung in Genf dargestellt worden war.[20] Die Gebäude eines Bauerngehöftes und das Wirtshaus umstellen die beiden Kirchen, die von einem Turm ausgezeichnet und mit einem Kreuzgang erweitert sind. Unabhängig von theologischen Überlegungen oder kirchlichen Dekreten hat sich hier eine Sakralarchitektur und -kunst ausgebildet, die aus rein formalen Gründen den Willen zum Gesamtkunstwerk, dem Zusammenspiel von Architektur und Ausstattung in gegenseitiger Wechselwirkung und Ergänzung, bekundet. Karl Moser kommentiert das Werk InderMühles: «Es ist ein gutes Zeichen für den Geschmack unseres Volkes, daß es sich ganz besonders zu der schönen Gruppe des Dörflis hingezogen fühlte ...».[21]

Die katholische Kunstszene organisiert sich vorerst in der Westschweiz mit dem 1919 in Genf gegründeten «Groupe de Saint-Luc et Saint-Maurice» und setzt sich zum Ziel, «à développer l'art religieux et (à) le faire collaborer plus efficacement à l'action de la liturgie catholique».[22] Kirchen wie Semsales 1926 und Echallens 1927, «ce qui peut faire de mieux en matière d'art religieux moderne...»,[23]

17 B. Hartmann, Unsere Kirchen, in: Heimatschutz 2 (1907), 1–6.

18 Heimatschutz 2 (1907), 2: Kirche Arosa von M. Risch, P. Vaterlaus, J.E. Meier, Zürich; Heimatschutz 4 (1909), 88: Entwurf für eine Bergkirche im Auftrag des Schweizer Heimatschutzes von den Architekten Robert Bischoff und Hermann Weideli, Zürich; Hermann Röthlisberger, Die neue Kirche in Kurzdorf-Frauenfeld, in: Das Werk 4 (1917), 117 ff.

19 Hermann Röthlisberger, Der Heimatschutz auf der Landeausstellung 1914, in: Heimatschutz 8 (1913), 49–58.

20 Gamboni (Anm. 6), 41.

21 Karl Moser, Die kirchliche Kunst an der Landesausstellung, in: Das Werk 2 (1915), 105–116, 121–134, 145–151.

22 Gamboni (Anm. 6), 50.

23 Alexandre Cingria, L'art religieux en Suisse romande, in: Ars Sacra 1 (1972), 30–33.

zeugen architektonisch wie künstlerisch von der Bewegung, die auf die protestantische Sakralkunst übergreift. Sie wird vorerst auch in der deutschen Schweiz von der Societas Sancti Lucae unterstützt und bleibt bis um 1945, dem Todesjahr des wichtigsten Gründungsmitgliedes Alexandre Cingria, von Bedeutung. [24]

Gegenüber der profanen Architektur aber gerät die sakrale Baukunst innovativ immer deutlicher ins Abseits. 1931 stellt Hermann Baur fest, Peter Meyer finde, es sei besser, wenn vom Kirchenbau nicht gesprochen werde, Felix Möschlin pflichte ihm in der National Zeitung bei und Le Corbusier lehne einen Auftrag für ein kirchliches Gebäude ab. [25] Das ungute Gefühl der Stil- und Heimatstil-Architektur gegenüber weicht einem ungläubigen Staunen, als Karl Moser 1929 die Antoniuskirche in Basel, die erste moderne Stahl- und Sichtbetonkirche der Schweiz, fertigstellt. [26] Auf die Tat folgen die Worte: Fritz Metzger sagt im gleichen Jahr: «In einer sozial empfindenden Zeit ist es ungehörig und verständnislos, bei Kirchenbauten mit dem Aufwand protziger Bankgebäude zu wetteifern.» [27] Er vergleicht die schwülstigen Säulenkulissen der Geldinstitute wohl direkt mit den zeitgleichen neuklassizistischen Kirchen.

Einsenbeton war bereits 1894–1904 von Anatole de Baudrot an der Kirche St-Jean de Montmartre in Paris, 1923 von den Gebrüdern Perret an der Kirche Notre-Dame du Raincy bei Paris und 1925 an Ste-Thérèse de l'Enfant Jésus in Montmagny eingesetzt worden. [28] Doch erst die Antoniuskirche in Basel verhalf dem neuen Baumaterial zu ästhetischer Akzeptanz, indem Moser den klassischen Architekturkodex der stützenden und lastenden Bauglieder noch spürbar beibehielt und durch Betonung der Ecken und Mauerpfeiler die «erschreckende Logik» des Materials etwas milderte. [29] Die unmittelbar folgenden Projekte wandten die Möglichkeiten der neuen Technik und des neuen Baumaterials in gesteigerter Konsequenz an und veränderten den Kirchenbaustil radikal. Während von protestantischer Seite die Kunst reformierter Kirchen als nackt und kahl, wenig

[24] Robert Hess, Moderne kirchliche Kunst in der Schweiz, Zürich 1951.

[25] Hermann Baur in: Ars Sacra 5 (1931), 22.

[26] Jules Coulin, Die St.-Antonius-Kirche in Basel, in: Heimatschutz 22 (1927), 42–47. Das Werk 14 (1927), 131.

[27] Fritz Metzger, Technik und Kirchenbau, in: Ars Sacra 3 (1929), 23.

[28] Hugo Steffen, Beton und Eisenbeton im Kirchenbau, in: Die christliche Kunst 6 (1909/10), 8 (1911/12), 314–319.

[29] Linus Birchler in: Ars Sacra 2 (1928), 45.

erbaulich und «in keiner Weise das Gemüt erhebend» kritisiert wurde und der Kunst in den katholischen Kirchen «reinigender und veredelnder Einfluß» attestiert wurde, indem man sich auf die Bemühungen des Heimatschutzes und der westschweizerischen Künstler berief,[30] entstanden auf einmal und zeitlich dicht gedrängt kahle, kühle Sichtbetonbauten großen Ausmasses und dominanter Wirkung an exponierter städtebaulicher Lage.

Die neue Grundhaltung der Architekten fasste Hermann Baur 1928 in einem programmatischen Artikel zusammen: «Es wäre zweifellos um die Sache des neuen Kirchenbaues besser bestellt, wenn wir jenes ästhetische Wissen um den Formenkanon, um Säulen und Pilaster, Gesimse und Gewölbe, das sich zwischen das ‹Was› des Kirchenbaues und das ‹Wie› seiner Realisierung schiebt, ein für alle mal aus unseren Diskussionen ausscheiden könnten. Denn jene Gesetze des Wahren und Schönen, die eine überfeinerte ästhetische Wissenschaft glaubte in Pragraphen und feste Systeme fassen zu können, sie hatten – das sehen wir heute, nach den Irrgängen der vergangenen Jahrzehnte, mit aller Deutlichkeit ein – nicht wie das ihre Verfechter glaubten, absolute endgültige Geltung (...) Diese Einsicht, dass jeder Stil zeitbedingt ist, dass in dem organischen Herauswachsen aus dem Boden eines Zeitganzen eben die Garantie seines Lebens liegt, dass Form nicht etwas von aussen Übergestülptes bedeutet, sondern das sichtbar gewordene Leben selbst, hat jene allem ästhetischen Bildungsgetue abholde Mentalität geschaffen, die wir als charakterisch für die jungsten Bemühungen um ein neues Bauen ansehen müssen (...). Die moderne Technik hat das grosse Thema aller vergangenen Architektur, das Wölben, gegenstandslos gemacht. Was einstmals höchste Anstrengung ganzer Generationen war, ist uns zum schalen Spiel mit Formen geworden, zu einer rein ästhetischen Angelegenheit ohne jeden Zusammenhang mit den treibenden Kräften unserer Zeit. Wohin im Einzelnen die Wege der Erneuerung des Kirchenbaues führen, wissen wir nicht. (...). Aber wir wissen: dass wir auf diesem Wege, wenn wir all das Rüstzeug vergangener Stile (das man – ach so billig – erstehen kann) von uns werfen, statt immer rückwärts, nun einmal vorwärts blicken, wenn

[30] Paul Zehnder, Die Kunst in der protestantischen Kirche, in: Das Werk 8 (1921), 35. François Fosca, L'architecture «nudiste» à l'église, in: Ars Sacra 8 (1934), 51–57, Anton Higi, Päpstliche Leitsätze für Kirchenarchitektur, in: Ars Sacra 11 (1937), 25–28.

wir – Klerus und Laien – das neue Problem des Kirchenbaues unserer Zeit aufstellen, die neuen Bedürfnisse zu sehen versuchen, neue Forderungen erheben, und wenn wir, Bauende, Architekten, unerbittlich die Möglichkeiten unserer Zeit zur Grundlage unserer Arbeit machen, Neuland finden werden.»[31]

Das erste grosse gebaute Manifest dieses neuen Programmes ist die St.-Karli-Kirche in Luzern.[32] Der 1930 unter katholischen Architekten landesweit ausgeschriebene Wettbewerb wurde von Josef Schütz vor Fritz Metzger und Otto Dreyer gewonnen. In der Überarbeitung war Metzgers Projekt siegreich und wurde 1933–1934 ausgeführt. Alle drei ausgezeichneten Projekte waren sich bereits erstaunlich ähnlich, in der Grundrisslösung wie in der Anwendung moderner Materialien und Techniken. Hermann Baur kommt in der Beurteilung der Erstprämierten denn auch zum Schluss: «Wenn nicht alles täuscht, dürfen wir in Luzern der ersten Realisierung der neuen Kirchenbauideen entgegensehen.» Architektonisch äussern sich diese neuen Ideen in den freistehenden, die Decke tragenden Säulen und in der mit dem Glasfries den Kirchenraum umschliessenden, statisch durch die Säulen entlasteten, also stützenlosen Betonwand, womit die Konstruktionsprinzipien und technischen Möglichkeiten des Stahlbetons eine zeitgemässe formale Anwendung fanden.
Der in St. Karli gebaute Typ der Wegkirche, der um 1930 ähnlich und gleichzeitig an verschiedenen Orten in der Schweiz projektiert worden war, sollte während rund 30 Jahren Gültigkeit bewahren.[33] Die konsequente Anwendung von Technik und Material barg bereits den Topos des formal wertfreien Containers in sich, und nicht zufällig wurde ein solcher an der Landesausstellung in Zürich 1939 als «Pavillon der kirchlichen Kunst» – der Name definiert – von Fritz Metzger geschaffen.[34] Der Kommentator Robert Hess windet sich

[31] Hermann Baur, Um den neuen Kirchenbau, in: Ars Sacra 2 (1928), 9–19.

[32] Hermann Baur, Zu den Wettbewerbsentwürfen für die St.-Karli-Kirche in Luzern, in: Ars Sacra 6 (1932), 55–58. Ineichen/Zanoni (Anm. 15), 127.

[33] Weitere Beispiele: Evangelische Kirche Gerliswil, 1931–34 von Albert F. Zeyer. Werner Hunziker (Red.), in: Ausstellungskatalog Albert F. Zeyer, Kunstmuseum Luzern 1978. Fritz Metzger, Entwurf für die Kirche Affoltern a.A., in: Ars Sacra 2 (1928), Tf. 22. Rino und Carlo Tami, Kirche Sacro Cuore, Bellinzona, 1936. Otto Dreyer, St. Josef Maihof, Luzern 1942, in: Der Altar und sein Raum, 20. Jahrbuch für christliche Kunst, Zug 1950, 38.

[34] Robert Hess, Über die kirchliche Kunst an der Landesausstellung 1939 in Zürich, in: Ars Sacra 1940, 14–19.

denn auch um eine Würdigung, indem er fragt: «Wäre es nicht sinnvoller und organischer, in einer so grossen Veranstaltung, wie es eine Landesausstellung ist, eine Kirche hinzustellen, in der für die überall hergereisten Ausstellungsbesucher an Sonn- und Feiertagen Gottesdienst gehalten würde, in der die kirchlichen Kunstwerke in ihrer ‹Funktion› zu sehen wären und die, wie andere Kirchen, ehrfürchtig besucht und besichtigt werden könnte?» Er erklärt dann: «Der Schweizerische Katholische Volksverein (...) hat sich zu einem Pavillon entschlossen und zwar gemeinsam mit den Vertretern des protestantischen Volksteils.» Schliesslich legt er die ausserordentliche Problematik der Ausstellung kirchlicher Kunst dar und drückt sich um eine Wertung. Der Pavillon war denn auch, wie sein Name sagt, eine formal nicht definierte Hülle, die auch für ganz andere Funktionen hätte verwendet werden können. Im Gegensatz zu den Landesausstellungen von Genf und Bern war in Zürich wieder einmal eine Form der architektonischen Negation erreicht, die auch in Zukunft und besonders in den achtziger Jahren, in nunmehr «Foyer» oder «Gemeindezentrum» genannten Kirchen, etwa der neuen Pfarrkirche St. Matthias in Steinhausen ZG, aufgegriffen wurde.[35]

Andere Formentwicklungen sind nicht der Technik oder den Baumaterialien, sondern neu definierten Bedürfnissen der Bauherrschaft, der Benützter, des Gläubigen also, zuzuschreiben. Ausgangspunkt für den architektonisch wichtigsten Entwicklungsschritt in der Sakralarchitektur des 20. Jahrhunderts ist das Wiesbadener Reformprogramm des Pastors Veesenmeyer und des Architekten Johannes Otzen.[36] Die 1891 formulierten Richtlinien forderten einen «bergenden» Gemeinderaum, der sich um das liturgische Zentrum von Kanzel, Taufstein und Orgel anordnet, eine Raumorganisation also, die in den barocken Querkirchen vorhanden gewesen war, mit dem Kulturprotestantismus des 19. Jahrhunderts jedoch verloren ging. Die 1898–1901 von Karl Moser erbaute reformierte Pauluskirche in Basel folgt raumorganisatorisch den funktionalen Forderungen des Wiesbadener Reformprogrammes, auch wenn im eklektizistischen

[35] Vgl. die Kirchenzentren von Affoltern a.A., 1979–83 von Willi Egli, Zürich, Otto Gmürt, Katholische Kirche in Affoltern am Albis, in: Archithese 6/1983, 55–59. Kirchenzentrum Steinhausen ZG, 1978–81 von Ernst Gisel, in: Werk 1982 Nr. 7/8, 26–33.

[36] André Bieler, Liturgie et architecture. Le temple des chrétiens, Genf 1961.

Jugendstilinterieur der spätromanischen Dreikonchenanlage nichts von architektonischer Reform zu spüren ist. Die 1906–1908 von Robert Bischoff und Hermann Weideli errichtete reformierte Kirche Wallisellen überträgt dieselben Ideen in einfachere, gut nachvollziehbare Dimensionen des Landkirchenbaus.[37] Ein eigentlicher architektonischer Durchbruch war allerdings noch nicht erreicht, folgten doch beide genannten Beispiele noch immer entweder der Stil- oder der Heimatschutz-Architektur. Den wichtigsten Entwicklungsschritt tat Otto H. Senn erst in den fünfziger Jahren mit seinen Projekten für zentrierte und durch Faltwände unterteilbare Räume sowie mit seinen Schriften.[38]

Wie schon im kirchlichen Pavillon der Landi 1939 angedeutet, erfolgte der Durchbruch parallel in beiden Konfessionen, wie überhaupt die Thesen der Ökumene, der «tätigen Teilnahme der Gläubigen an den heiligen Mysterien» und daraus folgend des Einheitsraumes nun eine entscheidende, auch formentscheidende Bedeutung gewannen.

Diese «tätige Teilnahme der Gläubigen an den heiligen Myterien» wurde mit dem Bau der Bruder-Klausen-Kirche in Oberwil bei Zug 1956 zum ideellen, architektonischen und künstlerischen Thema, neun Jahre vor dem Abschluss des Zweiten Vatikanischen Konzils.[39] Die anlässlich der Kirchweihe verfassten Texte zeugen von einem Verständnis der Liturgie und der entsprechend reagierenden Architektur, das als ausnehmend forschrittlich bezeichnet werden kann. Die Reaktion der Gläubigen, die scharfe Kritik an den Fresken von Ferinand Gehr, unterstreicht den Avantgarde-Charakter des Unterfangens nur noch deutlicher. Das Projekt «Zelt Gottes» des Architekten Hanns Anton Brütsch von Zug war 1953 aus einem Architekturwettbewerb als Sieger hervorgegangen und wurde 1955–1956 ausgeführt. In der Festschrift zur Einweihung der Pfarrkirche nimmt der Architekt wesentliche Grundsätze nachkonziliarer Gedanken voraus: «Es galt also nicht, äussere Formen zu schaffen, sondern vielmehr den Raum zu gestalten, wo sich die Gemeinde zur Feier des eucharistischen Opfers um den Altar versammelt (...). Diese ‹Einheit

[37] Hans Martin Gubler, Die reformierte Kirche Wallisellen 1906–1908, in: Unsere Kunstdenkmäler 28 (1977), 78–85.

[38] Otto H. Senn, Evangelischer Kirchenbau im ökumenischen Kontext, Basel 1983.

[39] Heinz Horat, Moderner Kirchenbau im Kanton Zug, in: Tugium 6 (1990), 97–117.

aller in Christus› in einem gemeinsamen, die Gläubigen durch seine Wände gleichsam umfassenden Raume spürbar werden zu lassen, war das Hauptziel der Planungsarbeit (...). Die Lage der zentralen, sakralen Objekte, Opferaltar und Taufbrunnen einerseits, und die bereits erwähnte Absicht des Architekten, Priester und Volk in einem gemeinsamen, übersichtlichen, nicht unterteilten Raume zu umfassen anderseits, formten in der Folge den Raum. Bewußt wurde von einer räumlichen Abtrennung des Altarraumes abgesehen. Vielmehr ging das Bestreben dahin, durch die geringe Tiefe des Raumes die Entfernung auch der hintersten Plätze zum Altare klein zu halten (...). Der bedeutungsvollen Beziehung, die besteht zwischen Eucharistie und Taufe, wird Rechnung getragen durch die ebenso bedeutungsvolle Lage von Altar und Taufbrunnen. Beide liegen – den Gläubigen unmittelbar sichtbar – in der Mittelachse des Kirchenraumes. Der Opferaltar, frei von jeder Schranke, lediglich erhöht durch wenige Stufen, steht in jenem Teil des gemeinsamen Raumes, wo sich dessen Linien sowohl im Grundriß wie im Aufriß treffen, in jenem Teile, der seine Kostbarkeit nicht in der Größe, sondern vielmehr in einer gewissen Verdichtung der baulichen und künstlerischen Mittel und einer differenziert gestalteten Lichtführung findet.»

Ähnlich argumentierte der für die Ausmalung der Kirche bestimmte Künstler Ferdinand Gehr: «So trägt nun auch die neue Kirche die Zeichen unserer Zeit an sich, sowohl in der architektonischen Form wie auch in der Malerei. Aber ebenso deutlich ist auch das Bekenntnis zu den Mysterien des Glaubens an ihr zu erkennen. Unser gemeinsames Erleben finden wir heute besonders in der Teilnahme an der eucharistischen Mysterienfeier. Die gemeinsame, vereinte Teilnahme der Menschen am heiligen Opfer Christi und die innige Vereinigung aller mit ihm im hl. Opfermahl werden immer mehr zum tiefsten Erlebnis des Religiösen (...) Die moderne Malerei hat als besonderes Ausdrucksmittel die Farbe neu belebt. Sie ist zur Trägerin der Ausdruckswerte geworden, und sie trägt auch die nötigen Eigenschaften und Möglichkeiten vornehmlich in sich. In der Malerei auf der linken Seite zum Beispiel sehen wir Christus und die Engel im reinen Weiß mit frischen, lebendigen Farbtönen der Menschengruppe in mehr gebrochenen, erdhaften Farben gegenübergestellt. Aus dieser Zusammenordnung im Farbigen und auch im Zusammenklang der Größenverhältnisse und Gebärden ergibt sich die Einheit des Bildes. Die Vereinfachung und Zurückhaltung in den Einzelheiten und das Flächige der Farbflecken kommen sowohl der architektonischen Haltung wie auch der geistigen Aussage zugute.»[40]

Da war also in Oberwil eine Kirche gebaut worden, die zu den forstschrittlichsten ganz Europas – das kann heute ohne weiteres gesagt werden – gehörte. Sie zeigte bereits vor dem Konzil einen jener Gemeinschaftsräume, die von den Architekten in Deutschland und Österreich stark beachtet wurden. Ebenfalls typisch für die Zeit bot sie ein architektonisches Symbol für «die Kirche», der Projektname «Zelt Gottes» gibt diese Grundidee wieder. Das Zelt, Ausdruck der Sippengemeinschaft, stärkt das Gefühl der Zusammengehörigkeit, Zeltbahnen überspannen einen achteckigen Unterbau, der nach textilem oder doch farbigem Schmuck geradezu verlangt. Diese an sich bereits ungewöhnliche, der Region fremde, zentralisierende Architektur, die sich von traditionellen Kirchenformen konsequent gelöst hatte, bot neue Voraussetzungen für das Gesamtkunstwerk im Sinne ebenbürtiger Beiträge unterschiedlicher Kunstattungen zu einem Ganzen. Solches war unter ganz anderen gesellschaftlichen und künstlerischen Voraussetzungen um die Jahrhundertwende in den Kirchen des Historismus, des Heimatstils und dem «Groupe de St-Luc et St-Maurice» entstanden, es war zur großen Zeit des Neuen Bauens von der formalen und materiellen Macht der neuen Architektur verdrängt worden und stand nun für eine kleine Weile wiederum im Vordergrund, wie die sich insbesondere nach dem zweiten Vatikanischen Konzil stark entfaltende affirmative, symbolhafte Architektur, der in den achtziger Jahren eine Epoche negierender Sakralbauten in «nackten» Baumaterialien wie dem Kalksandstein folgte, getreu dem über die ganze Architekturgeschichte hinweg feststellbaren Grundrythmus der Sakralarchitektur.

[40] Vgl. die neue Darstellung der zeitgenössischen Malerei in: Fritz Kunz und die religiöse Malerei. Christliche Kunst in der Deutschschweiz 1890 bis 1960. Ausstellungskatalolg Museum in der Burg, Zug 1990.

Der Rex-Verlag in Luzern

Alois Steiner

1. Die allgemeine Situation nach dem Ersten Weltkrieg

Anfangs der zwanziger Jahre erwachte nördlich der Alpen das religiöse Bewusstsein aufs neue. Der Grund lag in der aufbrechenden Liturgischen Bewegung und in der von der Persönlichkeit Romano Guardinis beseelten Jugendbewegung. Man entdeckte wieder die Tatsache, dass die Gläubigen Teil eines Volkes, einer Kirche sind, und dass das religiöse Leben vor und in Gott im Schosse dieses Gottesvolkes gelebt werden muss.[1] Am Internationalen Eucharistischen Kongress von 1922 in Rom unterschrieben 69 Kardinäle eine Bittschrift, die den neuen Papst Pius XI. (1922–1939) ersuchte, zu Ehren des Königs Christus ein liturgisches Fest einzuführen. In den folgenden Jahren verstärkten sich die Eingaben. Die Liturgiker wiesen zwar darauf hin, dass das Fest zu Ehren Christi, des Königs aller Völker, in der Epiphanie schon gefeiert werde. Doch wollte man die jetzige Königsherrschaft Christi über die Welt hervorheben. Den Ansprüchen das Laizismus galt es, die Forderung des Katholizismus entgegenzustellen, nicht nur das private Leben des Einzelmenschen, sondern das gesamte Leben der Gesellschaft zu durchdringen.

Pius XI. veröffentlichte am Ende des Heiligen Jahres 1925 die Enzyklika «Quas primas», durch die er das neue Fest einsetzte. Es wurde auf den letzten Sonntag im Oktober angesetzt, damit das ganze christliche Volk daran teilnehmen konnte.[2]

1 Roger Aubert, Vom Kirchenstaat zur Weltkirche. 1848 bis zum Zweiten Weltkrieg, Bd. V/1 der Geschichte der Kirche, Zürich/Köln 1976, 222f.

2 Roger Aubert, Vom Kirchenstaat zur Weltkirche, 223 und Anm. 38.

In Deutschland stellte Romano Guardini[3] nach dem Ende des Ersten Weltkrieges «das Erwachen der Kirche in den Seelen» fest.[4] Die starke Betonung der Werte des Gemeinschaftslebens, die in diesen Jahren aufbrach, führte innerkirchlich zu einer neuen Bejahung der lange zu sehr als «religiöse Zweck- und Rechtsanstalt» empfundenen Kirche.[5] Sie wurde wieder als «religiöse Gemeinschaft» erfasst und nach dem Bild des mystischen Leibes gedeutet. Dies hatte freilich auch Konsequenzen für das Organisationsgefüge des deutschen Katholizismus. Nach der Meinung Guardinis sollte die Kirche von den Gläubigen primär dort erfahren werden, wo sie nach seiner Meinung «für den Einzelnen zunächst gegeben ist: in der Pfarrgemeinde». Das neue Verständnis der Kirche war eng verbunden mit der Entdeckung der Liturgie als Ausdruck kirchlicher Gemeinschaft und eines die individualistische Enge überwindenden religiösen Lebens.[6]

Dass die Laien im Leben der Kirche eine grosse Bedeutung erlangt haben, ist einer der Hauptzüge der Zeit unter Pius XI. und Pius XII. Nach dem Ersten Weltkrieg wurde man sich immer klarer bewusst, dass es eine spezifische Aufgabe der Laien gibt. Diese wurde nicht als Sonderaufgabe einer kleinen Elite, sondern als allgemeine Sendung und Pflicht aller Getauften verstanden. «Die Katholische Aktion», erklärte Pius XI. 1929, «ist heute nichts anderes als das Apostolat der Gläubigen, die unter der Leitung ihrer Bischöfe der Kirche Gottes ihre Hilfe leihen und ihren Seelsorgedienst ergänzen.»[7]

2. Die Neugestaltung des Schweizerischen Katholischen Jungmannschaftsverbandes (SKJV) 1931

Zu Beginn der 1930er Jahre erfuhren die Jugendbewegungen fast aller europäischer Länder einen imposanten Aufbruch. Das lässt sich

3 Romano Guardini (1885–1968), Theologe und Philosoph, führende Gestalt der Jugendbewegung der zwanziger Jahre und liturgischen Bewegung.

4 Romano Guardini, Vom Sinn der Kirche. Mainz 1922, 1.

5 Romano Guardini, Vom Sinn der Kirche, 5.

6 Heinz Hürten, Geschichte des deutschen Katholizismus 1800–1960, Mainz 1986, 190f.

7 Roger Aubert, Vom Kirchenstaat zur Weltkirche, 209f. Vgl. auch Erwin Iserloh, Die Katholische Aktion, in Handbuch der Kirchengeschichte, Bd. VII, Die Weltkirche im 20. Jahrhundert, Freiburg 1979, 310–313.

auch in der Schweiz beobachten. Die Jugend wurde zu einem Faktor, der das gesellschaftspolitische und kulturelle Leben zunehmend beeinflusste. Der alte Vereinsbetrieb der Jüglingsvereine hatte sich Ende der 1920er Jahre abgenützt. Ein neuer Offensivgeist wurde denn auch zum Charakteristikum der 1930er Jahre.

Wie in andern Ländern kam es auch in der Schweiz zu frontistischen[8] Erneuerungsbewegungen, die – mit dem Höhepunkt des Frontenfrühlings von 1933 – Einfluss auf das innenpolitische Klima ausübten und durch ihre grosse Dynamik und ihren besonderen Offensivgeist eine ernstzunehmende Konkurrenz im Jugendlager darstellten. Auch Teile des politischen Katholizismus waren kurzfristig anfällig, der frontistischen Anziehungskraft zu erliegen.[9] Die Führung des SKJV bemühte sich seit den frühen 1930er Jahren, die Jünglingsvereine alten Stiles zu zeitgemässen Pfarreijungmannschaften umzugestalten. Nur ein SKJV, der das jugendliche Zeitgefühl umzusetzen und die damaligen jugendtypischen Mobilisierungs- und Attraktivierungsinstrumente einzusetzen wusste, konnte der faschistischen Herausforderung eine Alternative bieten. Es überrascht daher nicht, dass der Jungmannschaftsverband gerade dem Frontenfrühling die imposante Grossdemonstration der ZUJUTA (Zuger Jungmannschafts-Tagung vom 19./20. August 1933) mit 20 000 Teilnehmern gegenüberstellte.[10]

Massgebend beteiligt an der Umgestaltung des SKJV waren die beiden Persönlichkeiten Dr. Josef Meier (1904–1960) als Priester und Eugen Vogt (*1909) als Laie, die in jenen Jahren an die Spitze des Verbandes berufen wurden. Beide Namen wurden im gleichen Atemzug genannt. Beide Persönlichkeiten ergänzten sich in idealer Weise. Dr. Josef Meier war bereits 1928 als Präses des Katholischen Jünglingsvereins der Stadt Luzern und Leiter des Jugendheims berufen

[8] Zum Frontismus in der Schweiz siehe Beat Glaus, Die Nationale Front. Eine Schweiz. Faschistische Bewegung 1930–1940, Zürich/Einsiedeln/Köln 1969. Walter Wolf, Faschismus in der Schweiz. Die Geschichte der Frontenbewegung in der deutschen Schweiz 1930–1945, Zürich 1969.

[9] Dieses Kapitel anhand der Arbeit von Joseph Jung, Katholische Jugendbewegung in der deutschen Schweiz. Der Jungmannschaftsverband von der Mitte des 19. Jahrhunderts bis zum Zweiten Weltkrieg. Freiburg Schweiz, 1988, 287ff. (= Reihe Religion – Politik – Gesellschaft in der Schweiz, hgg. von Urs Altermatt, Bd. 2).

[10] Joseph Jung, Katholische Jugendbewegung, 366ff. Vgl. Josef Konrad Scheuber, Grenzstationen des Lebens, Luzern 1981, 131–133.

und alsdann vom Zentralvorstand des SKJV als Redaktor der «Jungmannschaft» gewählt worden. Während 31 Jahren redigierte er mit aussergewöhnlichem Elan diese wöchentlich erscheinende Verbandszeitschrift. Die steigende Attraktivität der «Jungmannschaft» unter seiner Leitung zeigt allein schon die Abonnentenzahl, die auf mehr als 20 000 anstieg.[11]

Schon in seiner ersten Nummer von anfangs 1929 schrieb der neugewählte Redaktor der «Jungmannschaft» einen Leitartikel über Jesus Christus den König. Er stellte darin Christus als Leitbild und Ziel der Bildungsarbeit am jungen Menschen dar. Dieses Christusbild hatte der neue Redaktor von seinem Lehrer Albert Meyenberg (1861–1934) übernommen, den er am Priesterseminar Luzern als Professor für Exegese des Neuen Testaments schätzen gelernt hatte. Meyenberg war ein bekannter Redner an mehreren schweizerischen und ausländischen Katholikentagen[12], Verfasser mehrerer Christusbücher, aber auch ein grosser Förderer der katholischen Jugendarbeit. Seinerzeit war er Initiant der Gründung des Schweizerischen Verbandes der katholischen Jünglingsvereine im Jahre 1893 und dessen erster Zentralpräses gewesen.[13] Daneben war er in seiner Eigenschaft als Präses des Katholischen Jünglingsvereins der Stadt Luzern der Erbauer des Jugendheims am St.-Karli-Quai 12 in Luzern, dem spätern Sitz des Generalsekretariats SKJV und des Rex-Verlages. Dr. Josef Meier wurde 1928 sein Nachfolger. So lässt sich geradezu eine geistige Linie ziehen vom christusbegeisterten ersten Zentralpräses Meyenberg zu seinem Schüler und Nachfolger Dr. Josef Meier und zur religiösen Erneuerungsbewegung des SKJV Ende der zwanziger und anfangs der dreissiger Jahre.

Der aktive Dr. Josef Meier gewann den im basellandschaftlichen Allschwil geborenen Eugen Vogt, der in der Firma Sandoz in Basel als kaufmännischer Angestellter arbeitete und sich bereits stark im katholischen Vereinsleben betätigte, als Laiensekretär für die Verbandszentrale, die ihren Sitz damals noch in Zug hatte. Vogt sagte zu,

[11] Zu Dr. Josef Meier, siehe Joseph Jung, Katholische Jugendbewegung, 306f. Ferner Eugen Vogt, Prälat Dr. Josef Meier zum Gedenken, Luzern 1960.

[12] Armin Imstepf, Die schweizerischen Katholikentage 1903 bis 1954. Freiburg Schweiz 1987, 281. (Reihe Religion – Politik – Gesellschaft in der Schweiz, hgg. von Urs Altermatt Bd. 1). Vgl. auch F.A. Herzog, Albert Meyenberg, Luzern 1936.

[13] Joseph Jung, Katholische Jugendbewegung, 70f.

begab sich aber im August 1930 zunächst zu einem Sprach- und Studienaufenthalt nach Löwen (Belgien) an das Generalsekretariat der katholischen Jugendbewegung Belgiens. Dort lernte er die neue Form der Jugendarbeit kennen und wurde beeinflusst von der kompromisslosen Ausrichtung auf Christus den König, die die «Action catholique de la jeunesse belge» (ACJB) charakterisierte.[14]

Der Aufenthalt in Belgien hat Eugen Vogt nachhaltig geprägt: «... Die geistige und religiöse Grundlage der katholischen Aktion und der Spiritualität, die in der Idee des Christkönigs wurzelte, erfüllte mich mit ganzer Intensität und Begeisterung. Aufgrund der Einflüsse der religiösen Grundlagen der ACJB, wie sie Mgr. Louis Picard[15] geprägt hat, suchte ich eine geistige und organisatorische Ausrichtung in neuer Prägung für unsere schweizerische Jungmannschaftsarbeit zu finden ...»[16]

Am 10. März 1931 wurde Eugen Vogt vom Zentralvorstand des SKJV als Adjunkt des Generalsekretärs Pfarrer Friedolin Suter[17] gewählt. Er wurde der erste Laienmitarbeiter in einer kirchlichen Institution, in der bis anhin nur Priester in führender Position tätig gewesen waren.

3. *Die Gründung des Rex-Verlages 1931*

Schon im ersten Jahr seines Wirkens an der Verbandszentrale gründete Eugen Vogt am 1. April 1931 in Übereinstimmung mit seinem Vorgesetzten, Generalsekretär Fridolin Suter, den Rex-

[14] Nachhaltigen Eindruck auf die belgische katholische Jugend übte damals die mexikanische Christenverfolgung und die Gestalt von Pater Pro im Einsatz für Christkönig aus, vgl. dazu: Roger Aubert, Vom Kirchenstaat zur Weltkirche, 145; Festschrift 75 Jahre Eugen Vogt, 9.

[15] Mgr. Louis Picard (1886–1955), aumônier général de l'Action catholique de la jeunesse belge (ACJB). Siehe Giovanni Hoyois, Aux origines de l'Action catholique. Monseigneur (Louis Picard). Bruxelles 1959, Standort: Staatsarchiv Luzern, PA 188/224.

[16] Festschrift 75 Jahre Eugen Vogt, 9.

[17] Fridolin Suter (1889–1952), Pfarrer in Walchwil ZG, 1921–1937 Generalsekretär des SKJV, dann Pfarrer in Pfeffikon LU, seit 1941 Pfarrer in Perlen LU. A. Iten, Tugium Sacrum I, 408.

Verlag, ohne Grundkapital und ohne verlegerische Erfahrung. Die Idee zur Gründung eines eigenen Verlages hatte Eugen Vogt in Belgien geholt. Dort führte die ACJB den Verlag «Editions Rex». Dadurch konnte die Idee der Katholischen Aktion leichter unter die Jugend gebracht werden. Die Initiative und der jugendliche Optimismus (Vogt war damals 22jährig!) bestätigten sich im Erfolg der ersten Publikationen. Der Rex-Verlag wurde zu einem wichtigen und umfassenden Werk der schweizerischen Seelsorgehilfe. Er bildete dann schnell die finanzielle Basis für das Generalsekretariat SKJV.

Bis 1938 blieb der Rex-Verlag – im Einverständnis mit dem Generalsekretär – eine Privatinstitution von Eugen Vogt. Mit der 1938 erfolgten Eintragung des Rex-Verlages ins Handelsregister wurde der «Schweizerische Katholische Jungmannschaftsverband» (SKJV) Träger des Rex-Verlages und seiner Zweiggebilde.[18]

Neben dem Gründer und Leiter Eugen Vogt ist vor allem auf die Bedeutung von Werner Andermatt, eines jungen Zuger Künstlers und späteren Leiters der Luzerner «Schule für Gestaltung», hinzuweisen, der den Publikationen den prägnanten Stil und die graphische Form gab.[19] Die Verbandsspitze des SKJV und der Rex-Verlag befanden sich seit 1937 im gleichen Haus am St.-Karli-Quai 12 in Luzern.

Ruth Schaumann, die bekannte Schriftstellerin und Künstlerin, hat damals versucht, Programm und Ziel des Rex-Verlages mit einem bezeichnenden Verlagssignet zeichnerisch darzustellen. Dieses bedeutete folgendes: Himmel und Erde werden miteinander verbunden durch den menschgewordenen Sohn Gottes. Im Dienste dieses himmlischen Königs steht der Verlag, der deswegen den Namen Rex-Verlag erhielt. Dieser Verlagsname bedeutete gleichzeitig die Kennzeichnung seiner Aufgabe und seines Programms, war eine stete Verpflichtung und wies auf das hohe Ziel hin, das es in Zukunft immer wieder anzustreben galt.

[18] Protokoll des Zentralvorstandes des SKJV, 11. April 1938, Standort: St.-Karli-Quai 12, Luzern.

[19] Joseph Jung, Katholische Jugendbewegung, 314, Anm. 36.

Signet des Rex-Verlags von Ruth Schaumann

Die ersten zehn Verlagstitel kennzeichneten die lange gültige Verlagsrichtung. Das erste Werk verfasste Eugen Vogt selber. Es erschien unter dem Pseudonym «Guido Canis» und hatte zum Titel «Katholische Aktion der Jungen». Es war seinerzeit (1930) für einen literarischen Wettbewerb des basellandschaftlichen Kantonalverbandes des SKJV geschrieben und mit dem ersten Preis ausgezeichnet worden. Das zweite Werk war eine Broschüre von Rektor Dr. P. Hüsser und trug den Titel «Der berufliche Aufstieg des Jungmanns». Damit wurde die umfangreiche Reihe von Büchern zur Selbsterziehung eröffnet. Das dritte Buch «Juventus Catholica» war wiederum ein Werk von Eugen Vogt mit dem Vorwort von SKJV Generalsekretär Fridolin Suter über alle katholischen Jugendorganisationen Europas. Darin wurde die weltweite Verbindung kirchlicher Jugendarbeit aufgezeigt und zugleich die Stellung des SKJV in der jungen Völkergemeinschaft dargelegt.

Mit dem vierten Buch folgte die Reihe über die Verbandsführertagungen, die die Etappen im Auf- und Ausbau der Jungmannschaftsbewegung aufzeigten. Der Bericht über die erste Verbandsführertagung vom September 1932 in Zug trug den bezeichnenden Titel: «Frührot neuer Zeit».

Als erstes Hilfsmittel zur praktischen Jugendarbeit erschien bald darauf das neugefasste Liederbuch der Jungmannschaft, der hochgeschätzte «Jungsang». Im nächsten Werklein wurden Ziel und Methode der neugegründeten Jungwachtbewegung als Vorstufe des SKJV aufgezeigt.

Um die grosse Aufgabe der Erneuerung der Laienspielbewegung der Jugend und des katholischen Volkes zu fördern, erschien das gediegene Werk «Spielführer». Kompetente Mitarbeiter wie Prof. Dr. Linus Bircher (1893–1967) und der Theaterfachmann Dr. Oskar Eberle (1902–1956) halfen mit, die Laienspielbewegung unter der katholischen Jugend zu erneuern. Im eigenen Theaterverlag sind im Laufe der Jahre über 80 verlagseigene Stücke für die Jugend- und Volksbühne herausgegeben worden. Um 1980 ging der Theaterverlag ein.

Der ab 1937 amtierende Generalsekretär Dr. Josef Meier schuf das Jungmännergebetbuch «Gottfrohe Jugend», das vielen jungen Menschen zu einem Lebensbegleiter geworden ist. Es ist in 7 Auflagen mit insgesamt 82 000 Exemplaren erschienen. Vom gleichen Autor erschien «Christusgemeinschaft», mit der Aufgabe, die Wesensgrundlage katholischer Gemeinschaftsarbeit aus dem Geiste des «Corpus Christi mysticum» aufzuzeigen.

Ein schwieriges Seelsorgeproblem war damals die gute Durchführung von Sonntagschristenlehren. Es gehörte zur traditionellen Sonntagsgestaltung, dass die schulpflichtigen Jugendlichen am frühen Sonntagnachmittag die Christenlehre besuchten. Die Pfarrer beklagten sich jedoch immer wieder über die mangelhafte Teilnahme.[20] Um den Jugendseelsorgern hierin zu helfen, wurde in vier Werkmappen der Stoff für die religiöse Schulungsarbeit in dieser kritischen Lebensperiode zusammengestellt und aufbereitet.[21] Mit diesem zehnten Verlagswerk wurde die grosse Reihe katechetischer Hilfsmittel grundgelegt.

20 Urs Altermatt, Vom kirchlichen Sonntag zum säkularisierten Wochenende. Zur Sozial- und Mentalitätsgeschichte des vorkonziliaren Sonntags. In: Der Sonntag. Anspruch – Wirklichkeit – Gestalt. Herausgegeben von Alberich Martin Altermatt und Thaddäus A. Schnitker unter Mitarbeit von Walter Heim, Freiburg 1986, 252f. und 259.

21 Sonntagschristenlehre für Schulentlassene, herausgegeben von einer Arbeitsgemeinschaft von Jugendseelsorgern. 5 Bände ab 1938.

4. Das Verlagsprogramm des Rex-Verlages

4.1. Die geistige Formung junger Menschen

Der Rex-Verlag hat in den Jahrzehnten seines Wirkens eine gewaltige Aufbau- und Erziehungsarbeit geleistet. Er stand konsequent im Dienste der christlichen Formung junger Menschen. Über zwanzig Jahre gab er dem SKJV jeden Sommer mit seiner Bildungsmappe ein unentbehrliches Werkzeug in die Hand. Auch für die Jungwachtbewegung wurde reicher Arbeits- und Ausbildungsstoff zur Verfügung gestellt, sowohl für die Führerbildung wie auch für die praktische Jugendarbeit in den Gruppen.

Aus den Bildungsmappen des SKJV erwuchsen die lebenskundlichen Jungmännerbücher von Dr. Josef Meier, P. Anton Lötscher und Pfarrer Johann Stalder. Manche dieser Bücher, z.B. «Ich meistere das Leben» von Josef Meier, erlebten verschiedene Auflagen und erfuhren Übersetzungen in mehrere Fremdsprachen.

Der zentrale Gedanke des Verlagsschaffens bestand in den ersten Jahrzehnten darin, der heranwachsenden Jugend zu dienen. Es sollten ihr jene Bücher vermittelt werden, die zur Selbstbesinnung, zur Selbsterziehung und zur Reifung verhalfen.

Eine Reihe ähnlicher Werke erfreute sich grosser Beliebtheit bei den Jungmädchen.

Erzieherische Bedeutung für die Braut- und Eheleute erhielten die Ansprachen Pius' XII. an die Neuvermählten. Sie erschienen in zwei Bänden (Das Ideal der christlichen Ehe, 2. Aufl. 1943), sowie «Eheleben und Familienglück» 1944). Aus der Praxis der Brautleutetage des SKJV entstand das Handbuch «Das Lebensbuch der Brautleute» aus der Feder von Dr. Josef Meier und Eugen Vogt (1944).

Ähnliche Beachtung erfuhren nach 1945 die Übersetzungen der im französischen Sprachgebiet so berühmten Ehebücher von Pierre Dufoyer. Bischof Franziskus von Streng (1884–1970), der Oberhirte der Diözese Basel und Lugano von 1937–1967 und Zentralpräses des Schweizerischen Jungmannschaftsverbandes, übertrug dem Rex-Verlag die Herausgabe seiner Hirtenworte über Ehe und Familie mit Brautunterricht unter dem Titel «Geheiligte Ehe». Zu erwähnen ist schliesslich das erfolgreiche Gebetbuch und Familienritual für Väter und Mütter «Familie vor Gott», das acht Auflagen erlebte und in mehr als 50 000 Exemplaren gedruckt wurde.

Wertvolle und willkommene Hilfsmittel für den Katecheten waren die beliebten biographischen Erzählungen des im ganzen deutschen Sprachraum bekannten Jugend- und Volksschriftstellers Wilhelm Hünermann. Die Krönung seiner zahlreichen im Rex-Verlag erschienenen Bücher waren «Geschichte des Gottesreiches» (4 Bände), «Geschichte der Weltmission» (3 Bände), «Die Schmiede der Wahrheit. Eine Geschichte der Allgemeinen Konzilien»; jeder umfangreiche Band enthielt Biographien von massgebenden Menschen der einzelnen Epochen.

4.2. Christliche Erneuerung des Menschen

Der Rex-Verlag hatte seit jeher ein ganz klares Programm: Er stellte sich von Anfang an in den Dienst der christlichen Erneuerung des Menschen und seiner Festigung im Glauben. Eine der zentralsten Verlagsaufgaben war daher die Herausgabe religiöser Werke, die der asketischen Bildung dienten und zur christlichen Lebensgestaltung anleiteten. Dazu gehörten etwa das Asketikbuch für den modernen Menschen des New Yorker Weihbischofs und Fernsehpredigers Fulton J. Sheen: «Aufstieg zu Gott» (1955), die Standardwerke von Jacques Leclerc: «Christliche Lebensgestaltung» (vier Bände 1953ff.) und P. Reginald Garrigou-Lagrange: «Des Christen Weg zu Gott» (zwei Bände 1954).

Die Verantwortlichen des jungen Verlages waren sich der Bedeutung der Vergangenheit voll bewusst. Deshalb förderten sie das Entstehen von Biographien grosser katholischer Männer als Vorbild für den ringenden Menschen. So erschienen 1948 Josef Bütlers «Männer im Sturm», vier Lebensbilder mit ergänzenden Texten.[22] Zu diesen Männern im Sturm des 16. Jahrhunderts zählten Heinrich Glarean, der vom Vertrauten Zwinglis zum Bildner altgläubiger Jugend wird; Gilg Tschudi, der mit persönlicher Freundschaft zu den neugläubigen Führern heroischen Einsatz für die alte Kirche vereinte; der Soldat Ludwig Pfyffer, der «Schweizer König», der lähmendes Entsetzen durch mutige Tat bannte; Melchior Lussy, der gewandte Diplomat, der neben Fürsten am Trienter Konzil (1545–1563) sass

[22] Gedenkschrift Dr. Josef Bütler, Rektor in Beromünster, Chorherr zu St. Leodegar 1903–1976, Luzern 1977, 7.

und zusammen mit dem Heiligen Karl Borromäus das Werk der Erneuerung sicherte. Diese Männer im Sturm, die Josef Bütler schilderte, waren Laien. Er hat damit, vielleicht unbewusst, die Idee der Aufwertung der Laien in der Kirche und der Mündigkeit des Laien gefördert.[23]

Daneben erschienen Werke über die grossen Laien der katholischen Erneuerung in der Schweiz: Bruder Klaus (A. Andrey), Josef Leu (Alois Bernet / Gottfried Boesch), Niklaus Wolf von Rippertschwand (Anton Sigrist); ferner über die bedeutenden Priesterpersönlichkeiten P. Theodosius Florentini (P. Veit Gadient, 1944), P. Gregor Girard (Eugen Egger) und Abbé Joye (Josef Sauter). Hierhin gehört auch das 1954 von P. Dr. Otmar Scheiwiller OSB / Dr. Josef Meier herausgegebene Buch über Dr. Paul Widmer (1897–1944), den Luzerner Kriminalgerichtspräsidenten. Er war Zentralpräsident des «Schweizer Ignatianischen Männerbundes» und des «Schweizer Katholischen Volksvereins». Glaubensfreude und Liebe zur Kirche vermittelten in überzeugender Weise die zahlreichen Rex-Bücher über berühmte Konvertiten unserer Zeit. Besondere Erwähnung verdienen ausserdem die in mehrfacher Auflage erschienenen Bücher von Kardinal Joseph Mindszenty über «die Mutter».

4.3. Im Dienst der Katechese, der Seelsorge und der Volksliturgie

Im Dienste der praktischen Seelsorge stand das schon erwähnte vierbändige Werk «Sonntagschristenlehre für Schulentlassene», herausgegeben von einer Arbeitsgemeinschaft von Jugendseelsorgern (1938 ff), ferner das vielgeschätzte und über unsere Landesgrenzen in mehreren Auflagen verbreitete Buch «Lebenskunde», Handbuch für Erzieher, herausgegeben von einer Arbeitsgemeinschaft von Jugendseelsorgern. Daneben verlegte der Rex-Verlag das von Josef Hüssler verfasste «Religionslehrbuch für Sekundarschulen» (1955) und die dazugehörenden «Handreichungen für Katecheten» (1955, 3 Auflagen). Beliebt war auch die «Kleine Liturgik» (1941, 7 Auflagen) von Candid Meyerhans. Zudem wagte sich der Rex-Verlag auch an die Veröffentlichung des ersten Bandes der von der Theologischen

[23] Gedenkschrift Dr. Josef Bütler, 15 f.

Fakultät Luzern herausgegebenen «Luzerner Theologischen Studien»: Das Opfer der Kirche. Exegetische, dogmatische und pastoraltheologische Studien zum Verständnis der heiligen Messe (1954).

Das führte zu einer weiteren Aufgabe. Es entstanden Publikationen im Dienste der volksliturgischen Bewegung.[24] Ohne Zweifel kommt dem SKJV das Verdienst zu, neue liturgische Formen zu einem allgemeinen katholischen Volksgut gemacht zu haben.

Die Aufwertung des Laienelementes im kirchlichen Leben und vor allem seine Integration in die Führungsarbeit des SKJV waren der entscheidende Schritt zu einer Popularisierung der Volksliturgie, die in der Schweiz zu Beginn der 1930er Jahre noch in den Anfängen steckte.[25] Beliebt wurde in jenen Jahren die «Missa de Angelis»[26] und die «Missa recitata», zu deren Verbreitung der SKJV durch den Rex-Verlag wesentlich beitrug. Der Jungmannschaftsverband war seit den dreissiger Jahren in seinen Tagungen und Exerzitien, und insbesondere auch in seinen Osterkursen in Schwyz um eine Verlebendigung der Liturgie bemüht. Aus diesem Geist heraus schuf der Rex-Verlag zahlreiche Hilfsmittel für die liturgische Bewegung im katholischen Volke. Diese Texthefte dienten dem Gemeinschaftsgebet der Gläubigen, der Verlebendigung des Choralgesanges und der Mitfeier der kirchlichen Feste, insbesondere auch der seit 1948 erneuerten Karwochen- und Osterliturgie. In die Hunderttausende gingen die Gebetstexte, die in den schweizerischen Pfarreien verteilt wurden. Durch die Verbreitung des volksliturgischen Schrifttums wurde der Rex-Verlag zu einem «Seelsorge-Verlag» für die Pfarreien.

[24] Pionier der liturgischen Bewegung im deutschen Sprachraum war neben Romano Guardini, Otto Karrer, Klemens Tillmann u.a. vor allem Pius Parsch, Klosterneuburg. Siehe Norbert Höslinger/Theodor Mass-Ewerd, Mit sanfter Zähigkeit. Pius Parsch und die biblisch-liturgische Erneuerung, Klosterneuburg 1979. Vgl. Leserbrief von Emil Achermann, Pius Parsch im Kanton Luzern. Vaterland Nr. 56, 9. März 1982.

[25] Joseph Jung, Katholische Jugendbewegung, 289ff., 386f.

[26] Josef Konrad Scheuber, Grenzstationen des Lebens, 131ff.: «Das Pontifikalamt, unterstützt von Musikvorträgen und vom Engelmesse-Gesang der 20 000 Jungmännerstimmen wurde zum unauslöschlichen Erlebnis...» Beschreibung der ersten Grosstagung der katholischen Schweizerjugend ZUJUTA 1933.

4.4. Im Dienste der päpstlichen Verkündigung

Während des Zweiten Weltkrieges und in der unmittelbaren Nachkriegszeit verfügte der Papst im deutschsprachigen Raum über keine Kanzel für seine aufrüttelnden Mahnrufe zum Völkerfrieden. Der Rex-Verlag sprang damals in die Lücke und veröffentlichte regelmässig Jahr für Jahr, oft in mehreren gediegen ausgestatteten Broschüren, die päpstlichen Kundgebungen zu Weihnachten und Pfingsten und die päpstlichen Enzykliken jener so entscheidenden Jahre.

Die Papstworte fanden durch verschiedene Fürsorgewerke auch den Weg über unsere Landesgrenzen hinaus zu den deutschen Gefangenen in Ägypten, in England usw. und gaben ihnen Kraft und Mut in ihrem schweren Schicksal. Der Weg in eine neue Völkerordnung wurde ihnen anhand dieser christlichen Botschaft klargemacht.

Als das Zweite Vatikanum (1962–65) eine neue Epoche der Kirchengeschichte einleitete, war der Rex-Verlag wieder bereit, die Konzilsdekrete in einer graphisch ansprechend gestalteten Form im deutschsprachigen Raum zu verbreiten.

4.5. Im Dienste der geistigen Landesverteidigung

Während des Zweiten Weltkrieges stellte sich der Rex-Verlag entschlossen in den Dienst der geistigen Landesverteidigung. In der vaterländischen Bildungsarbeit erfüllte das Buch «Volk und Werk der Eidgenossen» der Verfasser Dr. Hans Dommann / Eugen Vogt (1940) einen besonderen Zweck. Das Buch erlebte unter dem Titel «Der eidgenössische Staat» eine zweite Auflage. In verschiedenen Gemeinden wurde das Werk den Jungbürgern abgegeben.

Den Wehrmännern wurde am 29. September 1939 das gediegene Gebetbuch von Josef Konrad Scheuber (1905–1990) «Tapfer und Treu» in die Hand gegeben. General Guisan hat sich nicht gescheut, ein Vorwort für dieses Soldatengebetbuch zu schreiben. Die Auflage betrug über 80 000 Exemplare.[27]

Zahlreiche vaterländische Theaterstücke und Sprechchöre halfen mit, die eidgenössische Idee und eine begeisterte vaterländische

[27] Josef Konrad Scheuber, Grenzstationen des Lebens, 160ff.

Gesinnung innerhalb der Jugend und des Volkes zu festigen. Spruchkarten und Plakate mit guten Dichterworten eidgenössischer Prägung wurden für die Soldaten und ihre Unterkunftsräume geschaffen. Das grosse Gemeinschaftsgebet des katholischen Schweizervolkes «Betet, freie Schweizer betet» spielte für die religiöse Unterbauung des vaterländischen Gedankens eine wichtige Rolle. Es erschien in einer Auflage von über 300 000 Exemplaren und wurde während des Krieges im katholischen Schweizervolk zum erhebenden Gemeinschaftsgebet für Heimat und Frieden.[28] Bedeutsam für angehende Rekruten wurde auch das in mehreren Auflagen erschienene Handbüchlein «Der Ruf des Vaterlandes» von Josef Iten.

Josef Konrad Scheuber hat im Rahmen der Theaterliteratur für die geistige Landesverteidigung gewirkt. So schrieb er 1941, als unser Land mitten in der Kriegszeit den 650. Geburtstag feiern durfte, das vaterländische Weihespiel «Rütlifüür».[29] Seine Uraufführung fand am 8. September 1941 auf der Rütliwiese im Rahmen einer grossen Jungmännertagung der Innerschweiz mit rund 8000 Teilnehmern statt.

4.6. Der Rex-Verlag lanciert die Schweizer Volks-Buchgemeinde (SVB)

Mitten im Krieg, im Jahre 1942, war der Leiter des Rex-Verlages, Eugen Vogt, zusammen mit Dr. Josef Meier, Generalsekretär des SKVV, im Begriff, eine katholische Buchgemeinde aufzubauen. Der Katholische Volksverein hatte den seinerzeit von P. Theodosius Florentini (1808–1865) in Ingenbohl 1859 gegründeten und später vom Schweizerischen Piusverein übernommenen Bücherverein[30] «geerbt», als 1942 die Leitung des Generalsekretariates des Schweizeri-

[28] Die 30 Seiten starke Broschüre wurde innert kurzer Zeit in einer Auflage von rund 300 000 Exemplaren von fast allen Pfarreien des Landes angefordert und als Friedensandacht auch wirklich gebetet. Josef Konrad Scheuber, Grenzstationen des Lebens, 159f.

[29] Josef Konrad Scheuber, Grenzstationen des Lebens, 194–202.

[30] Alois Steiner, Der Piusverein der Schweiz. Von seiner Gründung bis zum Vorabend des Kulturkampfes 1857–1870. Stans 1961, 101ff. (Der katholische Bücherverein).

schen Katholischen Volksvereins (SKVV) mit jenem des Generalsekretariates des SKJV zusammengelegt wurde. Damit wurde Eugen Vogt in Personalunion Initiant, Geschäftsführer und Verlagsleiter der Schweizer Volks-Buchgemeinde, eine Funktion, die er bis zu seiner Pensionierung im Jahre 1970 ausübte. Mit dieser Personalunion wurde auch die Zusammenarbeit in der nun einsetzenden literarischen Verlagsproduktion der SVB mit jener des Rex-Verlages möglich. Der Rex-Verlag produzierte für den Buchhandel, die SVB für die Mitglieder der neuen Buchgemeinde. Die SVB war rechtlich, finanziell und administrativ vom Rex-Verlag von Anfang an unabhängig und selbständig als eine Institution des SKVV. Diese Verlagsgemeinschaft führte zu einem Konflikt für den Leiter des Rex-Verlages mit der Schweizerischen Vereinigung der katholischen Buchhändler, die in der SVB eine Konkurrenz sah und die Verlagsgemeinschaft der beiden Unternehmen mit ihren Geschäftsprinzipien nicht im Einklang fand. Weil Eugen Vogt sich weigerte, dem Verlangen des Buchhändlerverbandes nachzugeben und auf die Leitung der SVB zu verzichten, wurde er aus dem Verlegerverband ausgeschlossen. Durch die Gründung von Rex-München wurde eine Lösung gefunden.[31] Die SVB errang in der Nachkriegszeit einen raschen Aufschwung und wurde zu einem blühenden Kulturwerk der Schweizer Katholiken. Sie erreichte bis zum Jahre 1970 einen Bestand von 50 000 Mitgliedern und einen Jahresumsatz von über 1,8 Millionen Franken. Der Volksbuchgemeinde gelang es, das Eindringen der sozialistisch orientierten Büchergilde Gutenberg in die katholischen Kreise zu stoppen und unter den Schweizer Katholiken das Bewusstsein der Verantwortung für das Buch zu wecken.[32]

4.7. Das Erbe Heinrich Federers und anderer vergessener Schriftsteller

Der Schweizer Dichter Heinrich Federer (1866–1928) hat ein reiches literarisches Werk hinterlassen. Zum grossen Teil erschien es im Grote Verlag Berlin. Der Nationalsozialismus und der Zweite Weltkrieg unterbrachen die weitere Verbreitung seiner Werke. Die

[31] Persönliche Information von Eugen Vogt am 24. April 1990.
[32] Festschrift 75 Jahre Eugen Vogt, 70f.

Schweizer Volks-Buchgemeinde, 1942 vom Schweizerischen Volksverein ins Leben gerufen, wollte dieses Erbe hochhalten und erwarb um teures Geld zusammen mit dem Rex-Verlag von Grote über die Thurgauische Volkszeitung die Verlagsrechte.

In der Folge erschienen ab 1944 Federers Romane und Erzählungen in rascher Folge in der SVB-Neuausgabe: 1944: «Jungfer Therese», die «Lachweiler Geschichten» und als Weihnachtsangebot «Von Heiligen, Räubern und von der Gerechtigkeit». 1945: Die Jugenderinnerungen «Am Fenster», der Roman «Berge und Menschen» sowie die Erzählung «Spitzbube über Spitzbube». 1946: Die Erzählung «Papst und Kaiser im Dorf» usw. Speziell zu erwähnen sind auch seine Erzählungen aus Italien, die Federer so meisterhaft gestaltet hat. Wer kennt nicht seine Erzählung aus den Abruzzen «Sisto e Sesto» oder «Das letzte Stündlein des Papstes»? In den vierziger und fünfziger Jahren erschien ein beträchtlicher Teil der Werke dieses bedeutenden Schweizer Dichters in SVB-Ausgaben. Dieser Entscheid hat wesentlich dazu beigetragen, dass Federer bis heute nicht vergessen ist und sich weiterhin – dank der jeweils gleichzeitig erschienenen Parallelausgaben im Rex-Verlag für den Buchhandel – einer treuen Leserschar erfreut.

Auch andere, einst berühmte und vielgelesene Autoren wurden von der SVB wieder ans Licht gehoben, so der Zuger Schriftsteller Joseph Spillman («Der schwarze Schuhmacher», «Tapfer und Treu», u.a. mit meisterhaften Illustrationen von Werner Andermatt); die einst berühmte Autorin historischer Romane Enrica von Handel-Mazzetti («Stephana Schwertner», «Meinrad Helmpergers denkwürdiges Jahr» usw.); die meisten Erzählungen von Jeremias Gotthelf, aber auch in Lizenzausgaben die russischen Klassiker Leo Tolstoj und Fjodor M. Dostojewskij in ihren berühmtesten Romanen.

5. Der Rex-Verlag weitet seine Tätigkeit aus

Zur Zeit der nationalsozialistischen Herrschaft 1933–1945 war die gesamte Rex-Produktion zur verbotenen Literatur erklärt worden, deren Einfuhr und Verbreitung in Deutschland untersagt war. In den

Zeitschriften und Büchern des Rex-Verlages lässt sich kein Zugeständnis an den Nazigeist finden. Deshalb waren die Produktionen des Rex-Verlages in der Zeit des Wiederaufbaus äusserst beliebt.

Bald nach dem Kriege wurden die Landesgrenzen wieder geöffnet, und die Werke des Rex-Verlages fanden dank des lebendigen Interesses der Jugendpräsides und Religionslehrer vorwiegend aus den deutschsprachigen Nachbarländern Eingang auf dem ausländischen Buchmarkt. Seit 1948 ist der Rex-Verlag mit einer eigenen Schau an der Frankfurter Buchmesse vertreten. Doch das genügte nicht. Auf den 1. September 1955 entstand in München ein selbständiger Filialverlag mit einer eigenen beträchtlichen Produktion, Rex-München GmbH.[33] Wenn Rex-Luzern Schwierigkeiten hatte, dann wurde nach München ausgewichen. So bereitete der sonst tatkräftige Basler Diözesanbischof und Zentralpräses des SKJV, Franz von Streng, dem Rex-Verlag Schwierigkeiten, «Das neue Gesicht der Ehe» des Freiherrn Friedrich von Gagern in Luzern herauszugeben. Der Rex-Verlag wich darum mit diesem Werk nach der Münchner Filiale aus und konnte dort ungestört die Herausgabe wagen. Dank des Filialverlages Rex-München konnten auch Schwierigkeiten, die sich in den fünfziger Jahren aus der Zusammenarbeit zwischen dem Rex-Verlag und der Schweizer Volks-Buchgemeinde (SVB) mit den Schweizer Buchhändlern ergaben, gelöst werden.

Der Rex-Verlag München existierte von 1955–1979. Dort wurde speziell der gute Volksroman und gehobene passende andere Literatur für Pfarrbibliotheken gepflegt, unter anderem die wichtige Reihe «Eheseminar in dieser Zeit», in der Werke von Friedrich E. von Gagern, Marielene Leist, Johannes Gründel usw. erschienen. Durch eine intensive Übersetzungstätigkeit aus dem Englischen, Französischen, Italienischen, Holländischen und Ungarischen konnte das Angebot stark ausgebaut werden. Mit dem Tode des Leiters von Rex-München, Graf Heinrich von Waldstein, wurde diese Niederlassung aufgehoben und sämtliche Rechte und Aktivitäten vom Sitz in Luzern übernommen. Es bestehen jedoch in Stuttgart und Wien Auslieferungsstellen und ein Vertreterstab für den deutschen und österreichischen Markt.

[33] Eugen Vogt, Rex-Verlag Luzern. 25 Jahre Dienst am guten Buch, Luzern 1956.

6. *Grösste Erfolge des Rex-Verlages*

Der Rex-Verlag hatte dort seine grössten Erfolge, wo er dem Seelsorger für Predigt und Katechese praktische Unterlagen und Hilfsmittel anbieten konnte. Hier ist besonders das katechetische Werk Stieger – Oser – Kirchhofer zu erwähnen, das aus dem Grenchner Arbeitskreis herausgewachsen ist. In Ringbuch-Format erhielt der Seelsorger und Katechet die Unterlagen gleichsam pfannenfertig geliefert.[34] Über ein Jahrzehnt prägte der Rex-Verlag damit den Religionsunterricht in der deutschsprachigen Schweiz auf der Mittelstufe. Daneben gibt er eine Reihe mit Gottesdienst-Modellen heraus. So gibt es zum Beispiel von Kurt Bucher «Bussfeiern mit Kindern und Jugendlichen», «Jugendgottesdienste», oder «Thematische Gemeindegottesdienste», sowie von Elisabeth Aeberli «Frauengottesdienste». Josef Bommer hat «Neue Bussgottesdienste» veröffentlicht, Norbert Keller «Traugottesdienste» und Hans Kuhn-Schädler «Gottesdienste vom Kindergarten bis zur Erstkommunion» und zusätzlich «Schülergottesdienste». Neben weitern Ausgaben wird hier dem Seelsorger und Laien ein Hilfsmittel in die Hand gegeben, mit dem er Spezialgottesdienste würdig gestalten kann.[35]

Auf dem literarischen Sektor ist hier der Luzerner Josef Vital Kopp (1906–1966) zu erwähnen, der sich ausführlich mit Teilhard de Chardin beschäftigt hat. 1960 wurde Kopp von der Gesellschaft für Christliche Kultur Luzern zu einem Vortragszyklus gebeten. Der Redner sprach in der überfüllten Aula der Kantonsschule Luzern über das jahrhundertealte Spannungsfeld zwischen Kirche und naturwissenschaftlicher Forschung und über Teilhards kühne Welt- und Menschendeutung. Der Verleger Eugen Vogt wandte sich an den Referenten und ersuchte ihn um das Manuskript. Kopp sagte zu, arbeitete die Vorträge zu einem geschlossenen Ganzen um, das wenige Wochen später bereits die Offizin verliess. Der Erfolg des Bändchens «Entstehung und Zukunft des Menschen» war durch-

[34] Karl Stieger/Fritz Oser/Othmar Frei/Karl Kirchhofer, Folge mir nach. Arbeitsbücher für den Religionsunterricht auf der Mittelstufe, 3 Bände, Luzern/Stuttgart, Mehrere Auflagen ab 1970.

[35] Bücher für Christen 1988/89, Luzern/Stuttgart 1988.

schlagend. Innert kürzester Zeit erschien das Büchlein in 10 Auflagen. Das Werklein wurde ins Holländische, Englische, Spanische, Italienische, Kroatische, Japanische, Chinesische und Malayische übersetzt. Die Anzahl der verkauften Exemplare dürfte das zweite Hunderttausend überschritten haben. Josef Vital Kopp war nicht nur einer der ersten Kenner und Interpreten Teilhards in und für die Schweiz, vielmehr hat er im angelsächsischen, holländischen und iberischen Kulturkreis Entscheidendes zur Ausbreitung der Ideen des grossen Denkers beigetragen.[36]

Wenige Jahr später, am 1. September 1966, erschien Kopps neuer Roman «Die Tochter Sion» wiederum im Rex-Verlag. Kurz nach dem Zweiten Vatikanischen Konzil faszinierte den fechtlustigen Autor das Thema «Rechtskirche oder Liebeskirche». Es ging um die Geborgenheit in vertrauten Traditionen oder um kühnen Ausbruch in die anders gewordene Welt. Kopp hatte das Manuskript wie seine frühern Werke dem Benziger Verlag angeboten, der es jedoch zurückwies. Der Rex-Verlag griff kurzentschlossen zu und veröffentlichte es. Dass der Verleger nicht falsch spekuliert hatte und schon zweieinhalb Monate später eine zweite Auflage gedruckt wurde, zeigt die grosse Aktualität dieses Themas.[37] Erst nach dem Tode von Josef Vital Kopp erschien – wiederum im Rex-Verlag – sein letzter Roman «Der Forstmeister». Darin wurden die bedrängende Not der Zeit, der Abfall von der Kirche und der Bruch mit religiösen Traditionen in einer spannungsgeladenen Forstgeschichte transparent gemacht.[38]

Einen Eckpfeiler der neueren Verlagsproduktion bildet die Geschenkreihe mit literarisch-religiösen Texten, illustriert von Robert Wyss. In dieser Reihe ist das Hörspiel von Klara Obermüller «Ganz nah und weit weg» in bisher vier Auflagen erschienen, das sich als eines der ersten Werke eingehend mit der Rolle der Frau des Niklaus von Flüe auseinandersetzt, ohne die es keinen Heiligen vom Ranft gegeben hätte. Autoren dieser Reihe sind weiter Walbert Bühlmann, Kurt Studhalter, Roger Moser und Fritz Schmid wie auch Liv Kortina.

[36] Karl Fehr, Josef Vital Kopp. Ein Dichter- und Priesterleben im Bannkreis moderner Welt- und Gottesschau, Luzern/München 1968, 295 ff.
[37] Karl Fehr, Josef Vital Kopp, 295 ff.
[38] Karl Fehr, Josef Vital Kopp, 348 ff.

7. Luzerner Historische Veröffentlichungen (LHV)

Im Programm des Rex-Verlages ragt eine Reihe heraus, die man nicht unbedingt hier suchen würde: die LHV-Reihe. Es handelt sich um die vom Luzerner Staatsarchiv betreute Reihe «Luzerner Historische Veröffentlichungen.» Innert knapp zwanzig Jahren hat sich hier der Rex-Verlag zusammen mit dem Staatsarchiv einen bedeutenden Namen geschaffen. Die LHV-Reihe geniesst weitherum Ansehen und weist auf den erfreulich breitgefächerten Stand der Geschichtsforschung im Kanton Luzern hin. Hier sind Studien zur bisher eher vernachlässigten Sozial- und Wirtschaftsgeschichte zu finden. Neben zwei Bänden zur Luzerner Kantonsgeschichte des 18. Jahrhunderts enthält die Reihe auch Veröffentlichungen zu Fragen der Bau-, Presse- und Kirchengeschichte. Bis heute sind insgesamt 27 Bände erschienen. Mit dieser Reihe versucht der Rex-Verlag erfolgreich, sich in der wissenschaftlichen Fachwelt einen Namen zu machen und über seinen traditionellen Absatzmarkt hinaus langsam in neue Gebiete vorzustossen.

8. Wo steht der Rex-Verlag heute?

Mit den tiefgreifenden Veränderungen der katholischen Verbandsstrukturen nach dem Zweiten Vatikanischen Konzil musste sich auch der Rex-Verlag in einer gewandelten Welt neu bestätigen und ein neues Profil entwickeln. Die katholische Bevölkerung hat kaum mehr eine Bindung an einen traditionell konfessionell ausgerichteten Verlag. Mehrere solche Verlage sind in den letzten Jahren in neue Hände gelangt. Der Verkauf der beiden renommierten Deutschschweizer Verlage Benziger in Einsiedeln (gegründet 1792) und Walter in Olten (gegründet 1916) an neutrale Konzerne illustrierten die tiefgreifenden Veränderungen in der katholischen Verlagslandschaft.[39]

[39] Victor Conzemius, Das Schicksal des Walter-Verlages. NZZ Nr. 146, 27. Juni 1989. Urs Altermatt, Katholizismus und Moderne. Zur Sozial- und Mentalitätsgeschichte der Schweizer Katholiken im 19. und 20. Jahrhundert, Zürich ²1991, 169.

Heute ist der Rex-Verlag einer der letzten konfessionell ausgerichteten Verlage der Schweiz.

Eugen Vogt trat nach 35jähriger erfolgreicher Tätigkeit im Jahre 1966 als Geschäftsführer und Verlagsleiter des Rex-Verlages sowie des Generalsekretariates SKJV zurück. Bei seinem Ausscheiden verzeichnete das laufend geführte Register über 1000 Publikationen.

Nachfolger wurde Dr. Zeno Inderbitzin, der den Verlag von 1966 bis 1983 in der schwierigen Umbruchsphase nach dem Zweiten Vatikanischen Konzil leitete. Auf seinen Entscheid gehen die beiden erfolgreichen und angesehenen Reihen «Religionslehrbücher für die Mittelstufe» des Grenchner Arbeitskreises und die «Luzerner Historischen Veröffentlichungen» zurück.

Die heutige Verlagsleiterin, Frau Rosa Wicki, betont deutlich: «Wir sind ein katholischer Verlag, aber offen für neue Strömungen und Aufbrüche». Im Grunde genommen widerspiegelt das Verlagsprogramm die Entwicklung der Kirche seit dem Vatikanum. Dass diese Grundhaltung zwischen zwei Leserschichten sehr oft einer Gratwanderung gleichkommt, wird offen zugegeben: «Hier der ältere, an christlichen Volksschriftstellern wie Josef Maria Camenzind, Heinrich Federer oder Josef Konrad Scheuber orientierte Leser, dort der kritische, an Fragen der Ökologie, der Dritten Welt oder an Sinnfragen des Menschen überhaupt interessierte junge Leser zwischen 14 und 25 Jahren.»[40] Das Verlagsprogramm des Rex-Verlages Ende der achtziger Jahre ist deshalb an den erwähnten Zielgruppen orientiert. Die älteren Volksschriftsteller werden wohl noch im Verlagsprogramm geführt, der Verlag versucht aber, neue Autoren, die dem christlichen Hintergrund des Verlages entsprechen, aufzubauen.

Neben der Belletristik pflegt der Rex-Verlag auch wieder verstärkt das Jugendbuch mit Autoren wie Federica de Cesco oder Ruedi Klapproth, vor allem auch das «christlich-religiöse» Jugendbuch mit Autoren wie Eva-Maria Kremer, Paolo Brenni oder Aloys von Euw. Einen weiteren Schwerpunkt bildet der grosse Bereich der Religionspädagogik, der Katechese, der Liturgik und Spiritualität.

[40] Beat Baumgartner, Auf der Suche nach «theologischen Nischen». «Rex» und «Exodus», zwei katholische Kleinverlage, Vaterland 11. Oktober 1986 (Christ und Kultur).

Der Rex-Verlag engagiert sich heute besonders in folgenden Themenbereichen, wobei die Reihenfolge der Aufzählung zugleich Gewichtung und Schwerpunktsetzung des Programmes sein soll: 1. Soziale Fragen unserer modernen Gesellschaft, 2. Aktuelle Sinnfragen des Menschen, 3. Christliche Lebensgestaltung, 4. Sinnvolle Freizeit, 5. Literarische Kulturförderung in der Schweiz.

Der Rex-Verlag möchte jedoch nicht ein wissenschaftlicher Fachverlag werden. Vielmehr richtet sich sein Programm an breite Bevölkerungskreise, denn seine Bücher sollen «informieren, animieren, aber nicht belehren».

Die Verlagspolitik des finanziell gesunden Rex-Verlages umschreibt die heutige Leiterin wie folgt: «Wir möchten das Christliche in der Welt von heute in einer Sprache von heute einbringen. Aufbrüche und Öffnungen sollen das künftige Programm prägen.»[41]

9. Absatzgebiet des Rex-Verlages

In den letzten Jahren hat eine Straffung des Verlagsprogrammes stattgefunden. Jährlich erscheinen zurzeit etwa 15 Titel. Der Rex-Verlag verkauft heute rund drei Viertel seiner Bücher in der Schweiz, den Rest in der Bundesrepublik Deutschland und in Österreich. Wie andere konfessionelle Verlage erfährt er die Auflösung des katholischen Milieus hautnah.

Das Rex-Verlagsprogramm einem breiteren Publikum nahezubringen ist ein erstes Ziel der Verlagsleitung. Der Rex-Verlag betreut zudem die Auslieferung für die Schweiz von neun deutschen und österreichischen Verlagen.

10. Ausblick

Der Rex-Verlag steht kurz vor seinem 60jährigen Geburtstag (1931–1991). Während dieses langen Zeitraumes hat er sich nicht nur

[41] Vaterland 11. Oktober 1986. Vgl. dazu: Klaus Röllin, Vom Werkheft zum religiösen Buch. Der Rex-Verlag Luzern/Stuttgart. In: Luzerner Pfarrblatt 15. April 1981.

im Bewusstsein der zentralschweizerischen Leserschaft, sondern auch in der konfessionellen Verlagslandschaft im ganzen deutschsprachigen Raum verankert. Als Verlag des SKJV ist er noch immer ein geistiger Brennpunkt, nicht nur in der Region, sondern weit darüber hinaus.

1991 feiert die Schweizerische Eidgenossenschaft ihr siebenhundertjähriges Bestehen. Zu diesem Anlass hat P. Josef Gemperle, Bruder-Klausen-Kaplan in Sachseln, im Rex-Verlag eine Sammlung von Aufsätzen unter dem Titel «Der Bund der Eid-Genossen. Modell oder Denkmal?»[42] herausgegeben. 16 Autorinnen und Autoren verschiedener Altersstufen und Landesgegenden sowie der Illustrator Eugen Bollin haben hierfür Beiträge zum Erbe und zur Herausforderung unseres Landes gestaltet. Der Regierungsrat des Kantons Obwalden und die Bruder-Klausen-Stiftung haben zusammen mit dem Büro des Delegierten der 700-Jahr-Feier das Entstehen dieses Buches veranlasst. Es liegt ihnen daran, «mitzuarbeiten bei der innern Erneuerung unserer Begriffe von Bund und Vaterland» (Geleitwort von Bundesrat Flavio Cotti). Der Rex-Verlag freut sich, sein Jubiläum mit jenem unseres Vaterlandes zu begehen und mit der Herausgabe dieses Werkes über «die Wurzeln und die Zukunft unseres einzigartigen und eigenwilligen Staatsgebildes» nachzusinnen.

42 Josef Gemperle (Hg.), Der Bund der Eid-Genossen. Modell oder Denkmal? Beiträge zur Zukunft der 700jährigen Eidgenossenschaft, Luzern/Stuttgart 1990.

Nivellierung der konfessionellen Kulturen in der Schweiz?

Alfred Dubach

Kaum eine andere Untersuchung in den vergangenen Jahrzehnten hat die Frage, welcher Stellenwert dem religiösen Faktor in verschiedenen Bereichen des gesellschaftlichen Lebens zuzuerkennen ist, mit solcher methodologischer Präzision aufgeworfen und mit derartiger forschungstechnischer Akribie verfolgt wie das Projekt von Gerhard Lenski anfangs der sechziger Jahre in der Agglomeration von Detroit (USA). Erscheint bei Max Weber die Beeinflussung der Wirtschaft durch religiöse Ethik trotz der Fülle historischer Belege, die er beibringt, theoretisch eher als eine Art Inspiration, wird die Beeinflussung des sozialen Verhaltens durch Religion bei Lenski der stringenten Analyse erschlossen.

Lenski macht Religion zunächst dort ausfindig, wo sie sich sichtbar präsentiert: in den konfessionellen Organisationen. Protestantismus, Katholizismus und Judentum setzt er gewissermassen heuristisch als Fixpunkte voraus, von denen her die religiöse und soziale Landschaft der Detroiter Grossstadtkultur erschlossen wird.

Jede Konfession stellt als Institution ein eigenes System von Wertüberzeugungen bereit, das auf Glaube beruht. Die Glaubenssysteme sind geeignet, bei der Lösung menschlich existentieller Grundprobleme in einer Gesellschaft behilflich zu sein. Unter dieser Voraussetzung stellt sich die Frage nach der Bedeutung der konfessionellen Glaubenssysteme für die soziale Lebensführung der Menschen: Zeichnen sich im sogenannt säkularen Alltagsleben unterschiedliche Einstellungsprofile und Verhaltensmuster ab, die sich eindeutig mit der ungleichen Konfessionszugehörigkeit erklären lassen?

Tatsächlich fördert Lenski eine Vielfalt von konfessionsbedingten Ungleichheiten zutage. Aufgrund seiner Ergebnisse stellt er fest, dass die Konfessionsmitgliedschaft nicht nur nach wie vor nominell vorhanden ist, sondern darüber hinaus auch faktisch das Verhalten in vielen Lebensbereichen der Gesellschaft nachhaltig beeinflusst. «Je nach Zugehörigkeit zu einer sozio-religiösen Gruppe wird die Wahrscheinlichkeit grösser oder kleiner, dass der einzelne Freude an seinem Beruf hat, dass er auf Raten kauft, dass er spart, um ein weitgestecktes Ziel zu erreichen, dass er an den ‹amerikanischen Traum› glaubt, sich der Rassenintegration in den Schulen widersetzt, in eine andere Wohngemeinde umzieht, eine enge Bindung an seine Familie besitzt, das Prinzip der geistigen Autonomie vertritt, eine grosse Familie hat, eine einmal begonnene Ausbildung abschliesst oder sozial aufsteigt.»[1]

Es fehlt jedoch nicht an Autoren, die, etwa zur gleichen Zeit, in der Lenski die Ergebnisse seiner Untersuchung veröffentlichte, behaupten, dass von konfessionell bedingten geistigen und sozialen Unterschieden zwischen den Angehörigen der Denominationen keine Rede mehr sein könne. In der «Schlacht» um die Kundschaft, so Berger in einem Aufsatz 1965, passen sich die Denominationen den Vorstellungen, Bedürfnissen und Wünschen ihrer Klientel an. Sie entledigen sich dadurch in der Praxis ihrer ursprünglichen Grundideen, standardisieren ihr religiöses Angebot und werben hauptsächlich mit «marginaler Produktdifferenzierung», d.h. mit der Ästhetik ihrer Liturgie oder den professionellen Qualitäten ihrer Amtsträger. Dies gelte, so Berger, auch für die ökonomisch fortgeschrittenen Regionen Europas.[2]

In den Niederlanden konnte man sich mit den Thesen von Berger nicht anfreunden. Für ältere wie jüngere Soziologen und Politologen gilt es als selbstverständlich, dass mit den vorhandenen Konfessionsunterschieden soziale und kulturelle Unterschiede einhergehen, dass die Konfessionsgeschichte der Niederlande ihre Spuren gezogen hat, obwohl sie andererseits keineswegs ausschliessen möchten, dass sich diese Spuren zum Teil verwischt und verlagert haben. Dass es in den Niederlanden unterschiedliche konfessionelle Kulturen gibt, wird

[1] Gerhard Lenski, Religion und Realität. Eine Untersuchung über den Stellenwert der Religion in einer Industriegrossstadt, Köln 1967.

[2] Peter Berger, Ein Marktmodell zur Analyse ökumenischer Prozesse, in: Joachim Matthes (Hg.), Internationales Jahrbuch für Religionssoziologie I, Köln-Opladen 1965, 235–249.

durch Peters und Schreuder in ihrer neuesten Analyse bestätigt. «Trotz aller geistigen und gesellschaftlichen Wandlungen», so Peters und Schreuder, «ist es in den niederländischen Verhältnissen zu Beginn der achtziger Jahre keineswegs zu einer religiösen Einheitskultur gekommen, im Gegenteil, es ist noch immer legitim, von konfessionellen Kulturen in der Mehrzahl zu reden.»[3]

Peters und Schreuder haben aus ihrer Untersuchung jedoch gelernt, dass es immer weniger möglich ist, die Differenzen zwischen den Konfessionen auf einige wenige Züge zu reduzieren und konfessionelle Persönlichkeitstypen zu entwerfen. Die Empirie verbietet die Ausarbeitung solcher Typen, man würde sich durch Stereotypisierung an der Wirklichkeit versündigen.

In ihrer Analyse der ALLBUS-Daten von 1982 kommen Ingrid und Wolfgang Lukatis im Blick auf die Bundesrepublik Deutschland zum Schluss, dass die konfessionellen Differenzen, wie gut auch belegbar, nicht ausreichen, Protestanten und Katholiken in zwei getrennte Lager auseinanderzudividieren. Unterschiede sind im Konfessionsvergleich festzustellen: «ein etwas grösseres Streben der Protestanten nach Autonomie und Individualität, nach Selbstverwirklichung und sinnhaftem Handeln, ein stärkerer Widerstand der Katholiken gegen ‹Veränderung›, ausgedrückt durch eine eher konservative Haltung im familiären wie politischen Bereich, nicht zu übersehen vor allem ihre stärker ausgeprägte Religiosität und Kirchlichkeit». Berücksichtigt man jedoch die Nähe bzw. Distanz zur evangelischen bzw. katholischen Kirche mit Hilfe des Merkmals Gottesdienstbesuch, so «‹verschwinden› die meisten der ohnehin wenig prägnanten Konfessionsunterschiede; ein grosser Teil der Profildifferenzen ‹erklärt› sich ... aus unterschiedlichen Anteilen religiös-kirchlich hoch Verbundener in diesen beiden Gruppen.»[4] Markanter als interkonfessionelle Unterschiede fallen Meinungs- und Mentalitätsunterschiede zwischen Kirchennahen und Kirchenfer-

[3] Jan Peters, Osmund Schreuder, Konfessionelle Kulturen in den Niederlanden, in: Karl-Fritz Daiber (Hg.), Religion und Konfession. Studie zu politischen, ethischen und religiösen Einstellungen von Katholiken, Protestanten und Konfessionslosen in der Bundesrepublik Deutschland und in den Niederlanden, Hannover 1989, 135.

[4] Ingrid Lukatis, Wolfgang Lukatis, Protestanten, Katholiken und Nicht-Kirchenmitglieder. Ein Vergleich ihrer Wert- und Orientierungsmuster, in: Karl-Fritz Daiber (Hg.), Religion und Konfession, 66, 68.

nen ins Gewicht. Wesentlich klarer als zwischen Katholiken und Protestanten lassen sich Kirchenmitglieder in ihren Orientierungen auseinanderhalten von Personen, die keiner Glaubensgemeinschaft angehören.

Ob sich auch in der Wohnbevölkerung der Schweiz ein fortdauernder Einfluss konfessioneller Kulturen konstatieren lässt, soll anhand der Daten nachgegangen werden, die im Zusammenhang mit dem nationalen Forschungsprogramm 21 «Kulturelle Vielfalt – nationale Identität» vom Institut d'éthique sociale und vom Schweizerischen Pastoralsoziologischen Institut über «Die Religion und Weltanschauung der Schweizer Wohnbevölkerung» erhoben wurden. Die Daten entstammen einer repräsentativen Befragung, die 1988/89 in allen Landesteilen durchgeführt wurde. Die Stichprobe auf nationaler Ebene umfasst 1500 Personen, im Alter zwischen 16 bis 75 Jahren, miteingeschlossen die niedergelassenen Ausländer, die eine der drei Landessprachen verstehen. Dabei bezeichneten sich 89,1 % als Mitglieder der beiden Grosskirchen.[5]

Die zwei Fragen, auf die im folgenden eine Antwort zu suchen ist, lauten:

1. Sind konfessionsspezifische Wert- und Orientierungsunterschiede heute noch in der schweizerischen Wohnbevölkerung nachweisbar, oder ist es im Zuge des sozialen Strukturwandels, der fortschreitenden Differenzierung der Gesellschaft und der Auflösung der subkulturellen Isolation der katholischen Bevölkerungsgruppe[6] zu einer weitgehenden Angleichung zwischen den Konfessionsgruppen gekommen?
2. Unterscheiden sich die Mitglieder der beiden grossen Konfessionen in der Schweiz, der protestantischen und katholischen Kirche, in ihren Einstellungen, Werten und sozialen Attitüden von der Gruppe der Konfessionslosen?

Wie weit es gerechtfertigt ist, in den hiesigen Verhältnissen von konfessionstypischen Besonderheiten zwischen Protestanten und Katholiken in zentralen Wert- und Orientierungsmustern zu sprechen, lässt sich beim momentanen Stand der statistischen Auswer-

[5] Alfred Dubach/Roland J. Campiche (Hg.), Jede(R) ein Sonderfall. Religion in der Schweiz. Ergebnisse einer Repräsentativ-Befragung, Zürich 1992.

[6] Vgl. Urs Altermatt, Katholizismus und Moderne. Zur Soziologie- und Mentalitätsgeschichte der Schweizer Katholiken im 19. und 20. Jahrhundert, Zürich [2]1991.

tung in der erforderten Nuancierung nicht abschliessend sagen. Die folgenden Ausführungen können daher nur als Ergebnisse erster Einfühlung ins Datenmaterial und elementar-statistischer Analyse verstanden werden. Insbesondere wäre zu überprüfen, ob nicht andere Faktoren wie z.B. Alter und Bildung zur Klärung von Einstellungsunterschieden zwischen den Mitgliedern der beiden Konfessionen und zwischen Kirchenmitgliedern und Konfessionslosen in Frage kämen. So wäre es beispielsweise denkbar, dass die im Schnitt beträchtlichen Altersunterschiede zwischen Angehörigen der beiden grossen Konfessionen und Nicht-Kirchenmitglieder , wie sie sich aus der durchwegs höheren Kirchenaustrittstendenz jüngerer Leute ergeben, vorhandene Orientierungsdifferenzen «erklären»– und nicht das Merkmal «Konfessionszugehörigkeit». Die Analysen der ALLBUS-Daten von 1982 von Lukatis/Lukatis zeigen allerdings, dass auch beim Vergleich alters- und bildungsmässig homogener Teilgruppen Unterschiede zwischen Kirchenmitgliedern und denjenigen, die keiner Religionsgemeinschaft angehören, in erheblichem Umfange bestehen bleiben.

Zum Vergleich werden im folgenden jeweils folgende Gruppen einander gegenübergestellt: Katholiken und Protestanten, Konfessionslose und Kirchenmitglieder. Als Indikator für die Nähe bzw. Distanz zur jeweiligen Kirche dient die von den Befragten genannte Häufigkeit der Teilnahme am Sonntagsgottesdienst. Sind eventuell aufweisbare konfessionelle Besonderheiten stärker ausgeprägt bei jenen, die ihrer Kirche sehr nahe stehen, kann man mit besonderer Berechtigung von einer konfessionstypischen Orientierung sprechen. Unter «regelmässigen Kirchgängern» werden alle jene zusammengefasst, die angegeben haben, mindestens alle 14 Tage an einem Sonntagsgottesdienst teilzunehmen.

1. Religiöse Einstellung

Konfessionsspezifische Unterschiede, wenn auch nicht sonderlich ausgeprägt, ergeben sich, wo die christliche Glaubenshaltung angesprochen wird. Katholiken äussern sich zustimmender bei Sätzen, die die Existenz Gottes im Sinne christlicher Glaubenslehre zum

Ausdruck bringen. Stimmen 40% der Protestanten dem Satz zu «Die Auferstehung von Jesus Christus gibt meinem Tod einen Sinn», sind es unter den Katholiken 58%. Damit bestätigt sich die Beobachtung, die wir bereits in der Befragung junger Eltern machen konnten.[7]

Eine hohe Übereinstimmung mit dem kirchlichen Christentum ist unter den Bedingungen der heutigen Gesellschaft gebunden an die soziale Abstützung durch kirchliche Praxis. Es besteht ein enger statistischer Zusammenhang zwischen subjektiv gelebter Kirchlichkeit und christlicher Glaubensbindung. Auch wenn Protestanten stärker als Katholiken aus einer christlichen Glaubenshaltung heraus an Sonntagen in die Kirche gehen, sind im Vergleich der beiden grossen Konfessionen die Katholiken christlicher als die Protestanten. Dies liegt u.a. daran, dass Katholiken in grösserer Zahl regelmässig am Sonntag in die Kirche gehen als Protestanten. Besuchen 12,2% der Protestanten mindestens alle 14 Tage einmal einen Sonntagsgottesdienst, sind es bei den Katholiken 34,1%. Deutlich über die Sonntagsgottesdienst-Praxis hinaus fühlen sich die Mitglieder beider Konfessionen den allgemeinen Wertvorstellungen der Kirchen verpflichtet, die Katholiken (49%) mehr als die Protestanten (39%). Ohne innere Verbundenheit mit der kirchlichen Gemeinschaft, die in besonderem Masse ihren Ausdruck im sonntäglichen Gottesdienst findet, lässt sich im Normalfall christliche Glaubensüberzeugung nicht aufrechterhalten.

Differenziert man die Antworten nach dem Merkmal von Nähe bzw. Distanz zur jeweiligen Kirche, so ergeben sich für die Katholiken und Protestanten ähnliche Profile. Regelmässige Kirchgänger auf der einen, Konfessionslose auf der andern Seite nehmen sehr weit voneinander entfernte Positionen auf der Antwortsskala ein; die arithmetischen Mittelwerte für die Stellungnahmen der seltenen Gottesdienstbesucher bzw. Nicht-Kirchgänger zur christlichen Lebensdeutung liegen mit klaren Abstufungen zwischen den Werten der beiden Extrem-Gruppen. Protestantische Kirchgänger bekennen sich etwas ausdrücklicher zu christlichen Glaubensvorstellungen als praktizierende Katholiken.

[7] SPI (Hg.) Religiöse Lebenswelt junger Eltern. Ergebnisse einer schriftlichen Befragung in der Deutschschweiz. Kommentiert von Alfred Dubach, Michael Krüggeler, Peter Voll, Zürich 1989, 66.

Pflegen die Katholiken regelmässiger Kontakt mit ihrer Kirche, so erweist sich bei den Protestanten die normative Kohäsion innerhalb des kirchlichen Intensivsegmentes stärker ausgeprägt als bei den Katholiken. So engagieren sich im Durchschnitt zwar mehr Katholiken in religiösen und kirchlichen Gruppen, doch sehr viel mehr unter den praktizierenden Protestanten als unter den regelmässigen katholischen Kirchenbesuchern.

Die durchschnittlich stärkere institutionelle Einbindung der Katholiken lässt sich u.a. auch daran ablesen, dass Katholiken mehr als Protestanten, im besonderen die regelmässigen Sonntagsgottesdienst-Besucher, die Meinung vertreten, dass unsere Gesellschaft darunter leiden würde, wenn es die Kirche nicht mehr gäbe. Katholiken unterstützten öfter als Protestanten in den sechs Monaten vor der Befragung mit Spenden kirchliche Hilfswerke. Katholiken wachsen im Vergleich zu den Protestanten in dichterer sozialer Interaktion mit der Kirche auf.

Die Neigung zu institutioneller Unbehaustheit mag Protestanten stärker als Katholiken dazu verleiten, Unterschiede zwischen den Konfessionen hervorzuheben. Protestanten sehen Katholiken weiter von sich entfernt, während Katholiken grössere Mühe bekunden zu sagen, was protestantisch und was katholisch heisst. Ebenso sehen sie weniger Unterschiede zwischen den beiden Konfessionen. Diese Feststellung gilt auch für Kirchenferne. Unter ökumenischer Perspektive scheint die protestantische Identität die schwerer modifizierbare zu sein als die katholische. Die Frage der Ökumene ist nicht allein nur ein Problem der theologischen Positionen und der kirchlichen Organisationen, sondern ebenso sehr eine Frage nach der sozialen und personalen Identität.

Von grösserer Bedeutung als die Mitgliedschaft in einer bestimmten Konfession ist im Blick auf neureligiöse synkretistische Orientierungen die Stärke der kirchlichen Verankerung. Regelmässige katholische Kirchgänger zeigen sich weit anfälliger für neureligiös-synkretistische Vorstellungen als regelmässige Kirchenbesucher bei den Protestanten. Dazu zwei Beispiele: 33% der regelmässigen katholischen Kirchgänger glauben an eine Reinkarnation der Seele in einem anderen Leben gegenüber 14% bei den protestantischen. Während lediglich 18% der regelmässigen Gottesdienstbesucher bei den Protestanten die Meinung vertreten, dass die Menschheit in ein neues Zeitalter eintritt, wenn man das Beste aus allen Religionen zusammenträgt, sind es unter den praktizierenden Katholiken 44%. Den kirchennahen Katholiken scheint insgesamt eine etwas optimistischere Lebenshaltung eigen zu sein als ihren protestantischen Glaubensbrüdern. Dass Wissenschaft und Technik die Menschheit in eine bessere Zukunft führen, glauben 38% der kirchennahen Katholiken, jedoch nur 24% der regelmässigen Sonntagsgottesdienst-Besucher bei den Protestanten.

Im Vergleich der Mittelwerte unterscheiden sich Konfessionslose und Kirchenmitglieder in ihrer Einstellung zu neureligiös-synkretistischen Orientierung kaum voneinander.

Auffällig ist, wie sich die Gottesdienstgemeinden beider Konfessionen in ihrer Haltung gegenüber parareligiösen Praktiken unterscheiden. Hält nur eine Minderheit (27%) der kirchennahen Protestanten etwas von Heilungen durch Personen mit besonderen geistigen Kräften, sind es unter den praktizierenden Katholiken 62%. Ob es um Horoskope, Astrologie, heilende Einflüsse durch Steine oder andere Gegenstände geht, um Wahrsagen und Hellsehen, Yoga oder Pendeln, die regelmässigen katholischen Gottesdienstbesucher sind auf solche Praktiken sehr viel ansprechbarer als regelmässige Gottesdienstbesucher bei den Protestanten. Sehr viel mehr halten auf protestantischer Seite die Kirchendistanzierten von solchen Praktiken, während sich auf katholischer Seite in dieser Hinsicht Kirchennahe und Kirchenferne unterschiedlich verhalten. Glauben seltene Kirchgänger bzw. Nicht-Kirchgänger mehr an Astrologie und Horoskope, an Wahrsagen und Hellsehen, glauben Kirchgänger mehr ans Pendeln und an Heilungen durch Personen mit besonderen geistigen Fähigkeiten.

Konfessionslose scheinen durchwegs für parareligiöse Praktiken ansprechbarer zu sein als die Mitglieder der beiden Grosskirchen.

2. *Private Frömmigkeit*

Katholiken wird gerne nachgesagt, sie seien Frömmler. Jedenfalls sagen sie öfter als Protestanten von sich, wenigstens einmal in der Woche zu beten. Sehr viel eifrigere Bibelleser als die Katholiken sind die Protestanten, wie oft vermutet wird, nicht. Selbst zu Konfessionslosen besteht in dieser Hinsicht kein allzu grosser Unterschied. Dass in der protestantischen Kirche sehr viel mehr Wert auf die persönliche Bibellektüre gelegt wird als in der katholischen Kirche, kann daran abgelesen werden, dass 7 von 10 der regelmässigen Kirchgänger bei den Protestanten wenigstens wöchentlich einmal eine Bibel zur Hand nehmen, gegenüber bescheidenen 12% bei den regelmässigen katholischen Gottesdienstbesuchern. Religiöse Lieder scheinen den protestantischen Kirchgängern (49%) sehr viel mehr als den katholischen (27%) zuzusagen, eine Beobachtung, die den Bearbeitern des neuen Kirchengesangbuches zu denken geben müsste.

Nur eine Minderheit der Bevölkerung betet überhaupt nie (17%). Öfter als von den Protestanten (35%) wird von den Katholiken (52%) das «Vater unser ...» bzw. «Unser Vater ...» gebetet. Verbreiteter als unter den regelmässigen katholischen Gottesdienstbesuchern ist unter den protestantischen das Tischgebet (63% bzw. 40%) und das Gebet in der Familie (51% bzw. 31%).

3. *Wichtigkeit verschiedener Lebensbereiche*

Vergleicht man Protestanten und Katholiken in bezug auf die Bedeutung, die sie den verschiedenen Lebensbereichen beimessen, so zeigen sich kaum Bewertungsunterschiede. Nur der Bereich «Religion und Kirche» wird von katholischen Befragten im Schnitt als etwas wichtiger eingestuft als von Mitgliedern der evangelischen Kirche. Die Differenz vermag allerdings keinen Unterschied in der Rangfolge der Bedeutsamkeit der einzelnen Lebensbereiche zu bewirken.

Die in der Untersuchung befragten Personen sind nach der persönlichen Wichtigkeit von 7 Lebensbereichen gefragt worden. «Religion und Kirche» rangiert dabei an vorletzter, «Politik und öffentliches Leben» an letzter Stelle.

An die zweite Stelle hinter «eigene Familie und Kinder» rückt der Bereich «Religion und Kirche» bei den regelmässigen Gottesdienstbesuchern beider Konfessionen. Ihre Prioritäten unterscheiden sich nicht voneinander. Mit wachsender Distanz zur Kirche verliert begreiflicherweise der Bereich «Religion und Kirche» an Bedeutung und fällt auf den letzten Platz zurück. Deutlich zurück tritt auch der Bereich «Verwandschaft», wogegen «Freizeit und Erholung» sichtlich höher eingestuft werden, stärker bei den distanzierten Protestanten als bei den kirchenfernen Katholiken.

4. Aufgabe der Frau in der Familie

Die Einstellung zur Rolle der Frau in ihrer Beziehung zu Familie und Beruf bildet einen Bereich, dessen konfessionsspezifische Ausprägung nicht zuletzt wegen ihrer Indikatorfunktion für ‹modern› versus ‹traditionale Orientierung› einer näheren Untersuchung wert erscheint.

Die Nicht-Kirchenmitglieder unterscheiden sich von den Angehörigen der beiden grossen Konfessionen in charakteristischer Weise. Jene, die keiner Religionsgemeinschaft angehören, votieren signifikant stärker als Kirchenmitglieder dafür, dass die Bestätigung im Beruf für eine Frau mindestens so wichtig ist, wie Kinder zu haben; sie lehnen häufiger die Vorstellung ab, dass es für alle Beteiligten besser sei, wenn der Mann voll im Berufsleben steht, die Frau zu Hause bleibt und sich um den Haushalt und die Kinder kümmert.

Unterschiede in der Einstellung zwischen Protestanten und Katholiken sind kaum feststellbar. Hingegen sprechen sich Katholiken wie Protestanten mit vergleichsweise regelmässiger Teilnahme am Gottesdienst sichtlich häufiger für die traditionelle Frauenrolle aus. Gelegentliche Kirchgänger vertreten in dieser Frage, ähnlich wie bei der oben beschriebenen Einschätzung verschiedener Lebensbereiche, Positionen, die zwischen denen der regelmässigen und der Nicht-Kirchgänger angesiedelt sind.

Wer wie die Kirchenmitglieder einer traditionellen Auffassung der Frauenrolle zuneigt, vertritt auch häufiger als die konfessionell Ungebundenen die Meinung, dass der Staat die Freiheit der Wirtschaft nicht einschränken darf. Bei der Gegenüberstellung nach Häufigkeit des Kirchganges in beiden Konfessionsgruppen werden keine signifikanten Unterschiede sichtbar.

Die Beobachtung, dass unter den Konfessionslosen eine emanzipatorische und der Tendenz nach linke Orientierung überdurchschnittlich häufig anzutreffen ist, müsste sich auf die Parteisympathie auswirken. Zuallererst fällt auf, dass Konfessionsungebundene sehr viel weniger (14%) als Kirchenmitglieder (30%) von sich sagen, an Politik nicht interessiert zu sein. Im Gegensatz zu den Kirchenmitgliedern tun sie sich wesentlich schwerer, Sympathie einer bestimmten Partei entgegen zu bringen. Wenn schon, dann geniessen vorzugsweise linke und grüne Parteien ihre Gunst (74%). Auf schwache 8% bringen es die bürgerlichen Parteien. In der Distanzierung von der organisierten Religion, so lässt sich vermuten, drückt sich gleichzeitig auch ein Abrücken von den klassisch bürgerlichen Werthaltungen hin zu alternativen Wertmustern aus. Mit zunehmender Kirchennähe sinkt die Gunst der linken und grünen Parteien unter den Kirchenmitgliedern und erreicht Werte unter 10% bei den regelmässigen Sonntagsgottesdienst-Besuchern in beiden Konfessionen. Mit dem Auszug aus den Kirchen scheint gleichzeitig auch ein Rückzug aus dem etablierten politischen System stattzufinden.

Auch wenn die Schrumpfung des katholischen Milieus und die Abschwächung der weltanschaulichen Profile der Parteien im Zeitverlauf zu einer gewissen Nivellierung der konfessionellen Unterschiede im Wahlverhalten geführt hat, entspricht die christlichdemokratische Volkspartei (CVP) immer noch in ihren Zielen und Forderungen 17% der Katholiken. Mit 9% folgt die Sozialdemokratische Partei (SP). Annähernd gleich hohe Sympathie wird von den Protestanten, der Freisinnig-demokratischen Partei (FDP) (12%) und der SP (11%) entgegengebracht.

Regelmässige Gottesdienstbesucher in der katholischen Kirche interessieren sich stärker als praktizierende Protestanten für Politik und fühlen sich auch stärker einer bestimmten Partei verbunden. Zu zwei Drittel (64%) gilt dabei ihre Sympathie der CVP.

Hohe Wertschätzung dagegen geniesst die Evangelische Volkspartei (EVP) unter den protestantischen Kirchgängern – programmatisch das protestantische Gegenstück zur katholischen CVP. Falls sie sich für Politik interessieren und sich durch eine bestimmte Partei in ihren Ansichten vertreten fühlen, dann ist dies für 36% die EVP, gefolgt von der FDP (21%), der CVP (14%) und der Schweizerischen Volkspartei (SVP) (13%). Als kleine Minderheitspartei vermag die EVP im Protestantismus nicht annähernd jene dominierende Stellung zu beanspruchen, welche im Katholizismus der CVP zukommt.

«Die Frage nach dem Verhältnis von religiöser und politischer Integration muss also nach Konfessionen differenziert werden». Für den traditionellen, versäulten Katholizismus war die hohe Parallelität der beiden Dimensionen typisch, ja geradezu ein Definitionsmerkmal. Für Katholiken scheint nach wie vor Parallelität zu gelten, ist doch der Prozentsatz katholischer Kirchgänger, welche sich als «an Politik nicht interessiert» bezeichnen, merklich kleiner als bei den protestantischen Kirchgängern. Spuren eines unterschiedlichen Verständnisses zwischen Individuum und Institution dürften sich hier ausmachen lassen. Zur Erklärung liesse sich aber auch eine andere Überlegung anführen: «Hoher Kirchgang ist im Rahmen der protestantischen Tradition ein Minderheiten-Phänomen. Die damit verbundene In-Group-Orientierung dürfte den Aufbau stabiler Parteiorientierungen unwahrscheinlich machen, soweit es sich nicht um spezifische Minderheiten-Parteien wie die EVP handelt.»[8]

6. Christliche Religion als Grundlage der schweizerischen Gesellschaft

Die Überzeugung, dass die christliche Religion die Grundlage der schweizerischen Gesellschaft ist, teilen Katholiken und Protestanten gleichermassen. Sie unterscheiden sich diesbezüglich nachdrücklich von Befragten, die keiner Religionsgemeinschaft angehören.

Konfessionstypische Unterschiede zeigen sich in der Frage, ob die Kirche an Staatsfeierlichkeiten wie z. B. am 1. August teilnehmen soll und erst recht in der Forderung, dass ein Bundesrat Christ sein sollte. Signifikanter als zwischen den beiden Konfessionen fällt der Unterschied zwischen den regelmässigen Gottesdienstbesuchern der bei-

[8] Michael Krüggeler, Peter Voll, Religion und Politik in der Schweiz. Vortrag anlässlich des 20. SISR- Kongresses in Helsinki vom 21.–25. August 1989, 7 (Manuskript).

den Konfessionen aus. Sprechen sich 83% der praktizierenden Protestanten für die Forderung aus, ein Bundesrat sollte ein Christ sein, sind es unter den Katholiken 64%.

Weniger gehen die Meinungen darüber auseinander, ob die Kirche an Staatsfeierlichkeiten wie z.B. am 1. August teilnehmen soll. 65% der Kirchgänger bei den Katholiken und 71% bei den Protestanten begrüssen eine solche Teilnahme. Katholiken nehmen insgesamt eine etwas vorsichtigere Haltung ein, was die Verflechtung von Christentum und schweizerischer Gesellschaft anbelangt.

7. *Fazit*

In seinem Buch «Die protestantische Ethik und der Geist des Kapitalismus» schrieb Max Weber: «Der Puritaner wollte Berufsmensch sein – wir müssen es sein. Denn indem die Askese aus den Mönchszellen heraus in das Berufsleben übertragen wurde und die innerweltliche Sittlichkeit zu beherrschen begann, half sie an ihrem Teile mit daran, jenen mächtigen Kosmos der modernen, an die technischen und ökonomischen Voraussetzungen mechanisch-maschineller Produktion gebundenen, Wirtschaftsordnung erbauen, der heute den Lebensstil aller einzelnen, die in dies Triebwerk hineingeboren werden – nicht nur der direkt ökonomisch Erwerbstätigen –, mit überwältigendem Zwange bestimmt und vielleicht bestimmen wird bis der letzte Zentner fossilen Brennstoffs verglüht ist.»[9]

In den Aufbau moderner Gesellschaftskultur mögen ursprünglich konfessionelle Motivmodelle eingegangen sein, doch von ihren Ursprüngen abgelöst, bestimmt die industriell-kapitalistische Wirtschafts- und Gesellschaftsordnung zulasten konfessioneller Einflüsse «mit überwältigendem Zwang» den Lebensstil aller, die in dieses Triebwerk hineingeboren werden. Etwas von diesem überwältigenden Zwang wird spürbar in den Lebensäusserungen der Protestanten und Katholiken in der von uns durchgeführten Repräsentativ--Erhebung. Das in der Studie verfügbare Material legt nahe, auf sehr

[9] Max Weber, Die protestantische Ethik und der Geist des Kapitalismus. Gesammelte Aufsätze zur Religionssoziologie I, Tübingen 1947, 203.

differenzierte Weise nach den Inhalten noch vorhandener konfessioneller Kulturen zu fragen und dabei nach verschiedenen Bereichen zu unterscheiden. Einzelne Unterschiede im Konfessionsvergleich sind festzustellen. Diese reichen indessen bei weitem nicht aus, etwa nach dem Muster von Gerhard Schmidtchen[10], eine evangelische und katholische Persönlichkeit zu konstruieren, ohne einer Überinterpretation des empirischen Datenmaterials zu erliegen. Von abgrenzbaren konfessionellen Subkulturen kann jedenfalls im Blick auf die erfassten Einstellungen und Verhaltensweisen nicht gesprochen werden. Die Unterschiede verschwinden zum Teil, wenn man innerhalb der Konfessionen die Nähe bzw. Distanz zur Kirche als differenzierendes Merkmal einführt. Unabhängig von der Konfessionszugehörigkeit zeigen dann Personen mit je ähnlichem Mass an Kirchlichkeit relativ ähnliche Einstellungsmuster.

Die Ergebnisse der Untersuchung führen zu ähnlichen Schlussfolgerungen, wie sie Ingrid und Wolfgang Lukatis in ihrer Analyse der ALLBUS-Daten 82 für die Bundesrepublik Deutschland zogen. Nicht so sehr die Katholiken und Protestanten stellen sich als voneinander unterscheidbare Teilgruppen dar; vielmehr sind es zum einen die Konfessionslosen, die sich als eine von den Kirchenmitgliedern insgesamt klar unterscheidbare soziale Gruppe beschreiben lassen. Zum anderen lassen die Analyseergebnisse klare Zusammenhänge zwischen dem Grad der Kirchenbindung und der Ausprägung verschiedener Welt- und Lebensmuster erkennen – unabhängig von der Konfessionszugehörigkeit. «Nicht die Tatsache der Einbindung in ein bestimmtes konfessionelles Milieu als solches ist hinsichtlich der meisten hier diskutierten Aspekte als besonders wirksamer Faktor zu betrachten. Viel eher ist es die Stärke kirchlicher Verankerung im allgemeinen – ob im katholischen oder protestantischen Bereich, scheint dabei von eher sekundärer Bedeutung –, die sich als mit zahlreichen Wert- und Einstellungsmerkmalen eng verknüpft erweist.»[11]

[10] Vgl. Gerhard Schmidtchen, Gibt es eine protestantische Persönlichkeit, Zürich 1969; Protestanten und Katholiken, in: Landeszentrale für politische Bildung Baden-Württemberg (Hg.), Konfession – eine Nebensache?, Stuttgart 1984, 11–20.

[11] Ingrid Lukatis, Wolfgang Lukatis, Protestanten, Katholiken und Nicht-Kirchenmitglieder, 70.

Konfessionelles, nivelliertes oder zersplittertes Christentum?

Urs Altermatt

Die Modernisierungsschübe, die die Gesellschaft seit dem Zweiten Weltkrieg in der Schweiz durchmacht, verändern die Stellung von Religion und Kirchen grundlegend.[1] Die christlichen Kirchen und ihre Glaubensanschauungen verlieren an Bedeutung und prägen das Leben der Menschen nur noch partiell. Analog zu den grossen Ideologien und Orientierungssystemen wie dem Liberalismus oder Sozialismus pluralisierte sich die christliche Weltanschauung.

Nach der kirchen- und religionssoziologischen Umfrage, die die Equipe von Roland Campiche und Alfred Dubach bei 1315 Personen Ende der 1980er Jahre durchgeführt hat, zeichnet sich eine fortschreitende Entkonfessionalisierung und Nivellierung der kirchlichen Landschaft in der Schweiz ab.[2] Im religiös-kirchlichen Raum

[1] Dieser Aufsatz stützt sich auf mein Einführungsreferat anlässlich des Freiburger Kolloquiums vom 27./28. April 1990. Die Thematik habe ich am Lausanner Kolloquium «Religion et Culture» vom 23.–25. September 1991 wieder aufgenommen und erweitert. Das Lausanner Referat bildete ein Koreferat zum Vortrag von Roland J. Campiche, La déconfessionnalisation de l'identité religieuse. Für den Aufsatz in diesem Sammelband habe ich das Lausanner Referat vertieft und die andern Lausanner Vorträge und Voten zum Teil einbezogen. Nach Abschluss dieses Manuskriptes erschien die Sondernummer der «Schweizerischen Zeitschrift für Soziologie» mit dem Titel «Religion und Kultur», (3) 1991, 429–687. – Ich danke Roland Brülisauer herzlich für die Mitarbeit.

[2] Die Umfrageergebnisse der NFP21-Equipe von Roland J. Campiche und Alfred Dubach sind zum Zeitpunkt der Endredaktion dieses Beitrages (Frühjahr 1992) erst teilweise und an verschiedenen Orten veröffentlicht. Das geplante Buch von Campiche und Dubach stand mir nicht zur Verfügung. Vorläufiger Titel: Alfred Dubach/Roland J. Campiche (Hg.), Jede/r ein Sonderfall? Religion in der Schweiz. Ergebnisse einer Umfrage. Ich stütze mich daher für diesen Artikel auf verschiedene Beiträge, deren Publikationsorte ich in den Anmerkungen nenne.

bilden sich neue Strukturen, zum Beispiel überkonfessionelle Vernetzungen in der Frauen- oder Jugendszene heraus. Wo sich die Kultur verändert, verändert sich auch die Religion.

Um so mehr ist man erstaunt, dass die schweizerischen Konfessionszahlen gemäss den Statistiken der Eidgenössischen Volkszählungen in den letzten 20 bis 30 Jahren im grossen und ganzen stabil geblieben sind. Bei den Schweizern nahm die Zahl der Katholiken von 1970 bis 1980 von 43% auf 43,6% zu, während sie bei den Protestanten von 55% auf 50,4% sank. Hervorzuheben ist, dass die Katholiken in der Gesamtbevölkerung, bei der die Ausländer eingeschlossen sind, 1970 erstmals die Protestanten mit 49,4% zu 47,8% überflügelten. Auffallend war ferner 1980 die starke Zunahme in der Rubrik «andere oder Konfessionslose». Hier nahm die Zahl bei der Schweizer Bevölkerung von 1970 auf 1980 von 1,4% auf 5,5% zu. [3] Zweifelsohne wird dieser Trend in den (noch nicht publizierten) Zahlen für 1990 verstärkt zum Vorschein kommen.

Paradigmawechsel im Schweizer Katholizismus

Der Schweizer Katholizismus machte um 1970 einen eigentlichen Paradigmawechsel durch, dessen interne Ursachen und Katalysatoren nur angedeutet werden können: Zweites Vatikanisches Konzil, Reform der Christlichdemokratischen Volkspartei 1970/71, Synode 72 usw. Gehen wir den Elementen dieses Wandels kurz nach und skizzieren wir einige wichtige Veränderungen:

1. Die inzwischen von den Historikern und Soziologen vorbehaltlos übernommene Hauptthese meines 1989 erstmals herausgekommenen Buches «Katholizismus und Moderne» [4] lautet: Der Schweizer Katholizismus war in den 100 Jahren der Pianischen Papstperiode von 1850 bis 1950 durch das «katholische Milieu» gekennzeichnet, das sich durch eine starke innere Geschlossenheit auszeichnete. Mehr als die Hälfte der Katholiken war stark mit der Kirche verbunden und hielt sich mehr oder weniger an die kirchlich vermittelten Glaubensinhalte. Die kirchentreuen Katholiken waren in das

[3] Statistisches Jahrbuch der Schweiz 1987/1988, 27.

[4] Urs Altermatt, Katholizismus und Moderne. Zur Sozial- und Mentalitätsgeschichte der Schweizer Katholiken im 19. und 20. Jahrhundert, Zürich ^{2}1991.

Netz der sozialen Kontakte eingebunden, die das katholische Milieu über Schulen, Vereine, Parteien, Zeitungen und andere Einrichtungen zur Verfügung stellte. Für Städte wie Zürich galt um 1930 die Faustregel, dass ein Drittel der Katholiken regelmässig und ein weiteres Drittel gelegentlich im katholischen Milieu mitmachten. Ein letztes Drittel der Katholiken galt als kirchenfern.

In der Periode vor dem Zweiten Vatikanischen Konzil war es relativ einfach, den katholischen Glauben weiterzugeben. Brauchtum und Gewohnheiten sorgten für die Tradierung der katholischen Weltanschauung und Lebenspraxis. Mit dem Gesellschaftswandel nach 1945 lösten sich zahlreiche Sitten und Bräuche auf. Damit entfielen die sozialen Kontrollen, die das katholische Milieu aufrechterhielten. Wie Alfred Dubach richtig betont, erlebt ein heute aufwachsendes Kind «kaum mehr kontinuierlich eine ihm unmittelbar einleuchtende Notwendigkeit von Kirche».[5] Der Alltag des Durchschnittskatholiken, soweit er nicht durch aussergewöhnliche Ereignisse wie Krankheiten, Tod und Katastrophen unterbrochen wird, lässt sich fast unabhängig von den Kirchen bewältigen.

2. Etwa um 1970 ging im Schweizer Katholizismus die lange Epoche zu Ende, die durch den erwähnten Milieukatholizismus geprägt war. Der Milieukatholizismus schrumpfte; er löst sich in der herkömmlichen Form langsam auf.

Der Katholizismus hat sich nach den Worten von Fritz Stolz und Victor Merten insgesamt ähnlich wie der Protestantismus auf das «aufklärungsgeprägte Alltagsweltbild» eingelassen.[6] Der Trend zur Individualisierung und Pluralisierung setzte sich durch. Die soziokulturellen Veränderungen in der Gesellschaft trugen dazu bei, dass Religion anders definiert wurde. Das Radio und vor allem das Fernsehen schufen eine eigene Wertwelt, in der Religion und Kirche nicht verschwanden, aber ein entkonfessionalisiertes Gesicht erhielten. Ein Beispiel: Mutter Teresa von Kalkutta stellt eine Symbolfigur für sozial-karitative Aktion dar; ihr Selbstverständnis als katholische Ordensschwester hingegen wird von grossen Teilen der Öffentlichkeit kaum zur Kenntnis genommen.

[5] Alfred Dubach, Kirche im Wandel, in: Zwischen Kirche und Staat. 175 Jahre Katholischer Konfessionsteil des Kantons St. Gallen 1813–1988, St. Gallen 1988, 167.

[6] Fritz Stolz/Victor Merten (Hg.), Zukunftsperspektiven des Fundamentalismus, Freiburg 1991, 19.

3. Aus den Umfragen und Statistiken geht hervor, dass der Anteil der aktiven Kirchenmitglieder in den letzten 25 Jahren dramatisch zurückging. Ende der 1950er Jahre besuchten in katholischen Landgegenden zwischen 75% bis 96% der Katholiken die Sonntagsmesse. In den Städten kamen die Erhebungen zu folgenden Ergebnissen: Luzern 69%, Freiburg 63,1%, St. Gallen 52%, Zürich 41,3% und Bern 36,5%.[7]

Die hohe Kirchenpraxis ging erst in den späten 1960er und in den frühen 1970er Jahren, dann aber rasch zurück. Bei den Katholiken brachen damals neben der Praxis des sonntäglichen Kirchgangs die Beichte und konfessionsspezifische Frömmigkeitsbräuche wie Abstinenz- und Fastengebote zusammen. Als eigentliches Krisensakrament erwies sich die individuelle Beichte. Im städtischen Vorort Villars-sur-Glâne bei Freiburg mit 6400 Katholiken nahmen in den achtziger Jahren dreimal 500 bis 600 Gläubige an Bussfeiern teil, während pro Jahr gerade noch 30 bis 40 Pfarreiangehörige einzeln und 20 bis 40 Ehepaare gemeinsam beichteten.[8]

Da in der Schweiz keine zuverlässigen Erhebungen durchgeführt wurden, die sich über Jahre hinweg miteinander vergleichen lassen, enthalten die Statistiken Unsicherheitsfaktoren. Der Trend ist aber eindeutig: In den städtischen Agglomerationen besuchen seit den achtziger Jahren im Durchschnitt etwa 15 Prozent der Katholiken regelmässig die Sonntagsmesse; in den katholischen Landgebieten werden höhere Prozentzahlen genannt, die starke Unterschiede aufweisen: zwischen 30 und 70 Prozent. Diese Zahlen stimmen im wesentlichen mit der 1988/89 erstellten Umfrage von Campiche und Dubach überein, wonach im gesamtschweizerischen Durchschnitt 11% der Protestanten und 28% der Katholiken jede Woche den Gottesdienst besuchten.[9]

91% der Protestanten und 81% der Katholiken waren der Meinung, auch ohne die Kirche an Gott glauben zu können. 79% der Protestanten und 70% der Katholiken vertraten die Ansicht, man müsse nicht an den Veranstaltungen der Kirche teilnehmen, um

[7] Altermatt, Katholizismus und Moderne, 284.

[8] Zahlen nach: Rolf Weibel, Schweizer Katholizismus heute. Strukturen, Aufgaben, Organisationen der römisch-katholischen Kirche, Zürich 1989, 56–57.

[9] Zahlen nach: Roland J. Campiche, La déconfessionnalisation de l'identité religieuse, in: Schweizerische Zeitschrift für Soziologie 17 (1991), 513.

Mitglied zu sein.[10] Zahlreiche Christen bekennen sich zu einer Konfession, zahlen Kirchensteuern und nehmen damit die Dienstleistungen der Kirche bei wichtigen Lebensabschnitten in Anspruch, kümmern sich aber sonst wenig um die Gottesdienste der Kirche. Als Faustregel gilt: Nur noch ein Drittel der Katholiken besitzt enge Beziehungen zur Organisation Kirche, indem diese Katholiken den Gottesdienst regelmässig besuchen und in religiösen Vereinen mitmachen.

Konfessionelle Unterschiede

4. Mit dem Rückgang der Kirchenbindungen ging auch das Verständnis für konfessionelle Unterschiede zurück. Damit begannen sich die Konfessionsgemeinschaften einander anzugleichen und sich synkretistisch anzureichern. Nur noch 34% der Protestanten und 25% der Katholiken nehmen konfessionelle Unterschiede wahr. In diesem Zusammenhang wird auch von den «Protestatholischen» gesprochen.

Bei den Protestanten und Katholiken, die zur Kirche gehen, war das konfessionelle Bewusstsein etwas ausgeprägter. 49% der protestantischen und 39% der katholischen Sonntagskirchgänger waren der Meinung, dass es konfessionelle Unterschiede gebe.[11] Nur 8% der protestantischen und 6% der katholischen Kirchgänger hielten aber ihre Kirche für die einzig wahre.[12] Roland J. Campiche weist nach, dass ein gutes Drittel aller befragten Katholiken und Protestanten eine ausgeprägte Toleranz zeigt.

[10] Zahlen nach: Rolf Weibel, Stabilität und Stagnation. Die Schweiz im Jubiläumsjahr 1991, in: Herder Korrespondenz 45 (1991), 363.

[11] Ebda., 363.

[12] Zahlen nach: Arbeitsunterlage zum Referat von Alfred Dubach, Individualisierung der Religion in der Schweiz, gehalten an der ökumenischen Tagung «Evangelisierung in der Schweiz. Perspektiven für die Zukunft der Kirchen» vom 21./22. März 1992 in Bern.

Tabelle 1: Ansichten über die christlichen Konfessionen[13]

Alle christlichen Konfessionen sind gleich viel wert:	37,0%
Alle christlichen Religionen sind gleich viel wert, aber ich bin an meine gewöhnt, weil ich so geboren wurde:	28,7%
Alle christlichen Religionen verdienen Achtung, aber ich ziehe meine vor:	28,4%
Alle christlichen Religionen verdienen Achtung, aber nur meine ist die einzig wahre:	2,9%
Keine Antwort:	3,0%

5. Aus den Umfrageergebnissen geht hervor, dass die Katholiken deutlicher als die Protestanten ein interkonfessionell-christliches Bewusstsein entwickelt haben. 10% der Katholiken und 6% der Protestanten sahen keinen Unterschied zwischen den christlichen Konfessionen. Wichtige doktrinäre Unterschiede betonten 35% der Protestanten und 25% der Katholiken.

Wie immer man die unterschiedlichen Zahlen interpretiert, das Faktum der verschiedenen konfessionellen Wahrnehmung ist bemerkenswert. Die Zahlen korrigieren die landläufige Meinung von den konfessionalistischen Katholiken. Vor allem die kirchenfernen Protestanten neigen dazu, negative Stereotypen über den Katholizismus weiter zu pflegen.

Umgekehrt – so weist Campiche nach – lehnen kirchennahe Katholiken negative Stereotypen über die eigene wie die fremde Konfession stärker ab. Es macht den Anschein, dass eine grössere Anzahl von Katholiken die konfessionelle Öffnung der ökumenischen Bewegung mitgemacht hat. Die Tatsache, dass viele Katholiken in einem konfessionellen Milieu verankert waren, wirkte sich nach 1970 nicht negativ aus. Eine verhältnismässig grosse Zahl von Katholiken folgte dem postkonziliaren Öffnungs- und Toleranztrend.

Im Unterschied dazu bleiben die kirchenfernen Protestanten offenbar länger bei ihren konfessionellen Vorurteilen. Das hängt wahrscheinlich damit zusammen, dass die Protestanten ihre eigene Konfession stärker von der katholischen abheben. Protestantismus grenzt sich per definitionem stärker vom Katholizismus ab.

[13] Tabelle aus: Roland J. Campiche, La déconfessionalisation de l'identité religieuse, in: Schweizerische Zeitschrift für Soziologie 17 (1991), 519.

Tabelle 2: Doktrinäre Unterschiede bei Katholiken und Protestanten[14]

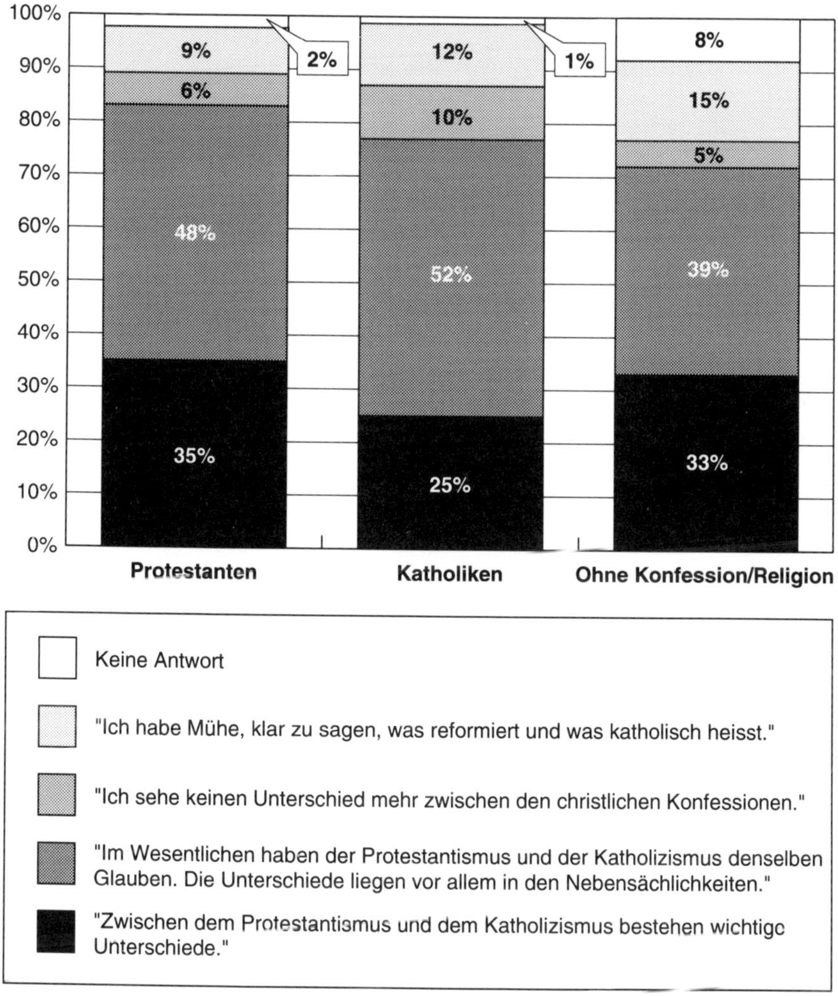

[14] Tabelle aus: Roland J. Campiche, La déconfessionnalisation de l'identité religieuse, in: Schweizerische Zeitschrift für Soziologie 17 (1991), 521.

Man kann ferner die These aufstellen, dass sich kirchenaktive Christen bewusster um den Abbau von konfessionellen Schranken bemühen als Kirchenmitglieder, die ausserhalb der innerkirchlichen Wandlungen stehen und daher oft in konfessionalistischen Denkstrukturen von gestern stehenbleiben. Kirchenferne Teile der Bevölkerung neigen eher dazu, konfessionalistische Vorurteile aufrechtzuerhalten, denn Bindung an die Konfession bedeutet nicht in jedem Fall Bindung an die Kirche. Gerade im Protestantismus entwickelte sich im 19. Jahrhundert eine Art von nichtkirchlichem Konfessionalismus. Zahlreiche radikale Freisinnige zeichneten sich in der Zeit des Kulturkampfes von 1830 bis 1880 durch einen militanten Antikatholizismus aus; sie besassen allerdings auch zur eigenen protestantischen Kirche kein positives Verhältnis und lehnten die kirchliche Autorität ab.

Konfessionelle Milieus trotz Säkularisierung

Seit der Reformation und Gegenreformation ist die religiös-kirchliche Landschaft der Schweiz durch die Doppelkonfessionalität geprägt. Die Modernisierung im 19. Jahrhundert verstärkte zunächst die konfessionelle Zweipoligkeit. Die zunehmende Mobilität nach der Mitte des 19. Jahrhunderts führte dazu, dass sich die geschlossenen konfessionellen Gebiete auflösten. Dies nivellierte aber nicht, wie man annehmen könnte, das konfessionelle Bewusstsein; im Gegenteil, die Gegensätze zwischen den Katholiken und Protestanten nahmen vorerst zu. Die konfessionelle Prägung der religiösen Identität verstärkte sich, denn man konnte nun erstmals konkret Katholiken und Protestanten als Fremde erfahren und deren Identität mit Stereotypen beschreiben. Nach dem gängigen Vorurteil des klassischen Radikalismus standen den demokratischen, patriotischen und liberalen Protestanten die autoritären, ultramontanen und reaktionären Katholiken gegenüber.

Aus den Studien von Roland Campiche und Alfred Dubach kann man die Schlussfolgerung ziehen, dass sich in der zweiten Hälfte des 20. Jahrhunderts im Zuge der modernen Gesellschaftsentwicklung eine nivellierte Christengesellschaft herausbildet. Dubach stellt fest, dass sich nicht so sehr die Katholiken und Protestanten als voneinander unterscheidbare Teilgruppen darstellten; vielmehr seien es die Konfessionslosen, die sich als eine von den Kirchenmitgliedern klar unterscheidbare soziale Gruppe beschreiben liessen.[15]

Auch wenn man in zunehmendem Masse von einem «protestatholischen» Religionstyp sprechen kann, wäre es falsch, nur den Nivellierungsprozess zu sehen. Als Reaktion auf die konfessionelle Einebnung betonen hüben und drüben Teile von Katholiken und Protestanten das Konfessionsspezifische. Im protestantischen Raum kam es zu einem Erstarken des evangelikalen und im katholischen zur Neuformierung des katholikalen Flügels. In beiden Konfessionen dürften diese Gruppen – schätzungsweise – etwa 10% der Gläubigen umfassen.

Gewiss: die demographischen Wanderbewegungen, die Verstädterung und der Einfluss der elektronischen Massenmedien verwischten die konfessionellen Unterschiede. Das ist unbestreitbar. Dennoch: auch wenn sich Protestanten und Katholiken in ihrem Glauben und in ihrer religiösen Praxis einander stark annäherten, blieben konfessionsspezifische Kulturen mit katholischer oder protestantischer Einfärbung fortbestehen. Die Mentalitätskulturen und das kollektive Bewusstsein besitzen eine längere Lebensdauer als die sich verändernde kirchliche Praxis.[16] Obschon Katholisch- oder Protestantischsein in religiös-kirchlicher Hinsicht an Bedeutung verloren haben, bleiben sie von soziokultureller Relevanz. Man ist eben katholisch oder protestantisch, weil man so aufgewachsen und so erzogen, kurz so sozialisiert worden ist. Die Konfessionen bilden über die religiöse Praxis hinaus einen sozialen und kulturellen Bezugspunkt, dessen Bedeutung um so grösser sein kann, je mehr die moderne Welt sich homogenisiert. Konfession ist ein Stück Herkunftstradition.

Die konfessionellen Elemente verloren zwar um die Mitte des 20. Jahrhunderts an Bedeutung und büssten vor allem ihre theologisch-doktrinären Identitäten ein. Dennoch stellen Protestantismus und Katholizismus nach wie vor wichtige Elemente für die soziale Identität der Schweizer dar. Die Konfessionszugehörigkeit bestimmt vor allem in der Jugend die sozialen Kontakte und beeinflusst immer noch das Heiratsverhalten.

[15] Alfred Dubach, Nivellierung der konfessionellen Kulturen in der Schweiz?, in: Zeitschrift für Schweizerische Kirchengeschichte 85 (1991), 246.

[16] Vgl. dazu Altermatt, Katholizismus und Moderne, 87–102.

Mit der französischen Religionssoziologin Danièle Hervieu-Léger kann man die konfessionellen Identitäten als Orte des historischen Gedächtnisses betrachten.[17] Das konfessionelle Kollektivgedächtnis beeinflusst die sozialen Beziehungen auch dann, wenn der ursprüngliche religiöse Inhalt fast ganz verschwunden ist. Darin besteht das Paradoxon der gegenwärtigen religiösen Lage. Während sich die religiöse Praxis als Ausdruck der konfessionellen Gemeinschaft abschwächt, besteht das Konfessionelle als soziale Kategorie fort. Das erklärt auch, warum konfessionelle Stereotype trotz der Nivellierung der konfessionellen Landschaft weiter bestehen.

Zu ähnlichen Schlussfolgerungen kam in den 1970er Jahren der deutsche Soziologe Gerhard Schmidtchen. Er wies in mehreren Studien nach, dass in Westdeutschland trotz der Nivellierung protestantische und katholische Kulturen weiterexistierten. Schmidtchen erklärte dies damit, dass die Protestanten in einem offenen und die Katholiken in einem geschlossenen religiösen System leben würden. Die Protestanten organisierten ihren Alltag strenger als die Katholiken, teilten ihn präziser ein und gäben das Geld nach einem festeren Plan aus, denn die Protestanten würden eine feste Ordnung brauchen, die ihnen im religiösen Bereich fehle. Da sie stets auf der Suche nach neuen Lebenslösungen seien, seien sie dem Neuen gegenüber aufgeschlossener und moderner.[18] Nach Schmidtchen bestanden in der Bundesrepublik Deutschland in den siebziger Jahren konfessionelle Vorurteile weiter. So geisterte etwa in abgeschwächter Form die Meinung herum, dass Katholiken schummeln und Protestanten Streber seien, Katholiken dumm, Protestanten fleissig seien.

Interessante Hinweise für den Fortbestand von konfessionellen Stereotypen geben einzelne schweizerische Volksabstimmungen. Drei Beispiele mögen dies illustrieren.

Erstes Beispiel: die Volksabstimmung über die Jesuitenfrage von 1973. Damals stimmten 45,1 % der stimmenden Schweizerinnen und Schweizer gegen die Aufhebung der konfessionellen Ausnahmearti-

[17] Vgl. Danièle Hervieu-Léger, Dislocation des systèmes religieux-culturels intégrés et assimilation de la religion dans la culture, in: Schweizerische Zeitschrift für Soziologie 17 (1991), 538–543. Siehe auch: Danièle Hervieu-Léger avec la collaboration de Françoise Champion, Vers un nouveau christianisme? Introduction à la sociologie du christianisme occidental, Paris 1986.

[18] Vgl. z. B. Gerhard Schmidtchen, Protestanten und Katholiken. Soziologische Analyse konfessioneller Kultur, Bern 1973.

Tabelle 3: Konfessionelle Stereotype[19]

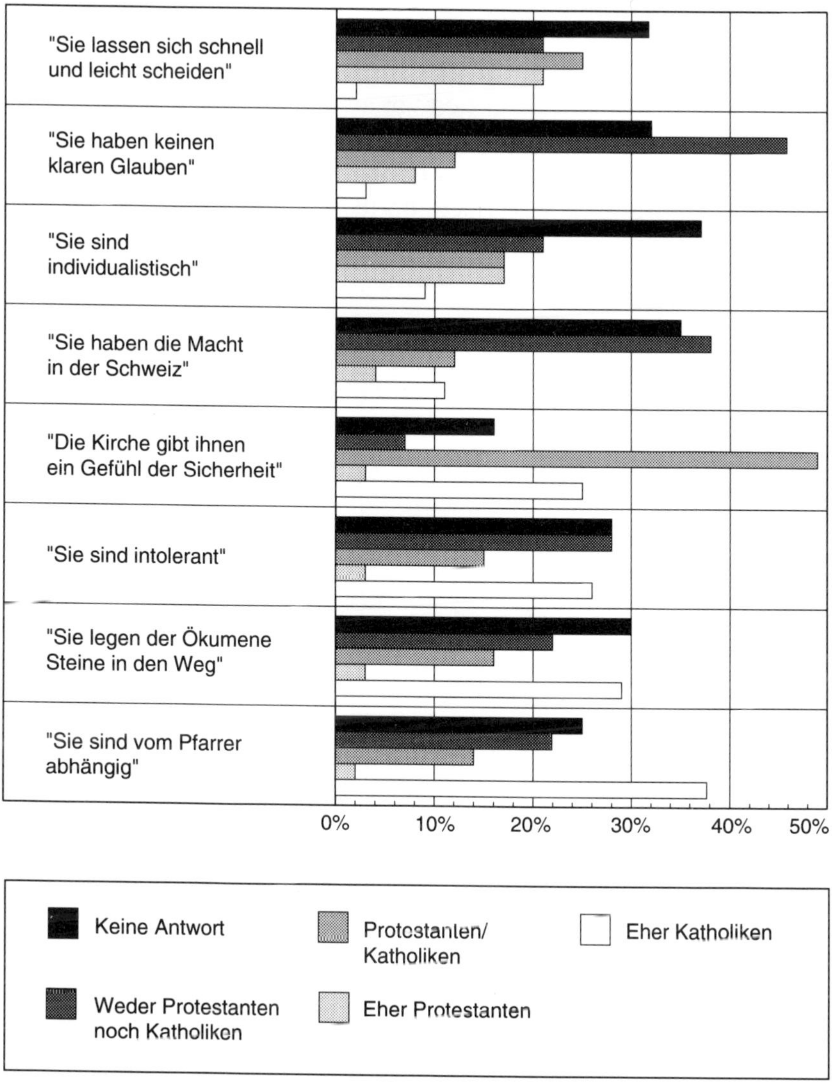

[19] Tabelle aus: Roland J. Campiche, La déconfessionnalisation de l'identité religieuse, in: Schweizerische Zeitschrift für Soziologie 17 (1991), 523.

kel betreffend Jesuiten und Klöster. Im Vorfeld der Abstimmung spielte das Feindbild des Katholizismus als Jesuitismus eine wichtige Rolle. Eine Karte der Ja- und Nein-Stimmen glich frappant der Konfessionskarte: überwiegender Ja-Stimmen-Anteil in den katholischen Gebieten, Nein-Stimmen vor allem in den reformierten Landesgegenden. So wurde die Vorlage im Kanton Zürich mit 52,8%, im Kanton Waadt mit 65,2% und im Kanton Bern sogar mit 65,8% abgelehnt. Gesamtschweizerisch zählte man 1970 55,0% protestantische und 43,0% katholische Schweizer.[20] In diesen Resultaten zeigten sich eindeutig Restbestände antikatholischer Ressentiments.

Tabelle 4: Volksabstimmung über die Aufhebung der konfessionellen Ausnahmeartikel vom 20. Mai 1973[21]

Stimmberechtigte	3 642 756	(= 100,0%)
Stimmende	1 467 494	(= 40,3%)
Gültige Ja-Stimmen	791 076	(= 54,9%)
Gültige Nein-Stimmen	648 924	(= 45,1%)

Zweites Beispiel: die Gründung des Kantons Jura in den 1970er Jahren. Konfessionelle Faktoren spielten bei der Entstehung des Kantons Jura eine Rolle.[22] Die mehrheitlich katholischen Nordbezirke des Kantons Bern stimmten 1974 für die Bildung eines Kantons Jura, während sich die mehrheitlich reformierten Südbezirke dagegen aussprachen. In den kommunalen Volksbefragungen des Jahres 1975 traten die Gemeinden Châtillon, Corban, Courchapoix, Courrendlin, Lajoux, Les Genevez, Mervelier und Rossemaison zum künftigen Kanton Jura über. Alle diese Gemeinden sind mehrheitlich katholisch. Umgekehrt sprach sich das mehrheitlich reformierte (und mehrheitlich deutschsprachige) Dorf Rebévelier für den Übertritt zum Kanton Bern aus. So illustrierte auch der Jura-Konflikt die lange Wirkungsdauer konfessionellen Haders, der sich über Jahrhun-

[20] Statistisches Jahrbuch der Schweiz 1972, 43.
[21] Statistisches Jahrbuch der Schweiz 1973, 567.
[22] Vgl. Altermatt, Katholizismus und Moderne, 91–95; ders., Der konfessionelle Faktor und die Jurafrage, in: Sonderheft Reformatio 27 (1978), 334–343. Weitere Literaturhinweise bei: Altermatt, Katholizismus und Moderne, 400.

derte hinweg in der bikonfessionellen Schweiz angesammelt hat und trotz aller Beteuerungen aufgeklärter und ökumenisch gesinnter Kreise noch keineswegs voll abgetragen ist.

Drittes Beispiel: die Diskussion um Bischofssitze in Zürich und Genf. Mit Berufung auf das Zweite Vatikanische Konzil stellte die «Synode 72», die von 1972 bis 1975 tagte, Grundsätze für eine Neugestaltung der schweizerischen Bistümer auf. So sollten etwa pastorale Bedürfnisse Vorrang vor historisch gewachsenen Gegebenheiten haben. 1977 wurde von der Schweizer Bischofskonferenz eine entsprechende Projektgruppe eingesetzt, die in ihrem Abschlussbericht die Schaffung eines Bistums Genf und eines Bistums Zürich empfahl. Nachdem das Projekt in der Öffentlichkeit bekannt geworden war, wurden 1982/83 Bedenken über einen vermeintlich wachsenden katholischen Einfluss laut. Die Zunahme der katholischen Wohnbevölkerung, die mit der Einwanderung ausländischer Arbeitskräfte zusammenhing, rief protestantische Ängste hervor. Eine gewisse Rolle spielten auch die weltweiten Reisen von Papst Johannes Paul II., die als neuer katholischer Triumphalismus bewertet wurden. Am 18. November 1983 lehnte das Konsistorium der reformierten Kirche von Genf die Errichtung eines Bischofssitzes in der Calvin-Stadt ab. Der Papstbesuch im Juni 1984 und die Ernennung eines Weihbischofs für Genf im Februar 1987 riefen kurzfristig neue antikatholische Ressentiments hervor. Als die Bischofskonferenz 1986 die Interkommunion einschränkte, nahm das offizielle Ökumene-Klima geradezu frostigen Charakter an. Der «Evangelische Kirchenbund» verzichtete vorläufig auf die Teilnahme am vorgesehenen Rombesuch der «Arbeitsgemeinschaft christlicher Kirchen der Schweiz», und die Deputiertenversammlung der reformierten Zürcher Kirche zog im September 1986 die geplante Zustimmung zur Errichtung eines Bistums Zürich zurück. Doch gegen Ende der achtziger Jahre beruhigte sich die Lage. In Genf gewöhnten sich die Reformierten an den neuen Weihbischof Amédée Grab, und in Zürich führte die seit 1987 andauernde Debatte um den ultrakonservativen Churer Bischof Wolfgang Haas sogar zu einer interkonfessionellen Solidarisierung.[23]

[23] Zur allgemeinen Lage der katholischen Kirche in der Schweiz Ende der 1980er Jahre vgl.: Rolf Weibel, Eine irritierte Ortskirche. Der Schweizer Katholizismus am Ende der 80er Jahre, in: Herder Korrespondenz 43 (1989), 471–476. Speziell zum Fall

Gemeinden des Nord- und Südjuras sowie des Laufentals 1970

Gemeinden mit

protestantischer Mehrheit

katholischer Mehrheit

Ost- und Südgrenze des neuen Kantons Jura (seit 1. Jan. 1976)

Zeitliche Phasenverschiebung in der christlichdemokratischen Partei

Am stärksten wirken die konfessionellen Milieus in der parteipolitischen Landschaft der Schweiz nach. Die Parteienlandschaft ist in ihren Grundzügen nach wie vor durch eine Karte geprägt, die ihren Ursprung in den weltanschaulich-religiösen Kulturkämpfen des 19. Jahrhunderts besitzt. Die Christlichdemokratische Volkspartei (CVP) ist historisch gesehen ein Relikt aus den kirchen- und verfassungspolitischen Konflikten des 19. Jahrhunderts. [24]

Unter dem Einfluss der Kulturkämpfe bildete sich im Zeitraum 1830 bis 1880 auf katholischer Seite eine konfessionell geprägte Partei heraus, die unter verschiedenen Namen auftrat: Katholische Volkspartei 1894 bis 1900, Konservative Volkspartei 1912 bis 1957, Konservativ-christlichsoziale Volkspartei 1957 bis 1970, Christlichdemokratische Volkspartei ab 1970.

Die protestantisch-konservativen Parteiorganisationen erlangten nie dasselbe Gewicht. Der 1875 gegründete «Eidgenössische Verein» ging vor der Jahrhundertwende von 1900 wieder ein; und die «Bernische Volkspartei», gegründet 1882, löste sich vor dem Ersten Weltkrieg auf. [25] Bruchstücke der Bernischen Volkspartei gingen nach dem Ersten Weltkrieg in der «Bauern-, Gewerbe- und Bürgerpartei» auf. Auf protestantischer Seite entstand mit der «Evangelischen Volkspartei» nach dem Ersten Weltkrieg eine konfessionelle Parteiorganisation, die aber nie über den Status einer Kleinpartei hinauskam und hauptsächlich einen Teil des evangelikalen Protestantismus mobilisierte. [26]

Haas vgl. etwa: Moritz Amherd (Hg.), Wolfgang Haas: Bischof ohne Volk – Volk ohne Bischof. Dokumentation und kritischer Kommentar der Ereignisse rund um den Fall Haas, Zürich 1991.

24 Vgl. Urs Altermatt, Der Weg der Schweizer Katholiken ins Ghetto. Die Entstehungsgeschichte der nationalen Volksorganisationen im Schweizer Katholizismus 1848–1919, Zürich/Köln [2]1991, sowie Urs Altermatt/Hans Peter Fagagnini (Hg.), Die CVP zwischen Programm und Wirklichkeit, Zürich/Köln 1979.

25 Vgl. Theres Maurer, Ulrich Dürrenmatt 1849–1908. Ein schweizerischer Oppositionspolitiker, Bern 1975, 70–111.

26 50 Jahre Evangelische Volkspartei des Kantons Zürich, Zürich 1967; Urs Altermatt/Rudolf Dellsperger, Politik aufgrund des reformatorischen Schriftprinzips. Die EVP und ihr Programm einer «politischen Diakonie», in: Die politischen Parteien der Schweiz und das Christentum. Umfrage-Profile – zeitgeschichtliche Porträts, Sonderheft Reformatio 25 (1976), 566–571; dies., Evangelische Volkspartei und Freikirchen. Zur Kirchenmitgliedschaft der EVP-Parlamentarier, in: Reformatio 26 (1977), 225–243.

In konfessionspolitischer Beziehung entwickelte sich eine Asymmetrie zwischen dem Katholizismus und dem Protestantismus. Einen reformierten Anstrich besitzen die BGB und ihre Nachfolgeorganisation, die SVP, dennoch. Nach der VOX-Analyse von 1991 weist die SVP 81% Reformierte auf, denen bloss 16% Katholiken gegenüberstehen. Die SVP stellt damit ein spiegelverkehrtes Bild zur CVP dar, deren Wähler zu 84% aus Katholiken bestehen.

Die CVP und ihre Vorgängerorganisationen versuchten seit dem 19. Jahrhundert, das konfessionelle Ghetto zu sprengen. Der letzte grosse Versuch geht in die Jahre 1970/71 zurück. Grössere Erfolge blieben aber bis in die neuere Zeit hinein aus. Anfangs der 1990er Jahre sind gesamtschweizerisch etwa 10 bis 15% der CVP-Wähler evangelisch-reformierter Konfession.

Für die Zeit vor dem Wandel von 1970 gilt, dass jene Katholiken am ehesten CVP wählten, die am Sonntag regelmässig zur Kirche gingen, in katholischen Vereinen mitmachten und das Interpretationsrecht – allerdings nicht das Interpretationsmonopol – der katholischen Kirche in politischen Fragen anerkannten.

Bis 1987 überstand die CVP die Kirchenkrisen verhältnismässig gut (Wähleranteil 1919: 21,0%, 1963: 23,4%, 1987: 20,0%). In der Regel hat man diese auffallende Konstanz mit der Loyalität der katholischen Stammwähler erklärt. 20 bis 25 Jahre lang vermochte die CVP trotz der innerkirchlichen Spannungen die traditionelle Wählerbasis zu halten. Erst die Nationalratswahlen von 1991 brachten nach aussen einen eigentlichen Einbruch. Das katholische Milieu lockerte sich vor allem im Mittelland auf, wo die individuelle Mobilität ein hohes Ausmass angenommen hat. Die Auflösung des katholischen Milieus stellt allerdings keine einzigartige Erscheinung dar. Auch das sozialdemokratische und freisinnige Milieu ist in Auflösung begriffen. Noch 18% der SP-Wähler sind Arbeiter und Arbeiterinnen.

Wie der deutsche Politologe Karl Schmitt in einer Untersuchung für westdeutsche Verhältnisse festhält, bringt vor allem der Generationenwechsel einen entscheidenden Wandel.[27] Jüngere Katholiken

[27] Vgl. Karl Schmitt, Religiöse Bestimmungsfaktoren des Wahlverhaltens: Entkonfessionalisierung mit Verspätung? in: Dieter Oberndörfer, Hans Rattinger, Karl Schmitt (Hg.), Wirtschaftlicher Wandel, religiöser Wandel und Wertwandel. Folgen für das politische Verhalten in der Bundesrepublik Deutschland, Berlin 1985, 291–329.

neigen weniger dazu, CVP zu wählen als ältere. Damit nimmt in der Partei der Anteil jener Mitglieder ab, die kirchlich gebunden sind und sich von der kirchlichen Autorität leiten lassen.[28]

Man kann annehmen, dass die CVP-Reformen von 1970/71 dazu führten, dass die CVP 1970 bis 1990 katholische Wechselwähler gewann, die in der vorkonziliären Ära des politischen Katholizismus andere Parteien gewählt hatten. Der Gewinn von Wechselwählern aus der Schicht des kirchlich distanzierten Katholizismus darf allerdings nicht überschätzt werden. In den ländlichen Gegenden der katholischen Kantone besteht der alte politische Antagonismus zwischen konservativ und liberal trotz der Wandlungen seit dem Zweiten Vatikanischen Konzil weiter, wenn er auch an Bedeutung verloren hat.

So paradox dies im ersten Augenblick klingen mag: Obwohl die CVP eine interkonfessionelle Öffnung anstrebte, ist der eigentliche Erfolg der CVP-Reformen von 1970 nicht im Gewinn neuer reformierter Wählerschichten, sondern in der Beibehaltung der alten katholischen Wählermassen in den Stammlanden und paritätischen Gebieten zu sehen. Die innerkirchlichen Veränderungen, die seit dem Zweiten Vatikanischen Konzil im Schweizer Katholizismus Unruhe und Spannungen hervorgerufen und nicht nur die traditionellen kirchlichen, sondern auch die herkömmlichen parteipolitischen Loyalitäten in Frage gestellt haben, wirkten sich auf die CVP nicht im gleichen negativen Sinne wie z.B. auf die alte Katholische Volkspartei in den Niederlanden aus. Die CVP-Reformen fingen die Entideologisierungstendenzen zum Teil auf und verhinderten damit, dass kirchlich und politisch Verunsicherte und in ihrer Loyalitätsbeziehung zur Kirche und zur angestammten Partei freier gewordene Katholiken massenweise in andere Parteien abwanderten. Die Integrationskraft der Partei wirkte sich vor allem dort aus, wo die Partei mit anderen sozialen Mechanismen wie Vereinen eine abgegrenzte Region oder einen Kanton als sozial-kulturelle Einheit kontrollieren und die dortigen Wertvorstellungen der Leute beeinflussen konnte.

Die kantonalen Wahlen Ende der 1980er Jahre und die Nationalratswahlen 1991 machen jedoch deutlich, dass die Bindungsfähigkeit des katholischen Milieus in den letzten zehn Jahren stark abnahm.

[28] Vgl. Peter Voll, Konfession und Politik in der Schweiz, in: Schweizerische Zeitschrift für Soziologie 17 (1991), 375–406.

Vor allem in städtischen und konfessionell gemischten Gebieten, wo die CVP schon bisher mittelmässig bis schwach vertreten war, schrumpfte die Partei teilweise dramatisch zusammen. Die Wählerverluste der CVP zwischen 1987 und 1991 kamen primär in den Kantonen Solothurn, Aargau, Zürich, St. Gallen und Tessin zustande. Gesamtschweizerisch lag das Resultat von 18,5% 1991 rund 5% unter dem bisher besten Wahlergebnis an Eidgenössischen Wahlen: 1963 mit 23,5%. Wie Iwan Rickenbacher richtig ausführt [29], verliert die CVP nicht im inneren Kern der Stammwähler, sondern im Bereich der Wechselwähler in den städtischen Agglomerationen des Mittellandes von St. Gallen über Zürich bis Solothurn. 68% der CVP-Wähler wohnen in Landgemeinden, wobei anzumerken ist, dass das schweizerische Mittel bei 45% liegt.

Fazit: Die Lockerung der Kirchenbindung wirkt sich mit einer Phasenverzögerung auf die Parteipolitik aus. Katholiken, die im Laufe ihres Lebens aufhören, kirchennahe Katholiken zu sein, bleiben dies oft noch einige Zeit im wahlsoziologischen Sinne. Die Parteibindung kann eine Zeitlang auch dann erhalten bleiben, wenn sich die Kirchenbindung auflöst. Mit den Reformen von 1970/71 gelang es der CVP, den Säkularisierungsprozess im katholischen Bevölkerungsteil teilweise aufzufangen. Im Idealfall lockerten die Katholiken ihre Bindungen zur Kirche und zum Milieu, gaben aber ihre Loyalität zur traditionellen Milieupartei nicht auf. Es ist indessen anzunehmen, dass mit einer zeitlichen Verspätung von einer Generation der Säkularisierungsprozess auch im Bereich der Parteien voranschreitet. Unter den jüngeren Schweizerinnen und Schweizern nimmt die CVP-Sympathie in dem Masse ab, in dem der regelmässige sonntägliche Kirchgang zurückgeht. Nach Umfragen wiesen bei den jungen katholischen Kirchgängern bloss noch 31% starke Sympathie für die CVP auf. Bei der älteren Generation betrug der Anteil immerhin noch 48%. [30] Für die CVP besteht im ausgehenden 20. Jahrhundert die Gefahr, ähnlich wie die CSU in Bayern zu einer regionalen Partei zusammenzuschrumpfen. Sie würde dann in den alten Sonderbundskantonen Luzern, Freiburg, Wallis, Uri, Schwyz

[29] Vgl. Referat von Iwan Rickenbacher, Die CVP in der Parteienlandschaft von morgen, gehalten in St. Gallen am 18. Februar 1992.

[30] Vgl. Peter Voll, Konfession und Politik in der Schweiz, 383.

und Unterwalden ihre historischen Bastionen besitzen und damit für die «Ausserschweiz» (so nennt man im Wallis die übrige Schweiz!) an Attraktivität einbüssen.

Tabelle 5: CVP-Nationalräte in ursprünglich protestantisch geprägten Mittellandkantonen

	1963	1967	1971	1975	1979	1983	1987	1991
Zürich	5	4	3	4	3	3	2	2 (= 5,7% von total 35)
Bern	1	1	–	–	–	–	1	1 (= 3,4% von total 29)
Waadt	1	1	1	1	–	–	–	– (= 0%)

In den drei Grosskantonen Bern, Zürich und Waadt fristet die Partei ein Randdasein. Es kommt nun darauf an, wie sich die CVP im Schmelztiegel des Mittellandes, das heisst in den alten Kulturkampfkantonen St. Gallen, Aargau und Solothurn – entwickelt, die sich für die Partei – wie schon im 19. Jahrhundert – zu Schicksalskantonen entpuppen könnten.

Bilanz: Konfession als kollektives Geschichtsgedächtnis trotz gesellschaftlicher Nivellierung

Fassen wir zum Schluss die Hauptthesen dieses Beitrages zusammen:

1. Es besteht kein Zweifel, dass sich die Menschen nach 1950 im Zuge der allgemeinen Individualisierung von der Institution Kirche distanzierten. Allerdings wäre es falsch, daraus zu schliessen, dass Religion und Kirchen zum Absterben verurteilt seien. Wie zahlreiche Religionssoziologen betonen, setzt sich im letzten Drittel des 20. Jahrhunderts eine Art von Polytheismus der Werte durch. [31] Das Soziale und damit auch die Kirchen, Parteien und Verbände atomisieren sich. Was folgt, ist weniger ein nivelliertes als vielmehr ein zersplittertes Christentum. Jede Zersplitterung ruft nach einem neuen Zusammenfügen der Splitter.

[31] Vgl. folgende Artikel im Sonderheft der Schweizerischen Zeitschrift für Soziologie 17 (1991): Bryan Wilson, Culture and religion, 433–449; Danièle Hervieu-Léger, Dislocation des systèmes religieux-culturels intégrés et assimilation de la religion dans la culture, 538–543; Jean Séguy, Religion et culture, 669–684.

2. Das religiöse Feld erhält ein mehrdeutiges Gesicht. Während sich die einen von der Kirche distanzieren, intensivieren andere ihre religiöse Praxis. Der Kirchen-Typus verliert an Bedeutung, umgekehrt gewinnt der Sekten-Typus an Boden. Das sind zwei Seiten des gleichen Grundphänomens.

3. Nur noch eine Minderheit der Christen betrachtet in religiös-doktrinärer Hinsicht die katholische oder protestantische Kirche als einziggültige Variante des Christentums. Vor allem religiös bewegte Jugend-, Frauen- und Dritte-Welt-Gruppen beachten die konfessionellen Unterschiede kaum mehr.

4. Für die moderne Gesellschaft ist die religiöse Unübersichtlichkeit – in einem gewissen Sinne das konfessionelle Chaos – ein charakteristisches Element. Der einzelne Mensch wählt im Sinne eines Christentums à la carte individuell aus den zahlreichen Angeboten aus. Die Kirchen verlieren das religiöse Monopol, das sie bisher in der Gesellschaft besessen haben. Kirchlich distanzierte Menschen sind indessen in der Regel nicht unreligiöse Menschen; sie betonen aber ihren Individualismus in religiös-kirchlichen Angelegenheiten. In die moderne pluralistische Gesellschaft fliessen alte religiöse Traditionen ein, wo sie umstrukturiert und neu integriert werden.

5. Das katholische Milieu befindet sich in Auflösung; Religion stellt im westeuropäischen Katholizismus kein integrales System mehr dar. Der Schweizer Katholizismus hat sich seit 1950 derart verändert, dass man sich fragen muss, ob es 1990 überhaupt noch einen Katholizismus gibt, von dem man 100 Jahre lang sprach. Wie der Protestantismus befindet sich der Katholizismus in einem raschen Korrosionsprozess.

6. Unbestreitbar schreitet der religiöse Säkularisierungs- und der konfessionelle Nivellierungsprozess in den letzten 20 bis 30 Jahren in der Schweiz voran. Man muss indessen die These von der nivellierten Christengesellschaft einschränken. Trotzdem – oder vielleicht sogar deswegen – bestehen konfessionelle Mentalitäten mit ihrem kollektiven Sonderbewusstsein fort und beeinflussen nach wie vor das soziale Verhalten von Teilen der Schweizer Bevölkerung. Gerade in der Alltagskultur der bikonfessionellen Schweiz leben konfessio-

nelle Unterschiede fort. In der Parteienlandschaft zum Beispiel weist die CVP als traditionell katholische Partei seit dem Ende des Ersten Weltkrieges eine enorme Stabilität auf. Diese Stabilität gerät aber mit dem Generationenwechsel und dem Anwachsen der nivellierten Mittelstandsgesellschaft in den städtischen Agglomerationen ins Wanken. Die veränderte Kirchenpraxis hatte bis in die 1980er Jahre kein verändertes Wahlverhalten zur Folge; die Katholiken wählten in der Schweiz und in der Bundesrepublik Deutschland christlich-demokratisch. Das stimmt in den 1990er Jahren nicht mehr und bringt Labilität in die parteipolitische Landschaft.

7. Auch wenn der Konfession keine theologische Bedeutung mehr zuerkannt wird, stellen Katholizismus und Protestantismus nach wie vor Elemente der sozialen Identität dar. So bestimmt die Konfessionszugehörigkeit in vielen Belangen die sozialen Kontakte, das Heiratsverhalten, ja sogar den kollektiven Seelenzustand. Der konfessionelle Taufschein bestimmt die sozialen Beziehungen auch dann mit, wenn der ursprüngliche religiöse Inhalt sich fast ganz verflüchtigt hat.

Darin besteht das Paradoxe der gegenwärtigen Situation. Während die religiöse Praxis, die ja Ausdruck der religiösen Identität einer Gemeinschaft, zum Beispiel einer Kirche darstellt, ihre konfessionelle Bedeutung verliert, bestehen die Konfessionen als soziale Kategorien fort und wirken sich weiterhin auf den Alltag der Menschen in der Schweiz aus.

VI. KIRCHE, STAAT UND ÖKUMENE

Entwicklung und neues Bewusstsein der staatskirchenrechtlichen Organisationen

Urs Josef Cavelti

Mit dem Eintritt ins 20. Jahrhundert vollzogen sich im Katholizismus eine Reihe von Zusammenschlüssen auf nationaler Ebene. Der 1903 erstmals durchgeführte Schweizerische Katholikentag in Luzern gab Impuls zur Gründung des Schweizerischen katholischen Volksvereins (1905) als institutionelles Dach des katholischen Vereinswesens. In Ergänzung dazu konstituierte sich 1912 der Schweizerische Katholische Frauenbund und nochmals sieben Jahre später der Christlichsoziale Arbeiterbund. Die Gründung der Konservativen Volkspartei – als nationaler Rahmen der politischen Gruppierungen – gelang im dritten Anlauf ebenfalls 1912. Diese gesamtschweizerischen Organisationen manifestierten Geschlossenheit und gesellschaftliche Präsenz der Katholiken.[1]

Dieser Aufbruch war nicht bereits Integration. Er war vielmehr Kundgebung des Willens zur Mitwirkung an der Gestaltung des öffentlichen Lebens und ein Anspruch, katholisches Gedankengut in Staat und Gesellschaft durchzusetzen. Dies musste auch den Teilbereich des rechtlich-politischen Verhältnisses von Kirche und Staat berühren. Der Ausgangspunkt war vorgegeben: Die Enzyklika «Immortale Dei» von Leo XIII. (1885) hatte Kirche und Staat als *societates perfectae* bezeichnet, als voneinander unabhängige und eigenständige Gemeinschaften, welche aus sich selbst heraus alle Mittel zu eigener Wirksamkeit und Durchsetzung besitzen; in den gemischten Angelegenheiten, die Aufgaben beider Gemeinschaften in ihrer Sorge

[1] Urs Altermatt, Katholizismus und Moderne, Zürich [2]1991, 60–62, 151–161; Urs Altermatt, der Weg der Schweizer Katholiken ins Ghetto, Zürich/Köln [2]1991, 239–330.

am Menschen umfasst, war Einvernehmen gefordert. Dies war nicht die Konzeption der Bundesverfassung; sie hat den staatlichen Zuständigkeitsbereich eigenständig umschrieben. Die Verfassung hat zwar die nähere Regelung des Verhältnisses des Staates zu den Kirchen den einzelnen Kantonen überlassen. Nebst der Garantie und Durchsetzung der Religionsfreiheit als persönliche Glaubens- und Gewissensfreiheit hat der Bund seine Massnahmen zum Schutz des religiösen Friedens formuliert, er hat sein Säkularisierungsprogramm festgelegt und Ausnahmeregelungen insbesonders gegen Institutionen der katholischen Kirche erlassen. Entsprechend dem föderalistischen Aufbau ist eine kirchenpolitische Entwicklung, die der Organisationskatholizismus mitgestaltete, einerseits auf der Ebene des Bundes zu beleuchten. Insbesonders zeigt sich aber die Entwicklung im Bereich der einzelnen Kantone. Schliesslich ist nach der Stellung und Haltung der Kirchenleitung vorab in diesem Prozess der staatskirchenrechtlichen Organisationen zu fragen.

1. Langsamer Wandel im Bereich des Bundes

Die Gründung nationaler Organisationen des Katholizismus zu Beginn dieses Jahrhunderts war Ausdruck von Vertrauen in die gemeinsame Gestaltungskraft in Gesellschaft und Staat. Politische Erfolge zeigten sich im Eintritt des ersten Katholiken in den Bundesrat im Jahre 1891 und der 20 Jahre später folgenden Doppelvertretung. Im kirchenpolitischen Bereich blieben vertrauenbildende Erlebnisse während Jahrzehnten weitgehend aus, und es gab Anlass zu Verunsicherung und Missbehagen. Aktuellstes Beispiels um die Jahrhundertwende war die bundesgerichtliche Praxis zur Lösung von Anständen bei Bildung und Trennung von Religionsgenossenschaften (Art. 50 Abs. 3 BV); diese Praxis wurde nie als Mittel zur Wahrung des konfessionellen Friedens empfunden, sondern als benachteiligende Einseitigkeit. Unter Rückgriff auf altes Landfriedensrecht und Billigkeitserwägungen hat das Bundesgericht gestützt auf diese keineswegs klare Verfassungsbestimmung durchgesetzt, dass Kirchgemeindeeigentum unter Katholiken und Altkatholiken anteilmässig nach Stimmberechtigten aufzuteilen sei.[2] Wegen des kirchlichen Simultanverbots hatten diese Entscheide die Überlassung von Kirchen und Kirchengut an die Altkatholiken zur Folge.

War diese Rechtsprechung vielleicht noch als Restproblem aus einer kirchenpolitisch einmaligen Situation zu verstehen, so bedeutete die Handhabung der Religionsfreiheit eine Daueraufgabe. In der konkreten Durchsetzung ist das Bundesgericht allmählich vom übergeordneten Gesichtspunkt der Wahrung der öffentlichen Ordnung zusehends abgerückt zugunsten des persönlichkeitsbezogenen Individualrechts. In den zwanziger Jahren verlangte das Gericht in Zusammenhang mit Bewilligung von Prozessionen erstmals von einer andersdenkenden Mehrheit Toleranz, und qualifizierte die blosse Möglichkeit, dass eine öffentliche Kulthandlung das religiöse Empfinden anderer verletzen könnte, nicht mehr als Grund für ein Verbot.[3] Damit war den generellen gesetzlichen Verboten zur Durchführung von Prozessionen oder zur Tragung von Ordenskleidern in der Öffentlichkeit der Boden entzogen. Solche Gesetze blieben aber formell öfters noch lange weiterbestehen – im Kanton Genf bis 1982[4] – obwohl sie längst als verfassungswidrig anerkannt waren. Anderseits hat das Bundesgericht zugelassen, dass der Begriff der Konfessionszugehörigkeit im Staatskirchenrecht anders gestaltet sein könne als im kirchlichen (kanonischen) Recht; es schützte den Willen, einer Konfession zugehören zu wollen, gegen innerkirchliche Sanktionen resp. gegen einen Ausschluss aus der Kirchgemeinde.[5]

Langlebig blieben insbesonders die konfessionellen Ausnahmebestimmungen. Mit dem Kloster- und Jesuitenverbot sowie dem Bistumsartikel wurde eine Epoche kirchenpolitischer Hochspannung als ordentliches Recht für Jahrzehnte fortgeschrieben. Die Durchsetzung des verfassungsmässigen Ausnahmerechts war etwas schwankend, – brisant blieb sie jedoch stets. So ist beispielsweise die Bundesgenehmigung für die Errichtung eines Bistums sehr extensiv

2 BGE 17, 598ff; 20, 753ff; 21, 363ff; 23, 1396ff; 24 I Nr. 4; 26 I Nr. 30; 55 I 406; 61 I 10. Ulrich Lampert, Kirche und Staat in der Schweiz, Bd. I, Basel 1929, 345ff; Peter Karlen, Das Grundrecht der Religionsfreiheit in der Schweiz, Zürich 1988, 154, Anm. 152.

3 Peter Saladin, Grundrechte im Wandel, Bern 1975, 16ff; BGE 49 I 154ff, 49 I 369.

4 BGE 108 Ia 44 Erwägung b, c.

5 BGE 55 I 120ff; Karlen, Religionsfreiheit 332f.

ausgelegt worden. Der Bundesrat hat aufgrund dieser Bestimmung 1921 selbst Einspruch erhoben gegen einen Vertrag des Kantons Luzern mit dem Bischof von Basel. Hier erscheint der Bischof als Vertreter der römisch-katholischen Weltkirche, die in der rechtlichen Bundespraxis «Ausland» darstellt. Die kirchenpolitische Relevanz des Bistumsartikels ist auch heute noch nicht verschwunden. [6]

Eigentlicher kirchenpolitischer Stachel war indessen das Kloster- und Jesuitenverbot. Mit ihm wurde den Klöstern zur Last gelegt, den konfessionellen Frieden zu stören und den Jesuiten verfassungsmässig Staatsgefährlichkeit nachgesagt. Einzelne Veranstaltungen, selbst wissenschaftliche Vorträge, Predigtzyklen und ähnliches sorgten in den zwanziger und dreissiger Jahren sporadisch für Polemiken und Verbote. [7] Die nach dem zweiten Weltkrieg im Nationalrat und im Zürcher Kantonsrat eingereichten Interpellationen waren bedeutsam in der juristischen Interpretation der Verbote wie auch aufschlussreich bezüglich der zum Ausdruck gebrachten Grundhaltungen. Die Interpellationsbeantwortung des Bundesrates in der Frühjahrssession 1949 veranlasste die Katholisch-Konservative Fraktion zur Feststellung, die Antwort sei «ein dankenswerter Versuch, unter Respektierung des formellen Rechts das materielle Unrecht zu mindern und eine Lage zu schaffen, die geeignet ist, den konfessionellen Frieden zu wahren, konfessionelle Hetzer zu desavouieren und dem Staat zu geben was des Staates ist». Von breitern Emotionen und auch Gehässigkeiten war indessen die Debatte im Zürcher Kantonsrat vom Februar 1953 getragen [8], was zu Protesten des Volksvereins und der Bischöfe «wegen Störung und Gefährdung des konfessionellen Friedens» rief. Die 1954 eingereichte Motion auf Aufhebung der beiden Ausnahmebestimmungen ist in der Volksabstimmung vom 20. Mai 1973 mit rund 55 % Ja-Stimmen (791 000 Ja: 649 000 Nein) angenommen worden. Ein während Jahrzehnten angestrebtes Ziel des Organisationskatholizismus war erreicht.

6 Ulrich Lampert, Kirche und Staat in der Schweiz, Bd. I, 76 ff; Urs Josef Cavelti, Der Bistumsartikel in der Praxis, Zentralblatt Staats- u. Gemeindeverwaltung, 1980, 57 ff.

7 Ulrich Lampert, Kirche und Staat in der Schweiz, Bd. II, Freiburg 1938, 435.

8 Alfred Teobaldi, Katholiken im Kanton Zürich, Ihr Weg zur öffentlich-rechtlichen Anerkennung, Zürich 1978, 192 ff.

Die Aufhebung der beiden Verbote ist die einzige Veränderung, welche die Bundesverfassung in ihren kirchenpolitischen Bestimmungen erfahren hat. Kein anderer Abschnitt der Verfassung zeigt eine gleiche Konstanz oder gleichen Immobilismus. Gewandelt hat sich jedoch die Handhabung der Grundrechte. Zudem sind die konfessionellen Thematiken nicht mehr dieselben wie zu Beginn des Jahrhunderts.

2. *Die Entwicklung in den Kantonen*

Mit der Einführung der Kultusfreiheit für die christlichen Konfessionen (1848) resp. für alle Religionsgemeinschaften (1874) oblag den Kantonen die Pflicht, die Einheit von Staat und Kirchen zu lösen, und das alte Staatskirchentum abzubauen. In den historisch katholischen Kantonen war dies einfacher, weil sich keine Identität beider Gemeinschaften entwickelt hatte, und die Kirche nie zu einem Zweig der Staatsverwaltung wurde wie in evangelischen Ständen. Zudem erwies sich ein Staatskirchenrecht, das sich auf wenige Grundsätze beschränkte, als anpassungsfähig für eine rechtliche Gleichstellung anderer Bekenntnisse. Je mehr ein Kanton mit der Kirche finanziell verflochten war, umso schwieriger war die Herstellung einer Parität. Die Entwicklung, welche der politisch strukturierte Katholizismus mitgestaltete, zeigt sich in verschiedenen Einzelschritten.

2.1. *Die Kirchgemeinden als Grundelement des Staatskirchenrechts der Katholiken*

In den katholischen Kantonen hat sich die Kirchgemeinde als typische staatskirchenrechtliche Organisationsform entwickelt. Als öffentlichrechtliches Gebilde ist sie Spezialgemeinde, und damit der staatlichen politischen Gemeinde in Erscheinungsform und demokratischer Durchdringung gleichgestellt. Ihre sachliche Zuständigkeit wurzelt jedoch im Kirchenrecht. Die Kirchgemeinde ist Beitragsgemeinschaft der Katholiken, die (aufgrund von Anordnungen, die bis in die Karolingerzeit zurückreichen) Baulasten zu tragen und für den Unterhalt der Ortsgeistlichen zu sorgen hatte. Stifteten die Kirchgenossen ihre Pfründen selbst durch Ausscheidung von Sondergut oder erwarben sie sonst daran Eigentum, waren sie auch Patronatsherren mit dem Recht auf die Pfarrwahl. Damit sind die Elemente der Kirchgemeinden aufgezählt: Verwaltung der örtlichen kirchlichen Gebäude, verbunden mit der Baulast, und die Pflicht zum Unterhalt der Geistlichen; sodann das Recht den Pfarrer zu wählen. Dies war die höchste Stufe der Mitwirkungsbefugnisse, welche seit dem Hochmittelalter die körperschaftlich organisierten Laien in kirchlichen Dingen erreichen konnten.

In den historisch katholischen Kantonen war die Anerkennung der evangelischen Gemeinden als öffentlichrechtliche Körperschaften von den Strukturen her einfach, und auch früh vollzogen. Innerrhoden, Obwalden und Uri haben evangelische Gemeinden vor 1920 anerkannt, Nidwalden und Schwyz nach 1950. Die ersten evangelischen Gemeinden reichen in Zug und Luzern ins letzte Jahrhundert zurück. Die Anerkennung fehlt bis heute im Wallis.

In keinem der genannten Kantone hatte die konfessionelle Minderheit im Zeitpunkt der Anerkennung 10% der Einwohnerschaft erreicht.

2.2. *Anstoss zu Trennungsbewegungen*

Eigenwillig war die Entwicklung in den Kantonen, denen die politische Kraft zur Wiederherstellung der einst vorhandenen kirchenpolitischen Gleichberechtigung fehlte. In Genf und Basel-Stadt waren die Katholiken in der Kulturkampfzeit aus der öffentlichrechtlichen Stellung verdrängt und auch vom staatlichen Kultusbudget zugunsten der Christkatholiken ausgeschlossen worden. 1905 stellten die Katholiken in Genf – sie machten 49 % der Bevölkerung aus – den Antrag, Steuern von ihren Mitgliedern erheben zu dürfen, ohne selbst Staatsmittel zu beanspruchen. Die Ablehnung dieses Antrages löste eine politische Pattsituation aus, worauf die Regierung nach französischem Vorbild ein Gesetz auf Trennung von Kirche und Staat vorlegte. Dieser Vorlage verhalfen die katholischen Landgemeinden zum Durchbruch. Erreicht war damit die Gleichbehandlung der Konfessionen durch Zurückversetzung in eine privatrechtliche Stellung.

In ähnlicher Weise verlangten die Katholiken von Basel-Stadt 1906 die finanzielle Gleichstellung mit der evangelischen Kirche und den Christkatholiken. Dies wurde ihnen in der Volksabstimmung 1910 verweigert. Der Vorstoss hatte jedoch zur Folge, dass die Finanzierung der evangelischen und christkatholischen Kirchen aus Staatsmitteln aufgehoben und durch eine Eigenfinanzierung über persönliche Kirchensteuern ersetzt wurde. Damit war zwar nicht die Gleichstellung aller christlichen Bekenntnisse erreicht, jedoch ein wesentlicher Prozess der Entflechtung von Staat und Kirche vollzogen [9].

2.3. Langsame Verwirklichung der kirchenpolitischen Parität

Die Beispiele von Genf und Basel-Stadt zeigen, dass die Verwirklichung der Parität zwischen den christlichen Bekenntnissen nicht nur psychologische Hürden zu überwinden hatte. Nebst finanziellen Fragen lag es an institutionellen Problemen. Die Landeskirche ist oberste kirchlich-evangelische Organisationsstufe, die territorial meist mit einem Kanton zusammenfällt. Für Katholiken ist Teilkirche im Bistum verwirklicht; dieses deckt sich nur zufällig mit einem Kanton (Bistümer St. Gallen, Sitten und Lugano). Die Landeskirchen als kantonale Organisationen der Katholiken haben somit kein unmittelbares kirchliches Gegenüber. Im jeweiligen Kirchenverständnis haben Landeskirchen deshalb einen sehr differenzierten Stellenwert.

Katholische und evangelische Landeskirchen entstanden erstmals nach 1803 in den sogenannten paritätischen Kantonen (SG, GR, AG, TG). Diese Landeskirchen – ihr oberstes Organ bildeten die jeweiligen katholischen resp. evangelischen Kantonsräte – erwiesen sich primär als Instrumente der kantonalen Kirchenpolitik. Auch später, als die kirchlichen Abgeordneten in den Kirchgemeinden gewählt werden konnten, hatten die kirchlichen Parlamente (Synoden) dem

[9] Friedrich Speiser, Neuzeitliche Wandlungen des Verhältnisses von Kirche und Staat in den schweizerischen Kantonen Genf und Basel-Stadt, in: AfKR Bd. 92, 1912, 225ff, Bd. 93, 1913, 517ff.
In Genf ist die Trennung seit 1944 teilweise rückgängig gemacht worden; die Katholische Kirche in Basel-Stadt wurde 1972 im öffentlichen Recht anerkannt.

staatlichen Aufbau genau zu entsprechen. So verlangte der Regierungsrat des Kantons Aargau 1921 «für die Landeskirchen die gleiche demokratische Grundlage wie für den Staat». Die Landeskirchen durften auch nicht blosse Vereinigungen der Kirchgemeinden darstellen, und mussten eine selbständige Grösse werden, wobei diese Stärkung sehr vage mit «ideellen Werten einer kräftigeren Organisation» begründet wurde. [10]

Eine echte Differenzierung der staatskirchenrechtlichen Strukturen, die das katholische, resp. evangelische Kirchenverständnis voll aufgenommen hätte, vermochte sich nirgends durchzusetzen. Einen Ansatzpunkt zeigte der Kanton Bern. Die Katholiken im Jura hatten 1893 die ihnen im Kulturkampf zur Demokratisierung aufgezwungene Landeskirche als aufgelöst erklärt. Der Kanton setzte an deren Stelle die römisch-katholische Kommission ein. Sie war nicht landeskirchliches Organ, sondern hatte lediglich ein Antrags- und Vorberatungsrecht gegenüber dem Regierungsrat in römisch-katholischen Kirchensachen (KV 1893, Art. 84). Erst unter völlig neuen Voraussetzungen ist 1979 auch für die Katholiken wiederum eine Landeskirche institutionalisiert worden.

Auch im Kanton Zürich stellte sich das Problem differenzierender Normierung für die christlichen Kirchen. Die Katholiken ersuchten nach einem Misserfolg im Jahre 1920 erst wieder 1952 um eine öffentlichrechtliche Stellung. Ziel war die Anerkennung der kirchenrechtlichen Pfarrei auch als staatskirchenrechtliche Struktur. Mit der Volksabstimmung 1963 sind aber katholische Kirchgemeinden bisheriger Art auf dem ganzen Kantonsgebiet geschaffen worden; als kantonale Behörde amtete die Zentralkommission, ohne dass eine landeskirchliche Organisation geschaffen wurde. Mit der Gründung einer Synode aus Volksvertretern ist 1978 eine formale Angleichung an die evangelische Landeskirche erfolgt.

2.4. Trend zur katholischen Landeskirche

Die Katholiken erstrebten somit stets eine gleiche Rechtsstellung wie die übrigen christlichen Kirchen. Gleichzeitig zeigten sie in der ersten Hälfte des Jahrhunderts auch eine grosse Zurückhaltung

[10] Bericht des Regierungsrates des Kantons Aargau, Nr. 2104 vom 3.10.1921 betr. Änderung der Kirchenartikel.

gegenüber der Einrichtung kantonaler kirchenrechtlicher Strukturen. Immer mehr wurde jedoch eine auch formale Gleichbehandlung aller christlichen Kirchen im gleichen Kanton vollzogen. Seit der Mitte des Jahrhunderts gehören auch die Katholiken zu den Promotoren landeskirchlicher Einrichtungen. Diese Neuorientierung hat vorwiegend zwei Gründe:

Für die Bildung katholischer Landeskirchen sprachen im wesentlichen praktische Gesichtspunkte. Die Forderung, die teils beträchtlichen Unterschiede in der Steuerbelastung der Kirchgemeinden durch einen Steuerausgleich zu mindern, war ohne übergeordnete kantonale Instanz nicht möglich. Auch die Seelsorgestrukturen für die Ausländer liessen sich nur regional und nicht von einzelnen Kirchgemeinden her organisieren. Dies galt für jede Spezialisierung der Seelsorge, wie auch für regional ausgerichtete diakonische Dienste und Bildungsangebote.

Die Entwicklung wäre sodann nicht denkbar gewesen ohne die Aufbruchsstimmung, welche mit der Ankündigung des Vatikanischen Konzils (1959) und der Durchführung der Synode 72 herrschte. Die Mündigerklärung des Laien wurde im staatskirchlichen Bereich zum Ansporn, neue kirchliche Bedürfnisse in neuen Strukturen zu verwirklichen; der Raum der Region resp. des Kantons wurde Angelpunkt solcher Impulse.

In zeitlicher Hinsicht ist die Entwicklung fast sprunghaft verlaufen. 1946 gab sich Basel-Land eine Neuordnung des Kirchenwesens mit drei gleichgestellten Landeskirchen, und 1950 schlossen sich die katholischen Kirchgemeinden des Kantons Solothurn zu einer Synode zusammen. In den 60er Jahren entstanden katholische Landeskirchen in Luzern (1964) und Nidwalden (1967) sowie Schaffhausen (1967). Im nächsten Jahrzehnt folgen Basel-Stadt (1972) und der Jura (1978), sowie die Bildung katholischer Landeskirchen in Bern (1979), Zürich (1979) und Uri (1984).

Damit hat sich in der deutschsprachigen Schweiz in fast allen Kantonen der Grundsatz der kirchenpolitischen Gleichbehandlung und gleichartiger Strukturierung aller christlichen Bekenntnisse durchgesetzt. Die sehr starke finanzielle Verflechtung zwischen Kirche und Staat blieb in den drei volksreichsten Kantonen der Schweiz weiterhin bestehen. Dies war zumindest im Kanton Zürich auch vordergründig der Anlass für die Initiative von Trennung von Kirche und Staat, die 1977 abgelehnt wurde.

2.5. *Die Mitwirkung der Kirche bei den Neuordnungen des Staatskirchenrechts*

Die konkrete Ausgestaltung des Verhältnisses von Kirche und Staat ist Ergebnis eines politischen Gestaltungswillens. Konkret befassen sind damit die Stimmberechtigten eines Kantons und die kantonalen Parlamente. Die Kirchen waren nicht direkt in die politischen Abläufe eingebunden. Der gesellschaftlich und politisch organisierte Katholizismus gewährleistete trotzdem ein gemeinsames Handeln von Hierarchie und Kirchenvolk. Katholische Gruppierungen oder einzelne Politiker suchten für ihre politischen Vorhaben das Einverständnis oder den Rat des jeweils zuständigen Bischofs. Die Kirchenleitungen selbst haben ihre Anliegen den politisch engagierten Laien vorgetragen oder auch aufgedrängt. Diese Zusammenarbeit und Interdependenz war eine natürliche Folge des Organisationskatholizismus, der nach aussen einheitlich auftrat, und sich damit des je der Sache und der Situation angemessenen Sprachrohrs bediente.

Konkret sind wenig Einladungen kantonaler Regierungen zu finden, welche die Bischöfe zu Stellungnahmen in kirchenpolitischen und staatskirchenrechtlichen Fragen aufgefordert hätten. Gleichermassen fehlten weitgehend Vorstösse kirchlicher Behörden zu staatlichen Gesetzgebungsfragen in diesen Bereichen.[11] Drei Beispiele können das Pragmatische der Verhältnisse und Vorgehensweisen charakterisieren. Im Kanton Solothurn hat 1944 Dompropst Mösch die Antwort an die Regierung im Namen der römisch-katholischen Kirchgemeinden erteilt, als die staatlichen Aufwendungen an römisch-katholische Institutionen in öffentlicher Diskussion standen. Der Vorstoss für die Anerkennung der Katholiken im Kanton Zürich wurde eingeleitet durch eine vom Bischof von Chur ernannte breit abgestützte Kommission, wobei der Bischof erst tätig wurde, nachdem er sich auch der Zustimmung der Kantonalen Pfarrkonferenz des Priesterkapitels Zürich versichert hatte.[12] Im Kanton Bern schliesslich ist der Gesetzesentwurf von 1945, welcher weitgehend neue Grundlagen schuf und Relikte aus der Kulturkampfzeit besei-

[11] Rückfragen bei den Bischöflichen Archivaren ergaben keine oder doch recht begrenzte Ausbeute.

[12] Alfred Teobaldi, Katholiken im Kanton Zürich, 116ff, 168ff, 231ff.

tigte, dem Bischof zur Vernehmlassung zugestellt worden. Die Antwort des Generalvikars war anerkennend, aber gesamthaft doch ausserordentlich zurückhaltend («Nous ne pouvons considérer ce projet de loi comme l'expression d'une législation conforme à la discipline constante de notre église»). [13]

Diese generelle Zurückhaltung der Bischöfe geht zweifellos darauf zurück, dass die staatskirchenrechtlichen Organisationen keine vom Kirchenrecht anerkannte Institutionen, sondern staatliche Körperschaften der Katholiken sind. Sie vertragen sich nicht in allen Belangen mit den kirchlichen Rechtsvorschriften. Im genannten Beispiel Bern war Anlass zur Kritik, dass das Kirchengesetz, wie übrigens schon die Berner Staatsverfassung, die Wahl der Pfarrer durch die Kirchgemeinden vorschreibt, sodann auch die periodische Wiederwahl der Geistlichen kennt. Das Problem war auch in anderen Kantonen aktuell, und bildete auch die letzte Hürde für das Zürcher Kirchengesetz. [14] So blieb das Verhältnis der Bischöfe zu den staatskirchenrechtlichen Gesetzgebungen vielfach zwiespältig – eine Art «tolerari potest», weil gesamthaft für die Kirche gute Lösungen vorlagen und eine Opposition politisch nicht tragbar gewesen wäre.

3. Bedeutung und Bedeutungswandel

Die Entwicklung des Staatskirchenrechts in diesem Jahrhundert zeigt zwei Phasen. Es ist das Bestreben des Organisationskatholizismus, seine Minderheitsstellung durch öffentlichrechtliche Anerkennung des Bekenntnisses zu überwinden und die kirchenpolitische Parität zu erreichen. Die Katholiken setzten diese Gleichbehandlung auch durch, wenn sie selbst Mehrheitsstellung besassen. In der zweiten Hälfte des Jahrhunderts ist die Organisation der Kirchgemeinden durch kantonale Landeskirchen ergänzt worden. Im katholischen Bereich wurden damit Gewichte verschoben.

[13] Brief des Ordinariats Solothurn vom 17.4.1943.

[14] Die Pfarrwahlrechte sind differenziert zu sehen. Sie beruhen in den Pfarreien der katholischen Stammlande zumeist auf dem kirchlichen Patronatsrecht. Der Kodex 1917 hat im sogenannten Schweizer-Kanon (can. 1452) die «nominationes populares» der Pfarrer toleriert, sodass nur die nach 1917 eingeführten Pfarrwahlrechte ohne direkte kirchliche Rechtsgrundlage sind.

3.1. Kantone als Bausteine der Bistümer

Die Landeskirchen mussten für die neuen Aufgaben auch über die notwendigen finanziellen Mittel verfügen. Sie erheben zumeist Beiträge von den Kirchgemeinden. Ihnen ist sowohl auf der Ebene neuer kirchlicher Aktivitäten, wie auch der Finanzen ein erhebliches Eigengewicht zugewachsen. Dies zeigte sich beispielsweise, als das Basler Ordinariat anfangs der siebziger Jahre einen Pastoralplan für das Bistum vorlegte, der sich an geographischen, verkehrstechnischen und soziologischen Gegebenheiten orientierte. Der Plan musste als nicht machbar zurückgezogen werden, weil er kantonale Grenzen ausser acht liess und die Landeskirchen eine Mitwirkung verweigerten. Die gesteigerte Bedeutung der Kantone zeigte sich auch in der Projektkommission zur Neueinteilung der Bistümer (1980). Bei der Suche nach menschlich überschaubaren und effizient zu leitenden Bistümern wurden die Kantone klar als die Bausteine der Bistümer bezeichnet. Nebst dem politischen Gewicht der Kantone waren handlungsfähige Landeskirchen ebenfalls als Bausteine angesprochen.

3.2. Gesamtschweizerische Auswirkungen

In den Kirchgemeinden und Landeskirchen arbeiten Laien und Geistliche gemeinsam und gleichberechtigt an den Voraussetzungen für die Seelsorge und fördern Verkündigung und Diakonie. Das Kirchenamt als hierarchisches Element ist in diese synodale Struktur eingebunden und wirkt allein durch die Überzeugungskraft der Amtsträger. Das zeitliche Zusammenfallen des Aufbruchs der Kirche in Konzil und Synode 72 mit dem Durchbruch zur Institution Landeskirche ist nicht zufällig.

Zeichen dieses Aufbruchs war aber auch die Initiative der Landeskirchen (1967), sich gesamtschweizerisch zur Römisch-Katholischen Zentralkonferenz (RKZ) zusammenzuschliessen. Dies war eine Konsequenz aus der eigenartigen Finanzsituation der Kirche Schweiz. Einerseits sind die Beiträge der Landeskirchen heute Rückgrat der Finanzen der Bistümer. Anderseits musste zur Finanzierung gesamtschweizerischer oder sprachregionaler Werke weitgehend der Inlandteil des Fastenopfers in eine bestehende Finanzlücke treten.

Die RKZ hat sich gegenüber den Bischöfen verpflichtet, an der Finanzierung der gesamtschweizerischen Institutionen mitzuwirken und das Fastenopfer zu entlasten. Der Druck zur Ablösung wächst nicht zuletzt, weil sich auch der Schwerpunkt des Fastenopfers infolge der Drittweltproblematik veränderte.

3.3. An Grenzen gestossen

Die ursprünglichen Ziele der Katholiken auf Gleichbehandlung und Anerkennung ihrer Konfession im öffentlichen Recht der Kantone ist weitgehend erreicht. Die religiöse Toleranz, welche den Weg zur kirchenpolitischen Parität öffnen musste, ist aber im gewissen Umfang der religiösen Indifferenz gewichen. Die Kirchen haben an gesellschaftlich politischer Relevanz eingebüsst; Religion ist Privatsache geworden. Zeichenhaft dafür steht die Diskussion, ob in der Volkszählung 1990 nach der Konfession der Einwohner der Schweiz zu fragen sei und gefragt werden dürfe. Die Initiative auf vollständige Trennung von Kirche und Staat in der Schweiz (1981) war teils durch Imageverlust der Kirchen motiviert, wie auch vom Willen einer beschleunigten Ausschaltung der Kirchen aus dem öffentlichen Leben. Nebst dieser Infragestellung öffentlichrechtlich anerkannter Kirchen sind auch innerkirchliche Entwicklungen zu beachten.

So ist das Austrittsrecht aus dem öffentlichrechtlichen Verband neu entdeckt worden. Als Basel-Stadt 1972 mit der Einführung der Kantonalkirche auch die obligatorischen Kirchensteuer erstmals erhob, entstand die erste organisierte Austrittsbewegung. Noch stärker fällt zur Zeit der stille Auszug aus den Kirchen ins Gewicht. Ein Ortswechsel wird zum Anlass genommen, um sich am neuen Wohnsitz als konfessionslos einzutragen. Die nächste Volkszählung wird über diese Fakten Aufschluss geben. Ob mit diesen Austritten nur der Steuerpflicht entgangen werden will, oder ob eine eigentliche Abkehr von den Kirchen vorliegt, kann offen bleiben. Die staatskirchenrechtliche Organisation wird sinnentleert, wenn sie nicht mehr annähernd deckungsgleich ist mit jenen, die sich zur Kirche gehörig fühlen und sich mit ihr solidarisieren.

Schliesslich sind die innerkirchlichen Wandlungen zu beachten. Das Staatskirchenrecht knüpft mit den Kirchgemeinden an die Pfarrei an. Die Einzelpfarrei vermag indessen die religiösen Bedürfnisse kaum mehr abzudecken. Die Ursachen liegen im Mangel an Geistlichen und in der Mobilität, die es erlaubt, Kirchenbesuch und kirchliche Veranstaltungen an Orten eigener Auswahl zu suchen. Neue kirchliche Gruppen oder spirituelle Bewegungen wollen kaum mehr örtlich Kirche bilden und sein. Der Bezug zur Pfarrei und damit auch zur Kirchgemeinde wird gelockert.

Zu berücksichtigen ist endlich, dass die neu eingesetzten kirchlichen Beratungsgremien nur wenig im Bewusstsein verankert sind. Eine Gesamtschau oder nur teilweise Harmonisierung von Beratungsgremien und staatskirchenrechtlichen Organen wurde nie ernstlich zu erreichen versucht. Daraus erwächst aber eine Tendenz, in den staatskirchenrechtlichen Organisationen allein «Finanzgremien» zu sehen. Damit wird gerade das Gegenteil ausgedrückt gegenüber der effektiven Entwicklung der letzten Jahrzehnte, in denen sie initiativ am Aufbau neuer kirchlicher Dienste mitwirkten.

Diese Trends zwingen zu einem Umdenken. Wenn der seinerzeitige Organisationskatholizismus gesellschaftliche Präsenz und gleichberechtigte Anerkennung verlangte und auch erreichte, so ist heute Präsenz in einer offenen und zunehmend antiinstitutionell eingestellten Gesellschaft gefragt. Auch die staatskirchenrechtlichen Organisationen werden sich ihren Platz im neuen Umfeld zu suchen haben und behaupten müssen.

Die römisch-katholische Kirche angesichts der ökumenischen Bewegung

Maria Brun

«Ökumene» beziehungsweise «ökumenische Bewegung» sind heute zu einer Selbstverständlichkeit geworden. «Ökumenische Gottesdienste» oder «ökumenische Trauungen» gehören in den Alltag eines Christen. Ehen zwischen konfessionsverschiedenen Partnern stehen kaum noch Hindernisse im Weg.[1] Christen leben heute miteinander und nebeneinander ungeachtet des jeweiligen Bekenntnisses. Die Jugend versteht oft die Bedenken ihrer Eltern und die Probleme der Kirche nicht; ein Bemühen um eine christliche Lebensgestaltung nach Art eines alle Konfessionen umfassenden und jegliche Differenzen überwindenden «Panchristentums» ist für sie ausreichend. Mit etwas mehr Grosszügigkeit liessen sich die in ihren Augen unwesentlichen und künstlichen Probleme aus dem Wege schaffen. Dagegen kommen uns aber in letzter Zeit immer wieder Fragen zu Ohren wie etwa: Warum sind die ökumenischen Bemühungen noch nicht weiter gekommen? Gibt es eine Stagnierung oder ist der ursprüngliche Enthusiasmus bereits verebbt?

Aus der Geschichte lernen – Sackgassen ökumenischer Bemühungen

Die Ökumene und die ökumenische Bewegung, die in so starkem Ausmasse unser Jahrhundert geprägt haben, sind im Grunde genommen so alt wie die christliche Kirche selbst und werden wohl auch weiterhin deren Zukunft mitbestimmen. Wir dürfen sagen, dass das

[1] Codex Iuris Canonici (CIC), Kevelaer 1983, can. 1124–1129.

Ringen um die Bewahrung des richtigen und wahren (orthodoxen) Glaubensgutes stets ein Ringen um die Wahrung der Einheit der Kirche war.

Das «menschliche Antlitz» der Kirche – mit all seinen Schwächen und Unvollkommenheiten, die es impliziert – ist uns bekannt. Daraus machen wir kein Hehl. Wir kennen auch die geschichtlichen Fakten, die sich daraus ergeben haben: nicht nur die Apostel kämpften um die Bewahrung der Einmütigkeit (cf. Apg 15,1–41; Gal 2,11–16), sondern sie wird die tägliche Sorge der Kirche überhaupt bleiben. Schon früh kamen in der Alten Kirche Spannungen auf, einige konnten gelöst werden [2], andere führten zu Trennungen, die noch bis heute bestehen [3].

1. Die ökumenischen Konzile der Alten Kirche erachteten es in erster Linie als ihre Aufgabe, über Kontroverspunkte Klarheit zu schaffen und durch gemeinsame Formulierungen des Glaubens die Einheit der Kirche zu stärken. Nach dem grossen Schisma von 1054, das die gesamte Christenheit erschütterte und die Kirche in einen östlichen und einen westlichen Teil trennte, hat es keine gesamtchristlichen (und in diesem Sinne «ökumenischen») Konzile mehr gegeben. Und dennoch: gerade dieses Schisma war Anlass zu mehrmaligen Unionsbemühungen. Nehmen wir nur einmal die sogenannten Unionskonzile von Lyon (1274) [4] und Ferrara-Florenz (1438–45) [5], auf denen die wiederhergestellte Einheit zwischen Ost und West von beiden Seiten unterzeichnet wurde – doch, wie wir wissen, blieb sie leider nur auf dem Papier bestehen. Warum müssen diese Bemühungen als ein Fehlschlag bezeichnet werden? Weil die Konzilsteilnehmer durch politische Hintergedanken motiviert zu Konzessionen bereit waren, die vom Volk der Gläubigen nicht angenommen wurden. [6] Damit zeigen uns diese sogenannten Unionskonzile,

[2] Die ersten beiden Ökumenischen Konzile 325 in Nizäa und 381 in Konstantinopel verteidigten den Glauben gegen die Irrlehren des Arius, des Apollinarius, den Adoptianismus und die Pneumatomachen, um nur die wichtigsten zu nennen.

[3] Um nur die grossen zu nennen: III. Ökumenisches Konzil (Ephesus 431) Abspaltung der Nestorianer, IV. Ökumenisches Konzil (Chalzedon 451) Abspaltung der Monophysiten.

[4] Heinrich Denzinger/Adolf Schönmetzer, Enchiridion Symbolorum (DS), Barcelona/Freiburg i.Br./Rom 1976, num. 850–861.

[5] DS 1300–1308.

[6] Vgl. Gerhard Podskalsky, Griechische Theologie in der Zeit der Türkenherrschaft 1453–1821, München 1988, 30ff.

dass die Wahrheit des Glaubens nicht ausgehandelt und die Einheit der Kirche nicht über die Köpfe der Gläubigen hinweg von einer kirchlichen Elite bestimmt werden kann. [7]

2. Erinnern wir uns an weitere Unionsbemühungen, die von Rom ausgingen. Mit der Idee der Kreuzzüge war man im Westen überzeugt, eine gute Methode gefunden zu haben, um die bedrängten Christen im arabischen Raum zu unterstützen und zu befreien, und – warum nicht auch bei derselben Gelegenheit – die östlichen Christen zur Anerkennung Roms zurückzuführen? Doch kam es schliesslich anders als erwartet. Der ursprüngliche Gedanke einer Art «heiligen Krieges» schlug um in eine bittere Erinnerung, die bis heute nicht aus dem Gedächtnis der östlichen Christen getilgt werden konnte. Der Verrat an Konstantinopel, der dessen Fall 1453 mit sich brachte, verursachte beim orientalischen Christen ein Misstrauen gegenüber Rom, das ihm heute noch tief sitzt. [8] Wie uns die Geschichte zeigt, ist also auch eine Zwangslatinisierung, ein absolutes «Zurück nach Rom» nicht der Weg, um die Einheit der Kirche wiederherzustellen. Davon zeugen auch die mit Rom unierten Ostkirchen. War ihnen anfänglich eine Art Brückenfunktion zwischen Ost und West zugedacht, befinden sie sich heute eher zwischen den beiden, d.h. kanonisch gesehen gehören sie zu Rom, effektiv fühlen sie sich jedoch dem östlichen Erbe zugehörig. [9] Diese Latinisierungstendenz löste bei den Orthodoxen eine nach wie vor im Unterbewussten schlummernde Angst vor Proselytismus aus, die bei der geringsten Gelegenheit sofort wieder aufwacht. – Heute erleben wir all diese Fragen neu aktiviert mit den Ukrainern.

3. Bis heute umstritten und den Kirchenhistorikern und Theologen weiterhin Kopfzerbrechen bereiten einerseits der dogmatische Briefwechsel zwischen dem Patriarchen Jeremias II. von Konstantinopel samt seinen Beratern und den führenden lutherischen Theologen der Tübinger Universität Ende des 16. Jahrhunderts (1573–1581), ein

[7] Vgl. Stephen Charles Neill, Division and the Search for Unity prior to the Reformation, in: Ruth Rouse/Ders., A History of the Ecumenical Movement, Bd. 1: 1517–1948, Genf 1986, 17ff.

[8] Vgl. Stephen Charles Neill, Division, 22.

[9] Vgl. Joseph Hajjar, Zwischen Rom und Byzanz. Die unierten Christen des Nahen Ostens, Mainz 1972.

Briefwechsel, der theologiegeschichtlich einmalige Bedeutung hat[10], und andererseits die intensiven Kontakte, die Cyrill Lukaris, Patriarch von Alexandrien und später von Konstantinopel, unterstützt von seinen vertrauten Mitarbeitern, mit den Calvinisten in Genf geführt hat. Grosses Aufsehen hat dabei seine unter protestantischem Einfluss stehende «Confessio fidei» (1629) in den griechischen Kreisen gemacht. Gleichsam am Verrat an der Orthodoxie beschuldigt, ist auch sein jähes Ende (29. Juni 1638) erklärbar.[11]

4. Unionsbemühungen zwischen Orthodoxen und Anglikanern Anfang des 18. Jahrhunderts verloren jeden Hoffnungsschimmer mit dem Tod ihres Hauptbefürworters, Peters des Grossen (+ 1725).[12] Auch die Bemühungen am Anfang des 19. Jahrhunderts führten zu keinem Ziel.[13] Warum? Bei all diesen Unionsbemühungen tritt eine Einsicht an den Tag, dass die Einheit zwischen den Kirchen nie möglich sein werde, wenn die zwischenkirchlichen Kontakte auf einige wenige Theologen und Hierarchen beschränkt bleiben; sie müssen den «sensus fidelium» ergreifen und den «consensus fidelium» berücksichtigen. Diese Einsicht haben besonders die Orthodoxen gewonnen, und sie messen ihr heute sowohl bei den innerkirchlichen wie bei den zwischenkirchlichen Beschlüssen grosse Bedeutung bei.

Neue zeitgeschichtliche Bedingungen

Die verschiedenen Aufbrüche im 19. Jahrhundert, die das Christentum wesentlich mitprägten, müssen im Zusammenhang mit der vorangegangenen «Aufklärung» und der folgenden Säkularisation gesehen werden.[14] Soziales Engagement, wirtschaftliche Errungenschaften und intellektuelle Leistungen setzen bedeutende Akzente[15]:

[10] Vgl. Gerhard Podskalsky, Griechische Theologie, 102–117.
[11] Vgl. ebd. 162–180, 209ff., 220ff., 285ff.
[12] Vgl. ebd. 329.
[13] Vgl. Georges Florovsky, The Orthodox Churches and the Ecumenical Movement prior to 1910, in: Ruth Rouse/Stephen Charles Neill, A History, 193–209.
[14] Vgl. Raymund Kottje/Bern Moeller (Hg.), Ökumenische Kirchengeschichte, Bd. 3: Neuzeit, Mainz/München 1974, 45ff.
[15] Vgl. Ruth Rouse/Stephen Charles Neill, A History, 217f.

- der zunehmende politische Einfluss Europas und Amerikas vor allem in Afrika und Asien begünstigt die Ausdehnung und Verbreitung des christlichen Erbes;
- im Zuge der Industrialisierung und manch technischer Erfindungen werden nicht nur die Distanzen, sondern auch der Weg von Mensch zu Mensch kürzer und die Kontaktnahme vereinfacht;
- Völkerverschiebungen einerseits und die geistesgeschichtlich bedingte Idee nach einer «neuen Gesellschaft» andererseits bringen nicht nur ein philanthropisches Engagement mit sich, sondern auch eine Aufwertung des Religiösen;
- schliesslich stehen sich die Idee eines christlichen Europa als Reaktion auf die Säkularisation und die Bekanntmachung des kommunistischen Manifests durch Karl Marx (1848) gleichsam als zwei Pole gegenüber.

So haben wir auf der einen Seite die Ausbreitung des Christentums durch intensive missionarische Tätigkeit und auf der andern Seite eine ausgesprochene Diasporabildung. Gerade diese beiden Faktoren nähren den Boden für das Entstehen eines ökumenischen Bewusstseins. Die Frage nach der Glaubwürdigkeit – angesichts der konkurrierenden Missionstätigkeit – lässt nicht lange auf sich warten. Die Missionsgebiete werfen die Frage an die europäischen Neuankömmlinge zurück: im Namen welches Jesus Christus? Auch die Kontakte mit Andersgläubigen lassen die Christen bewusst werden, dass die Zertrennung zugleich Sünde und Gefahr ist, dass das gegenseitige Misstrauen und der Argwohn abgebaut und überwunden werden müssen. Es zeigt sich, dass die Einheit der christlichen Kirchen eine absolute Notwendigkeit ist. Dieses Bewusstsein verschärft sich dann noch zusätzlich nach den beiden Weltkriegen im 20. Jahrhundert.

Diese bewegte Zeit des 19. Jahrhunderts ist es also, die den Boden für den grossen ökumenischen Aufbruch des 20. Jahrhunderts vorbereitet hat: Vorahnungen zeichnen sich ab, erste Richtlinien werden gegeben, hoffend verspricht man sich etwas von dem, was man selbst noch nicht zu realisieren vermochte.

«Die ökumenische Bewegung ... (war) in ihren Ursprüngen im wesentlichen eine protestantische Sammelbewegung.»[16] Das heisst, innerhalb der eigenen Konfession sollte eine die Ländergrenzen übersteigende und damit eine weltweite Basis und ein Zusammenschluss der einzelnen Kirchen angestrebt werden. Die ökumenische Bewegung des 19. Jahrhunderts war alles andere als ein «organisatorisch-körperschaftliches Unternehmen»; sie hatte keine theologisch-kirchliche Zielsetzung, sondern sie ist eher als eine geistliche Strömung zu bezeichnen, die von einzelnen Personen und Gruppen getragen wurde. Diese intrakonfessionelle Bewegung, die Impuls und Richtung aus dem Neuen Testament empfing, entwickelte sich langsam zu einer interkonfessionellen Bewegung, die sich darum bemühte, den Glauben und das geistliche Leben anderer Kirchen zu verstehen.

Aus dieser innerkirchlichen Sammelbewegung heraus ist es auch verständlich, warum besonders innerhalb der protestantischen Kirchengemeinschaften so auffallend viele Zusammenschlüsse zu verzeichnen sind, die bis heute bestehen. Um nur die beiden wichtigsten zu nennen: 1877 die Gründung des Reformierten Weltbundes (RWB); 1947 die Gründung des Lutherischen Weltbundes (LWB), während die Gründung des Schweizerischen Evangelischen Kirchenbundes (SEK) ins Jahr 1920 zurückgeht.

Abgesehen von den Anglikanern und den Altkatholiken, die sich besonders um einen bilateralen Dialog bemühten – die Anglikaner mit den römischen Katholiken und die Altkatholiken unmittelbar nach ihrer Loslösung von Rom im Jahre 1870/71 mit den Orthodoxen und den Anglikanern – waren es als erste die Orthodoxen, die zu Beginn des 20. Jahrhunderts den Weg und die Wiederaufnahme des Kontaktes zu allen übrigen Christen suchten.

Im Jahre 1902 erliess das Ökumenische Patriarchat von Konstantinopel ein Rundschreiben «an alle orthodoxen Schwesterkirchen». Es war eine Art «Gewissenserforschung» der Orthodoxen hinsichtlich ihrer Beziehung «zu den beiden grossen Zweigen des Christen-

[16] Peter Vogelsanger, Über die Anfänge der ökumenischen Bewegung in der Schweiz, in: Jean-Louis Leuba/Heinrich Stirnimann (Hg.), Freiheit in der Begegnung. Zwischenbilanz des ökumenischen Dialogs (FS für Otto Karrer zum 80. Geburtstag), Frankfurt a.M./Stuttgart 1969, 149, 151.

tums, d.h. zum römischen Katholizismus und zum Protestantismus». Das Schreiben redete ebenfalls von einer «Wiedervereinigung mit den Kirchen des Westens». Diese erste ökumenische Öffnung der Orthodoxie anfangs des 20. Jahrhunderts wurde im Jahre 1920 mit einer zweiten Enzyklika des Ökumenischen Patriarchats unterstrichen, die sich dieses Mal «an alle Kirchen Christi» richtete und «zu einem Bund (koinonia) und zur brüderlichen Mitarbeit» zwischen den Kirchen aufrief.[17]

So ist es auch verständlich, warum die Orthodoxen von Anfang an an der ökumenischen Bewegung beteiligt waren. Diese hat – so wie wir sie auch heute als ökumenische Bewegung kennen – ihren eigentlichen Ursprung in der Weltmissionskonferenz von 1910 in Edinburgh.[18] Das heisst: die Ökumene brach aus einer 400jährigen Sackgasse aus mit der neuen ökumenischen Idee, zusammen nach der Wahrheit des Glaubens zu suchen, wobei keiner seine eigene Glaubensidentität aufzugeben hat, wo aber jeder sein eigenes Glaubenszeugnis einbringt. Hinter dieser gemeinsamen Suche nach der Wahrheit steht das Bewusstsein, dass alle zusammen einen gemeinsamen Weg gehen und einem einzigen Ziel zustreben: der im Heiligen Geist gewährten Einheit der Kirche.[19]

Die römisch-katholische Kirche angesichts der ökumenischen Bewegung

Diese Überschrift drückt bereits in sich selbst Distanz aus. Distanz der römisch-katholischen Kirche gegenüber der ökumenischen Bewegung seit ihren Anfängen bis zum Vorabend des Zweiten Vatikanischen Konzils.

Warum diese Distanz, dieses undiskutierbare «Nein» – mögen wir uns fragen. Es geht vom Selbstverständnis der lateinischen Kirche selber aus: dem Primas von Rom komme eine absolute Vorrangstellung innerhalb des gesamten Christentums zu. Diese Haltung Roms

[17] Constantin G. Patelos (Hg.), The Orthodox Church in the Ecumenical Movement. Documents and Statements 1902–1975, Genf 1978, 27–33, 40–43. – Cf. Raymund Kottje/Bernd Moeller (Hg.), Ökumenische Kirchengeschichte, Bd. 3, 350ff.

[18] Vgl. Ruth Rouse, Voluntary Movements and the Changing Ecumenical Climate, in: Dies./Stephen Charles Neill (Hg.), A History, 349 und Kenneth Scott Latourette, Ecumenical Bearings of the Missionary Movement and the International Missionary Council, in: ebd. 361f.

[19] Vgl. Ruth Rouse, Voluntary Movements, 344ff.

hat sich als Reaktion gegen die Französische Revolution neu verschärft und mit dem Ersten Vatikanischen Konzil zum Maximum zugespitzt. Reformation und Gegenreformation im 16. und 17. Jahrhundert waren nicht nur eine ungeheure Herausforderung an die römische Kirche, sondern sie hatten zugleich die Wirkung eines Schocks. Das bedeutete: Verhärtung der kirchlichen Grenzen («ausser der Kirche kein Heil»), eine totale Abgrenzung nach «aussen» hin und ein Zurückziehen auf sich selbst. Dass diese geschichtlichen Fakten die Tendenzen einer Dogmatisierung des Unfehlbarkeits- und Jurisdiktionsprimates des römischen «Pontifex maximus» begünstigten [20], dürfte weiter nicht erstaunen.

Die römisch-katholische Kirche war nicht vollends unökumenisch, doch dachte sie in andern Kategorien. Für sie gab es nur eine Möglichkeit: das «Zurück» der «getrennten Brüder» nach Rom. 1848 richtete Papst Pius IX. ein Sendschreiben an die Orthodoxen, in dem er die Notwendigkeit der Wiedervereinigung der Kirche betonte. [21] Kurz vor der Einberufung des I. Vatikanums erliess er einen weiteren apostolischen Brief an «alle Protestanten und andern Nichtkatholiken» und forderte sie auf, die Gelegenheit zu ergreifen und am Konzil teilzunehmen. [22] Die bekannten «Einheitspläne» Roms bewirkten jedoch, dass niemand der Einladung folgte – weder die Protestanten, noch die Orthodoxen, auch nicht die Anglikaner, und die alte katholische Metropole von Utrecht blieb ebenfalls dem Konzil fern. [23]

Wenn wir die Geschichte nach 1870/71 weiterverfolgen, so zeigt sich in der Haltung Roms gegenüber jeglichen ökumenisch motivierten Initiativen ein durchwegs einheitliches Bild. Dies kann in einem einzigen Wort zusammengefasst werden: Nein! Enzykliken, apostolische Sendschreiben, Verwarnungen, Schreibverbot: all dies war an der Tagesordnung. [24] Doch wie war es trotzdem möglich, dass der Tag nicht auf sich warten liess, an dem die einst «getrennten Christen» nun zu Brüdern wurden, die miteinander im Dialog stehen?

[20] Vgl. DS 3050–3075.

[21] «Litterae ad Orientales» (Pii IX Pontificis Maximi Acta, Bd. 1, 78–91).

[22] «Iam vos omnes» 1868 (DS 2997–2999).

[23] Wir wissen, dass die Unierten vollzählig beim Konzil vertreten waren, doch mussten sie teilweise sehr um die Beibehaltung ihrer von alters her zugesicherten Rechte kämpfen. (Cf. Joseph Hajjar, Zwischen Rom und Byzanz, 236 ff.)

[24] Vgl. Yves M.-J. Congar, Chrétiens en dialogue. Contributions catholiques à l'Œcuménisme (Unam Sanctam 50), Paris 1964, IX–LVII.

«Funken entfachen das Feuer»

Was auf offizieller Ebene nicht möglich war, konnte sich im Stillen vorbereiten und reifen. Ohne die bemerkenswerte Zahl derer, die die Hoffnung nicht aufgaben und unbeirrbar den als recht erkannten Weg fortsetzten – auch wenn sie damit scheinbar aus der Zeit fielen –, wäre die Ökumene nie dort angelangt, wo sie sich heute befindet. Für die römisch-katholischen Pioniere bedeutete dies ein Kreuzweg. Doch gerade sie sind die einzelnen «Funken», ohne die das «Feuer» der Ökumene in der römisch-katholischen Kirche nie zu brennen hätte anfangen können.

1. Die ersten Kontakte wurden Ende des 19. Jahrhunderts mit den Anglikanern geknüpft. Da stand auf der einen Seite Lord Halifax und auf der andern Abbé Fernand Portal. Die Diskussion bezog sich vor allem auf den Stand der anglikanischen Kirche. Mit der Unterstützung von Kardinal Mercier wurden nach der Konferenz in Lambeth 1920 die «Malines Conversations» (1921–1926) organisiert.[25] Mit diesen Treffen, die auf rein privater Basis durchgeführt wurden und an denen eminente Persönlichkeiten beiderseits teilnahmen, verwirklichten sich sozusagen die ökumenischen Ideale der Oxford-Bewegung[26].

Rom reagierte auf diese Art Kontaktnahme auf äusserst negative Weise. Mit verschiedenen Enzykliken wurde erklärt, dass die Anglikaner nach Rom, in den Schoss der «wahren Kirche» zurückkehren sollten[27]. Ihre Weihen wurden als ungültig erklärt[28], und schliesslich wurden die Mecheln-Treffen verboten[29].

2. Die verschiedenen ökumenischen Initiativen drängten je länger je mehr nach einem Zusammenschluss und einem einheitlichen Arbeiten auf das gemeinsame Ziel hin. So gilt die Weltmissionskonferenz

[25] Gespräche von Mecheln. Initiator war Dom Lambert Beauduin. Cf. Henry Renaud Turmer Brandreth, Approaches of the Churches towards Each Other in the Nineteenth Century, in: Ruth Rouse/Stephen Charles Neill (Hg.), A History, 298ff.

[26] Vgl. ebd. 276–282 und Ökumene-Lexikon. Kirchen-Religionen-Bewegungen, Frankfurt a.M. 1983, 920f.

[27] «Ad Anglos» 1895 (Times [20. April 1895]; cf. in: John Jay Hughes, Absolut null und nichtig [Studia Anglicana 2], (Trier 1970, 97–109).

[28] «Apostolicae curae» 1896 (DS 3315–3319).

[29] «Mortalium animos» 1928 (Acta Apostolicae Sedis 20 [1928] 5–16).

von Edinburgh im Jahre 1910 als der offizielle Anfang der eigentlichen ökumenischen Bewegung. Unter verschiedener Akzentuierung der zu verwirklichenden Pläne entwickelten sich von hier aus die einzelnen Kommissionen, Bünde und Räte.[30] Es war eine weltweite Angelegenheit, an der Anglikaner, Protestanten der verschiedenen Richtungen, Orthodoxe und Altkatholiken beteiligt waren. Abseits standen die römischen Katholiken. Teils zur Teilnahme und Mitarbeit eingeladen, teils auch nicht eingeladen – die Antwort aus Rom war fast immer dieselbe: Nein! Das hinderte einzelne überzeugte ökumenisch denkende Katholiken nicht, in inoffizieller Weise Kontakte mit Nicht-Katholiken zu pflegen oder gar an Tagungen teilzunehmen. Den nicht-katholischen «Ökumenikern» war es aber klar, dass auf die Dauer eine Ökumene ohne die römische Kirche sinnlos wäre. Dank dem wertvollen Engagement katholischer Pioniere verloren sie den Mut nicht. Zu nennen sind etwa: Max Pribilla, Max Joseph Metzger, Paul Couturier, M.D. Chenu, Yves Congar, Robert Grosche, Christophe Dumont, Otto Karrer. Ihnen gegenüber standen die Vorläufer und Begründer des Ökumenischen Rates der Kirchen (ÖRK): Nathan Söderblom, John R. Mott, William Temple, Marc Boegner, Olivier Tomkins, William Adolph Visser't Hooft, Eugen Carson Blake.

3. Die Zwischenkriegszeit und besonders der 2. Weltkrieg liessen in einmaliger Weise die Notwendigkeit erkennen, dass die Christen zusammenstehen und zusammen für den Frieden und die Wahrheit kämpfen müssen. Dies sowie die Einsicht, dass die Zertrennung der Christen zutiefst ein Verrat an der Botschaft Christi ist, bewirkten gleichsam einen weltweiten Aufbruch der Kirchen. Man wurde gewahr, dass – wenn die Christen vor der Welt und der gesamten Menschheit glaubwürdig erscheinen wollten – sie die christlichen Ideale in authentischer Weise leben und diese durch ihre Einmütigkeit bezeugen müssen. Das ist der tiefere Grund, warum das ökumenische Aufwachen durch nichts mehr aufzuhalten war und unbeirrbar seinen Verlauf nahm. Tatsächlich war dann die Gründung des «Ökumenischen Rates der Kirchen» im Jahre 1948 in Amsterdam ein erster Höhepunkt. Er war Ausdruck dessen, dass der ökumenische Auftrag der Kirchen ein einziger ist, d.h. dass es keinen «kon-

[30] Vgl. die Aufstellung im Ökumene-Lexikon, a.a.O. 894–895.

fessionellen Ökumenismus» geben kann – dies würde ja direkt dem Wesen des ökumenischen Auftrages widersprechen. Den jeweiligen Anliegen und Fragestellungen sollte also in gemeinsamer Arbeit nachgegangen werden.

Als Fazit der ökumenischen Bewegung in der ersten Hälfte des 20. Jahrhunderts lassen sich drei Punkte angeben:

- Die Christen der verschiedenen Konfessionen wollten sich zunächst besser kennenlernen. Dazu wurden Treffen organisiert, um im gegenseitigen Gespräch direkt voneinander zu hören und zu lernen. Es entstanden verschiedene ökumenische Arbeitsgruppen und Zentren [31]; mehrere ökumenische Zeitschriften [32] wurden gegründet.
- Die Christen wollten im Zusammenleben einander besser kennenlernen. Aus diesem Grunde entstanden mehrere Bewegungen, z. B. die Una-Sancta-Bewegung [33], die liturgische und biblische Bewegung [34], die christliche Studentenbewegung, YMCA/YFCA. [35]
- Die Suche nach der Wahrheit führte die Christen auch zum gemeinsamen Gebet. Paul Couturier ist es weitgehend zu verdanken, dass die Weltgebetsoktav (vom 18.–25. Januar) von allen Christen, insgesamt der römisch-katholischen Kirche angenommen wurde. [36]

Betrachten wir diesen Zeitraum von 1910–1950, so stellen wir fest, dass die römisch-katholische Kirche an ihren Prinzipien festhält. Trotzdem nimmt die ökumenische Bewegung ein unerwartetes Ausmass an und schlägt weltweit Wellen. Dies kann man nicht mehr leugnen, höchstens die Augen davor schliessen. Rom bleibt aber bei seiner Zurückhaltung, verlangt, dass für jegliches Engagement in

31 So z. B. Taizé (Roger Schütz, Max Thurian), Istina (Christophe Dumont), Chevetogne (Dom Clément Lialine, Dom Olivier Rousseau) und Niederaltaich.

32 Etwa: Eastern Churches Quarterly, Irénikon, Istina, Vers l'Unité chrétienne, Unitas (Rom), Etudes und die Reihe Unam Sanctam.

33 Gegründet von Max Joseph Metzger in Zusammenarbeit mit Max Pribilla, Matthias Laros und Joseph Lortz.

34 Vgl. Raymund Kottje/Bernd Moeller (Hg.), Ökumenische Kirchengeschichte, Bd. 3, 249–255.

35 Vgl. Ruth Rouse, Other Aspects of the Ecumenical Movement 1910–1948, in: Dies./Stephen Charles Neill (Hg.), A History, 599–612.

36 Seit 1909 von Papst Pius X. und Papst Benedikt XV. bestätigt. Cf. Yves M.-J. Congar, Chrétiens en dialogue, XXVI ff. und Ruth Rouse, Voluntary Movements, 345–348.

ökumenischen Belangen die Erlaubnis offizieller Kirchengremien eingeholt werden muss, und erwartet unbedingten Gehorsam gegenüber päpstlichen Beschlüssen. Die römische Kirche ist dabei, durch ihre extreme Haltung sich von der übrigen Christenheit völlig zu isolieren, ja sogar sich von jeglicher christlichen Gemeinschaft selbst auszuschliessen. Doch für wie lange noch?

Die Fehlrechnung mit dem Übergangspapst

Wer könnte die Nachfolge des 20jährigen prominenten Pontifikats Pius XII. antreten? Die Kurienkardinäle entscheiden sich für einen «Übergangspapst». Johannes XXIII., nahe den Achtzigern mit leicht angeschlagener Gesundheit: ein Mann aus dem Volk und fürs Volk. In seiner kurzen, knapp fünfjährigen Amtszeit (1959–1964) standen ihm manche Steine im Weg. Nach dem Grundsatz lebend: ‹Einheit im Notwendigen, Freiheit im Zweifelhaften, Liebe in allem›, zog er seinen Beschluss durch, das Zweite Vatikanische Konzil einzuberufen. Die Zeit schien ihm reif dafür.

1960 errichtete er das «Sekretariat für die Förderung der Einheit der Christen» – welch revolutionäres Unterfangen! Kardinal Augustin Bea wurde mit dessen Leitung betraut, und quasi über Nacht gab es für alle Nicht-Katholiken einen direkten und offiziellen Gesprächspartner der römisch-katholischen Kirche.

1961 nahmen erstmals offiziell römisch-katholische Beobachter an der Vollversammlung des Ökumenischen Rates der Kirchen in New Delhi teil.

Die Nicht-Katholiken wurden eingeladen, als Beobachter den Konzilsarbeiten beizuwohnen – doch richtete sich dieses Mal die Einladung nicht an die «getrennten Brüder», von denen man eine «Rückkehr in die Mutterkirche» erwartete [37]; die Einladung erging vielmehr an alle «Schwesterkirchen», denen sogar «vestigia ecclesiae» zuerkannt wurden [38]. Wie ungewohnt war ein solches Verhalten römischerseits, welch eine neue Sprache!

[37] Vatikanum I (DS 2999).

[38] Lumen Gentium 15 (In: Lexikon für Theologie und Kirche, Bd. 12, Freiburg/Basel/Wien 1986, 200–204, bes. 204).

Das Konzil erarbeitete ein Ökumenismusdekret, welches den Katholiken erlaubte, an der ökumenischen Bewegung teilzunehmen, und es versuchte, die von den übrigen Christen vorgetragenen Anliegen so gut wie möglich in die allgemeinen Konzilsarbeiten aufzunehmen und zu überprüfen. Wir denken besonders an die liturgische Bewegung, an die Forderung nach der Aktualisierung der Bibel- und Kirchenväterstudien, an die Neuüberprüfung der Aufgabe der Laien in der Kirche – das Anliegen der katholischen Aktion [39] – und im Anschluss an die ökumenische Bewegung an die Diskussion über die «Grenzen der Kirche».

Soviel zu den konkreten Konzilsarbeiten. Daneben sind aber noch manch andere Schritte festzuhalten, mit denen die römisch-katholische Kirche Jahrzehnte, ja zum Teil Jahrhunderte einholte! Tatsächlich hatte man das Gefühl, dass Papst Johannes XXIII. die «Zeichen der Zeit» wahrzunehmen vermochte und in die Tat umsetzte, was reif war. Vor allem wollte er keine Zeit ungenutzt vorbeigehen lassen. Sein bevorzugter Nachfolger, Papst Paul VI., trat dann auch in seine Fussstapfen und führte das an einem kritischen Punkt unterbrochene Werk seines Vorgängers in derselben Linie weiter.

Nachdem die «Einheit» der Kirche für Papst Johannes XXIII. ein Problem war, das sowohl eine äussere als auch eine innere Dimension implizierte und eine Aufgabe war, die parallel zu einer Erneuerung (aggiornamento) der Kirche überhaupt verlief – wobei dieses Verständnis der Schlüssel zur Öffnung der römisch-katholischen Kirche ist – hiess es für Papst Paul VI., die erkannte Wahrheit in die Tat umzusetzen, sich auf den Weg zu machen zur Begegnung mit den übrigen Christen, mit ihnen den Dialog aufzunehmen, den langen und oft schmerzvollen Weg der Zertrennung aufzuarbeiten und wo nötig, zu bereuen und um Verzeihung zu bitten.

In dieser Perspektive geschahen vor allem die diversen Begegnungen und Gesten zwischen der römisch-katholischen und der orthodoxen Kirche. Es seien genannt:

1958–1970: Briefwechsel zwischen dem Vatikan und dem Phanar [40];

[39] Raymund Kottje/Bernd Moeller (Hg.), Ökumenische Kirchengeschichte, Bd. 3, 249–255, bes. 254f.

[40] Der Phanar ist der Sitz des ökumenischen Patriarchen von Konstantinopel in Istanbul. – Vgl. Tomos Agapis. Dokumentation zum Dialog der Liebe zwischen dem Heiligen Stuhl und dem Ökumenischen Patriarchat 1958–1976 (Hg. i.A. des Stiftungsfonds Pro Oriente, Wien), Innsbruck/Wien/München 1978.

1964: Begegnung zwischen Papst Paul VI. und dem Ökumenischen Patriarchen Athenagoras I. in Jerusalem;

1965: beiderseitige Aufhebung der Anatheme vom Jahre 1054;

1967: gegenseitiger Besuch von Papst Paul VI. im Phanar und von Patriarch Athenagoras I. im Vatikan.

Als weitere ökumenische Ereignisse sind zu nennen:

- die Begegnung mit dem Primas der anglikanischen Kirche, Michael A. Ramsey, 1966 im Vatikan;
- der Besuch von Papst Paul VI. beim Ökumenischen Rat der Kirchen in Genf (1969);
- die Kontaktnahme mit den einzelnen christlichen Kirchen im Hinblick auf bilaterale Dialoge [41];
- die Erarbeitung eines «Ökumenischen Direktoriums» (1967–70).

Wir sehen, dass es der römisch-katholischen Kirche – dank prädestinierter Persönlichkeiten – gelang, innerhalb von 20 Jahren aufzuholen, was während rund einem Jahrhundert blockiert war. Und heute ist die Ökumene nicht mehr denkbar ohne den Beitrag der römischen Katholiken.

Ökumene auf Schweizer Ebene

Es wäre falsch zu erwarten, dass die Schweizer Situation in bezug auf die Ökumene eine Ausnahme gebildet hätte. Die kirchlich-päpstlichen Verordnungen galten für die Katholiken auf der ganzen Welt. So erstaunt es nicht, dass Ende des 19., anfangs des 20. Jahrhunderts in der Schweiz kein besonderes Interesse an Ökumene festzustellen ist. Die «geschlossene Front» [42] der römischen Katholiken sollte auch in der Schweiz zum Ausdruck kommen. So wurde 1936 der «Schweizerische Katholische Volksverein», eine Dachorganisation sämtlicher katholischer Organisationen und Verbände, gegründet. Eine deutliche Tendenz, alles Katholische von der Hier-

[41] Vgl. dazu: Harding Meyer/Damaskinos Papandreou/Hans Jörg Urban/Lukas Vischer, Dokumente wachsender Übereinstimmung. Sämtliche Berichte und Konsenstexte interkonfessioneller Gespräche auf Weltebene 1931–1982, Paderborn/Frankfurt a.M. [1] 1983, [2] 1992.

[42] Alfred Stoecklin, Schweizer Katholizismus zwischen Ghetto und konziliarer Öffnung. Eine Geschichte der Jahre 1925–1975, Zürich/Einsiedeln/Köln 1978, 32, 119.

archie her zu erfassen, zeichnete sich ab. Es war eine Zeit, in der die beiden grossen Konfessionen deutlich getrennt voneinander lebten und jede ihren eigenen Weg ging.

Von ihrer geistesgeschichtlichen und kirchlichen Struktur her war die Schweiz jedoch für eine fruchtbare Entfaltung der ökumenischen Bewegung geradezu prädestiniert. «Trotz aller Erstarrung und Stabilisierung der konfessionellen Fronten (...) musste diese Situation (...) die ökumenische Frage (...) gerade in der Schweiz früher oder später (...) aufbrechen lassen.»[43] So erstaunt es auch keineswegs, dass bereits in den Jahren 1892–1895 ökumenische Treffen zwischen Protestanten, Anglikanern, Altkatholiken und römischen Katholiken in Grindelwald und Luzern stattfinden konnten.[44]

Der calvinistische Aktivismus stellte die treibende Kraft gegenüber dem zwinglianischen Realismus dar, der durch jenen die nötige spirituelle Öffnung verschafft bekam, so dass sich beide relativ früh in der ökumenischen Bewegung engagierten. 1920 wurde der «Schweizerische Evangelische Kirchenbund» gegründet. Mehrere Schweizer Persönlichkeiten haben einen entscheidenden Beitrag geleistet, damit der ökumenische Gedanke aus dem Bereich rein individueller Sicht und einem bloss persönlichen Frömmigkeitsanliegen herausgehoben und zu einem gesamtkirchlichen Anliegen wurde.[45] So etwa: Adolf Keller, Alphons Köchlin, Max Huber, Emil Brunner und Karl Barth. Das Arbeitsfeld war gross. Oft stiess man auf einen akuten Antikatholizismus, der besonders stark im Volk verwurzelt war, aber auch bei einigen Theologen deutlich zum Ausdruck kam. Es brauchte Kontakt mit der Aussenwelt, quasi Hilfe von aussen; ein Überschreiten der eigenen Landesgrenzen war nötig, damit sich die innerschweizerische Polemik in einen Dialog umwandeln konnte. Dieser harte Weg bewahrte die Ökumene aber davor, zu einer oberflächlichen Bewegung zu werden.

Einen bedeutenden Beitrag leisteten auch die Christkatholiken; sie hatten übrigens keinen leichten Stand zwischen den römischen Katholiken, die sie als Abtrünnige ansahen, und den Protestanten, denen sie zu katholisch waren.[46] Zu nennen sind hier etwa Bischof Eduard Herzog und die Brüder Arnold und Otto Gilg.

[43] Peter Vogelsanger, Über die Anfänge, 147.
[44] Ruth Rouse, Voluntary Movements, 338ff.
[45] Peter Vogelsanger, Über die Anfänge, 150.
[46] Ebd. 155.

Im Ringen um die ökumenischen Kontakte ging es besonders darum, dass die konfessionellen Gegensätze ihren polemischen Charakter verlieren und die einzelnen Kirchen ihren Absolutheitsanspruch aufgeben sollten [47] – zugunsten einer «ökumenischen Theologie». Hier weiterzuhelfen war die Aufgabe von Otto Karrer: Eine ökumenische Theologie ist nicht, wie er es formulierte, «eine konfessionell neutrale oder überkonfessionelle Betrachtungsweise, sondern eine auf sachlicher Erkenntnis und Würdigung der beidseitigen Positionen beruhende theologische Anschauung, welche die in der Trennung bewahrten, in der konfessionellen Polemik jedoch verdeckten Elemente der kirchlichen Einheit ins Bewusstsein hebt und sie ebenso ernst zu nehmen gewillt ist wie die tatsächlichen Gegensätze, um in redlicher Bemühung um ‹Vollendung der Einheit› die historischen und noch in der Gegenwart lebendigen Gegensätze einer gewissenhaften Prüfung zu unterziehen.» [48]

Otto Karrer, dessen Leben als Theologe zeitweilig mehr als hart war, war sich jedoch bewusst, dass das «Ausräumen der seelischen Hindernisse» der eigentlichen theologischen Arbeit vorangehen musste. Nach 1949 wurden in Luzern, Zürich, Bern und Basel «ökumenische Arbeitskreise» gegründet. 1958/59 wurden an der ETH Zürich wöchentlich Vorträge veranstaltet, an denen Otto Karrer und Peter Vogelsanger jeweils als Ko-Referenten auftraten. Bald wuchs der Kreis der ökumenisch Engagierten, so dass bereits eine geraume Zeit vor der Wahl von Paspt Johannes XXIII. in der Schweiz ein aktiver Kreis auf breiter Front im gegenseitigen theologischen Gespräch engagiert war. Dazu gehörten: Hans Urs von Balthasar, Hans Küng, Oscar Cullmann, Fritz Blanke, Jean-Jacques von Allmen, Jean-Louis Leuba, Johannes Feiner und Franz Böckle.

Diese Frühperiode der ökumenischen Arbeit ebnete den Boden für eine echte Partnerschaft ohne Gefährdung der Glaubenstreue, ohne Rechthaberei, ohne heimliche Bekehrungsabsicht. Es wurde aber auch klar, dass der Weg zu Überwindung der Glaubensspaltung niemals ein einseitiger sein kann und letzten Endes alle Christen umschliessen muss.

Die ökumenische Entwicklung in unserem Lande ist seit dem Zweiten Vatikanischen Konzil, d.h. in nur 25 Jahren, in so grossen Schritten vorangegangen, dass die positiven Ergebnisse uns Heutigen

[47] Standpunkt von Friedrich Heiler dargestellt in: Peter Vogelsanger, ebd. 155f.
[48] Ebd. 158.

als völlig normal vorkommen: es gab eine Synode 72 – und ihr entsprechend auch eine evangelische Synode –, es gibt weiterhin ökumenische Arbeitskreise, ökumenische Institute, zwischenkirchliche Dialogkommissionen. Ökumenische Gottesdienste und Kanzelaustausch sind so geläufig wie Gastprofessuren an anderen theologischen Fakultäten. Wir vergeben Stipendien an Studenten anderer Konfessionen, haben eine «Arbeitsgemeinschaft christlicher Kirchen in der Schweiz», und nicht zuletzt beheimatet die Schweiz den «Ökumenischen Rat der Kirchen» in Genf.

Wie weiter?

Wenn wir den heutigen Stand der Ökumene betrachten, so müssen wir feststellen, dass sie tatsächlich an einem Scheidepunkt angelangt ist: die ersten Schwierigkeiten sind überwunden und liegen weit zurück. Die ökumenische Bewegung kannte grossartige Höhepunkte. Zwischen allen christlichen Kirchen bestehen heute offizielle bilaterale Dialoge.[49] Das Klima von Argwohn und Misstrauen ist dem einer im täglichen Leben erfahrbaren Brüderlichkeit gewichen: eine erfreulich positive Bilanz.

Das Ziel der Ökumene ist die Wiederherstellung der Einheit zwischen den einzelnen christlichen Kirchen. Man ist sich durchaus bewusst – und dieses Bewusstsein, basierend auf den Erfahrungen aller ökumenischen Bemühungen, die in der Geschichte der Kirche unternommen wurden und kein positives Ergebnis verzeichnen konnten, wird von allen geteilt –, dass die Einheit nicht von Menschen «gemacht» werden kann, sondern dass sie das Werk des Heiligen Geistes sein wird, wobei diesem jedoch die Menschen als Werkzeug zur Verfügung stehen müssen.

Wie präsentiert sich nun die heutige Lage? Der erste offizielle Dialog – derjenige zwischen den Orthodoxen und den Altkatholiken – ist in der Zwischenzeit abgeschlossen worden[50], d.h. alle trennen-

[49] Vgl. Harding Meyer/Damaskinos Papandreou/Hans Jörg Urban/Lukas Vischer, Dokumente wachsender Übereinstimmung.

[50] Oktober 1987. – Vgl. dazu: Damaskinos Papandreou, Der orthodox-altkatholische Dialog. Ein Modell für die Überwindung der kirchlichen Spaltung zwischen Abendland und Morgenland?, in: Internationale Kirchliche Zeitschrift, 78 (1988), 79–89 und Ders., Theologischer Konsens und kirchliche Gemeinschaft. Die Einheit zwischen der orthodoxen und der altkatholischen Kirche, in: Internationale Kirchliche Zeitschrift, 79 (1989), 44–52.

den oder schwierigen Punkte sind besprochen und gemeinsame Resolutionen unterzeichnet – doch, so möchten wir fragen, wo bleibt nun die Einheit dieser beiden Kirchen? Konkret heisst das: die ökumenisch engagierten Christen müssen feststellen, dass am Ende eines Dialoges nicht unwillkürlich die erwartete Einheit steht. Und es stellt sich unmittelbar die Frage: Wo und wann wird sie denn eintreten? Es werden Stimmen laut, dass der «Dialog der Liebe» in einen «Dialog der Wahrheit» einmünden müsse. Sicherlich ist auch zu bedenken, wie denn konkret diese erwartete Einheit aussehen soll. Einheit heisst ja gemeinsame kirchliche Glaubens- und Lebensgemeinschaft. Es geht also um Glaubensidentität, die in den verschiedenen christlichen Kirchen, mit anderen Worten in den sich unterschiedlich herausgebildeten christlichen Traditionen, ihren jeweiligen Ausdruck gefunden hat. Man ist sich auch bewusst, dass Einheit der Kirche in pluriformer Art zu denken ist.

Wir stehen heute vor einem Scheidepunkt, der auch zu einem Wendepunkt für die Ökumene werden kann. Ob die Verwirklichung der Einheit zwischen den Christen letztlich eine «eschatologische» sein wird – wie manche Ökumeniker argwöhnen – oder ob sie sich schon früher einstellen wird, das wird in erster Linie von uns Christen selbst abhängen. Das heisst: entscheiden wird, wie weit wir fähig sind, unser Menschsein trotz all seiner Unvollkommenheiten so im Glauben zu leben, dass seine volle orthodoxe, evangelische und katholische Dimension die christliche Einheit selbst bestimmt.

L'expérience du Synode 72

Georges Bavaud

C'est en mars 1969 que les évêques suisses décidèrent d'organiser des synodes dans chacun des diocèses de notre pays.[1] Leur intention était d'incarner dans la vie de l'Eglise les principales orientations du IIe Concile du Vatican. Pour préparer cet événement qui allait débuter le 23 septembre 1972, tous les catholiques suisses étaient invités à étudier des documents de travail qui abordaient les différents thèmes qui seraient discutés. Si chaque diocèse organisait sa propre assemblée synodale, il était prévu cependant que certains sujets importants pouvaient être traités dans le cadre d'un synode suisse.

Une étude exhaustive de l'expérience des Synodes 72 exigerait que nous consultions les actes synodaux de tous les diosèses suisses. Une telle entreprise dépasse évidemment le cadre d'un bref exposé. Notre travail repose essentiellement sur l'ouvrage: *Synode diocésain Lausanne, Genève, Fribourg et Neuchâtel 1972–1975. Pour une Eglise servante de Jésus-Christ. Décisions et recommandations.*[2]

Une Eglise dont tous les membres sont coresponsables

Le catholicisme a toujours insisté sur l'aspect hiérarchique de la constitution de l'Eglise. A certaines époques, on a souligné la responsabilité du clergé, d'une manière unilatérale, au détriment de celle des laïcs. Par exemple, Léon XIII, dans une lettre adressée au Cardinal Guibert, archevêque de Paris, déplore l'attitude de catholiques qui «peu contents de la situation de sujets qu'ils ont dans

[1] Lettre des Evêques suisses aux prêtres. Evangile et mission, 1972, n. 1, 1–3.
[2] Fribourg, 1978.

l'Eglise, croient pouvoir prendre quelque part dans son gouvernement ou tout au moins qui estiment qu'il leur est permis d'examiner et de juger à leur manière les actes de l'autorité.»[3] Le Pape précise que, dans l'Eglise, «on distingue, de la façon la plus absolue, deux parts: l'enseignée et l'enseignante, le troupeau et les pasteurs (...) Aux seuls pasteurs il a été donné tout pouvoir d'enseigner, de juger, de diriger; aux fidéles il a été imposé le devoir de suivre les enseignements, de se soumettre avec docilité au jugement [des pasteurs] et de se laisser gouverner, corriger, conduire au salut. Ainsi il est de nécessité absolue que les simples fidèles se soumettent d'esprit et de cœur à leurs propres pasteurs, et ceux-ci avec eux au Chef et Pasteur suprême; c'est dans cette subordination et dépendance que gît l'ordre et la vie de l'Eglise.»[4]

Le IIe Concile du Vatican n'abandonne certes pas la constitution hiérarchique de l'Eglise, mais il souligne, en même temps, la collaboration que les laïcs doivent apporter à leurs pasteurs. «Qu'ils fassent connaître à leurs Pasteurs leurs besoins et leurs désirs, avec la liberté et la confiance qui reviennent à des fils de Dieu et à des frères dans le Christ. A la mesure de la science, de la compétence et de l'autorité qu'ils possèdent, ils ont le droit, parfois même le devoir d'exprimer leur avis pour ce qui regarde le bien de l'Eglise.»[5] Le texte, après avoir rappelé le devoir d'obéissance des laïcs à la hiérarchie, poursuit: «Que les Pasteurs d'autre part reconnaissent et promeuvent la dignité et la responsabilité des laïcs dans l'Eglise; qu'ils recourrent volontiers à leurs conseils prudents, qu'ils leur remettent avec confiance des charges pour le service de l'Eglise, et qu'ils leur laissent la liberté et la latitude d'agir; bien plus, qu'ils les encouragent à prendre spontanément des initiatives. Qu'avec amour paternel, ils considèrent attentivement dans le Christ les entreprises, les vœux, les désirs proposés par les laïcs. Que les Pasteurs reconnaissent et respectent la juste liberté qui appartient à tous dans la cité terrestre.»[6]

[3] Actes de Léon XIII, Paris, 1933 t. VII, 63. Cette lettre date du 17 juin 1885.
[4] Ibid., 63-65.
[5] Constitution Lumen gentium, n. 37.
[6] Ibid., n. 37.

Le Synode 72 a permis de réaliser l'expérience de la coresponsabilité qui contraste avec la mentalité qui s'exprime par les paroles de Léon XIII. Significative est déjà la règle qui précise l'élection des membres du Synode. Ce dernier «se compose pour moitié de prêtres, religieux et religieuses, et pour moitié de laïcs.»[7] Et parmi le laïcat, on s'efforcera d'élir «⅓ au moins de femmes, ⅕ au moins de jeunes gens entre 16 et 25 ans, un ⅐ au moins de représentants des travailleurs étrangers.»[8]

D'autre part, les décisions votées par les assemblées synodales, pour avoir force de loi, doivent obtenir l'approbation de l'évêque. Mais il peut arriver que le chef du diocèse ne puisse pas, en conscience, accepter tel texte particulier. Or le règlement a prévu un mode de conciliation. Le voici: «Si l'Evêque ne peut donner son accord, il doit faire connaître ses motifs à l'assemblée plénière. Celle-ci constitue alors une commission chargée d'élaborer un texte auquel l'Evêque et l'assemblée plénière pourront donner leur accord.»[9] Cette procédure manifeste clairement le souci du Synode de parvenir à un consensus entre l'assemblée et le magistère de l'Evêque.

Ce thème de la coresponsabilité est particulièrement développé dans l'exposé du troisième thème qui a pour titre: «Le service ecclésial». Le premier sous-titre est précisément: «Coresponsabilité de tous».[10]

Les thèmes abordés au Synode

Le premier sujet s'intitule: «Pour une Eglise diocésaine signe de Jésus-Christ». La Constitution «Lumen gentium» sur l'Eglise a présenté le Peuple de Dieu comme «étant, dans le Christ, en quelque sorte le sacrement, c'est-à-dire, à la fois, le signe et le moyen de l'union intime avec Dieu et de l'unité de tout le genre humain» (n. 1). Telle est donc la source conciliaire de ce premier thème.

Le second sujet concerne la prière, la messe, les sacrements. Le Synode se réfère à la Constitution sur la liturgie: «Sacrosanctum Concilium».

[7] Synode 72. Objectifs. Thèmes. Règlements, 15.

[8] Ibid., 15.

[9] Ibid., 56. Le règlement précise: «Si aucun arrangement n'a été possible à propos d'une recommandation à des organismes extradiocésains, l'assemblée plénière peut prier l'Evêque de transmettre sa décision, même s'il n'a pas donné son accord.»

[10] Op. cit., 36.

Le troisième thème a pour objet le service ecclésial. La Constitution sur l'Eglise a étudié, dans son chapitre III, le ministère hiérarchique, dans le chapitre IV, le laïcat, dans le chapitre VI, les religieux. Le décret «Apostolicam actuositatem» traite de l'apostolat des laïcs. Le Synode s'inspire de ces textes conciliaires en développant davantage que le fait Vatican II le problème des ministères laïcs.

C'est le décret sur l'œcuménisme: «Unitatis redintegratio» qui inspire manifestement le quatrième thème: «Notre vocation œcuménique.»

Le Synode, ensuite, s'inspire de plusieurs chapitres de la IIe partie de la Constitution «Gaudium et spes» sur les rapports entre l'Eglise et le monde. En effet, le cinquième sujet: «Mariage et famille» s'appuie sur le chapitre 1 qui traite ce thème. Le sixième sujet: «L'Eglise et les réalités temporelles» se réfère au chapitre 3: «La vie économico-sociale» et au chapitre 4: «La vie de la communauté politique.» Le septième sujet: «La mission, le développement et la paix» repose sur le chapitre 5: «La sauvegarde de la paix et la construction de la communauté des nations.» Mais on se réfère aussi au décret: «Ad gentes» qui traite de l'activité missionnaire de l'Eglise.

Le huitième thème a pour titre: «L'Eglise en Suisse et la communication sociale.» Il s'inspire partiellement du décret «Inter mirifica» sur les moyens de communication sociale. Enfin, le neuvième sujet s'appuie sur la déclaration conciliaire «Gravissimum educationis momentum» sur l'éducation chrétienne. Il a pour titre en effet: «Formation et loisirs» (le thème des loisirs a été traité occasionnellement au Concile sans faire l'objet d'un décret). Comme on le voit, constante est la référence du Synode au IIe Concile du Vatican.

La reconnaissance de la fin de la chrétienté

La chrétienté s'incarnait dans une civilisation dont l'inspiration chrétienne créait une véritable unanimité des citoyens face aux grandes orientations de la vie personnelle et sociale. Cette atmosphère favorise la persévérance des croyants dans l'engagement de leur baptême.

Or le Synode constate que cette situation n'existe plus puisqu'il déclare: «Il ne va pas de soi d'être croyant, aujourd'hui moins que jamais. Dans la mutation actuelle, une foi qui ne serait qu'un héritage familial ou social ne tiendra pas, si elle ne devient rencontre personnelle avec le Christ, chemin, vérité et vie. C'est pourquoi il appartient à chaque croyant d'assumer personnellement la responsabilité de sa foi, de sa vitalité et de l'approfondissement de son contenu.»[11] Le Synode propose cet idéal: Que nous formions «une Eglise de volontariat»».[12]

Dans une situation de chrétienté, «les chefs d'Etat, comme le disait encore Léon XIII, doivent donc tenir pour saint le nom de Dieu et mettre au nombre de leurs principaux devoirs celui de favoriser la religion, de la protéger de leur bienveillance, de la couvrir de l'autorité tutélaire des lois, et ne rien statuer ou décider qui soit contraire à son intégrité.»[13]

Le Synode ne demande pas la séparation de l'Eglise et de l'Etat,[14] mais il rejette toute symbiose de l'Eglise avec le pouvoir politique: «Eviter toute compromission avec le pouvoir et la puissance sous toutes ses formes; en particulier (...) s'engager afin que partout soit respectée l'autonomie propre de l'Eglise et de l'Etat.»[15]

Le Synode insiste également sur la nécessité de reconnaître le pluralisme des catholiques dans leur engagement politique. «Par le fait de solidarités, d'options ou de schémas culturels différents, des hommes professant la même foi à Jésus-Christ sont conduits à des engagements différents ainsi qu'à diverses expérimentations et expressions du lien foi–politique. Cette pluralité doit être reconnue fondamentalement par toute la communauté.»[16]

Une interpellation est adressée au parti démocrate-chrétien: «L'Eglise ne s'identifie à aucun parti ou association. Reconnaissant la légitime pluralité d'options politiques des chrétiens, le Synode souhaite que les partis et associations à appellation ‹chrétien› s'interrogent sur l'opportunité de maintenir une telle désignation qui peut donner l'impression d'une appropriation et prêter ainsi à confusion.»[17]

[11] Ibid. n. 7, 19.
[12] Ibid. n. 17, 21.
[13] Encyclique Immortale Dei. Actes de Léon XIII. Op. cit. t. II. Dans le même document, le Pape distingue clairement l'Eglise et l'Etat comme deux sociétés autonomes. Ibid., 27.
[14] Au n. 446, le Synode «demande que, dans chaque canton, l'Eglise (ensemble des paroisses et des institutions ecclésiales) ait une personnalité juridique.» Op. cit., 118.
[15] Ibid. n. 27, 22–23.
[16] Ibid. n. 244, 76.
[17] Ibid. n. 252, 77.

Le statut de l'aumônier militaire devrait être revisé: «Le Synode demande en particulier qu'on crée pour l'aumônier un statut qui le différencie de la hiérarchie militaire.»[18]

Dans un climat de chrétienté, surtout si l'Etat est considéré comme le bras séculier de l'Eglise, on a souvent méconnu le droit à la liberté religieuse. Le Synode est très sensible à ce que personne «ne soit contraint d'agir contre sa conscience ni empêché, dans de justes limites, d'agir selon sa conscience.»[19]

La déclaration conciliaire sur la liberté religieuse a inspiré cette prise de position du Synode: «Que l'on s'interroge partout sur la liberté dans laquelle doit baigner tout l'effort d'évangélisation. Que l'on évite ainsi d'imposer une catéchèse à des adolescents qui n'en veulent pas...»[20]

Le Synode ajoute: «Que l'on impose pas à des enseignants de remplir une fonction de catéchistes, s'ils manquent de convictions pour le faire.»[21]

Le même souci de respecter la liberté des parents est à l'origine de cette déclaration: «Lorsque des parents croyants tiennent à différer le baptême jusqu'à ce que leur enfant parvienne à une décision de foi personnelle, une telle attitude ne sera certes pas recommandée, mais on la respectera.»[22]

A propos du sacrement de réconciliation, le Synode, après avoir souligné l'importance des dispositions intérieures, précise: «On voit également ici comment toute contrainte extérieure est dangereuse.»[23]

Selon le Synode, un climat de liberté doit donc régner, non seulement dans la société civile, mais encore dans l'Eglise. «Le Synode est convaincu que les droits fondamentaux de la personne humaine, ainsi que les principes de la liberté d'expression et d'information, liberté toujours soumise aux exigences de la vérité, sont valables pleinement et sans restriction dans l'Eglise. C'est dans ces conditions d'ailleurs que pourra se former dans l'Eglise l'opinion publique que le Pape Pie XII appelait de ses vœux.»[24]

[18] Ibid. n. 459, 121.
[19] Déclaration «Dignitatis humanae» sur la liberté religieuse, n. 2.
[20] Op. cit. n. 39/7, 25.
[21] Ibid. n. 38/8, 25.
[22] Ibid. n. 54, 29.
[23] Ibid. n. 77, 32.
[24] Ibid. n. 293, 93.

Une grande attention aux problèmes pastoraux difficiles

Les membres du Synode ont été attentifs aux difficultés qui se présentent dans la vie de nombreux croyants. Nous aborderons successivement plusieurs domaines et nous verrons parfois surgir une tension entre les exigences de la doctrine rappelée par le Magistère et le désir de venir en aide à des chrétiens affrontés à des conflits, voire même à des situations de détresse.

L'enseignement de la théologie

Le Synode est convaincu que peuvent être différentes «les approches» de la foi, «les expériences» de la foi, «les expressions» de la foi. [25] Il ne s'étonne donc pas des difficultés que peuvent rencontrer les théologiens dans leur rapport avec le Magistère. C'est pourquoi, le Synode interpelle d'abord les professeurs de théologie en leur demandant de considérer «de façon responsable le retentissement que peuvent avoir sur l'opinion publique leurs publications et leurs déclarations.» [26] Mais il propose aussi «que soit intensifié le dialogue entre les représentants du magistère et les théologiens (...) de manière que ceux-ci puissent être entendus et s'expliquer conformément au sentiment juridique actuel.» [27]

L'hospitalité eucharistique

Plusieurs chrétiens – surtout les conjoints d'un foyer mixte – désirent recevoir ensemble l'eucharistie. Mais le Directoire romain œcuménique n'autorise pas le catholique à participer à la cène offerte par l'Eglise protestante parce que nous devons recevoir les sacrements tels que le Christ les a institués et confiés aux Apôtres et à leurs successeurs. Or les Eglises de la Réforme ont renoncé au sacrement de l'ordre.

[25] Ibid. n. 13, 20.
[26] Ibid. n. 15, 21.
[27] Ibid. n. 401, 109.

Cependant, le Synode, face au désir de nombreux chrétiens, refuse de juger, d'une manière péremptoire, la conscience des catholiques qui transgressent l'interdiction: «Si un catholique, dans une situation exceptionnelle, et après avoir pesé tous les motifs, en arrive à la conviction que sa propre conscience l'autorise à recevoir la Cène, cette démarche ne peut pas être interprétée comme impliquant nécessairement une rupture avec sa propre Eglise, même si la participation commune à l'Eucharistie demeure problématique aussi longtemps que dure la séparation des Eglises.» [28] Mais, à Berne, lorsque ce texte fut voté au Synode suisse, Mgr Mamie a précisé: «La démarche du catholique qui se croirait autorisé à partager l'eucharistie dans la Cène protestante est non seulement ambiguë et contestable, (fragwürdig, comme on l'a écrit), à mon avis, elle est non seulement contestable, mais elle doit être contestée.» [29]

La question des mariages mixtes

Pour répondre à des vœux formulés par des protestants, le Synode déclare: «L'empêchement au mariage pour cause de différence confessionnelle ne correspond pas à la nouvelle position œcuménique de l'Eglise. C'est pourquoi il recommande à la Conférence des évêques suisses d'intervenir auprès des instances compétentes afin de faire abolir cet empêchement.» [30]

Selon le droit canon, le mariage mixte, s'il est célébré en dehors de l'Eglise catholique, ne peut être valide que si les fiancés obtiennent une dispense de la forme canonique. Or le Synode propose que l'on renonce à cette obligation. [31]

Dans son Motu «Matrimonia mixta» du 31 mars 1970, Paul VI déclare que la partie catholique doit«promettre sincèrement qu'elle fera tout son possible pour que tous ses enfants soient baptisés et éduqués dans l'Eglise catholique.» [32] Parlant de l'éducation des enfants, le Synode ne mentionne plus cette obligation. «Tout doit

[28] Ibid. n. 117/6, 47. La référence au Directoire romain œcuménique se trouve au n. 117/5.
[29] Evangile et mission, 6 mars 1975, 165.
[30] Op. cit. n. 415, 113.
[31] Ibid. n. 416, 113.
[32] Doc. cath., 1970, n. 1563, 454.

être mis en œuvre pour que les parents puissent décider ensemble en toute conscience, dans le respect mutuel de leur foi, de leur liberté et à l'abri de toute pression extérieure de l'appartenance confessionnelle de leurs enfants.» [33]

A propos de la sanctification du dimanche, «le Synode prie la Conférence des évêques suisses de déclarer que les membres catholiques de tels foyers sanctifient le jour du Seigneur lorsque pour de sérieux motifs spirituels ils participent à une messe célébrée dans une communauté orthodoxe ou catholique-chrétienne, ou à un culte protestant.» [34]

Très vive est donc l'attention du Synode aux difficultés des foyers mixtes. A-t-il été suffisamment attentif aux risques de relativisme? Certains se sont posé cette question.

La régulation des naissances

Le Synode se souvient de l'encyclique «Humanae vitae» lorsqu'il déclare à propos de la maternité et paternité responsables: «Pour un membre de l'Eglise catholique, cette liberté de conscience s'exerce à la lumière des exigences de l'Evangile et des enseignements du Magistère.» [35] Mais, quelques lignes plus loin, nous lisons: «Le Synode pense que c'est au couple de choisir librement la méthode qui lui convient (...) Il n'existe pas de méthode de planification familiale que l'on puisse recommander une fois pour toutes à un couple pour sa vie entière, pas plus qu'une méthode valable également pour tous les couples du monde.» [36] Ces recommandations ne concordent guère avec les enseignements du Magistère.

La vie sexuelle avant le mariage

A propos des couples qui se forment avant le mariage, le Synode est très attentif à les questionner. Il manifeste les plus nettes réserves envers les relations préconjugales qui n'impliquent pas d'engage-

[33] Op. cit. n. 419/1, 114.
[34] Ibid. n. 417, 113.
[35] Ibid. n. 132, 54.
[36] Ibid. n. 133, 54.

ment authentique.[37] Vis-à-vis de celles qui s'inscrivent dans un engagement progressif, il déclare clairement aux fiancés «que sans avoir de relations sexuelles préconjugales, on peut vivre authentiquement l'amour en vue du mariage»[38], mais il propose en même temps «une morale de promotion et de libération, attirant constamment la personne au-delà de la problématique du permis et du défendu.»[39] Et c'est en petit texte seulement qu'est citée la déclaration des Evêques suisses du 5 juillet 1972. Ils ont affirmé «unanimement et sans équivoque que les relations sexuelles préconjugales sont contraires aux normes objectives de la morale et de l'enseignement toujours valable de l'Eglise catholique. Ils n'excluent pas cependant que la question de la culpabilité subjective ou de la responsabilité personnelle demande un jugement nuancé.»[40]

La question de l'avortement

Le Synode déclare clairement: «En aucun cas l'avortement ne doit être une méthode de planification familiale»[41], mais il ajoute, conformément à l'esprit de l'Evangile: «Une femme qui recourt à l'avortement comme dernière issue à sa détresse ne doit être ni méprisée, ni abandonnée, mais au contraire aidée effectivement.»[42]

Et très concrètement, «face aux projets fédéraux, écrit le Synode, nous tenons à exprimer l'attitude qui découle de notre foi, mais nous respectons aussi la liberté de conscience de ceux qui ne partagent pas nos convictions.»[43] Et l'on demande qu'une loi sociale donne «à la femme et au couple la sécurité qui leur permette d'élever leur enfant ou éventuellement de le faire élever par des tiers.»[44]

[37] Ibid. n. 135, 55.
[38] Ibid. n. 136, 55.
[39] Ibid. n. 134, 55.
[40] Ibid. n. 134, 55.
[41] Ibid. n. 149, 57.
[42] Ibid. n. 144, 56.
[43] Ibid. n. 132, 54, n. 151, 57.
[44] Ibid. n. 151, 57.

Penchants homosexuels

Le Synode recourt à un langage nuancé vis-à-vis de ce problème: «Les chrétiens doivent se garder d'une opinion globale et toute faite à l'égard des homophiles et des homosexuels. Le Synode rappelle que, quelle que soit leur situation de vie, ceux-ci ont droit au respect et à la bienveillance.»[45] Et de préciser: «Tout en reconnaissant que pour éviter la panique et l'angoisse les homophiles sont obligés de s'accepter avec leur penchant, le Synode les invite à vivre dans la dignité, évitant les excès et les dévoiements et à progresser suivant les exigences de cette dignité.»[46]

La situation des divorcés remariés

Face à cette situation, les membres du Synode n'entendent pas rejeter la doctrine relative à l'indissolubilité du mariage. Mais ils souhaitent que l'Eglise manifeste une attitude de miséricorde qui ne prive pas ces couples de la vie sacramentelle. «Le Synode souhaite vivement, sans pour autant mettre en cause l'indissolubilité du mariage, que les divorcés remariés qui veulent en toute sincérité vivre chrétiennement et en ont donné le témoignage au sein de la communauté puissent avoir accès aux sacrements de la pénitence et de l'eucharistie. Dans ce sens, l'eucharistie, pain de vie, serait envisagée comme un soutien dans le combat intérieur personnel, même si l'issue de combat est apparemment une défaite, ce dont Dieu seul peut être juge.»[47]

Le Synode n'est pas satisfait de la structure actuelle des tribunaux ecclésiastiques qui examinent les causes matrimoniales. «Il est souhaité que la législation en matière de mariage soit réexaminée, notamment que l'institution du tribunal ecclésiastique soit réétudiée, afin de lui donner une orientation plus pastorale et qu'en fassent partie aussi des femmes et des couples ayant les compétences nécessaires.»[48]

[45] Ibid. n. 153, 57.
[46] Ibid. n. 153, 58.
[47] Ibid. n. 424, 115.
[48] Ibid. n. 423, 115.

Le mariage des mal-croyants

Le Synode n'est pas à l'aise en face du droit canon qui reconnaît que tout mariage valide entre baptisés est un sacrement. Or, de nos jours, beaucoup de chrétiens se sont distancés de la foi de leur baptême. Ils devraient pouvoir conclure un mariage authentique, mais qui ne soit pas sacramentel. Et voici le vœu formulé: «Dans la révision en cours du Droit canonique, le Synode souhaite que soit faite une distinction très nette entre ce que le droit naturel exige pour qu'un mariage puisse être reconnu comme valide et ce que l'Evangile demande pour qu'il soit sacramentel.» [49]

Questions relatives au ministère

Tout en reconnaissant la valeur du célibat consacré, le Synode désire que l'on examine avec bienveillance la question de l'ordination éventuelle d'hommes mariés. «Afin d'enlever toute ambiguïté quant à la liberté d'un tel choix de vie (celui du célibat), et reconnaissant la valeur du mariage, il demande que les questions de ceux qui s'interrogent sur l'opportunité de maintenir le caractère obligatoire du lien entre le célibat et le ministère presbytéral puissent s'exprimer clairement et soient accueillies.» [50]

Le Synode est attentif aussi aux discussions relatives à l'ordination des femmes au presbytérat: «L'assemblée synodale suisse se réjouit que la Commission théologique internationale ait décidé d'étudier la question de l'ordination sacerdotale de la femme et elle souhaite que cette recherche soit poursuivie.» [51]

La question du mode d'élection des évêques préoccupe aussi le Synode. «L'assemblée synodale suisse demande pour tous les diocèses que dans la nomination des évêques soit introduite et fixée juridiquement une participation des organismes des Eglises locales. Cette participation doit être au moins équivalente aux formes de codécision déjà existantes.» [52] On souhaite donc davantage qu'un simple droit de consultation. On songe probablement aux privilèges qu'ont, entre autres, les diocèses de Bâle et de Coire.

[49] Ibid. n. 422/2, 115.
[50] Ibid. n. 412/7, 112.
[51] Ibid. n. 112, 41.
[52] Ibid. n. 444, 118.

Le Synode prend acte de la décision des évêques suisses qui se sont déclarés «disposés, compte tenu des circonstances concrètes, à confier à des prêtres dispensés (de leur engagement au célibat) les services ecclésiaux qui peuvent être assumés par un laïc de formation théologique équivalente.» L'assemblée synodale «prend acte de cette décision des évêques suisses et en souhaite l'application la plus large dans notre diocèse.» [53]

Un statut pour les objecteurs de conscience

En étudiant le thème de la paix, le Synode a évoqué la situation des objecteurs de conscience. Il estime injuste la condamnation qui leur est infligée. Aussi déclare-t-il: «La dignité de la personne humaine implique le droit à l'objection de conscience au service militaire et demande donc aux autorités compétentes de Suisse de reconnaître légalement le droit à un service civil.» [54] Il n'est pas d'accord avec ceux qui proposent un statut qui juge honorables les seuls motifs religieux ou éthiques. «Le Synode pense qu'un traitement différencié des divers motifs religieux, éthiques ou politiques est contestable, car tous ces motis peuvent conduire à de vrais conflits de conscience.»[55]

Les travailleurs migrants séparés de leur famille

L'assemblée synodale suisse a pris position sur le statut des travailleurs qui doivent laisser leur famille dans leur pays d'origine. Les dispositions légales «exposent les travailleurs migrants à des troubles affectifs sexuels et sont de ce fait la cause de nombreuses crises dans la vie familiale, puisqu'elles empêchent l'équilibre et l'épanouissement de leur foyer.» [56] Et de conclure: «Le maintien d'un tel statut, qui ne trouve plus aujourd'hui qu'une justification économique, d'ailleurs contestable, constitue une injustice intolérable, que notre engagement chrétien nous oblige à dénoncer et à corriger.» [57]

[53] Ibid. n. 111, 41.
[54] Ibid. n. 460, 121.
[55] Ibid. n. 460, 121.
[56] Ibid. Annexe II, n. 2, 127.
[57] Ibid. Annexe II, n. 3, 127.

L'accueil des réfugiés

Le Synode a pris conscience de la détresse des réfugiés. «L'Eglise étant souvent la seule parcelle qui leur reste de la patrie d'origine, les réfugiés mettent en elle tout leur espoir.» [58] Et voici l'interpellation adressée aux autorités: «Le Synode suisse prie les autorités civiles d'accorder asile à tout homme qui est effectivement poursuivi ou en danger, sans faire de discrimination quant à son pays d'origine, ses idées politiques, sa classe sociale et ses qualifications professionnelles.» [59]

L'attention à la vie des hommes

Il ne nous était pas possible d'aborder tous les thèmes étudiés aux Synodes. Un choix s'imposait. Nous avons vu comment l'assemblée synodale est soucieuse de coresponsabilité, comment elle a pris conscience de la sécularisation de notre monde et comment elle s'est préoccupée de problèmes pastoraux difficiles. L'expérience synodale qui transparaît dans ces orientations est celle d'une Eglise qui refuse de se replier sur elle-même. Elle évite la tentation qui s'est incarnée au XIXe siècle lors de la réaction antilibérale: une Eglise qui se considère comme une forteresse assiégée par l'erreur et qui fuit le contact avec le monde.

Au contraire, le Synode appelle constamment les chrétiens à rejoindre la vie concrète, donc à dialoguer avec les courants qui les entourent. Certes, les chrétiens doivent éviter de perdre leur identité, mais l'accent est mis surtout sur l'authenticité de la foi vécue à la lumière des béatitudes. Révélateur est cet appel: «Que l'Eglise soit riche de Jésus-Christ et pauvre du reste (...) Que notre fidélité à la vérité ne se dénature pas en suffisance: que nous sachions partager la vérité de l'autre, respecter sa personnalité et rester ouverts au souffle de l'Esprit.» [60] On ne trouve pas ces accents dans le Syllabus de Pie IX!

Evoquons quelques-unes de ces invitations à rejoindre la vie concrète des hommes. «Aujourd'hui encore, c'est au cœur de la vie humaine, dans les événements et dans l'histoire, que, par la foi, la

[58] Ibid. n. 260/1, 81.
[59] Ibid. n. 260/4, 81.
[60] Ibid. n. 26, 22.

Révélation du Dieu vivant est accueillie et actualisée.»[61] Et encore cette conviction: «Croire aujourd'hui, ce n'est pas s'évader du monde, sortir de l'histoire, mais au contraire y entrer plus profondément, animés d'une espérance qui, loin d'affaiblir en nous le souci de cultiver cette terre, doit plutôt le réveiller.»[62]

On retrouve cet appel lorsqu'on aborde la catéchèse[63], la prière personnelle («persévérer dans une prière simple, jaillissant de la vie»)[64], la célébration de l'eucharistie (par exemple, «la liturgie de la parole doit être une confrontation (...) entre la Parole de Dieu et les situations vécues»)[65]. Cette attention à la vie se concrétise aussi dans le service ecclésial[66] et bien sûr dans l'Action catholique qui «a développé l'expérience d'une formation proche de la vie.»[67] Même orientation dans les engagements politiques[68].

Ainsi le Synode propose une spiritualité qui soutient une évangélisation des personnes, non seulement dans leurs rapports à Dieu mais aussi dans leurs multiples relations au monde.

Le Synode, une expérience sans lendemain?

L'expérience de coresponsabilité inaugurée aux différents synodes suisses devait avoir un prolongement dans la constitution d'un Conseil de pastorale représentant tous les diocèses.

«Le Synode demande à la Conférence des évêques de créer un Conseil suisse de pastorale pour assurer aux fidèles l'exercice de leur responsabilité avec les évêques quand des options pastorales touchant l'ensemble du pays s'imposent et pour assurer à l'Eglise la connaissance de l'expérience de foi vécue par les chrétiens.»[69]

[61] Ibid. n. 10, 19.
[62] Ibid. n. 11, 20.
[63] Ibid. n. 40/3, 25.
[64] Ibid. n. 46, 28.
[65] Ibid. n. 67, 31. Voir aussi les n. 65 et 66.
[66] Ibid. n. 84, 36.
[67] Ibid. n. 435/2, 117.
[68] Ibid. n. 221, 76 et n. 281, 89.
[69] Ibid. n. 87/7, 37. On précise: «La situation juridique de ce conseil par rapport à la Conférence des Evêques sera analogue à celle des conseils pastoraux par rapport à l'évêque du diocèse. On tiendra compte de l'expérience de coresponsabilité vécue dans les synodes suisses.»

Or les autorités romaines n'ont pas donné leur accord à la création de cet organisme. Cependant, pour prolonger les fruits des assemblées synodales, un Forum se déroula du 9 au 11 décembre 1978 à Einsiedeln. Il étudia des rapports «indiquant ce qui a été vécu depuis le Synode, les expériences des Conseils de pastorale, les points principaux de la pastorale dont l'étude s'impose sur le plan suisse.» [70]

Un second Forum se réunit du 29 octobre au 1er novembre 1981 à Lugano. Le thème était le suivant: «La communauté vivante et missionnaire, ses services et ses ministères dans le contexte socioculturel d'aujourd'hui.» [71] Cette expérience du Forum ne fut pas reprise jusqu'à ce jour.

Nous avons énuméré, dans le paragraphe: «Une grande attention aux problèmes pastoraux difficiles», les principales requêtes adressées à Rome concernant certaines questions délicates dans le domaine de l'œcuménisme, l'attitude envers les divorcés remariés, l'élection des évêques, etc. Or, les autorités romaines ont mis l'accent sur le respect de la rigueur doctrinale et n'ont permis aucun dépassement des normes présentes dans les textes du Concile. Aux yeux du Saint-Siège, l'une des faiblesses des Synodes suisses, c'est d'avoir priviligié l'authenticité de la foi vécue, sans l'avoir suffisamment soutenue par la fidélité doctrinale [72]. Par exemple, le texte sur l'hospitalité eucharistique a été interprété, par beaucoup de foyers mixtes, comme un encouragement à recevoir la communion, tantôt à la messe, tantôt à la cène protestante. Or, selon le IIe Concile du Vatican, l'eucharistie est au cœur de la vie chrétienne. Le Magistère ne peut accepter que le relativisme s'installe dans la réception de ce sacrement. J'ai signalé aussi la présence d'ambiguïté et d'équivoque dans les textes relatifs à la régulation des naissances et à la cohabitation avant le mariage.

Sans qu'une raison ait été officiellement notifiée, je pense que le refus par Rome d'autoriser l'institution d'un Conseil suisse de pastorale a pour motif principal la crainte que la conférence épiscopale soit paralysée dans son ministère de gardienne de la foi [73]. Le Saint-

[70] Evangile et mission, 1978, n. 48, 821.

[71] Ibid. 1980, n. 15, 273.

[72] Ce jugement, Rome ne l'a jamais exprimé publiquement. Mais l'insistance mise par le Magistère postconciliaire sur la fidélité doctrinale permet de faire cette déduction.

[73] On a déclaré, dans certains milieux, qu'un tel Conseil pastoral pour tout un pays n'était pas prévu par le IIe Concile du Vatican.

Siège n'a pas voulu que notre pays connaisse, sur le plan ecclésial, une crise aussi profonde que celle de Hollande.

Faut-il conclure que le Synode soit une expérience sans lendemain? Je ne le crois pas, car l'esprit de coresponsabilité qui a présidé aux assemblées synodales continue de se concrétiser dans les conseils pastoraux diocésains et les conseils presbytéraux. Et dans la mesure où sera surmontée la crise doctrinale, cette coresponsabilité ne pourra que s'épanouir.

Katholizismus: Kirche oder Sekte?

Rolf Weibel

Als professioneller Beobachter und journalistischer Berichterstatter der Entwicklungen des Schweizer Katholizismus seit den frühen 1960er Jahren[1] stelle ich mir die Frage, wohin sich dieser Katholizismus denn eigentlich bewegt, zunächst aus beruflichem Interesse. Dass ich mich bei ihrer Beantwortung religionstheoretischer Überlegungen aus verschiedenen Disziplinen bediene, hat mit dem Gegenstand zu tun, aber auch mit meiner Ausbildung wie mit meiner persönlichen Betroffenheit, insofern Religion für mich eine Dimension des Menschen ist, die ihm wesentliche Lebensmöglichkeiten, Erlebens- und Handlungsmöglichkeiten erschliesst.

1. Definitionen

1.1. Katholizismus

Der Katholizismus, von dem hier die Rede ist, meint die Gesamtheit der Schweizer Katholiken und Katholikinnen und ihrer Institutionen und Organisationen; und dies unabhängig von ihrer Teilnahme am kirchlichen Leben und von ihrer Stellung in der Verfassung der Kirche. Dieser Katholizismus ist so das Erscheinungsbild

[1] Urs Altermatt, Katholizismus und Moderne. Zur Sozial- und Mentalitätsgeschichte der Schweizer Katholiken im 19. und 20. Jahrhundert, Zürich [2]1991, 161, Anm. 52.

der erklärten Katholiken und Katholikinnen und umgreift also die hierarchische Ordnungsstruktur der Kirche so gut wie die Vereinigungen von Katholiken und Katholikinnen, die ihre besonderen Interessen vertreten oder Dienste leisten, welche in der Kirche zu leisten sind oder die die Kirche der Gesellschaft zu leisten verpflichtet ist.

Dieser Katholizismus als zugleich römisch-katholische Kirche und Sozialgestalt aller sich ihr als zugehörig erklärten Einwohner und Einwohnerinnen erscheint heute in der Schweiz auf nationaler Ebene zunächst als eine «Drei-Schichten-Kirche» mit internationalen Beziehungen. Die erste Schicht ist die hierarchisch verfasste Kirche mit dem Papst an der Spitze, den Bischöfen an der Spitze der Bistümer und den Pfarrern an der Spitze der Pfarreien. Die zweite Schicht ist die volkskirchliche Basis, die sich im Verlauf des 19. Jahrhunderts zu einer katholischen Sondergesellschaft entwickelt hat, die heute wohl in Auflösung begriffen, aber immer noch die Schicht ist, in der katholische oder kirchliche Vereine, mit zum Teil ebenfalls internationalen Beziehungen, ihren Ort haben. Die dritte Schicht wird von den neuen Gruppen und Bewegungen gebildet, die bei betont religiösen Anliegen ansetzen und deshalb meist «neue geistliche Bewegungen» genannt werden; eine weitere Besonderheit dieser Bewegungen ist ihre ausländische Herkunft und ihre internationale Verbreitung.

<table>
<tr><td rowspan="3">Öffentlich-rechtliche Körperschaft</td><td>Hierarchische Verfassung</td><td rowspan="3">Orden</td></tr>
<tr><td>Katholischer Volksteil
[Katholizismus]</td></tr>
<tr><td>Neue geistliche Bewegungen</td></tr>
</table>

Quer zu dieser «Drei-Schichten-Kirche» liegen noch zwei Systeme: Zum einen, in gewisser Verdoppelung des kirchenrechtlichen Systems, das staatskirchenrechtliche System, aufgrund dessen die Mitglieder der Kirche zugleich Mitglieder der staatskirchenrechtlichen Gebietskörperschaft (Kirchgemeinde, Landeskirche) sind, und zum andern die Orden, die ein System bilden, auch wenn kirchenrechtlich zwischen Religiosenverbänden, Säkularinstituten, Gesellschaften des apostolischen Lebens und Personalprälaturen unterschieden wird.

1.2. Das Kirche-Sekte-Modell

Diese komplexe Wirklichkeit insgesamt ist der Katholizismus, an den ich die Frage stelle, ob er sich zurzeit zur Kirche oder zur Sekte hin entwickle.[2] Unter Kirche und Sekte verstehe ich dabei mit Ernst Troeltsch[3] zwei schon vom Neuen Testament her zu begründende Gestaltungsmöglichkeiten für die christliche Religion, so dass theologisch weder Kirche noch Sekte als Gestaltungsmöglichkeiten der jeweils anderen gegenüber mangelhaft sind. Zudem ist in der konkreten Wirklichkeit keine dieser Gestalten ausschliesslich verwirklicht: Kirche und Sekte sind Idealtypen der christlichen Religion. Sie weisen indes klar unterschiedliche Merkmale in bezug auf Aussenbeziehungen, Mitgliedschaftskriterien und Organisationsstruktur auf. Der Kirchentypus strebt so Universalität an: er ist darauf ausgerichtet, dass möglichst alle Mitglieder der Gesellschaft auch Kirchenmitglieder werden.

Dafür sind seine Mitgliedschaftskriterien weniger streng als jene des Sektentypus. Praktisch kann jedes Mitglied der Gesellschaft Kirchenmitglied werden und es auch bleiben.

Im Unterschied zum Sektentypus neigt der Kirchentypus dazu, mit der (vor)herrschenden Kultur Kompromisse einzugehen.

Neben den Idealtypen Kirche und Sekte nennt Ernst Troeltsch als dritte Möglichkeit die Mystik, ein verinnerlichtes religiöses Erleben, das nur von losen organisatorischen Strukturen, einem losen Netzwerk der Mystiker, gehalten wird. Diese Möglichkeit indes erörtern

[2] Diese Frage stellte schon Gerhard Schmied, Kirche oder Sekte? Entwicklungen und Perspektiven des Katholizismus in der westlichen Welt, München 1988, nur beantwortet er sie anders als ich.

[3] Ernst Troeltsch, Gesammelte Schriften. Erster Band: Die Soziallehren der christlichen Kirchen und Gruppen, Tübingen 1912, 965–986 (die zusammenfassenden Schlussergebnisse).

die Religionssoziologen nach ihm nur mehr beiläufig, weil für die Religionssoziologie nur ein von mehreren Menschen geteiltes gemeinsames Glaubenssystem Objekt der Forschung ist.

1.3. Die religiöse Befindlichkeit

Auch wenn der Sektentypus zu mehr Verbindlichkeit neigt als der Kirchentypus, finden sich indes fundamentalistische Strömungen in beiden Typen, so dass die Titelfrage zunächst nicht auf den Fundamentalismus im Katholizismus abzielt. Der katholische Fundamentalismus erscheint zudem vor allem als ein römisch-katholischer Anti-Modernismus. Wenn ich mit Urs Altermatt die 200jährige Zeitepoche von der Grossen Französischen Revolution bis zur Gegenwart überblicke, gewinne auch ich den Eindruck, «dass sich Kirche und Katholizismus in einem ständigen Spannungsverhältnis zur modernen Welt befinden»[4] und sich mit jedem Modernisierungsschub neu die Frage nach der legitimen Modernisierung in Abgrenzung gegen einen illegitimen Modernismus stellte. So richtete sich die erste Modernismusdebatte nach der Mitte des 19. Jahrhunderts unmittelbar gegen die geistigen und gesellschaftlichen Folgen der politischen und industriellen Doppelrevolution von 1789/1848. Im «Syllabus» von 1864 stellte Papst Pius IX. eine Liste von modernistischen Zeitirrtümern zusammen, gegen die die Kirche ankämpfen wollte. Die zweite Modernismuskrise umfasste die Jahre 1895 bis 1914. Sie spielte sich vor dem Hintergrund der neuen Industrialisierungswelle ab, die um die Jahrhundertwende von 1900 die Kirche herausforderte. Auf diese Herausforderung antwortete Papst Pius X. 1907 mit seiner Enzyklika «Pascendi dominici gregis», indem er einen «Modernismus» systematisierte und verurteilte. Die dritte Modernismuskrise läuft gegenwärtig ab. Diesmal wendet sich ein Teil der römischen Kirchenleitung gegen die Auswirkungen des Modernisierungsschubes nach 1945 bzw. 1968, und wohl vor allem, weil dieser dazu geführt hat, dass der Individualismus und die Autonomie im ethischen Denken und Handeln auch bei Katholiken und Katholikinnen zunehmend selbstverständlich werden. Bezeichnend

[4] Altermatt, Katholizismus und Moderne, 350.

dafür ist der Streit um die kirchliche Zulässigkeit einer teleologischen statt deontologischen Begründung der Ethik bzw. der Sittenlehre, um eine autonome statt theonome Moral. Bei jeder Modernismuskrise ging es aber immer auch um die religiöse Befindlichkeit, um die objektive und subjektive Zeitgenossenschaft, war die Korrelation vor allem zwischen bleibender christlicher Identität und zeitaufgeschlossener menschlicher Authentizität strittig.

Die Frage nach der gegenwärtigen religiösen Befindlichkeit wird nicht zuletzt im Hinblick auf die konkrete religiöse Situation in der Schweiz zu bedenken sein. Diese scheint dadurch gekennzeichnet, dass die traditionell vorherrschende organisierte Religion, das kirchlich verfasste Christentum, zunehmend Randunschärfen und Einbrüche aufweist. Zum einen sind manche Abgrenzungen zwischen den Kirchen durchlässig geworden, zum andern werden aber auch Abgrenzungen zwischen Christlichkeit und Nicht- oder Nachchristlichkeit zunehmend unklar. Die religiöse Orientierung auch christlich sozialisierter Menschen ist heute nicht mehr eine ungebrochene Orientierung auf eine bestimmte Kirche und ihre verbindliche Glaubenslehre, sondern häufig eine selbst ausgewählte und zusammengestellte eigene religiöse Orientierung. Zur Auswahl stehen dabei in unserer auch religiös pluralistisch gewordenen Gesellschaft nicht nur christliche Glaubensinhalte, sondern allerlei religiöses Lebenswissen, Welt- und Lebensdeutungen verschiedenster Herkünfte. Diese können eine nichtorganisierte, diffuse Religion und Religiosität ausmachen, sie können sich aber auch organisieren – als Lesergemeinden, Kursszenen usw. – und können schliesslich auch von Angehörigen der christlichen Kirchen übernommen werden.[5]

Welche Ausmasse diese Auswahlen angenommen haben, lässt sich nur vermuten; mehr Aufschluss darüber ist von der im Rahmen des Nationalen Forschungsprogrammes über «Kulturelle Vielfalt und nationale Identität» unternommenen Untersuchung «Konfessionelle Pluralität, diffuse Religiosität, kulturelle Identität in der Schweiz» zu erwarten. Immerhin lassen die ersten von den Wochenillustrierten «Leben und Glauben» bzw. «Sonntag»[6] und «L'Heb-

[5] An die Frage nach dem religiösen Indifferentismus bzw. dem Übergang von religiösen zu ethischen und schliesslich selbstreferenziellen Orientierungen kann hier nur erinnert werden. Vgl. dazu Franz-Xaver Kaufmann, Religion und Modernität. Sozialwissenschaftliche Perspektiven, Tübingen 1989, 146–171.

[6] Beide in der Nr. 1/1990.

do»[7] voraus veröffentlichten Ergebnisse aufmerken: Gut die Hälfte aller, die sich einer Kirche zugehörig erklären, aber selten oder nie zum Gottesdienst gehen, können der Aussage: «Es gibt einen Gott, der sich in Jesus Christus zu erkennen gegeben hat» nicht zustimmen. Gut ein Viertel der regelmässigen Kirchgänger stimmt dafür der Aussage zu: «Es gibt eine Reinkarnation (Wiedergeburt) der Seele in einem anderen Leben». Es ist zu vermuten, dass diese Auswahl nicht nur mit der Beliebigkeit erfolgt, die kirchliche Theologen rasch in Frage stellen und die von fundamentalistisch christlichen Kreisen bekämpft wird, sondern doch auch unter Berücksichtigung der eigenen Lebensorientierung, der erwarteten Bedeutung für das Leben. Das heisst dann anderseits aber auch, dass christliche Glaubensinhalte weniger aufgrund eines Diskurses aufgegeben werden, sondern vielmehr verloren gehen, weil sie bedeutungslos erscheinen. Worauf dieser Orientierungs- und Bedeutungsverlust christlicher Glaubensinhalte zurückzuführen ist, ist eine Frage, mit deren Beantwortung man es sich nicht zu leicht machen sollte. Zu tun hat der Verlust christlicher Glaubensinhalte sicher mit einem Verlust an Sinn für Transzendenz; was in unserer Gesellschaft nämlich an Christlichkeit noch am ehesten ankommt, ist der geschichtliche Beitrag des Christentums zur europäischen Kultur und der gegenwärtige Beitrag der christlichen Kirchen zu einem mitmenschlichen Ethos namentlich in den Krisen der Modernität. Zu tun hat dieser Verlust an theologisch formulierter christlicher Identität aber auch mit einer Unfähigkeit, sie in eine lebbare Korrelation zum Bedürfnis nach menschlicher Authentizität zu bringen. Die Auswahl von theologisch formulierten Inhalten ist nicht nur eine beliebige Auswahl, nicht nur Auswahlchristentum, nicht nur Ausdruck postmoderner Beliebigkeit, sondern auch Ausdruck der Suche nach Authentizität. Zur Authentizität gehört aber gerade die mehr oder weniger grosse Differenz zwischen Verbindlichkeit und Eindeutigkeit, während ihre Gleichsetzung geradezu ein Merkmal des Fundamentalismus ist.[8]

[7] N° 15, 15 avril 1990.

[8] Dazu neuerdings: Klaus Kienzler (Hg.), Der neue Fundamentalismus. Rettung oder Gefahr für Gesellschaft und Religion?, Düsseldorf 1990.

2. *Beobachtungen*

2.1. *Neue Aktivierung der Laien*

Der Katholizismus zwischen 1850 und 1950, der Milieukatholizismus, zeichnete sich durch eine einmalige Geschlossenheit zwischen Papst und Bischöfen, zwischen Bischöfen und Klerus, zwischen Klerus und (kirchlich gesinnten) Laien aus und also durch eine grosse Übereinstimmung zwischen der ersten und zweiten Schicht in unserem Modell der «Drei-Schichten-Kirche». Eine Voraussetzung dazu war die grosse Geschlossenheit innerhalb der ersten Schicht, die durch eine vereinheitlichte Theologie und kirchliche Sittenlehre mit den entsprechenden Folgerungen für die Disziplin gewährleistet wurde. Der Katholizismus erschien so als «durchgegliederte, innerlich und äusserlich disziplinierte Kleruskirche», in der die Laien wohl auch aktiv waren, «aber nur in fraglosem, ausführendem Gehorsam gegenüber den geweihten und hierarchischen Amtsträgern.»[9]

Diese Kleruskirche hat ihre Einheitlichkeit inzwischen verloren. Denn zum einen hat sich die akademische Theologie auf die Herausforderungen des neuzeitlichen Denkens so eingelassen, dass für sie eine zumindest methodologische Aufklärungsverträglichkeit ein wesentliches Merkmal geworden ist. Dadurch gerät das theologische Lehramt aber auch immer wieder in Konflikte mit dem hierarchischen Lehramt, das auf voraufklärerischen Positionen besteht (und dabei möglicherweise sogar postmoderne Positionen vertritt). Zum andern hat sich die Seelsorge so auf das neuzeitliche Lebensgefühl – der Laien wie wohl auch der Seelsorger selbst – eingelassen, dass sie alte Wege verlassen musste und neue beschreiten konnte. Die vom hierarchischen Lehramt vertretene Sittenlehre im Bereich der Sexualität wird von den Priestern kaum mehr weitervermittelt. Die Abneigung gegen die Einzelbeichte und ein verbliebenes allgemeines Bewusstsein, aneinander schuldig zu werden und einander manches schuldig zu bleiben, hat zu Bussfeiern mit sakramentaler Absolution geführt. Die Handhabung der weltkirchlich bestätigten Bedingungen

[9] Alois Müller, Der dritte Weg zu glauben. Christsein zwischen Rückzug und Auszug, Mainz 1990, 16.

dieser Bussform erscheint nun aber auch zunehmend als ein Massstab für die Strenge der Handhabung der kirchenrechtlich formulierten Mitgliedschaftskriterien. Noch mehr gilt dies für die gewandelte Einstellung zu Ehescheidung und Wiederheirat.

Dabei verläuft die Konfliktgrenze nicht nur zwischen Hierarchie und volkskirchlicher Basis, sondern auch quer durch eine Basis, in der auch eine vor- bzw. gegenaufklärerische Theologie und Sittenlehre ihre Anhänger und Anhängerinnen hat und sich diese in Gruppierungen verbünden und um Publikationen scharen.[10]

Während sich in diesen Bereichen viele auch kirchlich gesinnte Laien zum Missfallen der Hierarchie vom fraglosen, ausführenden Gehorsam distanziert haben, hat sich anderseits die gleiche Hierarchie bemüht, die Laien neu zu aktivieren. Vom Zweiten Vatikanischen Konzil her wurden für die Laien neue Möglichkeiten geschaffen, ihre Erfahrungen und ihren Sachverstand zur Geltung zu bringen: Seelsorgeräte auf Bistums- und Pfarreiebene. Dazu kamen auf der Ebene der einzelnen Bistümer sowie auf sprachregionaler und nationaler Ebene zahlreiche Kommissionen zu praktisch allen Betätigungsfeldern der verfassten Kirche wie der Katholiken und Katholikinnen. Die Schaffung dieser neuen Gremien für eine inhaltlich umfassende Laienaktivierung kann als Verkirchlichung des Christentums und Bürokratisierung der Kirche interpretiert werden[11]; von der Kirchenleitung her waren und sind diese Gremien indes als Organe der Partizipation und der Mitverantwortung gedacht. Während ihnen von theologischen Überlegungen her sogar Entscheidungskompetenz einzuräumen versucht wurde[12], hat die Praxis gezeigt, dass ihnen keine wirkliche Entscheidungskompetenz zugewachsen ist, sie sich vielmehr mit Beratung oder untergeordneter Mitarbeit zufriedengeben müssen[13] und die volkskirchliche Basis

[10] In der deutschen Schweiz fällt hier zurzeit vor allem die «Katholische Wochenzeitung» auf, während in der französischen Schweiz die Bewegung um Alterzbischof Marcel Lefebvre besonders anziehend zu wirken scheint. Dass es Gruppierungen von Katholiken und Katholikinnen gibt, die noch traditionalistischer bzw. integralistischer sind als Lefebvre und seine Bewegung, daran kann hier bloss erinnert werden.

[11] Franz-Xaver Kaufmann, Religion, 267f.

[12] Theologische Kommission der Schweizer Bischofskonferenz (Hg.), Mitsprache und Mitverantwortung in den Pastoralräten, in: Schweizerische Kirchenzeitung (SKZ) 147 (1979), 263–265.

[13] Louis Carlen (Hg.), Räte in der Kirche zwischen Recht und Alltag, Freiburg/Schweiz 1987.

erst noch nicht zu vermehrter Aktivität anzuregen vermochten.[14] Diese klare Abgrenzung der Kompetenzen – hier Sachverständige als Berater und Beraterinnen, dort Amtsträger als Entscheidungsträger – ist im übrigen typisch für die Kirchenverwaltung im Unterschied zur Sektenverwaltung.

Noch klarer zeigt sich die Grenze zwischen Qualifikation und Kompetenz bei den Mitarbeitern und Mitarbeiterinnen in der Seelsorge, die theologisch und pastoral wie Bischöfe, Priester und Diakone ausgebildet werden[15], aber nicht Kleriker sind. Die Laientheologen und Laientheologinnen können in der Pfarreiseelsorge nur Assistenten und Assistentinnen sein, weil sie der Liturgie, die «der Höhepunkt ist, dem das Tun der Kirche zustrebt, und die Quelle, aus der all ihre Kraft strömt»[16], nicht vorstehen können, und zwar unabhängig von ihrer beruflichen und persönlichen Kompetenz, allein weil ihnen die Amtskompetenz fehlt. Diese Kompetenzabgrenzung ist, unabhängig von ihrer theologischen Begründung, ein Kennzeichen des Kirchentypus; würde von ihr abgegangen, das heisst auf die persönliche, vorab religiöse Kompetenz abgestellt, ergäbe sich eine Verschiebung zum Sektentypus hin, während eine Verschiebung von der Kompetenz durch Amtsübertragung (durch die Weihe) zur professionellen Kompetenz (über eine Ausbildung mit Fähigkeitsausweis) in der Perspektive der Säkularisierung zu diskutieren wäre. Der zunehmende Einsatz von Laien in der Seelsorge hat deshalb vermutlich weit mehr mit dem Mangel an Priestern als mit einer ekklesiologischen Option zu tun, auch wenn die konkreten Erfahrungen Rückwirkungen auch auf die Ekklesiologie haben dürften. Vor allem der gelungene Einsatz von Frauen als Seelsorgerinnen dürfte auf die Frage der Amtsfähigkeit der Frau einen erheblichen Einfluss haben. Das aber hat nicht mit der Kirche-Sekte-Dichotomie, sondern mit der Aufklärungsverträglichkeit der Ekklesiologie zu tun. Nun werden Laien aber nicht nur in Beratungsgremien und als Seelsorger und Seelsorgerinnen neu aktiviert, sondern auch zunehmend

[14] Commission de Planification Pastorale (Ed.), Les organismes de corresponsabilité, in: Evangile et Mission vom 15. September 1983, 604–619 (aus mir nicht bekannten Gründen wurde dieses Papier nie auf deutsch herausgegeben).

[15] Rahmenordnung (der Bischofskonferenz) für die Ausbildung zum Dienst als Pastoralassistent oder Pastoralassistentin in der Schweiz, in: SKZ 156 (1988), 114–117.

[16] Zweites Vatikanisches Konzil, Konstitution über die heilige Liturgie, Nr. 10.

zu neuen ehrenamtlichen Diensten beigezogen, wie Durchführung voreucharistischer Gottesdienste, Sonntagsgottesdiensten ohne Priester, Mitwirkung im katechetischen Bereich. Eine Besonderheit ist dabei der ehrenamtliche Einsatz von Laien, vor allem Frauen, in der Katechese der Westschweiz, weil sich dieser zum einen an französischen Seelsorgemodellen orientiert und zum andern sich schon deshalb aufdrängte, weil der Kirche in den Westschweizer Kantonen wesentlich weniger finanzielle Mittel zur Verfügung stehen als in der deutschen Schweiz.

Gerhard Schmied sieht in diesen nicht auf die Schweiz beschränkten Bestrebungen eine Vergemeindlichung der Pfarrei im Sinne von Max Weber[17] und damit eine Entwicklung vom Kirchentypus zum Sektentypus. Diese Sicht kann ich nicht teilen, weil dieser zunehmende ehrenamtliche Einsatz letztlich keine Vergemeindlichung der Pfarrei zur Folge hat, sondern nur die Erweiterung der haupt- und nebenamtlichen Pfarreidienste um einen Kreis von ehrenamtlichen Mitarbeitern und vor allem Mitarbeiterinnen. Im Grunde genommen entspricht diese Erweiterung überdies dem schweizerischen Milizsystem.[18] Was allenfalls zu überdenken ist, sind ihre erhebliche Pfarrei- und damit Pfarrerzentriertheit sowie ihr Angebotscharakter, insofern sie die Dienste anbieten, nach denen in der volkskirchlichen Basis bzw. in Teilen von ihr nachgefragt wird.

2.2. Neue Aktivitäten

In den letzten Jahren wurde dieses Angebot-und-Nachfrage-System aber auch ergänzt.[19] Zum einen wurden bestehende Ansätze der beratenden Seelsorge fort- und weiterentwickelt – namentlich im Bereich der Sozial- und Jugendarbeit sowie der Ehe- und Familien-

[17] Gemeinde entsteht, wenn «die Laien 1. zu einem dauernden Gemeinschaftshandeln vergesellschaftet sind, auf dessen Ablauf sie 2. irgendwie auch aktiv einwirken». Max Weber, Wirtschaft und Gesellschaft. Grundriss der verstehenden Soziologie, 1. Halbband, Tübingen [4]1956, 277.

[18] Wolf Linder, Vereinsland Schweiz, wenig Staat, viel Leistung, in: Entwicklung/Developement Nr. 28/1989, 46–51.

[19] Dass es im wesentlichen den Erwartungen der Kirchenmitglieder (noch) entspricht, lässt sich daran ablesen, dass die öffentlichrechtliche Anerkennung der Kirchen nicht ernsthaft in Frage steht.

beratung –, zum andern werden aber auch neue Ansätze gesucht, namentlich neue Formen der Glaubensvermittlung und Glaubensbegleitung erprobt.

Der bekannte Weg der Glaubensvermittlung ist der Religionsunterricht, der durch die ausserschulische Kinder- und Jugendarbeit ergänzt wird, der mit abnehmendem Sozialisationsvermögen des Milieukatholizismus zunehmend der Elternarbeit und Elternmitarbeit bedarf und der schliesslich dazu führen soll, dass der so vermittelte Glaube in der Liturgie erfahrbar wird. In den letzten Jahren sind bei der Glaubensvermittlung durch Religionsunterricht verschiedene Defizite zutage getreten. Es zeigt sich heute ein Mangel an Glaubenswissen, was vor allem von jenen beklagt wird, die zwischen Glaubenswissen und gläubigem Handeln einen unmittelbaren Zusammenhang sehen. Es zeigt sich aber auch ein Mangel an Glaubenserfahrung: Kinder und Jugendliche erfahren in ihren Lebensräumen den Glauben zu wenig oder gar nicht, ihre Lebensräume sind keine Lernorte des Glaubens, lautet hier die Klage. Und schliesslich und vor allem wird ein Mangel an Glaubensgemeinschaft beklagt. Dabei bedürften Kinder und Jugendliche des gelebten Glaubens ihrer Erzieher, Bekannten und Freunde; müssten sie in Beziehung treten können zu Menschen, die glauben, die ihren Glauben zur Sprache bringen, die sagen können, warum sie glauben und wie sie glauben.

Das aber könne nicht in einer bloss aktiven Pfarrei, in einer bloss gut organisierten Gemeinde geschehen. Dazu brauche es eine «nachbürgerliche Basiskirche», deren Ziel es ist, «einen gemeinsamen Lebensraum zu schaffen, miteinander zu leben, miteinander ein Stück Gesellschaft aufzubauen. Gemeinsam macht man sich auf den Weg, gemeinsam sucht man Orientierung... Diese Gemeinde ist nun voll und ganz Subjekt ihres eigenen Lebens. Pfarreiliche Arbeit will nicht einfach Freizeitbetrieb und religiöse Bedürfnisbefriedigung sein, sondern gemeindliches Handeln in ökumenischer und gesamtmenschlicher Dimension.»[20] Mitglieder dieser Art von Pfarrei sind weniger die einzelnen als vielmehr die Gruppen, zu denen sich die einzelnen zusammenfinden und aus denen die Pfarrei besteht: Interessengruppen, Aktionsgruppen, Selbsthilfegruppen, so dass die Ge-

[20] Institut für Fort- und Weiterbildung der Katecheten (IFOK) (Hg.), Gemeindekatechetische Animation. Eine berufsbegleitende Fortbildung (Ausbildung) für Katecheten/innen und Pastoralassistenten/innen, Chur 1987, 33f.

meinde nicht nur Erfahrungsraum, sondern Ort gelebten Christseins wird. Daraus ergibt sich als eine neue Aktivität die begleitende Seelsorge, die animierende Begleitung von weitgehend eigenständigen Gruppen, so dass der Glaube zur Sprache kommen und Leben und Glauben ganzheitlich erfahren werden können. Diese Begleitung will als Animation «in erster Linie die Initiierung, Begleitung und Kritik von Gruppen, die den Glauben zur Sprache bringen und so Glauben biografisch fassbar machen und zu gegenseitiger Belebung, Anregung, Ermunterung und Umkehr öffnen... Die Kriterien für die Initiierung, Begleitung und Kritik der Gruppen werden der Botschaft des Neuen Testamentes und der Glaubensgeschichte der Kirche entnommen.»[21]

Neu an dieser Aktivität ist zum einen, dass nicht nur, wie bei der bisherigen geistlichen Begleitung, einzelne «Religionsvirtuosen» angesprochen werden sollen, sondern Gruppen, in die sich möglichst die gesamte Gemeinde aufgliedern soll. Neu ist zudem, dass es nicht nur um ein Angebot von Belehrung – Unterweisung oder Zurechtweisung – geht, sondern um Prozesse, in die möglichst alle Gruppenmitglieder einbezogen sind.

Bislang gibt es allerdings noch keine Gemeinde, die dieser Vorstellung auch nur annähernd entspricht, aber es gibt zunehmend Gruppen, die für sich eine solche Gemeinde wünschen[22], und es gibt vor allem das theologische und pastorale Konzept dieser Gemeinde und entsprechende Ausbildungsangebote für Begleiter und Begleiterinnen solcher Prozesse.[23] Der Gedanke, dass Lernen auch im schulischen Religionsunterricht als Prozess geplant und organisiert werden müsste, findet sich im übrigen auch in der religionspädagogischen bzw. schulkatechetischen Diskussion.[24] Weil nach diesem Konzept echte Prozesse in Gang gesetzt werden sollen, müssen nach ihm die religiösen Erfahrungen der Gruppen und Gruppenmitglieder ernst genommen werden. Es soll also nicht einseitig unterwiesen

[21] IFOK, Gemeindekatechetische Animation, 40f.

[22] Vgl. Walter Ludin, Thomas Seiterich, Paul Michael Zulehner (Hg.), Wir Kirchenträumer. Basisgemeinschaften im deutschsprachigen Raum, Olten 1987; Joachim Müller, Oswald Krienbühl (Hg.), Orte lebendigen Glaubens. Neue Geistliche Gemeinschaften in der katholischen Kirche, Freiburg/Schweiz 1987.

[23] Siehe auch Barbara Ruch, «Gemeindekatechetische Animation», in: SKZ 158 (1990), 10–12.

[24] Siehe Rolf Weibel, Erwachsenwerden ohne Gott?, in: SKZ 158 (1990), 207–210.

den religiös bzw. kirchlich besonders interessierten Gruppen mit ihrer sozialethi-

werden, sondern es sollen vielmehr Lernprozesse angeregt und begleitet werden. Damit wird also nicht unmittelbar eine grössere Zustimmung zur Glaubenslehre der Kirche angestrebt, sondern ein Sich-Einlassen auf Vorgänge in der Gruppe und in der Gemeinde verlangt. Damit werden die Mitgliedschaftskriterien in lehrmässiger Hinsicht an sich noch nicht verschärft. Verschärft werden sie aber in anderer Hinsicht, weil so weit mehr verlangt wird als eine allgemeine Zugehörigkeitserklärung, nämlich ein tatsächliches Teilnehmen und Teilgeben in der Gemeinde bzw. in einer der sie bildenden bzw. sie ausmachenden Gruppe. Deshalb scheint mir bei diesem Konzept und bei diesen Ansätzen von Gemeindeanimation die Rede von einer Entwicklung vom Kirchentypus zum Sektentypus durchaus begründet; allerdings würde ich diese Gruppen nicht schon deshalb, weil sie sich auf Prozesse einlassen, «sektenähnliche Gemeinschaften»[25] nennen.

2.3. Neue Gruppierungen

Neue Gruppen und Neugruppierungen hat es auch in der Zeit des Milieukatholizismus immer wieder gegeben; und dass auch heute neue Gruppen entstehen, ist an sich nicht verwunderlich. Denn zu tun hat auch dies vermutlich mit dem schweizerischen Milizsystem, mit seinen zahlreichen wirtschaftlichen, kulturellen und sozialen Organisationen: weshalb sollte es nicht auch für den religiösen Bereich entsprechend diesem Milizsystem zahlreiche Organisationen geben können?

Neu im Vergleich zur Zeit des Milieukatholizismus, die Neugründungen und Neugruppierungen hauptsächlich im Rahmen des Verbandskatholizismus, im Modell der «Drei-Schichten-Kirche» also innerhalb der zweiten Schicht erlebte, scheinen mir drei Entwicklungen zu sein: Erstens verlor der Verbandskatholizismus und gewannen die neuen – vor allem «geistlichen» – Bewegungen so an Bedeutung,

schen Zurückhaltung, die in ihrem Einsatz für traditionelle Frömmigkeitsformen und eine traditionelle Lebensführung mit einer sie legitimierenden Theologie (und Moraltheologie) ihre Entsprechung hat; in Analogie zu evangelikalen Gruppen im Protestantismus möchte ich sie «katholikal» nennen.

25 Urs Altermatt, Katholizismus und Moderne, 358. Seite 359 unterstellt er den Gruppen der «Gemeindekirche» meines Erachtens allerdings zu verallgemeinernd, sie würden fundamentalistische Stimmungen fördern und die Toleranzschwelle herabsetzen; denn personale Verbindlichkeit muss nicht zu fundamentalistischer Eindeutigkeit führen.

dass sich heute als Modell eben jenes der «Drei-Schichten-Kirche» nahelegt. Zweitens ergaben sich Neugruppierungen aus Verschränkungen dieser drei Schichten, wobei zudem sogar die beiden Systeme einbezogen sein können. Drittens öffneten sich ursprünglich römisch-katholische Organisationen so für Mitglieder anderer Konfessionen – oder sogar anderer Religionen oder auch ohne Religion –, dass sie nur noch mit Einschränkungen oder Vorbehalten der zweiten (oder auch dritten) Schicht unseres Modells zugeordnet werden können.

Bemerkenswert hierbei ist, dass es auch neue «geistliche» Bewegungen gibt – etwa die Fokolar-Bewegung –, die bewusst gute Beziehungen zu Angehörigen anderer Konfessionen und sogar Religionen pflegen, ohne dabei ihre betont konfessionelle Identität aufzugeben. Von ihren Aussenbeziehungen her haben diese das Profil des Kirchentypus, während sie innerkirchlich als traditionell gelten und so wegen ihren Mitgliedschaftskriterien in die Nähe des Sektentypus gerückt werden. Gruppierungen, die auf den Verbandskatholizismus zurückgehen und die ihre konfessionelle Ausschliesslichkeit aufgegeben haben, gerieten hingegen in Definitionsschwierigkeiten, wenn sie ihren Ort innerhalb der Kirche bzw. des Katholizismus bestimmen wollten. So hat sich zum Beispiel der Schweizerische Katholische Anstalten-Verband (SKAV) 1988 umbenannt in: Schweizerischer Verband christlicher Heime und Institutionen. Und aus der Schweizerischen Arbeitsgemeinschaft für Katholische Elternschulung (SAKES) wurde schlicht die Schweizerische Arbeitsgemeinschaft für Kader der Elternschulung. Die Übergänge von konfessionell einheitlichen zu konfessionell gemischten Gruppen und dann die Frage, ob sich aus der konfessionellen Durchmischung eine Ökumenizität oder eine konfessionelle Neutralität ergibt, müssten eigens betrachtet werden; ein Vergleich mit der Zunahme konfessionsverschiedener Ehen und den Folgeproblemen für die Kirchen schiene mir dabei erhellend.

Eine ganz neue Entwicklung in diesem Zusammenhang – gleichsam die Kehrseite der ökumenischen Öffnung neuer geistlicher Bewegungen – ist die Zuwendung evangelikaler Kreise zu Angehörigen der römisch-katholischen Kirche. So hat «Campus für Christus», ein evangelistisch volksmissionarisches Werk innerhalb des Protestantismus, in der Schweiz neu einen Arbeitszweig für Katholiken und Katholikinnen; bei dieser Arbeit geht es «Campus für Christus» nicht darum, Katholiken und Katholikinnen für den Protestantismus zu gewinnen, sondern für Jesus Christus und sein Evangelium im Rahmen der römisch-katholischen Kirche. Der evangelikale Hintergrund ist – scheinbar widersprüchlich – dann etwa daran abzulesen, dass Katholiken und Katholikinnen bewusst zur Einzelbeichte angehalten werden.

In der Innerschweiz gibt es allerdings auch ein zunehmendes Bemühen evangelikaler Freikirchen, Katholiken und Katholikinnen als Mitglieder zu gewinnen. Diese Kirchen haben zum einen mit ihrer meist stark evangelikalen Glaubens- und Sittenlehre eine besondere Eindeutigkeit und mit ihrem Bestehen auf einer persönlichen Entscheidung eine besondere Verbindlichkeit anzubieten. Sie haben aber auch eine menschliche Übersichtlichkeit und persönliche gegenseitige Vertrautheit anzubieten und entsprechen so dem, was Danièle Hervieu-Léger «eine Religion emotionaler Gemeinschaften»[26] nennt. Für diesen Religionstypus, der das Christentum in der Gestalt des Sektentypus verwirklicht, sieht sie allerdings vor allem innerhalb der klassischen Kirchen selber zahlreiche Anzeichen und Ansätze. Ein grundlegender Ansatz ist dabei der Stellenwert der geistlichen Erfahrung der Gruppenmitglieder, das Bemühen um eine neue Stimmigkeit und der sich daraus ergebende Zuwachs an menschlicher Authentizität und so auch der persönliche emotionale Gewinn. In der kirchlichen Praxis konkretisiert findet sich dieser Ansatz auch im Schweizer Katholizismus, etwa in Frauengruppen und Jugendgruppen, in Bibelgruppen und Gebetskreisen.

Darin unterscheiden sie sich von den Aktionsgruppen innerhalb der Kirche oder des Katholizismus, die ein soziales oder politisches Ziel verfolgen. Diesen geht es erklärtermassen um rationale bzw. zweckrationale Anliegen, und insofern stehen sie – auch wenn manche von der Theologie der Befreiung gelernt haben – der Bewegung der Bürgerinitiativen nach 1968 weit näher als der neuen Religiosität.

[26] Danièle Hervieu-Léger avec la collaboration de Françoise Champion, Vers un nouveau christianisme? Introduction à la sociologie du christianisme occidental, Paris 1986, 349–354. Dabei bezieht sie sich auf Max Weber, dessen Begriff der «Gemeinde» in der französischen Ausgabe mit «La Communauté émotionnelle» übersetzt wurde; vgl. Max Weber, Economie et société, tome premier, Paris 1971, 475–480, mit Max Weber, Wirtschaft und Gesellschaft, 275–279.

Neben diesen neuen Gruppierungen sind auch die Neugruppierungen im Gefolge von Verschränkungen bemerkenswert. Dazu gehören auf nationaler Ebene die Hilfswerke Fastenopfer und Caritas Schweiz, auf sprachregionaler Ebene in der deutschen Schweiz die Missionskonferenz der deutschen und rätoromanischen Schweiz und des Fürstentums Liechtenstein, die Katholische Arbeitsgemeinschaft für Erwachsenenbildung der Schweiz und des Fürstentums Liechtenstein (KAGEB) sowie der Verein für katholische Medienarbeit (VKM). Versteht man die kirchliche bzw. katholische Bildungs- und Medienarbeit als kulturelle Diakonie, so kann man heute von einem «Diakoniekatholizismus» sprechen, in dem alle drei Schichten und sogar die beiden Systeme unseres Modells der «Drei-Schichten-Kirche» zusammenwirken. Dieser «Diakoniekatholizismus» ist zum einen praxisbezogen und zum andern trotzdem nicht theoriescheu. Im Gegenteil gingen und gehen von ihm wichtige Impulse aus, die die Katholikinnen und Katholiken mit der sozialen Wirklichkeit unserer Zeit zusammenbringen und sie zugleich anregen, sich ihrer Identität zu vergewissern.[27]

Dass sich dieser «Diakoniekatholizismus» anderseits auch nicht von selbst versteht, bzw. seine eigenen Identitätsprobleme hat, lässt sich unter anderem wohl auch daran ablesen, dass einzelne Gruppierungen an neuen Leitbildern arbeiten.[28]

3. Und nun: Kirche oder Sekte?

Aufgrund dieser Beobachtungen[29] ist die Titelfrage – Kirche oder Sekte? – nicht (mehr) eindeutig zu beantworten. Solange die erste

[27] Hansjörg Vogel, Busse als ganzheitliche Erneuerung. Praktisch-theologische Perspektiven einer zeitgemässen Umkehrpraxis. Dargestellt am Fastenopfer der Schweizer Katholiken, Freiburg/Schweiz 1990.

[28] Auch hier gibt es reaktionäre Gegengruppierungen, die im Unterschied etwa zur vorwiegend protestantischen «Aktion ‹Kirche wohin?›» allerdings von marginaler Bedeutung sind.

[29] Mit der Beschränkung unserer Beobachtungen auf neue Aktivitäten und Gruppierungen als Paradigmen fielen die gegenwärtigen theologischen Strömungen, die Fragen um Seelsorge und Gottesdienst – und hier auch die Volksfrömmigkeit und neue Frömmigkeitsformen wie die feministische Spiritualität – in der Darstellung ausser Betracht.

Schicht in unserem Modell der «Drei-Schichten-Kirche» imstande ist, weiterhin vielfältige Gottesdienstgelegenheiten und zielgruppenorientierte Seelsorge breit anzubieten, behält der Katholizismus seinen Kirche-Charakter: Das Angebot ist, wenn auch nach Zielgruppen differenziert, universal ausgerichtet. Diese Kirche ist in dem Sinne eine «Sektorenkirche»[30], dass sie ihr universales Angebot den Segmenten der Gesellschaft entsprechend differenziert. Dieses universale und zugleich differenzierte Angebot ist (immer noch) gefragt und wird vom öffentlichrechtlichen System her auch erwartet. Dieses System trägt so auch dazu bei, dass die Kirche sich eher dem Kirchen- als dem Sekten-Typus entsprechend verhält. Überdies gewährleistet es als wichtige Voraussetzung, dass Fachpersonal, also nach kirchenamtlichen oder gesellschaftlich und staatlich anerkannten Kriterien wählbares Personal angestellt, weil entlöhnt, werden kann.

In dieser Kirche sind aber nicht nur Sektoren auszumachen, in denen Kirchenangehörige ihr Christ- bzw. Katholisch-Sein kirchentypisch leben wollen, sondern auch «Religionsvirtuosen», die sich um eine grössere Verbindlichkeit bemühen: Sei es, was bis auf die Mentalität des Ultramontanismus des 19. Jahrhunderts zurückgeht, dass sie päpstlicher sein wollen als der Papst, rechtgläubiger als die Theologieprofessoren und frömmer als der amtliche Gottesdienst der Kirche. Sei es aber auch, und das ist eine neuere Entwicklung, dass sie eine «mystische und politische» Verbindlichkeit zugleich anzielen, weil für sie ihre Lebensgeschichte immer auch Glaubensgeschichte sein muss. Auch deshalb gibt es in dieser «Sektorenkirche» Gruppen, deren Mitglieder ihr Christ- bzw. Katholisch-Sein sektentypisch leben wollen und auch leben. Insofern besteht diese «Sektorenkirche» nicht nur aus kirchentypischen «Sektoren», sondern auch aus «Sekten», ist die Kirche ein Dachverband von kirchentypischen Zielgruppen mit einer kirchentypischen Seelsorge und von sektentypischen Gruppen mit sektentypischem Verhalten. Die neuen «Sekten» des Katholizismus vertreten im Unterschied zu den alten Sekten und den Sekten des Protestantismus allerdings viel seltener eine sektentypische bzw. fundamentalistische Theologie und Ethik.[31] Ihre Verbindlichkeit ist allerdings nicht geringer, bezieht

[30] Urs Altermatt, Katholizismus und Moderne, Kapitel V.

[31] Bei politisch besonders interessierten Gruppen ist allerdings nicht selten ein sozialethischer Rigorismus bzw. in sozialethischen Fragen ein deontologisches Argumentationsmuster zu beobachten. Darin unterscheiden sie sich denn auch von

sich aber mehr auf die Gruppe als auf eine ideologische Vorgabe. Und ihre Mitgliedschaftskriterien sind nicht weniger streng, liegen aber mehr auf der Ebene der Emotionalität als auf der Ebene einer Theorie über den rechten Glauben und das rechtschaffene Handeln.

Für die Zukunft der römisch-katholischen Kirche bzw. des Katholizismus wird es deshalb darauf ankommen, ob es dem Gesamtsystem gelingt, für diese sektentypischen Gruppierungen ein Dach zu bleiben, ob «das katholische Haus» geräumig genug ist, damit niemand vertrieben werden muss.[32] Für die Zukunft der römisch-katholischen Religion wird es aber auch darauf ankommen, ob es der «Sektorenkirche» gelingt, von den Erfahrungen dieser Gruppierungen zu lernen, von ihnen vor allem zu lernen, wie neue Erfahrungsräume des Christlichen erschlossen werden können. Aus erfahrungswissenschaftlicher Sicht sieht etwa Franz-Xaver Kaufmann «nur zwei Wege, um zu einem in theologischer Hinsicht qualifizierten Glauben zu gelangen: entweder die länger dauernde Einbindung in religiös motivierte Gruppen oder die Identifikation mit Personen, die als Vorbilder erfahren werden».[33] Insofern «religiös motivierte Gruppen» als sektentypisch bezeichnet werden können, wünsche ich dem Katholizismus, aus religiösem Interesse, sich etwas mehr vom Kirchen-Typus weg zum Sekten-Typus hin zu bewegen, das heisst «Gemeinschaften von Glaubenden zu bilden, in denen der Glaube aus privater Innerlichkeit aufgebrochen wird und die legitimen Rechte und Bedürfnisse des Subjekts nicht negiert werden; ein Zeugnis von ihrer Hoffnung abzulegen, das über den Verdacht erhaben ist, nur Ausdruck institutionellen Eigeninteresses zu sein; und schliesslich den Glauben so zu verkünden, dass er nicht in einen falschen Gegensatz zu kritischer Vernunft gerät.»[34]

den religiös bzw. kirchlich besonders interessierten Gruppen mit ihrer sozialethischen Zurückhaltung, die in ihrem Einsatz für traditionelle Frömmigkeitsformen und eine traditionelle Lebensführung mit einer sie legitimierenden Theologie (und Moraltheologie) ihre Entsprechung hat; in Analogie zu evangelikalen Gruppen im Protestantismus möchte ich sie «katholikal» nennen.

[32] Eine mögliche Folge wären wohl Verhältnisse wie im schweizerischen Protestantismus, dessen landeskirchlicher Flügel evangelische Kräfte verloren hat, oder, im Falle einer Aufhebung des öffentlichrechtlichen Systems, das amerikanische System des Denominationalismus.

[33] Franz-Xaver Kaufmann, Religion, 226.

[34] Klaus Nientiedt, Christen und Kirche angesichts der Herausforderung durch «neue Religiosität», Referat auf dem 90. Deutschen Katholikentag 1990.

Abkürzungsverzeichnis

ACJB	Action catholique de la jeunesse belge
CAB	Christlichsozialer Arbeiterbund
CNG	Christlichnationaler Gewerkschaftsbund
CSB	Christliche Sozialbewegung
CSP	Christlichsoziale Partei(gruppe)
FKJV	Freiburgischer Katholischer Jungmannschaftsverband
FKTSV	Freiburgischer Katholischer Turn- und Sportverband
KAB	Katholische Arbeitnehmerbewegung
KAiV	Katholische Arbeiterinnenvereine
KAV	Katholische Arbeitervereine
Kipa	Katholische Internationale Presseagentur
KK	Katholisch-konservative Fraktion
KKSE	Konferenz Katholischer Schulen und Erziehungsinstitutionen der Schweiz
ÖRK	Ökumenischer Rat der Kirchen
PODJ	Paroisse œcuménique des jeunes
SGB	Schweizerischer Gewerkschaftsbund
SKJV	Schweizerischer Katholischer Jungmannschaftsverband
SKVP	Schweizerische Konservative Volkspartei
SKVV	Schweizerischer Katholischer Volksverein
SKZ	Schweizerische Kirchenzeitung
SVB	Schweizer Volks-Buchgemeinde
YFCA	Young Womens's Christian Association
YMCA	Young Men's Christian Association
ZUJUTA	Zuger Jugend-Tagung oder Zuger Jungmannschafts-Tagung

Autorenliste

Altermatt Urs, Prof., Seminar für Zeitgeschichte, Rue de l'Hôpital 3, 1700 Freiburg
Bavaud Georges, Prof., Grand Séminaire, 1752 Villars-sur-Glâne
Bischofberger Hermann, lic. iur. et phil., Weissbadstr. 14, 9050 Appenzell
Braun Patrick, Dr., Staatsarchiv Basel, Martinsgasse 2, 4001 Basel
Brun Maria, Dr., Schlossstr. 26, 6005 Luzern
Cavelti Urs Josef, Dr., Gozenbergstr. 50, 9202 Gossau
Dubach Alfred, Dr., Schweiz. Pastoralsoziologisches Institut, Gallusstr. 24, 9001 St. Gallen
Flury Christoph, Planche Inférieure 19, 1700 Freiburg
Gruber Bruno, Dr., Südbahnhofstr. 17, 3007 Bern
Hayoz Beat, lic. phil., Rte de Ste-Agnès 4, 1700 Freiburg
Horat Heinz, Dr., Rigiblickstrasse, 6353 Weggis
Leimgruber Stephan, Prof., Theologische Fakultät, Camp 6, D-4790 Paderborn
Rohner Markus, lic. phil., Grünaustr. 1, Postfach 252, 9053 Teufen
Santini-Amgarten Bruno, Dr., Arbeitsstelle für Bildungsfragen der Schweizer Katholiken, Hirschengraben 13, 6002 Luzern
Steiner Alois, Dr., Kreuzbühlweg 22, 6045 Meggen
Viscontini Fabrizio, 6760 Faido
Weibel Rolf, Dr., Schweizerische Kirchenzeitung, Postfach 4141, 6002 Luzern
Wild Bernhard, lic. phil., Sozialinstitut der KAB, Ausstellungsstr. 21, 8031 Zürich
Zenhäusern Martin, lic. phil., Langackerstr. 137, 8704 Herrliberg